Milieurecht in transitie

Publicatie van de Vereniging voor Milieurecht

Milieurecht in transitie

Jubileumbundel 40 jaar VMR

Auteurs:

Jan Reinier van Angeren
Janneke Bazelmans
Rachid Benhadi
Harm Borgers
Jan van den Broek
Ferry van de Coevering
Marjolein Dieperink
Harm Dotinga
Wybe Douma
Jola van Dijk
Godert van der Feltz
Ralph Frins
Kars de Graaf
Annick van der Harten
Herman Havekes
Rieneke Jager
Marieke Kaajan
Jasper van Kempen
Fred Kistenkas
Niels Koeman
Els Kolling
Ron Laan
Valérie van 't Lam
Paul van der Lee
Monique van der Linden
Hugo von Meijenfeldt
Peter Mendelts
Tonny Nijmeijer
Marjan Peeters
Marga Robesin
Tessa Rötscheid
Rob de Rijck
Jochem Spaans
Natasja Teesing
John Tieman
Hanna Tolsma
Arie Trouwborst
Jos van der Velden
Marleen Velthuis
Maarten Verhoeven
Jonathan Verschuuren
Teun Verstappen
Wilco de Vos
Hans Woldendorp

Eindredactie:
Natasja Teesing

VMR 2022-2

Boom juridisch
Den Haag
2022

Omslagontwerp: Primo!Studio, Delft
Opmaak binnenwerk: Textcetera, Den Haag

© 2022 Vereniging voor Milieurecht | Boom juridisch

Behoudens de in of krachtens de Auteurswet gestelde uitzonderingen mag niets uit deze uitgave worden verveelvoudigd, opgeslagen in een geautomatiseerd gegevensbestand, of openbaar gemaakt, in enige vorm of op enige wijze, hetzij elektronisch, mechanisch, door fotokopieën, opnamen of enige andere manier, zonder voorafgaande schriftelijke toestemming van de uitgever.

Voor zover het maken van verveelvoudigingen uit deze uitgave is toegestaan op grond van artikel 16h Auteurswet of de reprorechtregeling van Stichting Reprorecht dient daarvoor een billijke vergoeding te worden voldaan aan Stichting Reprorecht (Postbus 3051, 2130 KB Hoofddorp, www.reprorecht.nl). Voor het verveelvoudigen en openbaar maken van (een) gedeelte(n) uit deze uitgave als toelichting bij het onderwijs, bijvoorbeeld in een (digitale) leeromgeving of een reader (art. 16 Auteurswet), dient een regeling te worden getroffen met Stichting Uitgeversorganisatie voor Onderwijslicenties (Postbus 3060, 2130 KB Hoofddorp, www.stichting-uvo.nl).

No part of this book may be reproduced in any form, by print, photoprint, microfilm or any other means without written permission from the publisher.

ISBN 978-94-6212-716-6
ISBN 978-94-0011-176-9 (e-book)
NUR 820

www.boomjuridisch.nl

Inhoudsopgave

Afkortingen		9
1	De geschiedenis die wij delen en de toekomst die wij willen *Kars de Graaf en Natasja Teesing*	13
2	Illustratie Paul van der Lee	15
3	Van rode lantaarn naar groene kopgroep *Hugo von Meijenfeldt*	17
4	Veertig jaar milieurecht: van reguleren naar transformeren *Niels Koeman*	23
5	Veertig jaar VMR: twee generaties over de ontwikkeling van het milieurecht *Rieneke Jager, Tessa Rötscheid, Annick van der Harten*	31
6	Een halve eeuw na 'Stockholm': over het luiden van de noodklok met de VMR als veilige haven *Marjan Peeters*	35
7	Waarom de Vereniging voor Milieurecht over veertig jaar drie keer zo groot zal zijn *Jola van Dijk en Ferry van de Coevering*	43
8	Rechterlijke toetsing in het milieurecht *Maarten Verhoeven*	53
9	Veertig jaar milieurechtelijk onderzoek: van milieurecht naar Aarderecht *Jonathan Verschuuren*	63
10	Duurzame integratie van het milieurecht in het omgevingsrecht *Harm Borgers*	73
11	CO_2 discrimineert niet. Een verkenning van nieuwe regelgeving voor CO_2-beprijzing (CBAM) en het gelijke speelveld binnen het milieurecht *Marjolein Dieperink en Jochem Spaans*	79

12	Naar een dynamische(re) milieuvergunning. *Bye-bye* bestaande rechten? *Kars de Graaf*	87
13	Meer of minder rechtsbescherming voor betrokken burgers of nimby's? Over toegang tot de bestuursrechter in het omgevingsrecht *Hanna Tolsma*	97
14	De (door)ontwikkeling van de Omgevingswet *Wilco de Vos*	109
15	De Omgevingswet is nog niet af *Jan van den Broek (lid 160)*	117
16	De 'onoverwinnelijke' Armada: wetgeven onder de Omgevingswet *Hans Erik Woldendorp*	125
17	Het omgevingsplan als besluit waarbij schaarse geluidruimte wordt toebedeeld *Rachid Benhadi*	139
18	Naar meer elektronisch milieutoezicht (op afstand) *Ralph Frins*	151
19	Raakpunten zonder verbinding. Observaties over de verhouding tussen bestuurs- en strafrecht *Rob de Rijck*	157
20	Wat is nodig voor een duurzaam milieu(straf)recht? *Valérie van 't Lam en Monique van der Linden*	165
21	Uitdagingen bij strafrechtelijke handhaving van het milieurecht *Marleen Velthuis*	175
22	Zoöp en de natuur als drager van rechten *Godert van der Feltz*	183
23	Veertig jaar milieurecht: de emancipatie van het natuurbeschermingsrecht *Fred Kistenkas*	191
24	De eco-regeling in het GLB 2023-2027: biodiversiteit als keuzemenu *Tonny Nijmeijer*	199

25	Natuurbescherming in een veranderende wereld *Marieke Kaajan*	207
26	De sleutelrol van megafauna in natuurherstel: een juridisch-ecologische beschouwing *Arie Trouwborst*	215
27	EU-natuurherstelwet voor aangetaste ecosystemen op het land en in de zee *Harm Dotinga*	223
28	Tijd om geur te 'bekennen': alleen meten is weten *Teun Verstappen*	231
29	Een (beperkte) blik op de toekomst van het natuurbeschermingsrecht *Peter Mendelts*	239
30	Naar een versterkte en verbrede reikwijdte van het waterkwaliteitsrecht *Jasper van Kempen*	245
31	De hoogste tijd voor een mondiaal Waterschaarsteverdrag *Marga Robesin*	253
32	Waterheffingen *Herman Havekes*	263
33	Waarom en hoe klimaat-due diligence in IMVO-wetgeving moet worden opgenomen *Janneke Bazelmans*	271
34	Milieudoelstellingen bereiken met handelssystemen *Jan Reinier van Angeren*	281
35	Gebrekkige bescherming van mens en milieu in de praktijk: over falende handhavers, sjoemelsoftware en sjoemelsigaretten *Wybe Douma*	293
36	Wat heeft veertig jaar Wet geluidhinder ons gebracht? *Jos van der Velden*	301
37	Naar een verminderde reikwijdte van het afvalstoffenrecht *Ron Laan*	309

38	**Milieurecht met een gebruiksaanwijzing. Het Handelingskader PFAS en de Leidraad afvalstof of product** *John Tieman*	317
39	**Veertig jaar VMR: een goed recept** *Natasja Teesing en Els Kolling*	327
40	**Aanbevelingen van de auteurs** *Kars de Graaf en Natasja Teesing*	331

Lijst van VMR-publicaties 339

Over de Vereniging voor Milieurecht 343

Afkortingen

AA	Ars Aequi
AB	AB Rechtspraak Bestuursrecht
ABRvS	Afdeling bestuursrechtspraak van de Raad van State
ACM	Autoriteit Consument & Markt
Alara	As low as reasonably achievable
AMvB	algemene maatregel van bestuur
ANLb	Agrarisch Natuur- en Landschapsbeheer
Awb	Algemene wet bestuursrecht
Bal	Besluit activiteiten leefomgeving
Bbk	Besluit bodemkwaliteit
BBT	best beschikbare technieken
Bkl	Besluit kwaliteit leefomgeving
BR	Tijdschrift Bouwrecht
CBAM	Carbon Border Adjustment Mechanism
CBS	Centraal Bureau voor de Statistiek
CCS	Carbon Capture Storage
CCV	Centrum voor Criminaliteitspreventie en veiligheid
CO_2	koolstofdioxide
CSDDD	Corporate Sustainability Due Diligence Directive
DD	Delict & Delinkwent
DSO	Digitaal Stelsel Omgevingswet
DROM	Actieprogramma deregulering ruimtelijke ordening en milieubeheer
EEELR	European Energy and Environmental Law Review
EHRM	Europees Hof voor de Rechten van de Mens
EMA	Europees Milieuagentschap
EU	Europese Unie
EU ETS	EU greenhouse gas emission trading scheme
EUTR	EU Timber Regulation
EVOA	Europese Verordening voor de Overbrenging van Afvalstoffen
EVRM	Europees Verdrag tot bescherming van de Rechten van de Mens
GLB	Gemeenschappelijk Landbouwbeleid van de Europese Unie
Gst	De Gemeentestem
GVB	gemeenschappelijk visserijbeleid
Gw	Grondwet
HBE	hernieuwbare brandstofeenheid
HR	Hoge Raad
HvJ EU	Hof van Justitie van de Europese Unie
IenW	Infrastructuur en Waterstaat
ILT	Inspectie Leefomgeving en Transport

IMVO	Internationaal Maatschappelijk Verantwoord Ondernemen
IPBES	Intergovernmental Science-Policy Platform on Biodiversity and Ecosystem Services
IPO	Interprovinciaal Overleg
IPCC	Intergovernmental Panel on Climate Change
IPPC	Integrated Pollution Prevention and Control
JB	Jurisprudentie Bestuursrecht
JM	Jurisprudentie Milieurecht
KDW	kritische depositiewaarde
KRA	Kaderrichtlijn Afvalstoffen
KRW	Kaderrichtlijn Water
KSG	Klimaschutzgesetz
LNV	Landbouw, Natuur en Voedselkwaliteit
LULUCF	Land Use, Land-Use Change and Forestry
M en R	tijdschrift Milieu & Recht
MBA	milieubelastende activiteit
MBB	MBB Belasting Beschouwingen
MvT	memorie van toelichting
NBR	Tijdschrift voor Natuurbeschermingsrecht
NEa	Nederlandse Emissieautoriteit
NhRP	Nonhuman Rights Project
NJB	Nederlands Juristenblad
NOx	stikstofoxiden
NOVI	Nationale Omgevingsvisie
NPLG	Nationaal Programma Landelijk Gebied
NSP	Nationaal Strategisch Plan
NTB	Nederlands Tijdschrift voor Bestuursrecht
NVWA	Nederlandse Voedsel- en Warenautoriteit
OESO	Organisatie voor Economische Samenwerking en Ontwikkeling
OHCHR	Office of the High Commissioner for Human Rights
OVV	Onderzoeksraad voor Veiligheid
Ow	Omgevingswet
PAS	Programma Aanpak Stikstof
PbEU	Publicatieblad van de Europese Unie
PBL	Planbureau voor de Leefomgeving
PFAS	poly- en perfluoralkylstoffen
PKB	Planologische Kernbeslissing
PRO	Praktijk Omgevingsrecht
PRTR	Pollutant Release and Transfer Register
Rb.	Rechtbank
Rbk	Regeling bodemkwaliteit
REDD+	Reducing emissions from deforestation and forest degradation in developing countries
Rgv	Regeling geurhinder en veehouderij
RIE	Richtlijn Industriële emissies

RIVM	Rijksinstituut voor Volksgezondheid en Milieu
Rli	Raad voor de leefomgeving en infrastructuur
Rwzi	rioolwaterzuiveringsinstallatie
SDG's	Sustainable Development Goals
SER	Sociaal-Economische Raad
StAB	Stichting Advisering Bestuursrechtspraak
Stb.	Staatsblad
Stcrt.	Staatscourant
SWUNG	Samen Werken aan de Uitvoering van Nieuw Geluidbeleid
TBR	Tijdschrift voor Bouwrecht
TO	Tijdschrift voor Omgevingsrecht
Trb.	Tractatenblad
TvAR	Tijdschrift voor Agrarisch Recht
TvS&O	Tijdschrift voor Sanctierecht & Onderneming
UNCCD	United Nations Convention to Combat Desertification
UNGP	UN Guiding Principles
VNG	Vereniging van Nederlandse Gemeenten
VRO	Volkshuisvesting en Ruimtelijke Ordening
VROM	Volkshuisvesting, Ruimtelijke Ordening en Milieubeheer
WTH	vergunningverlening, toezicht en handhaving
VWEU	Verdrag betreffende de werking van de Europese Unie
VWS	Volksgezondheid, Welzijn en Sport
Wabm	Wet algemene bepalingen milieuhygiëne
Wabo	Wet algemene bepalingen omgevingsrecht
Wbm	Wet belastingen op milieugrondslag
WED	Wet op de economische delicten
Wgv	Wet geurhinder en veehouderij
WHO	World Health Organization
Wm	Wet milieubeheer
Wnb	Wet natuurbescherming
Wob	Wet openbaarheid van bestuur
Woo	Wet open overheid
Wro	Wet ruimtelijke ordening
WRR	Wetenschappelijke Raad voor het Regeringsbeleid
Wtw	Waterwet
Wvo	Wet verontreiniging oppervlaktewateren

1 De geschiedenis die wij delen en de toekomst die wij willen

Kars de Graaf en Natasja Teesing

Het 40-jarig jubileum van de Vereniging voor Milieurecht (VMR) biedt een goed moment voor de vereniging om enerzijds terug te kijken op de geschiedenis die wij delen. Naar hetgeen door het milieurecht en de VMR is bewerkstelligd en hoe die resultaten zijn bereikt. Anderzijds heeft de vereniging de blik gericht op de toekomst die wij willen[1] en de rol van het milieurecht en de VMR om daar te komen. Gelet op de grote huidige en toekomstige uitdagingen, ligt daarin voldoende uitdaging. Ondanks enorme vooruitgang en ontwikkeling in de richting van een gezonde(re) en duurzame(re) samenleving, staat de mensheid voor grote problemen als klimaatverandering, biodiversiteitsverlies en overexploitatie van natuurlijke hulpbronnen en klinkt de roep om ecologisch duurzame oplossingen steeds harder. Dat geldt overigens ook voor het probleem van stikstofdepositie, verdroging, vernatting, de bedreigingen voor de (menselijke) gezondheid en de aantasting van de (kwaliteit van de) fysieke leefomgeving. Het (milieu)recht zal de noodzakelijke transitie(s) moeten faciliteren, stimuleren en zo nodig afdwingen. Het milieurecht heeft onverminderd een belangrijke rol. En dus ook de VMR.

In het voorjaar van 2022 benaderden we veel leden die in de afgelopen jaren actief zijn geweest voor de vereniging als bestuurslid, als auteur, als spreker of als werkgrooeplid. Het verzoek was of ze wellicht een korte bijdrage zouden willen leveren aan de jubileumbundel die het bestuur van de VMR voor het 40-jarig bestaan wil samenstellen. Het verzoek aan de auteurs was breed en bood veel vrijheid.

De benaderde leden zijn gevraagd om in een bijdrage hun licht te laten schijnen over (een aspect van) de grote uitdagingen waarvoor het milieurecht zich gesteld ziet, over de grote verworvenheden van het milieurecht (of de vereniging) in de afgelopen veertig jaar of hun visie te geven op een – vanuit het perspectief van hun betrokkenheid bij het milieurecht – concreet aspect van milieurecht in de ruimste zin. Hoe ziet de wereld (van het milieurecht) er over veertig jaar uit? Wat betekent het antropocentrische denken voor de ontwikkeling en de toepassing van het milieurecht? Welk onderdeel van het milieurecht moeten we behouden? Welk onderdeel zal in de toekomst van zeer grote waarde blijken? Welk onderdeel behoeft versterking of verbetering?

Een dergelijk verzoek is aan de leden van de VMR wel besteed. Althans, dat is ons gebleken. Vrijwel alle benaderde leden reageerden enthousiast en positief. Ondanks dat er een zeer strakke deadline werd gesteld. Degenen die (daardoor) echt geen

---

[1] Zie de in de Algemene Vergadering van de Verenigde Naties aangenomen resolutie A/RES/66/288 (De toekomst die wij willen).

mogelijkheid zagen een bijdrage te leveren, danken wij hartelijk dat zij wilden meedoen. Het bestuur van de VMR is trots en verguld dat zij veertig bijdragen heeft ontvangen van 43 auteurs. Het heeft onze verwachtingen overtroffen en stemt ons optimistisch over de relevantie van (de activiteiten van) onze vereniging en de toekomst van de VMR.

Op 29 september 2022 viert de VMR haar 40-jarig bestaan met een congres in de Geertekerk in Utrecht. Ook deze jubileumbundel wordt daar gepresenteerd.

Illustratie: Paul van der Lee

3 Van rode lantaarn naar groene kopgroep

Hugo von Meijenfeldt[1]

In het Coalitieakkoord van 15 december 2021 zegt het kabinet-Rutte IV dat Nederland in het kader van de transitie naar een groene economie en industrie EU-richtlijnen uitvoert. Bovendien wil het in de kopgroep van Europa zitten en daartoe met gelijkgezinde landen intensief samenwerken. Vóór de eeuwwisseling behoorde Nederland tot de kopgroep ('het Groene Blok') en velen denken 25 jaar later dat dit nog steeds zo is. De realiteit is dat Nederland inmiddels bijna naar de bezemwagen is gezakt. Hoe is dat zo gekomen en wat is er nodig om (binnen vier jaar) in de kopgroep terug te keren?

1 Voorgeschiedenis

De fysieke leefomgeving van ons kleine, dichtbevolkte en kwetsbare land wordt ernstig bedreigd, enerzijds door de intensieve industrie, verstedelijking, landbouw en transport (Schiphol, Rotterdam, rivierendelta), anderzijds door import uit het buitenland via water en lucht en door producten uit de interne EU-markt.

Ten tijde van de oprichting van de Vereniging voor Milieurecht in 1982 waren er al heel wat milieuwetten in Nederland van kracht: de Hinderwet voor inrichtingen (die terugging op wetten in de tijd van Napoleon), wetgeving inzake luchtverontreiniging, geluidhinder, afvalstoffen, bodemverontreiniging, gevaarlijke stoffen, drinkwater en oppervlaktewater. De nieuwe Minister van VROM was voor deze wetten verantwoordelijk. Daarnaast bestond er vanaf 1928 wetgeving gericht op natuurbehoud, sinds de jaren zestig op het gebruik van bestrijdingsmiddelen en later de Meststoffenwet. Hier was de Minister van LNV voor verantwoordelijk.

Nederland zag het in zijn eigen belang om met Duitsland, Oostenrijk en de Scandinavische lidstaten tot de groene kopgroep in Europa te behoren en te pleiten voor een hoog beschermingsniveau vanwege de import uit het buitenland en teneinde een level playing field voor het bedrijfsleven te realiseren. Nederland stelde zijn milieudoelen op een ambitieuzer niveau dan de vereisten van de Europese verordeningen en richtlijnen, die zij derhalve 'met twee vingers in de neus' (om in wielertermen te blijven) zou moeten kunnen implementeren. Na de eeuwwisseling bleek dat niet altijd het geval. Een Clingendael-studie legde al in 2005 aan de hand van twee richtlijnen de problemen met implementatie bloot[2] en de SER kwam een jaar later tot dezelfde

---
[1] Drs. H.G. von Meijenfeldt is voormalig (plaatsvervangend) directeur-generaal Milieu bij het Ministerie van VROM en voormalig Klimaatgezant & SDG-coördinator bij het Ministerie van Buitenlandse Zaken.
[2] J. Rood, M. van Keulen, S. Nollen & G. Arts, *Nederland en de totstandkoming van EU-milieurichtlijnen*, Den Haag: Clingendael European Studies Programme (december 2005).

problemen op basis van een onderzoek naar de implementatie van drie richtlijnen.[3] De gesignaleerde problemen waren de te geringe activiteit van Nederland in de ontwerpfase, de te laat opgestarte wijziging van de nationale wetgeving, een gebrekkige inschatting van de kosten en baten en te weinig gebruik van de Europese coördinatie- en onderhandelingsexpertise.

De aanbevelingen om deze problemen op te lossen verdwenen niet in een la. Er kwamen binnen de ministeries meer breed samengestelde dossierteams voor alle fasen (ontwerp, besluitvorming en implementatie) en de formulieren (BNC-fiche, Implementatieplan) werden beter ingevuld. De politieke reactie liet echter precies het omgekeerde zien: in Nederland kwam de verantwoordelijkheid van milieubescherming in handen van een staatssecretaris, werden onderdelen van diens portefeuille bij andere bewindspersonen met conflicterende belangen ondergebracht, werd de subsidiariteits- en proportionaliteitstoets voor voorstellen van de Europese Commissie aangescherpt en werd een Operatie Stofkam uitgevoerd. Die laatste leidde er toe dat Nederland deel uitmaakte van de blokkerende minderheid tegen een EU-bodemrichtlijn en een Small IPCC (MKB)-richtlijn.

2   Wakker geschud uit de creatieve droom

Een andere politieke reactie op de implementatieproblemen was – vriendelijk gezegd – veel creativiteit gebruiken. Die creativiteit strandde uiteindelijk vaak.

- *Van de mogelijkheid om derogaties te vragen de hoofdregel maken.*
  Voorbeeld: Nitraatrichtlijn 91/696 ter bescherming van grond- en oppervlaktewater. De gebruiksnorm voor dierlijke mest is 170 kg stikstof per hectare per jaar. Hierop werd keer op keer een derogatie van de Europese Commissie gevraagd en verkregen tot 250 kg. De Minister van LNV heeft de Tweede Kamer gemeld dat uit contacten met de Commissie is gebleken dat een nieuwe derogatie niet in zicht komt zonder betrouwbaar watermeetnet.[4]
- *Experimenteerruimte oprekken.*
  Voorbeeld: Verordening 850/98 ter instandhouding van visbestanden. In 5% van de gevallen mag tijdelijk worden afgeweken van het verbod op – an sich duurzamere – pulsvisserij. Nederland breidde dat percentage tot bijna de hele vloot uit en na veel protesten van andere lidstaten stopte de Commissie met het experiment. De Minister van LNV verloor een zaak bij het Europese Hof van Justitie om het experiment te verlengen en bij de rechtbanken Den Haag en Rotterdam om de schade van de pulsvissers onvergoed te laten.[5]

---

3   SER Commissie Duurzaamheid, *Nederland en EU-milieurichtlijnen*, Publicatienummer 6 (16 juni 2006).
4   Brief van 26 april 2022, *Kamerstukken II* 2021/22, 33037, nr. 439.
5   HvJ EU 15 april 2021, C-733/19, ECLI:EU:C:2021:272; Rb. Rotterdam 7 juni 2019, ECLI:NL:RBROT:2019:4652 en 4653; Rb. Den Haag 1 februari 2021, ECLI:NL:RBDHA:2021:968.

- *Salderen.*
 Voorbeeld: Habitatrichtlijn 92/43 inzake instandhouding van de natuurlijke habitats en wilde flora en fauna. Gedacht werd met het Programma Aanpak Stikstof (PAS) een algehele daling van de stikstofuitstoot te gaan bewerkstelligen, waardoor niet elke activiteit met stikstofemissies zou hoeven te worden beoordeeld op mogelijke significant nadelige gevolgen voor de beschermde natuurgebieden. De Minister van LNV verloor bij het Europese Hof van Justitie en de Raad van State.[6] Een individuele toestemming tot nieuwe stikstofemissies mag niet *vooruitlopen* op mogelijke toekomstige positieve ontwikkelingen.

3 Onderaan de lijstjes

Omdat Nederland zich zo druk maakte om aan de Europese verplichtingen te ontkomen, is het uiteindelijk onderaan de lijstjes terechtgekomen. Het CBS keek begin 2021 waar Nederland staat met betrekking tot de 17 duurzame ontwikkelingsdoelen die in 2030 of eerder behaald moeten zijn. Nederland ligt op koers om de doelen voor schoon water/sanitair, betaalbare en schone energie, waardig werk en economische groei en gendergelijkheid te halen. Het grootste percentage indicatoren kleurt voor die doelen groen. In Europees vergelijkend perspectief presteert Nederland op het gebied van hernieuwbare energie matig en staat het voor een aantal indicatoren onder aan de EU-ranglijst, waarbij overigens een trend van 'inhaalgroei' onmiskenbaar is. Bij biodiversiteit, de zoutwaterkwaliteit, gezondheid en sociale gelijkheid staan echter relatief weinig indicatoren in het groen.

In de gegevens van het Europees Milieuagentschap (EMA) in Kopenhagen valt onder andere op dat de uitstoot van broeikasgassen per hoofd van de bevolking in Nederland bovengemiddeld hoog is en het aandeel hernieuwbare energie en natuurbescherming laag.

4 Milieudoelen gekwantificeerd, middelen vrijgemaakt

In het Coalitieakkoord van 15 december 2021 heeft het kabinet-Rutte IV een aantal milieudoelen gesteld of aangescherpt en daarvoor middelen vrijgemaakt.

- De Klimaatwet bevat een streven naar 49% CO_2-reductie in 2030 en een verplichting daarover plannen en verkenningen naar het parlement te sturen. Rutte IV hoogt het percentage op naar 55 tot 60% en kondigt een tussendoel aan voor het eind van de kabinetsperiode. De bestaande subsidieregelingen zijn aangevuld met een klimaatfonds van € 35 miljard en de Minister voor Klimaat en Energie is hiermee concreet aan de slag gegaan: verdubbeling windmolens op zee, btw-nultarief i.p.v. btw-terugvordering op zonnepanelen, stopzetten subsidie

---

6   HvJ EU 7 november 2018, C-293/17, ECLI:EU:C:2018:882 en ABRvS 29 mei 2019, ECLI:NL:RVS:2019:1603.

op houtachtige biomassa, uitfasering van benzine- en dieselauto's, cv-ketels op aardgas, etc. Stroom uit nieuwe kerncentrales is een andere wens, maar als het binnen één kabinetsperiode moet gebeuren, kan beter aan import van kernstroom worden gedacht dan aan de bouw van nieuwe centrales.

- Voor stikstof is het reductiedoel aangescherpt tot 50% in 2030. Bovendien is een stikstoffonds van € 25 miljard in het leven geroepen. Om daarnaast Europese middelen voor de landbouw en het plattelandsbeleid in de wacht te slepen had het kabinet-Rutte III een Nationaal Strategisch Plan ingediend bij de Europese Commissie. In haar observaties zegt de Commissie resultaatindicatoren voor bio-economie, bosaanleg, eiwittransitie, voedseltransitie (van dier naar plant), vermindering voedselafval, etc. te missen. De Minister van LNV schrijft als eerste reactie aan de Tweede Kamer dat hij de samenhang tussen deze onderwerpen weliswaar ziet, maar het liever simpel wil houden. Hij gaat blijkbaar niet de hulp van andere kabinetsleden inroepen en kon daarmee wel eens op de afkeuring van het Plan door de Commissie afstevenen.[7]
- Voor de kwaliteit van het oppervlaktewater zijn in het Coalitieakkoord geen inspanningen geformuleerd om tot de kopgroep te behoren. Erger nog, de Minister van IenW heeft aan de Tweede Kamer onthuld dat het een zware uitdaging wordt om zelfs maar de 2027-doelen van de Kaderrichtlijn Water te halen.[8] De genoemde oorzaken daarvan speelden al bij de totstandkoming in het jaar 2000, toen Nederland tot de architecten van deze richtlijn behoorde.
- Er komt een Nationaal Programma Landelijk Gebied en een transitiefonds van € 25 miljard cumulatief tot 2035. De natuur moet worden uitgebreid tot een robuust areaal en de biodiversiteit hersteld. Dit alles dient om de doelen van de Vogel- en Habitatrichtlijn dichterbij te brengen.

5 Samenwerking in de kopgroep en de eigen ploeg

Voor broeikasgassen legt de EU Green Deal de gemiddelde lat op 55% CO_2-reductie in 2030 ten opzichte van 1990. Nederland keert met zijn grote ambities dus niet in de kopgroep, maar in het peloton terug. Voor de stikstofemissies geldt hetzelfde. Met betrekking tot water en natuur kan Nederland misschien net binnen de tijdslimiet (zonder ingebrekestellingen door de Commissie), maar ver achter het peloton binnenkomen.

Is de kopgroep van Duitsland, Oostenrijk en de drie Scandinavische landen daarmee onhaalbaar voor Nederland? Duidelijk is dat samenwerking met gelijkgezinde lidstaten daarvoor belangrijk is. Het Coalitieakkoord van Rutte IV merkt dat terecht op,

---

[7] *Kamerstukken II* 2021/22, 28675, nr. 337, brief van 5 april 2022.
[8] Vragen van de leden Minhas en Van Campen (beiden VVD) aan de Ministers van Infrastructuur en Waterstaat, van Landbouw, Natuur en Voedselkwaliteit en voor Natuur en Stikstof over het bericht 'Schoon water is in Nederland nog ver weg' en het antwoord van die ministers, ontvangen 19 april 2022, Aanhangsel van de Handelingen, *Kamerstukken II* 2021/22, 2471.

maar zegt nog niet welke landen dat zijn. Samenwerking binnen de eigen ploeg wordt helemaal niet genoemd, maar spreekt voor zich en is essentieel. Het creëren van een superminister en één ministerie voor de leefomgeving (milieu incl. klimaat, natuur, water en ruimte) in de kabinetsformatie was het eenvoudigst geweest. In plaats daarvan zijn de milieuonderwerpen nog verder versnipperd en is er geen bewindspersoon meer met het woord milieu in haar of zijn titel. En dat klimaat al langere tijd bij economie hoort, spreekt wellicht ook boekdelen.

Wat resteert van samenwerking binnen de eigen ploeg is een C-variant: een strakke inhoudelijke regie door één van de leden van het kabinet. Dat kan voldoende zijn, maar houdt niet over. Tijdens de oprichting van de VMR was er een interdepartementale Coördinatiecommissie voor Internationaal Milieubeleid (CIM) onder leiding van BZ. Hoewel deze in feite nu niet meer functioneert, staat bij Rutte IV nog steeds dat BZ zorg en verantwoordelijkheid draagt voor het internationaal milieu- en klimaatbeleid.

Maar er is meer nodig. Zoals hierboven beschreven is Nederland onderaan de Europese milieulijstjes geraakt. Niet alleen door een te creatieve implementatie van richtlijnen, maar ook een gebrek aan proactieve voortvarendheid bij de pogingen doelstellingen te behalen. De achterliggende oorzaak daarvan is dat Nederlanders te veel willen, zoals steeds maar reizen met de auto en het vliegtuig, de grootste zee- en luchthavenhub van Europa hebben en de op één na grootste landbouwexporteur ter wereld zijn. Ook de politiek geeft uitdrukking aan dat beeld. Gekwantificeerde doelen en instrumenten voor vervoer en landbouw moeten worden gesteld. De samenhang tussen dit alles ligt in de duurzame ontwikkelingsdoelen (Sustainable Development Goals, SDG's). Het Integraal Afwegings Kader (IAK) voor beleid en regelgeving is hierop al aangepast. Voor integraal denkende parlementariërs is dit een zeer bruikbaar instrument om ambitieuze doelen te vragen.

Om binnen de ploeg beter samen te werken is een ploegleider noodzakelijk. Bij het internationaal milieu- en klimaatbeleid en bij de SDG's staat in de portefeuilleverdeling van Rutte IV dezelfde bewindspersoon: de Minister voor Buitenlandse Handel en Ontwikkelingssamenwerking. Het is aan deze minister om de huidige lichte processuele coördinatie te laten voor wat het is en de regie inhoudelijk met verve op te pakken om Nederland naar de Europese groene kopgroep te loodsen.

4 Veertig jaar milieurecht: van reguleren naar transformeren

Niels Koeman[1]

1 Inleiding

Wat te zeggen over veertig jaar milieurecht? Ik was erbij, het is mijn vak, maar dat betekent nog niet dat het gemakkelijk is met een helicopterview de afgelopen veertig jaar te overzien en zinnige opmerkingen te maken over de rechtsontwikkeling in die periode. Misschien helpt het als ik me laat inspireren door het kloeke boekwerk dat ik kortgeleden als dank voor een bijdrage aan een panel over een milieuonderwerp mocht ontvangen. Dat boekwerk is getiteld *Aandacht voor het alledaagse; 50 jaar milieubeleid in beeld*. Ik geef toe, vijftig jaar is niet hetzelfde als veertig jaar, maar wat is tien jaar in het licht van de eeuwigheid? Daarbij komt dat vijftig jaar milieubeleid best eens kan samenvallen met veertig jaar milieurecht: het beleid volgt op maatschappelijke ontwikkelingen, op beleid volgt wet- en regelgeving en die wordt weer gevolgd door rechtspraak. Als ik ervan uitga dat milieurecht de combinatie van wetgeving en rechtspraak bevat, zou het heel goed kunnen zijn dat vijftig jaar beleid neerslaat in veertig jaar recht. Dat stemt tegelijkertijd ook enigszins droevig: het recht loopt vrijwel steeds achter de feiten aan alvorens het op zijn beurt nieuwe juridische feiten creëert.

2 Herinneringen aan het milieubeleid

Terug naar het boekwerk, dat mijn herinnering moet stimuleren. Dat lukt wel, als ik door het boek blader. Laat ik alleen maar enkele kopjes noemen die in de tekst van het eerste hoofdstuk, dat een overzicht geeft van vijftig jaar milieubeleid, zijn opgenomen: 'Er is hier en daar wel aandacht voor milieu, maar vooral vanuit het perspectief van "hinder"', 'Zo ontstaat een nieuwe kijk op milieu, waarin een (on)gezonde leefomgeving en volksgezondheid centraal staan', 'De focus verschuift naar het opruimen, saneren en schoonhouden van de leefomgeving', 'Zij gaat de strijd aan met grote bedrijven, vanuit het principe "de vervuiler betaalt"', 'Nu gaat het erom milieu systematisch een factor van betekenis te laten zijn in maatschappelijke beslissingen', 'Het besef groeit dat goed milieubeleid ook goed kan zijn voor de economie', 'Zo "verplaatst" het milieubeleid richting Brussel, met Nederland als aanjager', 'Langzaam wordt ook duidelijk dat het milieu geen verbindend thema meer is en dat

---

[1] Prof. mr. N.S.J. Koeman is sinds 2012 lid van de Rli. Hij was staatsraad bij Raad van State, advocaat in Amsterdam gespecialiseerd in het milieurecht en het ruimtelijke ordeningsrecht, en deeltijdhoogleraar aan de Universiteit van Amsterdam. Koeman is NAI-arbiter en bestuurslid van de Grotius Academie.

het overleg hierover verdelingen en machtsverhoudingen op scherp zet', 'Het brede publiek begint zich steeds meer over klimaatverandering te roeren'.
De vele foto's in het boek geven beelden van personen, gebouwen en activiteiten, die – soms na enig nadenken – tot nostalgische herkenning leiden. Wie waren ook weer Louis Stuyt, Leendert Ginjaar, Irene Vorrink, Ineke Lambers, Margreeth de Boer, Wilma Mansveld en Joop Atsma en wat waren hun wapenfeiten? En kijk eens naar al die foto's van protestmarsen, vaten chemisch afval, kern- en kolencentrales en stortplaatsen.

3   Ontwikkelingen in de wetgeving

Wanneer we tegenwoordig nadenken over de sturingsinstrumenten van de overheid op het terrein van het milieu wordt vaak de driedeling gemaakt tussen (als lichtste vorm) de voorlichting en vrijwillige gedragsbeïnvloeding en (als zwaarste vorm) de ge- en verboden, waartussen dan de indirecte sturing in de vorm van subsidiëring, beprijzing, verhandelbare rechten en dergelijke wordt geplaatst. Wie terugkijkt op de wetgeving zoals die vanaf de jaren zeventig van de vorige eeuw tot stand kwam, zal moeten constateren de wetgever snel greep naar het middel van de geboden en de verboden en andere sturingsmogelijkheden weinig benutte. Daar moet wel bij gezegd worden dat die verboden in veel gevallen aan een vergunningstelsel werden gekoppeld. Er was dan geen algemeen verbod, maar een verbod om iets te doen zonder of in afwijking van een vergunning. Een vergunningenstelsel is materieel in veel gevallen veel minder hard dan een algemene verbodsbepaling: als er zicht is op de voorwaarden waaraan voldaan moet worden om een vergunning te verkrijgen betekent een vergunningplicht niet meer dan een regulering van de vergunningplichtige activiteit. Kijkend naar de foto's in het boek over vijftig jaar milieubeleid wordt het heel wat gemakkelijker op hoofdlijnen de totstandkoming en ontwikkeling van de milieuwetgeving te reconstrueren. In eerste instantie past daar de term 'sectorale uitbouw' bij. Stap voor stap werden in de loop der jaren wetten tot stand gebracht op de verschillende onderwerpen van het milieubeleid, zoals water, bodem, lucht, afval, geluid en natuur. Maar na verloop van tijd ontkwam de wetgever er niet aan de losse wetgevingsdraden toch weer met elkaar te verknopen. Dat gebeurde soms procedureel, zoals in de Wet algemene bepalingen milieuhygiëne, soms meer dan alleen procedureel, zoals in de Wet algemene bepalingen omgevingsrecht, en ten slotte uiterst inhoudelijk in de Omgevingswet.
Van sectoraal naar integraal. Maar die integraliteit kent ook zijn grenzen. Kijk naar de vergunningplicht onder het geldende recht (de Wabo) en onder het komende recht (de Omgevingswet). Ook als men steeds de term 'omgevingsvergunning' gebruikt, gaat het toch steeds om de vergunningplicht voor verschillende afzonderlijke activiteiten. Ook het beoordelingskader voor die verschillende omgevingsvergunningen verschilt. Dat is maar goed ook, nu het specialiteitsbeginsel naar mijn mening ook onder de Omgevingswet zijn gelding zou moeten behouden. Artikel 3:4 lid 1 Awb verplicht het bestuursorgaan immers de rechtstreeks bij het besluit betrokken

belangen af te wegen. Dat betekent dat belangen (en de bepalingen waarin die belangen zijn verwoord) die niet rechtstreeks bij het besluit zijn betrokken, daarbij ook geen rol mogen spelen.

De wetgeving heeft zich dus bewogen van sectoraal naar meer integraal, maar ook van sturing in concreto naar algemene sturing. De aanvankelijk zo populaire vergunning is op veel terreinen vervangen door algemene regels. De voordelen daarvan zijn duidelijk: minder bestuurlijke lasten, minder beroep op de rechter, meer rechtszekerheid en voorspelbaarheid voor de initiatiefnemer en een uniform regime voor het hele land, waardoor een level playing field wordt bevorderd. Ook hier is de vraag wat het eindpunt van deze ontwikkeling moet zijn. Onder de Omgevingswet wordt het mogelijk voor het bouwen van (nu nog vergunningplichtige) bouwwerken geen vergunning te vereisen, maar te volstaan met het toepassen van de algemene regels uit het omgevingsplan, op grond waarvan de initiatiefnemer zelf zou moeten kunnen bepalen of zijn bouwplan met het omgevingsplan in overeenstemming is. Het zal duidelijk zijn dat discussies met derden over de vraag wat het plan nu al dan niet toestaat bij het vervallen van de vergunningplicht zal verschuiven naar de handhaving. Betwijfeld moet worden of een dergelijke verschuiving aantrekkelijk is voor alle betrokkenen, onder meer omdat een bestuurlijk en een rechterlijk oordeel over de geoorloofdheid van de bouwactiviteit veelal in een veel later stadium zal worden verkregen in vergelijking met de situatie dat sprake is van een vergunningplicht.

4 Europa

In de afgelopen veertig jaar is de invloed van het Europese recht aanzienlijk toegenomen. Ik doel dan niet alleen op het recht van de Europese Unie, maar evenzeer op het Europese Verdrag tot bescherming van de Rechten van de Mens (EVRM). Nederland heeft met zowel het Unierecht als het EVRM een bijzondere en enigszins dubbelzinnige relatie. Enerzijds wordt de totstandkoming van internationaal recht gestimuleerd en gesteund, maar anderzijds wordt de betekenis ervan in de nationale rechtsorde structureel onderschat. Vrijwel steeds is de overtuiging dat Nederland voldoet aan de eisen die uit het Europese recht en het EVRM voortvloeien en steeds opnieuw komt ons land daarbij van een koude kermis thuis. Anders dan we meenden was het Kroonberoep niet in overeenstemming met artikel 6 EVRM, was de regelgeving over fijnstof en natuurbescherming niet in overeenstemming met Europese richtlijnen, was het onderdeel van het Activiteitenbesluit over windturbines vastgesteld in strijd met de mer-richtlijn en was de Awb-regeling over de beperkte toegang tot de rechter in milieuzaken ook in strijd met het Europese recht. Voeg daarbij het feit dat, wanneer de discussie ontstaat over de vraag of nationaal recht zich wel verdraagt met internationale verplichtingen, de Nederlandse wetgever als aan zijn stoel genageld stil blijft zitten, kennelijk niet in staat te anticiperen op een mogelijke ongunstige uitkomst van die discussie. Dat leidt er vervolgens toe dat, wanneer strijd met internationaal recht wordt geconstateerd, er vervolgens veel tijd (en geld!) mee gemoeid zijn alvorens de noodzakelijke reparatie heeft plaatsgevonden.

5 Rechtsbescherming

In de rechtsbescherming heeft zich een proces van uniformering en formalisering voltrokken. In het milieurecht was aanvankelijk in veel gevallen sprake van de mogelijkheid van Kroonberoep met een opmerkelijke menging van semi-rechtspraak (een openbare zitting bij de Afdeling voor de geschillen van de Raad van State gevolgd door een conceptuitspraak op het beroep) met bestuurlijke eindverantwoordelijkheid (de minister die contrair kon gaan en van de conceptuitspraak kon afwijken). Nadat het Europese Hof voor de Rechten van de Mens (EHRM) had uitgemaakt dat het bij milieuzaken ook kon gaan om burgerlijke rechten en verplichtingen, zodat artikel 6 EVRM van toepassing is en dat de Kroon niet als een onafhankelijke rechter kan worden aangemerkt, werden de bestuursrechtelijke milieugeschillen uiteindelijk ondergebracht in het algemene stelsel van rechtsbescherming van de Awb. Dat betekent in beginsel rechtspraak in twee instanties na een bezwaarschriftprocedure of een uitgebreide voorbereidingsprocedure, met de mogelijkheid van het vragen van een voorlopige voorziening hangende bezwaar, beroep en hoger beroep. Dat stelsel van rechtsbescherming vergt de nodige tijd en kan leiden tot rechtsonzekerheid waar het gaat om de uitkomst van het geding. Daarbij komt dat na eerdere kritiek uit bestuurlijke hoek op de bestuursrechter die te veel op de stoel van het bestuur zou willen gaan zitten, de bestuursrechtspraak zich heeft ontwikkeld tot een tamelijk formeel beoordelingskader, waarbij de mogelijkheden van de eiser of appellant op succes niet erg groot zijn, zeker waar het gaat om een inhoudelijk succes waarbij het bestreden overheidsbesluit op materiële gronden wordt herroepen of vernietigd. Voeg daarbij het feit dat de wetgever in de loop der jaren een aantal ingrepen in het Awb-systeem van rechtsbescherming heeft aangebracht, die ongunstig uitwerken voor de wederpartij van de overheid. Denk aan de invoering van het relativiteitsbeginsel, van de bestuurlijke lus en van de verruiming van de mogelijkheden om gebreken te passeren (art. 6:22 Awb).

De zogenoemde toeslagenaffaire heeft duidelijk gemaakt dat de bestuursrechter in zijn formele toetsingswijze te ver kan doorschieten. Dat heeft geleid tot een kritisch zelfonderzoek bij de Afdeling Bestuursrechtspraak en bij de Raad voor de Rechtspraak. De Afdeling heeft naar aanleiding van die affaire en het zelfonderzoek het evenredigheidsbeginsel opnieuw afgestoft en omarmd en lijkt ook overigens nu te kiezen voor een meer burgervriendelijke houding. Afgewacht moet worden of die houding zal beklijven dan wel of toch niet weer op enig moment de slinger van de klok terug zal slaan in de richting van meer begrip voor het bestuursorgaan.

6 Jurisprudentie

Welke rol hebben de rechter en de rechtspraak in de afgelopen veertig jaar in het milieurecht gespeeld? Voor het overgrote deel van die periode kan gezegd worden dat de bestuursrechter en de bestuursrechtspraak dominant waren in het milieurecht. Onder de vigeur van de Hinderwet was door de Hoge Raad weliswaar uitgemaakt dat een Hinderwetvergunning geen vrijbrief was voor het veroorzaken van onrechtmatige hinder, maar dat heeft destijds niet geleid tot veel civiele acties, mede door de groei van het bestuursrechtelijke milieurecht. Vrijwel steeds ging het debat tussen initiatiefnemers en bezwaarden over bestuursrechtelijke besluiten en bestuursrechtelijke handhaving, met als gevolg dat het ook de bestuursrechter was die over geschillen moest beslissen. Mede in verband met het beginsel van formele rechtskracht – een niet-aangevochten besluit wordt geacht rechtmatig te zijn – werd een veelvuldig beroep op de bestuursrechter gedaan. Naast het vreemdelingenrecht en het socialezekerheidsrecht vormt het omgevingsrecht dan ook de bulk van de zaken die bij de bestuursrechter terechtkomen. Ik sprak reeds over de formele opstelling van de bestuursrechter en de verschillende reparatiemogelijkheden die aan de rechter en het bestuur zijn gegeven. Daaraan kan nog worden toegevoegd dat het Awb-stelsel weliswaar vernuftig is geconstrueerd, maar in de praktijk wel lijkt op iets van een mandarijnenwetenschap, dat de liefhebbers doet smullen maar niet-professionele procespartijen toch vaak achterlaat met het gevoel dat veel aan de orde is geweest, maar de zaak zelf niet is besproken.

Wat er ook zij van de tevredenheid over het stelsel van bestuursrechtelijke rechtsbescherming, feit is dat recent sprake is geweest van een opmerkelijke comeback van de civiele rechter. Ik doel dan op de uitspraken in de Urgenda-zaak en in de zaak Milieudefensie/Shell. In het bijzonder die laatste zaak dwingt tot nadenken. Niet zozeer over de redenering van de rechtbank, maar wel over de consequentie dat het milieugedrag van bedrijven niet alleen wordt genormeerd door bestuurlijke besluiten die door de bestuursrechter op hun rechtmatigheid kunnen worden beoordeeld, maar ook door de civiele rechter op basis van een vordering uit onrechtmatige daad. De hiervoor genoemde jurisprudentie van de Hoge Raad maakt een dergelijke consequentie weliswaar mogelijk, maar die jurisprudentie is ontstaan op een moment dat het bestuursrechtelijke milieurecht nog uiterst beperkt was, zodat goed kon worden volgehouden dat een aanvulling van de normering op grond van een civiele actie toegevoegde waarde had. Zonder nu te willen beweren dat het huidige stelsel van milieurechtelijke normering zeker mondiaal bezien sluitend en volmaakt is, rijst toch de vraag hoe twee stelsels van milieunormen – één van nationale overheden en één van een civiele rechter – naast elkaar kunnen bestaan en elkaar mogelijk beïnvloeden. Ik zal die vraag hier niet verder behandelen, maar volsta nu met de constatering dat de civiele rechter zich opnieuw een prominente plaats heeft verworven op milieurechtelijk terrein.

7   Van reguleren naar transformeren

So far, so good, kan men zeggen na dit korte overzicht van de afgelopen veertig jaar. Of de ontwikkeling van het milieurecht in die jaren als 'goed' te kwalificeren is, moet overigens worden betwijfeld. Er is veel wetgeving tot stand gekomen en er is op veel terreinen milieuwinst geboekt, maar daar staat tegenover dat de natuur in dit land er slecht aan toe is, de biodiversiteit sterk is verminderd en de kwaliteit van de lucht en van het oppervlaktewater niet aan de te stellen eisen voldoet. Belangrijker nog dan dat is de klimaatverandering, waardoor de toekomst van de planeet zelf in het geding is. Die klimaatcrisis is bedreigend en urgent. De minimaal noodzakelijke remedie – om de opwarming te beperken tot 1,5 tot 2 graden Celsius – vereist niet alleen

een wereldwijde aanpak, maar ook een ingrijpende verandering van onze economie en van de samenleving in haar geheel. In het begin van dit stukje stelde ik dat het recht gewoonlijk de ontwikkeling in de samenleving volgt, maar als het gaat om het bestrijden van de klimaatcrisis zal het recht veel meer het voortouw moeten nemen. Terwijl in de afgelopen decennia sprake was van het reguleren van het bestaande door het in te kaderen en in het uiterste geval te verbieden, zal het in de komende tijd gaan om het transformeren van het bestaande naar iets anders, iets nieuws. Het recht zal op betrekkelijk korte termijn een ingrijpende verandering van de samenleving tot stand moeten brengen, terwijl die samenleving zelf nog maar nauwelijks zicht heeft op die transformatie en de gevolgen ervan.

8 Van milieurecht naar klimaatrecht

Mijn stelling is dan ook dat we op een belangrijk kantelpunt staan waar het gaat om de ontwikkeling van het milieurecht. In de komende 25 jaar is sprake van een dubbele opgave. Niet alleen blijft de noodzaak tot regulering en verbetering van de bestaande milieucomponenten bestaan, maar tegelijkertijd moet een scherpe bocht worden ingezet om de klimaatcrisis een halt toe te roepen. Dat klimaatrecht stelt andere eisen dan we gewend waren. Een sterkere regie van de overheid is nodig. De overheid zal duidelijk richting moeten geven aan de verandering die noodzakelijk is. Wetgeving zal een meer dwingend karakter moeten krijgen. Rechten van burgers en bedrijven zullen sterker aangetast moeten worden. Burgers en bedrijven zullen in hun vrijheid worden beperkt. Procedures zullen verkort en versneld moeten worden. Hetzelfde geldt voor de rechtsbescherming. De rechter zal weer eerder de kant van de overheid kiezen als het erop aankomt noodzakelijke maatregelen groen licht te geven. Onze manier van leven zal ingrijpend veranderen, onder meer waar het gaat om consumptie, mobiliteit, energiegebruik en voedsel. Ons economisch model zal anders worden en het landgebruik zal gewijzigd moeten worden. Bijna te veel om op te noemen. Dat alles zal niet vanzelf gaan, maar door de overheid, inclusief de rechter, gestuurd moeten worden.

Gaat dat allemaal lukken? Er zijn tal van redenen om daar niet erg optimistisch over te zijn. Nederlanders zijn een conservatief volkje, dat snel terugschrikt voor veranderingen. Tevens zijn we een volk dat niet gemakkelijk de instructies van de overheid opvolgt. We weten het allemaal zelf beter. De bescherming van verkregen rechten staat hier hoog in het vaandel, ook bij de rechter. We zijn gewend te zoeken naar consensus, het liefst in een langdurig onderhandelingsproces dat ook wel 'polderen' wordt genoemd. Lukt die consensus niet, dan ligt polarisatie op de loer. Allemaal redenen waarom de transformatie niet soepel en gemakkelijk zal verlopen.

Toch zal de bocht, al dan niet met horten en stoten, genomen moeten worden en daarom ook genomen worden. Er zijn een paar omstandigheden die perspectief bieden. In de eerste plaats het feit dat Nederland het niet alleen hoeft te doen, maar door Europa uit de wind wordt gehouden. Op eigen kracht zouden we deze transitie waarschijnlijk nooit tot stand kunnen brengen, maar het helpt zeer dat de Europese Unie de noodzaak van bestrijding van de klimaatcrisis onderkent en bereid is daarop te acteren. Verder kunnen we hoop putten uit het feit dat dit lage land één van de eerste zal zijn waar de gevolgen van klimaatverandering en zeespiegelrijzing manifest zullen worden. Verwacht mag worden dat het gevoel dat actie onvermijdelijk is juist hier onderkend zal worden. En verder beschikken we over voldoende financiën en innovatief ondernemersvermogen om de noodzakelijke veranderingen tot stand te brengen.

9 De milieujurist van de toekomst

Voor de milieujurist, de jurist die milieu- en klimaatbeleid voorbereidt, die wet- en regelgeving ontwerpt, die met de uitvoering belast is, die als rechtshulpverlener of als rechter met het milieurecht te maken heeft, wordt de wereld er dus niet gemakkelijker op, maar waarschijnlijk wel interessanter. Ik verwacht dat er nog meer dan nu op het scherp van de snede zal worden gediscussieerd en gestreden. Laten we dat gevecht maar aangaan en zien waar het eindigt. Over veertig jaar praten we dan verder.

5   Veertig jaar VMR: twee generaties over de ontwikkeling van het milieurecht

Rieneke Jager, Tessa Rötscheid, Annick van der Harten[1]

Rosa Uylenburg: *'Wees kritisch, daar kan het alleen maar beter van worden.'*

Ter ere van veertig jaar VMR spreekt mr. Annick van der Harten, als lid van de werkgroep VMR Jong, met prof. mr. Rosa Uylenburg. Beiden zijn actief in het milieurecht: zo behoorde Rosa in 1986 tot de eerste rechtenstudenten die het vak milieurecht volgden. Annick is nu circa twee jaar werkzaam als bestuurs- en omgevingsrechtjurist en gaat met Rosa in gesprek over hun kennismaking met de VMR, het vakgebied en de verschillen en overeenkomsten tussen toen en nu.

Annick: Hoe ben je bij je keuze voor het milieurecht gekomen?
Rosa: In 1981 ben ik begonnen met mijn rechtenstudie aan de Universiteit van Amsterdam (UvA). Daar werd het vak milieurecht door prof. mr. N.S.J. (Niels) Koeman gegeven en ik besloot dat te gaan volgen. De vakinhoud was toen anders dan nu: het woord omgevingsrecht bestond bijvoorbeeld nog niet. Ook de klimaatdoelstellingen maakten geen onderdeel uit van de colleges. Het milieurecht zoals we dat toen kenden ging hoofdzakelijk over het recht op nationaal niveau. Dat recht was sectoraal opgebouwd met aparte wetten over bijvoorbeeld de bescherming van de kwaliteit van het oppervlaktewater, over luchtkwaliteit en geluidhinder.

Als ik het goed begrijp, was het milieurecht dus gericht op de nationale problemen. Was er dan helemaal geen aandacht voor de mondiale klimaatverandering?
Jawel hoor, daar was zeker aandacht voor. De milieuwetgeving in Nederland is eind jaren zestig/zeventig sterk ontwikkeld. Daarvoor hadden we alleen de algemene Hinderwet. Die ontwikkeling was sectoraal opgebouwd: de meest urgente milieuproblemen werden eerst aangepakt. Zo werd bijvoorbeeld in de jaren tachtig van de vorige eeuw eerst een Interimwet bodemsanering gemaakt om de bestaande bodemverontreiniging aan te pakken en is daarna pas een Wet bodembescherming gemaakt. Daarna is de weg naar integratie van milieuwetgeving ingeslagen. Van integratie met ruimtelijke ordening en natuurwetgeving was nog geen sprake.

---

[1] Prof. mr. R. Uylenburg is voormalig voorzitter van de VMR en werkt als Staatsraad bij de Afdeling bestuursrechtspraak van de Raad van State. Mr. A.M.J. van der Harten werkt als jurist bij Catch Legal. Het gesprek en de bijdrage zijn samen met mr. T. Rötscheid, advocate (algemeen) bestuursrecht en omgevingsrecht bij Soppe Gundelach advocaten en mr. R.A. Jager, advocate Energierecht bij Newground Law tot stand gekomen.

Dat doet mij afvragen, onze generatie kampt met andere, voor ons gevoel grote (milieu)opgaven, zoals de stikstofproblematiek en de energietransitie. Het voelt dan af en toe alsof de problemen waar we nu tegen aanlopen groter zijn dan ooit. Voelde de problematiek van vroeger ook zo groot?
Vroeger waren er ook grote opgaven. De grotere vraagstukken in de beginjaren van het milieurecht waren sterke verontreiniging van water, lucht en bodemverontreiniging. Bij dat laatste denk ik meteen aan het gifschandaal in Lekkerkerk.[2] Dat zegt jullie misschien minder, maar dat kende iedereen. Onder een nieuwbouwwijk bleken vaten gif in de grond te zitten. Het probleem van bodemverontreiniging bleek groot in Nederland en leek, vanwege de hoge kosten van sanering, bijna onoplosbaar. Toch is het probleem door wetgeving, grote inspanningen en veel geld opgelost. Daarvoor zijn er hele spannende wetgevings- en uitvoeringstrajecten nodig geweest.

Dat werkt nu ook nog steeds door. Het bodemonderzoek is nu een standaard onderdeel van projectontwikkeling: het is een soort 'tick the box' geworden. Nu weten we dus ook waarom. Daarbij vraag ik me nog af, je zegt net dat de wetgever de bodemproblematiek uiteindelijk heeft aangepakt en opgelost. Hoe zie je dit voor de problematiek die nu speelt?
Ik ben optimistisch en denk dat ook de huidige opgaven oplosbaar zijn, net als het probleem van de bodemverontreiniging. Neem bijvoorbeeld de stikstofproblematiek; dat is mijns inziens een oplosbaar probleem. Het is alleen wel nodig dat keuzes gemaakt worden. De wetgever moet daarin de regie pakken. Op de een of andere manier lijkt het wel of we daar vroeger beter toe in staat waren dan nu. Of we de klimaatverandering op tijd kunnen afremmen is wel een grote zorg bij mij.

Dat denk ik ook. Het is belangrijk om knopen door te hakken. We willen (moeten) ontwikkelen, maar het mag dan weer niet ten koste gaan van het klimaat en de natuur. Dat is de paradox waar we nu mee te maken hebben en daarin moeten we op zoek naar een realistische oplossing. Misschien moeten we daarbij accepteren dat dit waarschijnlijk ook ongemak met zich mee zal brengen.
Het geldt niet alleen voor de stikstofproblematiek. In het tegengaan van de klimaatverandering heeft de wetgever ook een belangrijke taak. Er gaat veel aandacht uit naar de mogelijkheden van de rechterlijke macht, maar die is in die zin beperkt dat een rechter alleen overheden en particulieren kan aansporen te doen waar ze zichzelf aan gebonden hebben. Hiervan is een goed voorbeeld de Klimaatzaak Urgenda.[3]

Een ander onderwerp: we zitten hier natuurlijk ter ere van veertig jaar VMR. Hoe ben je daarmee in aanraking gekomen?
Na mijn studie ben ik met de VMR in aanraking gekomen. De vereniging trok mij omdat het echt een kennisplatform is voor mensen die binnen het milieurecht

---

2   Een nieuwbouwwijk in Lekkerkerk (Zuid-Holland) bleek in 1980 op sterk verontreinigde grond te zijn gebouwd. Het was het eerste grote Nederlandse gifschandaal.
3   In de Klimaatzaak Urgenda werd door de Hoge Raad aan de Staat het rechterlijk bevel gegeven om de uitstoot van broeikasgassen eind 2020 met ten minste 25 procent te verminderen ten opzichte van 1990, zie HR 20 december 2019, ECLI:NL:HR:2019:2006.

werkzaam zijn. Het is bedoeld om kennis te delen en als jonge onderzoekster aan de UvA ging ik vaak naar de door de VMR georganiseerde studiedagen.

Is het uitwisselen van kennis dan ook de meerwaarde van de VMR?
Het leuke aan de VMR is natuurlijk de kennis die je er op je eigen specifieke onderdeel van het vakgebied opdoet, maar dat is het niet alleen. Ga gewoon naar alles toe. Het hoeft daarbij niet speciaal op jouw onderwerp of thema te zien, juist niet. Ontmoet vooral andere mensen. De meerwaarde is juist dat je niet alleen mensen uit je eigen vakgebied ontmoet, maar ook uit andere vakgebieden. Daarnaast ontmoet je juristen die werkzaam zijn bij andere organisaties, zoals de overheid, de wetenschap en de rechtspraak. De VMR is altijd vrij toegankelijk geweest.

Merk je dan nog verschil in de samenstelling van de leden van de VMR met vroeger?
Naar de studiedagen kwamen vroeger minder advocaten dan nu en dan waren dat voornamelijk advocaten van kleinere kantoren. Daarnaast was het aandeel wetenschappers vroeger groter dan nu. Dat lijkt vandaag de dag anders.

Mijn ervaring is toch dat nu een groot deel van de aanwezigen vooral advocaten zijn bij (middel)grote kantoren.
Ik denk dat de wetenschap en de advocatuur elkaar kunnen versterken. Vandaag de dag zijn er ook steeds meer advocaten die wetenschappelijke artikelen publiceren, naast hun werk als advocaat. De VMR kan de plek zijn waar de advocatuur en de wetenschap elkaar ontmoeten.

Denk je dat er binnen de VMR ook uitwisseling van kennis moet zijn tussen de jongere en oudere milieurechtjuristen en -advocaten?
De VMR moet zo veel mogelijk een afspiegeling zijn van de maatschappij. Het is heel goed dat jongere en oudere deskundigen elkaar ontmoeten en samen denken over oplossingen. Een oudere deskundige heeft misschien veel ervaring, maar jongere mensen zijn vaak inventief.

Daarvoor biedt de relatief nieuwe VMR Jong-werkgroep ook een hele leuke aanvulling op de activiteiten van de VMR. Dit is echt een platform voor de jongere leden om elkaar te leren kennen, ervaringen uit te wisselen en van elkaar te leren. In dat kader: zijn er nog zaken die de jonge generatie juristen en advocaten kan bijdragen aan de kwaliteit van het milieurecht?
Aan de nieuwe generatie milieurechtjuristen en -advocaten zou ik mee willen geven kritisch te zijn, daar kan het alleen maar beter van worden. Het is goed om kritisch te zijn zowel over regelgeving als over de uitspraken van rechters.

Ik heb er vertrouwen in dat onze generatie juristen mondig kan zijn. Daarvoor is wel belangrijk dat we van ons laten horen en niet alleen onderling uitspreken wat we vinden. Dit moet ook en juist naar de beslissingmakers toe. We moeten die kritische vragen durven te stellen en minder twijfelen aan onszelf.
Ik ben het daar graag mee eens. Maar zorg er daarnaast voor dat binnen een vereniging als de VMR in openheid kennis en ideeën worden gedeeld, juist ook met

mensen die anders over dezelfde problematiek denken. Daar kun je alleen maar beter van worden.

Volgens mij kunnen we een voorbeeld nemen aan jou en aan andere topvrouwen in het vak. Ik denk daarbij dat het onnodig is om overambitieus te zijn. Zolang je goed bent in wat je doet en de keuzes en gebeurtenissen om je heen durft te blijven bevragen, dan kom je er wel.

6 Een halve eeuw na 'Stockholm': over het luiden van de noodklok met de VMR als veilige haven

Marjan Peeters[1]

1 Vijftig jaar geleden: het ontstaan van het internationale milieubeleid en -recht

Het veertigjarige bestaan van de Vereniging voor Milieurecht op 30 september 2022 is een mooi moment om de beoefening van het nationale milieurecht vanuit een internationaal en Europees perspectief te bekijken. Dit nationale milieurecht is essentieel om de op supranationaal niveau tot stand gekomen harde en zachte rechtsnormen[2] te verwezenlijken. Maar de nationale rechtsorde is ook de plek waar de normen pijn kunnen doen, doordat hier de effecten van maatregelen vaak geconcretiseerd moeten worden. Ook vanuit mijn praktijkervaring erken ik dat het moeilijker is om milieunormen *toe te passen* dan ze *te ontwikkelen*. Een vereniging zoals de VMR is daarom essentieel: niet alleen om door discussie met elkaar het complexe en qua normenconglomeraat groeiende internationale en Europese milieurecht te begrijpen en de mogelijke uitwerking in het nationale recht te doorgronden, maar ook om steun te bieden aan degenen die de normen daadwerkelijk moeten toepassen in onze nationale rechtsorde. Dit zijn niet alleen de juristen werkzaam bij de overheid, zoals vergunningverleners en handhavers, maar in feite alle juristen die bijdragen aan de daadwerkelijke vertaling en toepassing van milieunormen – ook de juristen adviserend aan bedrijven, en juristen dienend in de staande en rechterlijke macht.

Een stevig nationaalrechtelijk kader is evident nodig voor effectieve milieubescherming. Maar, zoals voormalig premier van Zweden Olof Palme reeds vijftig jaar geleden benadrukte in zijn rede voor de Stockholm-conferentie van de Verenigde Naties, ook internationale samenwerking.[3] Het nationaalrechtelijke milieukader wordt gevoed én deels versterkt door ontwikkelingen op internationaal en EU-niveau. Echter, de precieze invloed van met name het internationale milieurecht op het nationale

---

[1] Prof. dr. M. Peeters is werkzaam als hoogleraar milieubeleid en recht bij Maastricht University.
[2] Een voorbeeld van zachte normen zijn de beginselen opgenomen in de *Rio Declaration on Environment and Development*, beschikbaar via www.un.org/en/conferences/environment/rio1992 en de United Nations Guiding Principles on Business and Human Rights ondersteund door de VN Mensenrechtencommissie op 16 juni 2011 en beschikbaar via www.ohchr.org/sites/default/files/Documents/Publications/GuidingPrinciples BusinessHR_EN.pdf.
[3] Zie deze video van de openingsrede gehouden op 6 juni 1972: www.youtube.com/watch?v=y0-kONrKS78. Zie voor de Stockholm-conferentie: www.un.org/en/conferences/environment/stockholm1972.

milieurecht is niet eenvoudig te duiden. Dit komt door het vaak vage en zachte karakter van internationale normen, en het ontbreken van gezaghebbende internationale instanties die de internationale normen concretiseren, laat staan afdwingen. De formulering van een rijk palet aan milieubeginselen in de in 1992 aangenomen Riodeclaratie,[4] en het benadrukken van het – ambigue – concept 'duurzame ontwikkeling', heeft het verergeren van mondiale milieuproblemen, zoals klimaatverandering en biodiversiteitsverlies, niet kunnen voorkomen. Ik denk dat het vele VMR-leden droef stemt dat na vijftig jaar internationaal milieubeleid en ondanks de honderden milieuverdragen, niet een veel betere bescherming is bereikt.

Cruciaal voor een ambitieus internationaal milieurecht is de bereidheid van staten om zich te committeren aan harde en heldere milieudoelen. Echter, zoals in een recent geactualiseerd handboek werd gesteld 'If international agreements are weak, it is because states want them to be weak'.[5] Of, in de woorden van Olof Palme uitgesproken in 1972: 'How much national sovereignty are we (...) prepared to give up in the interest of interdependence and international solidarity?'[6] Helaas, nog steeds monden internationale milieu-onderhandelingen uit in zachte doelen, vage afspraken, of informele declaraties. Toch kunnen ook vage en/of zachte normen doorwerken in (ten minste sommige) nationale rechtstelsels, waaronder in Nederland. Met andere woorden: zonder het internationale milieurecht/-beleid zou het milieu naar alle waarschijnlijkheid slechter af zijn, en ook zachte normen verdienen bespreking in nationale rechtsordes, juist ook om na te gaan hoe concretisering zou kunnen, en wat dat zou betekenen. Als daar meer inzicht in ontstaat, kan op internationaal niveau meer bereidheid ontstaan om de normen te codificeren. *Soft law* kan *hard law* worden. En, gelet op de lastige verhoudingen tussen landen in deze wereld, moet men de mogelijkheid van dialoog die plaatsvindt in het kader van verdragen – uitmondend in bijvoorbeeld politieke verklaringen tijdens een bijeenkomst van de partijen – niet te negatief afschilderen. Het tot stand brengen van een constructieve dialoog tussen verdragspartijen, binnen een kader van wetenschappelijke data over de milieuproblematiek, is iets om te bevorderen, en is een eerste stap op weg naar aanpak van mondiale milieuproblemen.

2 Ambitie en moeilijke keuzes in de nationale rechtsorde

Bij een tegenvallende internationale milieu-ambitie komt het aan op het vermogen in nationale rechtsordes om de noodzakelijke milieubescherming te realiseren. Ook Nederland ziet zich gesteld voor grote milieu-opgaves, die complex zijn in zo'n klein, dichtbevolkt land met veel nadruk op economisch profijt. En ondanks de vele media-aandacht voor klimaatverandering en andere milieuproblemen, blijkt dat eigen verantwoordelijkheid op te kleine schaal wordt genomen. De grote drukte op

---

4 Zie hiervoor, voetnoot 2.
5 Alan Boyle & Catherine Redgwell, *Birnie, Boyle & Redgwell's International Law and The Environment*, Oxford University Press 2021, vierde druk, p. 13.
6 Zie hiervoor, voetnoot 2.

Schiphol in het voorjaar van 2022 – net nadat het reizen na een spannende coronaperiode weer ruim mogelijk werd – illustreert dat blijkbaar nogal wat Nederlandse burgers niet bereid zijn om andere, minder belastende vormen van vakantievertier te vinden. Ook in mijn eigen werkomgeving bespeur ik vooralsnog te weinig ambitie om een doortastend universitair beleid door te voeren voor de reductie van vliegemissies.[7]

Dit voorbeeld van het sterk toenemende vliegverkeer in dit jubileumjaar illustreert dat de maatschappij bindende normen nodig heeft. Het appèl 'Een beter milieu begint bij jezelf' blijkt onvoldoende effectief. Milieurecht is nodig. Maar lukt het nationale politici om voldoende ambitieuze normen te stellen? En wat zijn eigenlijk de juiste normen? Laten we eerlijk zijn: de discussies zijn complex, en eenvoudige oplossingen zijn er vaak niet. En, belangrijk: in hoeverre kunnen nationale rechters de hiaten vullen?

3 De rijke milieu-ambitie doch beperkte handhavingsmacht van de Europese Unie

Gelukkig heeft de Europese Unie een belangrijk pakket aan milieunormen ontwikkeld op het terrein van lucht, water, natuur, klimaat, en zo meer. Een van de pijlers is inderdaad de stevige juridische bescherming van het Natura 2000-netwerk – en dit jaar vieren we ook het dertig jarig jubileum van de Habitatrichtlijn![8] Op EU-niveau zijn recent vele vernieuwingen voorgesteld, zoals een maatregel om van het bedrijfsleven meer zorgvuldigheid voor het milieu te verlangen, met name ook voor activiteiten buiten de EU,[9] een bepaling dat burgers gezondheidsschade moeten kunnen verhalen,[10] en een aanscherping van de klimaatwetgeving erop gericht om in 2030 meer emissiereducties te realiseren nadat in 2021 het doel van klimaatneutraliteit is vastgelegd in de Europese klimaatwet.[11]

---

7 Vandaar deze oproep in mijn blog: www.maastrichtuniversity.nl/blog/2021/05/dare-be-leader-do-not-take-next-flight, 27 mei 2021.

8 Richtlijn 92/43/EEG van de Raad van 21 mei 1992 inzake de instandhouding van de natuurlijke habitats en de wilde flora en fauna.

9 Voorstel voor een Richtlijn van het Europees Parlement en de Raad inzake passende zorgvuldigheid in het bedrijfsleven op het gebied van duurzaamheid en tot wijziging van Richtlijn (EU) 2019/1937, Brussel, 23.2.2022, COM(2022) 71 final.

10 Zie art. 79a in het voorstel van 5 april 2022 voor aanpassing van de Richtlijn industriële emissies (Proposal for a directive of the European Parliament and of the Council amending Directive 2010/75/EU of the European Parliament and of the Council of 24 November 2010 on industrial emissions (integrated pollution prevention and control) and Council Directive 1999/31/EC of 26 April 1999 on the landfill of waste; vreemd genoeg nog niet in Nederlandse versie beschikbaar op 16 mei 2022.

11 Verordening 2021/1119 van het Europees Parlement en de Raad van 30 juni 2021 tot vaststelling van een kader voor de verwezenlijking van klimaatneutraliteit, en tot wijziging van Verordening (EG) nr. 401/2009 en Verordening (EU) nr. 2018/1999 ('Europese klimaatwet'); in het voorjaar van 2022 zijn diverse voorstellen van de Commissie aanhangig tot aanscherping van de Europese klimaatwetgeving.

De Europese Unie is bovendien vaak een belangrijk scharnier tussen het internationale en het nationale recht, door in EU-wetgeving het internationale recht te implementeren zodat deze in geharmoniseerde vorm bindend wordt voor de lidstaten – maar dit lukt niet altijd. Bekend is de politieke onmacht binnen de Europese Unie om een richtlijn tot stand te brengen met betrekking tot het recht op toegang tot de nationale rechter om milieurechtelijke normschendingen aan te vechten.[12] Gelukkig is in diverse sectorale milieurichtlijnen toegang tot de rechter geregeld, zoals in de Richtlijn industriële emissies[13] en in de Richtlijn milieuaansprakelijkheid.[14] Een bepaling over toegang tot de rechter ontbreekt niettemin in cruciale klimaatwetgeving, zoals de EU ETS-richtlijn[15] (bijvoorbeeld met betrekking tot de broeikasgasemissievergunning) en de Verordening inzake de inspanningsverdelingsbeschikking[16] (bijvoorbeeld met het oog op het verschaffen van een mogelijkheid om naleving van de lidstatelijke reductieverplichtingen af te dwingen). Directe toegang tot de EU-rechter voor milieuorganisaties en individuele burgers is zo beperkt dat deze praktisch niet bestaand is, hetgeen met betrekking tot burgers nog eens bevestigd is in de klimaatzaak Armando Ferrao Carvalho en anderen v. Europees Parlement en de Raad, in zaak C-565/19 uitgesproken op 25 maart 2021.[17] Wel is met een verordening van 6 oktober 2021 de zogenoemde Aarhus-verordening aangepast zodat er een ruimere mogelijkheid is om een heroverweging te vragen van op EU-niveau genomen (uitvoerings)besluiten, waaronder ook besluiten met een algemene strekking.[18] Tegelijkertijd vinden burgers (en in toenemende mate ook milieuorganisaties)

---

12 Dit betreft implementatie van art. 9 lid 3 van het Verdrag van Aarhus. Belangrijk is evenwel de rol van het Hof van Justitie, dat de noodzaak om toegang te verlenen tot de rechter stevig benadrukt, zie zaak C-240/09 (Lesoochranárske zoskupenie vlk v. Ministerstvo životného prostredia Slovenskej republiky), ECLI:EU:C:2011:125, waarin de nationale rechter wordt opgeroepen om het nationale procesrecht zo veel mogelijk in overeenstemming met de doelstellingen van art. 9 lid 3 van het Verdrag van Aarhus 'als de effectieve rechterlijke bescherming van de door het recht van de Unie verleende rechten uit te leggen' zodat een milieuvereniging in staat wordt gesteld op te komen tegen een beslissing die in strijd zou kunnen zijn met het milieurecht van de Unie.
13 Richtlijn 2010/75/EU van het Europees Parlement en de Raad van 24 november 2010 inzake industriële emissies (geïntegreerde preventie en bestrijding van verontreiniging), artikel 25 (Toegang tot de rechter).
14 Richtlijn 2004/35/EG van het Europees Parlement en de Raad van 21 april 2004 betreffende milieuaansprakelijkheid met betrekking tot het voorkomen en herstellen van milieuschade, artikel 13.
15 Richtlijn 2003/87/EG van het Europees Parlement en de Raad van 13 oktober 2003 tot vaststelling van een regeling voor de handel in broeikasgasemissierechten binnen de Gemeenschap en tot wijziging van Richtlijn 96/61/EG van de Raad.
16 Verordening (EU) nr. 2018/842 van het Europees Parlement en de Raad van 30 mei 2018 betreffende bindende jaarlijkse broeikasgasemissiereducties door de lidstaten van 2021 tot en met 2030 teneinde bij te dragen aan klimaatmaatregelen om aan de toezeggingen uit hoofde van de Overeenkomst van Parijs te voldoen, en tot wijziging van Verordening (EU) nr. 525/2013.
17 HvJ EU 25 maart 2021, C-565/19, ECLI:EU:C:2021:252.
18 Verordening (EU) nr. 2021/1767 van het Europees Parlement en de Raad van 6 oktober 2021 tot wijziging van Verordening (EG) nr. 1367/2006 betreffende de toepassing van

in Europa de weg naar 'Straatsburg' – om zo te trachten toch meer milieubescherming te bereiken bij het Europese Hof voor de Rechten van de Mens.

Dergelijke procedures te Straatsburg zouden niet of minder nodig zijn, indien de Europese Commissie in voldoende mate het EU-milieurecht zou *handhaven* richting lidstaten. Anders dan op internationaal niveau, waar vaak op dialoog georiënteerde 'compliance committees' zijn ingesteld, beschikt het EU-recht wel over enkele mogelijkheden om te handhaven, zoals het opleggen van boetes door het Hof van Justitie ingeval lidstaten in gebreke blijven. Maar ook hier duikt de vraag op hoe sterk deze op de 'rule of law' gebouwde Europese handhavingsmogelijkheid is. Een doorbijtende Commissie – en in geval dat dit terecht is, gesteund door een Hof van Justitie met boetes – kan leiden tot barsten of zelfs scheuren in het nationale draagvlak voor de EU. De huiver om meer soevereiniteit af te staan blijkt ook uit de beperkte wil van lidstaten om meer bevoegdheden te geven aan bijvoorbeeld een Europese handhavingsinstantie, of om meer bindende bepalingen te aanvaarden die de controle en handhaving van het milieurecht zouden harmoniseren in de Europese Unie.[19] Dit gat aan normen over hoe te controleren en handhaven moet dan dus ook gevuld worden door nationale wetgeving en rechtspraak.

4   VMR: geef aandacht aan de dilemma's van het klokkenluiden …

Terwijl het al een uitdaging is om op internationaal en EU-niveau ambitieuze milieunormen tot stand te brengen, is het nog moeilijker om die doelen te verwezenlijken – en dat moet met name in de nationale rechtsordes gebeuren. Toch is het niet zo dat er op EU-niveau niets gebeurt met betrekking tot het versterken van de normen voor inspectie en handhaving. In deze bijdrage wil ik stilstaan bij een cruciaal en actueel onderwerp voor de uitvoeringspraktijk, en dat betreft de bescherming van klokkenluiders, met name waar het gaat om juristen werkzaam bij overheid en bedrijven die potentiële schendingen van het (Europese) milieurecht aan de orde willen stellen. Dit klokkenluiden kan bijvoorbeeld gaan over het intern wegkijken bij overtredingen met potentiële milieu- of gezondheidsschade, maar ook over het bewust te rooskleurig opstellen (of niet actualiseren) van normen en milieuvergunningen. Naar mijn mening is de aandacht voor een verbeterde positie van klokkenluiders op het terrein van het milieurecht vooralsnog te beperkt.

---

    de bepalingen van het Verdrag van Aarhus betreffende toegang tot informatie, inspraak bij besluitvorming en toegang tot de rechter inzake milieuaangelegenheden op de communautaire instellingen en organen.

19   Zie overigens art. 24 van de Richtlijn industriële emissies met bepalingen zoals een openbaarheidsverplichting inzake inspectierapporten.

Inmiddels heeft de EU een richtlijn[20] aangenomen die als 'a world leading example of empowering public voices' is gekwalificeerd.[21] Deze richtlijn verplicht lidstaten om in hun rechtsordes bescherming aan klokkenluiders te bieden, met name als het gaat om kwesties met betrekking tot schending van EU-recht, zoals het Europese milieurecht. Momenteel is de richtlijn nog niet geïmplementeerd in Nederlandse wetgeving (en overigens is er vertraging in vele lidstaten…)[22] ook al is de uiterste termijn voor transpositie overschreden.[23] De Europese Commissie heeft Nederland in gebreke gesteld bij brief van 27 januari 2022.[24] Dit is zorgelijk, omdat de klokkenluidersregeling vooral wordt gezien als een instrument om de *handhaving* van het (Europese) milieurecht te versterken.[25]

Naast de klokkenluidersbescherming is er een andere belangrijke ontwikkeling in het milieurecht die kan bijdragen aan het tegengaan of ontdekken van normontduikingen, en dat is de steeds ruimere verplichting om milieu-informatie te openbaren.[26] Interessant is bijvoorbeeld deze Europese website met informatie over emissiegegevens, vergunningsinformatie en inspecties: www.industry.eea.europa.eu. Ik kan me zelfs voorstellen dat juist het ontduiken van milieu-informatieverplichtingen (zoals het onjuist rapporteren van emissies) iets is waarvoor klokkenluiders willen waarschuwen. Qua internationaal recht is daar – althans in beperkte mate – aandacht aan besteed, namelijk in het PRTR-protocol[27] bij het Verdrag van Aarhus. Dat stelt in artikel 3 lid 2:

---

20 Richtlijn 2019/1937 van het Europees Parlement en de Raad van 23 oktober 2019 inzake de bescherming van personen die inbreuken op het Unierecht melden.

21 Vigjilenca Abazi, 'Whistleblowing in the European Union', *Common Market Law Review* 58: 813-850, 2021, citaat p. 813.

22 Zie: www.polimeter.org/en/euwhistleblowing of deze website: www.whistleblowingmonitor.eu/. Beide websites zijn bezocht op 24 mei 2022, waarbij overigens verschil in rapportages op deze websites werd geconstateerd.

23 Ten tijde van het afronden van deze publicatie op 23 mei 2022. Zie brief van de Minister van Buitenlandse Zaken aan de Voorzitter van de Eerste Kamer der Staten-Generaal Den Haag, 29 april 2022, https://zoek.officielebekendmakingen.nl/kst-1028108.pdf. Op 15 april 2022 is door Kamerlid Omtzigt een initiatiefnota ingediend met vijftien voorstellen tot aanpassing, met het doel om de bescherming van klokkenluiders beter te borgen.

24 Zie bijlage bij *Kamerstukken II* 2021/22, 35851, nr. 8, datum publicatie 14 februari 2022 https://zoek.officielebekendmakingen.nl/blg-1017529.pdf.

25 Zie art. 1 van de richtlijn.

26 Zie daarover eerder mijn opinie 'Minder geheimhouding, meer milieubescherming', *M en R* 2018/63, p. 361.

27 In de EU geïmplementeerd door Verordening (EG) nr. 166/2005 van het Europees Parlement en de Raad van 18 januari 2006 betreffende de instelling van een Europees register inzake de uitstoot en overbrenging van verontreinigende stoffen en tot wijziging van de Richtlijnen 91/689/EEG en 96/61/EG van de Raad. Zie ook het Kyiv Protocol on Pollutant Release and Transfer Registers, https://unece.org/env/pp/protocol-on-prtrs-introduction.

'Elke Partij neemt de noodzakelijke maatregelen om verplicht te stellen dat werknemers van een faciliteit en leden van het publiek die bij overheidsinstanties aangifte doen van een schending door een faciliteit van de nationale wetten die dit Protocol uitvoeren, niet worden gestraft, vervolgd of op enige wijze worden gehinderd door die faciliteit of door overheidsinstanties wegens het feit dat zij aangifte hebben gedaan.'

Het Verdrag van Aarhus geeft een algemenere bescherming in artikel 3 lid 8, dat luidt:

'Elke Partij waarborgt dat personen die hun rechten uitoefenen overeenkomstig de bepalingen van dit Verdrag niet worden gestraft, vervolgd of op enige wijze gehinderd wegens hun betrokkenheid. Deze bepaling laat onverlet de bevoegdheden van de nationale rechter om in een rechtsgeding redelijke kosten toe te wijzen.'

Het is van belang na te gaan of de EU-richtlijn inzake klokkenluidersbescherming voldoende bescherming biedt zoals wordt voorgeschreven door het PRTR-protocol dan wel het Verdrag van Aarhus, en of deze bescherming – zoals juridisch verplicht is – ook daadwerkelijk voldoende effectief is voor klokkenluidersbescherming.[28] En helaas, een kritische analyse van de richtlijn en van het concept 'klokkenluider' leert dat het geven van daadwerkelijke effectieve bescherming geen sinecure is.[29] Hier ligt nog een enorme uitdaging en de VMR is een uitstekend forum om daarover discussie te voeren, ook over de implementatie in Nederland. Dit kan worden opgesplitst in drie fundamentele vragen:

– Wanneer is er sprake van een inbreuk op het Europese milieurecht en valt die onder de reikwijdte van de EU-richtlijn inzake klokkenluiders?[30]
– Is de bescherming voor diegene die de inbreuk wil melden conform de klokkenluidersregeling, daadwerkelijk effectief?
– Is er meer nodig om ervoor te zorgen dat kwesties inzake schendingen van het Europese en ook het nationale milieurecht over het voetlicht zullen worden gebracht in Nederland, zonder dat de terechte boodschapper daar nadeel van ondervindt?

---

28 In ieder geval is de EU-richtlijn ruimer, namelijk werknemers bij overheidsorganisaties worden beschermd, terwijl dit niet expliciet wordt genoemd in het PRTR-protocol. De bepaling in het Verdrag van Aarhus lijkt ook beperkt in omvang, namelijk beperkt tot 'personen die hun rechten uitoefenen overeenkomstig de bepalingen van dit Verdrag', zie het in de hoofdtekst aangehaalde art. 3 lid 8.
29 Abazi, o.c.: 'the experience of most whistleblowers is quite devastating: their lives and especially their professional prospects are often shattered', p. 826.
30 Een klokkenluider kan de noodklok pas luiden indien er redelijke vermoedens zijn dat er een schending van Europees milieurecht aan de orde is of zeer waarschijnlijk zal plaatsvinden. Zie art. 5 van de richtlijn voor de definitie van 'inbreuken' en 'informatie over inbreuken'.

Gelet op het overbekende uitvoerings- en handhavingstekort in het milieurecht is er alle aanleiding te bespreken hoe de internationaal en Europeesrechtelijk geregelde bescherming van klokkenluiders het milieu helpt te beschermen, en welke specifieke juridische maatregelen in Nederland nog eventueel verder nodig zijn ter verbetering van het veilig kunnen luiden van de noodklok.

5 Afrondend

De notulen van de oprichtingsvergadering van de Vereniging voor Milieurecht illustreren dat er van meet af aan aandacht was voor de praktijk: er werd erkend dat het (uit wetenschappers bestaande) bestuur zeker uitgebreid zou kunnen worden met 'een of enkele praktiserende juristen'.[31] Nu, veertig jaar later, is de Vereniging voor Milieurecht een uitstekend forum voor milieurechtdeskundigen uit praktijk en wetenschap. Ondertussen is het internationale, Europese en nationale milieurecht sterk gegroeid, en de bescherming van het milieu is nog steeds van immens grote zorg. Voor effectief milieurecht is het van belang dat de VMR stevig blijft inzetten op het centraal stellen van de juridische dilemma's in de uitvoeringspraktijk, niet alleen door te bespreken hoe zachte internationale normen kunnen worden vertaald in (meer concrete) Europese en nationale harde normen, maar ook hoe normschendingen zo goed mogelijk kunnen worden ontdekt en aangepakt. Ook op dat punt, de bescherming van klokkenluiders, is internationaal en Europees recht ontstaan. Echter, vanwege de ingewikkelde milieuregelgeving is het niet altijd zo duidelijk wanneer er precies normschendingen zijn, ook dat is iets waaraan de VMR qua kennis, zoals het bespreken van jurisprudentie of fictieve casusposities, sterk kan bijdragen. Ik hoop dat de VMR de onmetelijk belangrijke rol van praktijkbeoefenaars van het milieurecht blijft steunen en hen als het ware een veilige haven biedt door discussies over juridische dilemma's inzake het identificeren van normschendingen, en het aanpakken c.q. melden daarvan, te (blijven) agenderen.

---

31 Verslag van de oprichtingsvergadering van de Vereniging voor Milieurecht op 30 september 1982 te Utrecht, p. 2, onder 4.

7 Waarom de Vereniging voor Milieurecht over veertig jaar drie keer zo groot zal zijn

Jola van Dijk en Ferry van de Coevering[1]

De Vereniging voor Milieurecht (VMR) bestaat dit jaar veertig jaar. De oprichting van de VMR past bij het opkomende milieubewustzijn vanaf de jaren zestig. In de jaren zeventig werd dit groeiende bewustzijn versterkt door het rapport *The limits to growth* van de Club van Rome.[2] De wereld zou door haar eigen groei en ongebreidelde gebruik van grondstoffen en uitstoot ten onder gaan. Dat is niet gebeurd. Wel groeide de VMR van 286 leden vlak na de oprichting in 1982 uit tot de bruisende vereniging van bijna 1.100 leden die zij vandaag de dag is. Ter ere van dit jubileum hebben wij een poging gedaan in vogelvlucht de milieurechtelijke uitdagingen van de komende veertig jaar te voorspellen. Aangezien die talrijk zullen zijn, verwachten wij een toename van het belang van milieurecht en een bijbehorende ledengroei van de VMR. Wij adviseren daarom bij deze de VMR in de toekomst op zoek te gaan naar grotere zalen voor haar bijeenkomsten.

1 Regulering en maatschappelijke druk

De wereld is de afgelopen decennia niet ten onder gegaan aan zijn eigen groei. Wel is de consumptie toegenomen, vliegt inmiddels iedereen de hele wereld over, is er veel sprake van kortetermijndenken en groeit de complexiteit van de klimaat- en milieuproblemen met iedere kennisstap die we zetten. Dat de voorspelling van de Club van Rome niet is uitgekomen heeft deels te maken met voortschrijdende technologie en een afvlakkende wereldbevolking, maar vooral met regulering en het maatschappelijke bewustzijn om verontreiniging terug te dringen. De afgelopen veertig jaar zijn nationaal en internationaal veel regels vastgesteld die via vergunningverlening, toezicht en handhaving direct sturen op milieubelastende activiteiten. Denk bijvoorbeeld aan de Wet verontreiniging oppervlaktewateren (1969) en de Wet bodembescherming (1986). Vervolgens zijn regels zoals de Wet op de accijns (1991), het Verdrag van Aarhus (1998) en de EG-Richtlijn Handel in broeikasemissierechten (2003) vastgesteld die via financiële middelen, inspraak en informatieverplichting druk leggen op processen die leiden tot milieubelasting.

---

1 Mr. drs. J.H.I van Dijk is werkzaam als directeur van Permiso, expertisecentrum vergunningen en winnares van de VMR Scriptieprijs 2012. Drs. F.P.T. van de Coevering is werkzaam als directeur van Het Vergunningenhuis.
2 D.H. Meadows, D.L. Meadows, J. Randers & W.W. Behrens III, *The Limits to Growth. A Report for THE CLUB OF ROME'S Project on the Predicament of Mankind*, New York: Universe Books 1972, www.clubofrome.org/publication/the-limits-to-growth/ (14 mei 2022).

Regulering en maatschappelijke druk gaan hand in hand. De politiek komt immers vaak pas in beweging nadat de wetenschap en publieke opinie duidelijk hebben gemaakt dat bepaalde regels echt nodig zijn. In dat kader is voor de komende veertig jaar belangrijk te onderkennen dat mensen assertiever worden, dat ze met informatie overspoeld worden en dat protestbewegingen vaker de gang naar de rechter weten te vinden. Sinds sociale media gemeengoed zijn geworden, heeft maatschappelijke druk een nieuwe dimensie gekregen. Iedere protestbeweging streeft ernaar dat hun berichten viral gaan, oftewel: massaal gedeeld worden op social media zodat hun schreeuw om aandacht door iedereen overal gehoord wordt en de druk op de politiek om in beweging te komen navenant toeneemt. Vooralsnog heeft maatschappelijke druk echter nog niet of nauwelijks invloed op de manier waarop de politiek omgaat met reeds verleende milieuvergunningen die formele rechtskracht hebben gekregen. Recent stelde staatssecretaris Hans Vijlbrief van Mijnbouw in een interview over de injecties van productiewater in lege gasvelden in Twente zelfs dat Nederland een bananenrepubliek wordt als eenmaal afgegeven vergunningen ingetrokken zouden worden.[3]

2   Juridische grenzen aan groei

Op grond van artikel 11, 191, 192 en 193 VWEU is milieubescherming een van de kerndoelen van de EU. Dit heeft in de afgelopen dertig jaar geleid tot een breed scala aan Europese richtlijnen ter bescherming van het milieu die er samen voor zorgen dat de EU een van de hoogste normen voor milieubescherming ter wereld kent.[4] Een van die Europese richtlijnen – de Habitatrichtlijn[5] – is de juridische aanleiding voor de stikstofcrisis waar Nederland nu in zit na de uitspraken van de Afdeling bestuursrechtspraak van de Raad van State (ABRvS) over het Programma Aanpak Stikstof (PAS).[6] Na beantwoording van zijn prejudiciële vragen door het Hof van Justitie van de Europese Unie[7] oordeelde de ABRvS dat de PAS niet als basis mag worden gebruikt voor toestemming voor activiteiten die extra stikstofuitstoot veroorzaken.

Onze verwachting is dat de komende veertig jaar steeds meer Europese afspraken ten aanzien van klimaat en milieu paal en perk zullen stellen aan de mogelijkheden

---

3   Deze uitspraak van staatssecretaris Vijlbrief is gedaan in De Hofbar, *Seizoen 7, aflevering 2, NAM zoekt een plek voor vervuild afvalwater*, Powned 2 februari 2022, www.npostart.nl/de-hofbar/02-02-2022/POW_05271233 (30 mei 2022). Deze uitspraak is vervolgens door Vijlbrief genuanceerd, zie bijvoorbeeld *Energeia*, 13 april 2022, 'Mijnbouwwet niet meer van deze tijd', https://energeia.nl/energeia-artikel/40101584/vijlbrief-mijnbouwwet-niet-meer-van-deze-tijd (22 mei 2022).
4   www.eur-lex.europa.eu/summary/chapter/environment.html?locale=nl&root_default=SUM_1_CODED=20 (14 mei 2022).
5   Richtlijn 92/43/EEG van de Raad van 21 mei 1992.
6   www.raadvanstate.nl/stikstof/ (14 mei 2022); ABRvS 29 mei 2019, ECLI:NL:RVS: 2019:1603 en ECLI:NL:RVS:2019:1604.
7   HvJ EU 7 november 2018, C-293/17, ECLI:EU:C:2018:882.

die de Nederlandse wetgeving biedt aan economische activiteiten. Sinds de Urgenda-uitspraak[8] van de Hoge Raad is immers duidelijk dat de overheid niet alleen via het bestuursrecht, maar ook via het civiele recht aan internationale afspraken gehouden kan worden.[9] Wij verwachten daarom dat de komende veertig jaar de juridische grenzen aan de economische groei steeds vaker bereikt zullen worden. Daardoor zullen er meer economische crises met chemischestoffennamen ontstaan als gevolg van jurisprudentie die de regering tot actie dwingt. De door staatssecretaris Vijlbrief zo treffend samengevatte juridische inflexibiliteit zal daarom naar verwachting ergens de komende veertig jaar noodgedwongen afgeschaft worden. De problemen rondom klimaat en milieu zijn allesbehalve voorbij, waardoor we ons als maatschappij nog flink zullen moeten aanpassen. Dat is zeer moeilijk – zo niet onmogelijk – zolang onherroepelijke milieuvergunningen in juridisch beton gegoten zijn. Daarmee behouden inrichtingen immers tot in lengte van dagen hun recht om het milieu te belasten. Naarmate het water ons letterlijk steeds meer tot aan de lippen komt te staan, zal de bescherming van het milieu daarom aan kracht winnen ten koste van de rechtszekerheid van milieubelastende activiteiten.

3 Stroomversnelling

Daar waar de ontwikkelingen in het milieurecht de afgelopen veertig jaar vooral door nieuwe regelgeving bewerkstelligd werden, zal het zwaartepunt steeds meer naar de rechter en publieke opinie verschuiven. De rol van de milieuwetgever zal de komende veertig jaar van modificatie naar codificatie gaan doordat wetgevende procedures te lang duren om de benodigde veranderingen te kunnen bijbenen. De afgelopen jaren heeft de tegenbeweging die kwaliteit van leefomgeving en milieubelangen vooropstelt namelijk de kracht van de rechter en social media ontdekt, waardoor de ontwikkelingen in het milieurecht elkaar de komende jaren in steeds rapper tempo zullen gaan opvolgen. Lange tijd waren organisaties als Mobilisation for the Environment (MOB), de Waddenvereniging en gemeenten als enige succesvol bij de rechter. Belanghebbende omwonenden kregen tot hun eigen frustratie slechts zelden voet aan de grond, waardoor veel weerstand uiteindelijk doodbloedde. Door social media slim te gebruiken weten verschillende protestbewegingen inmiddels van elkaars bestaan en kunnen ze hun sympathisanten beter bereiken. De deskundigheid en omvang van protestbewegingen neemt daardoor toe. Die toegenomen slagkracht zorgt voor meer en beter zichtbare successen, die op hun beurt weer nieuwe mensen zullen inspireren, waardoor het verzet tegen milieubelastende activiteiten steeds meer in een stroomversnelling komt.

---

8 www.rechtspraak.nl/Bekende-rechtszaken/klimaatzaak-urgenda (14 mei 2022), HR 20 december 2019, ECLI:NL:HR:2019:2006.
9 Een ontwikkeling die overigens niet alleen in Nederland gaande is, maar over de hele wereld. Op dit moment worden er wereldwijd bijna 2.000 rechtszaken gevoerd over klimaatverandering. Het Grantham Research Institute on Climate Change and the Environment houdt hier online een database van bij waarin momenteel 1.974 rechtszaken zijn geregistreerd: www.climate-laws.org/ (30 mei 2022).

Als voorbeelden van deze trend denken wij bijvoorbeeld aan:
- de betrokkenheid van Herman Finkers bij de actiegroep die zich verzet tegen waterinjecties door de Nederlandse Aardolie Maatschappij (NAM);[10]
- de € 130.000 aan donaties die MOB heeft opgehaald om 300 tot 500 procedures te kunnen voeren in 2022/2023;[11]
- het eigen meetnet en de videosurveillance van omwonenden rondom Tata Steel;[12]
- de overstap van klokkenluider Coen Coenrady van de omgevingsdienst naar de omwonenden die protesteren tegen Asfalt Productie Nijmegen (APN);[13]
- de oproep tot bevolkingsonderzoek vanuit vijf Zeeuwse gemeenten in verband met PFAS in de Westerschelde door lozingen van chemieconcern 3M.[14]

4 Vergrootglas

Wat deze protestbewegingen met elkaar gemeen hebben, is dat ze de vergunningverlening, toezicht en handhaving (VTH) van grote milieubelastende inrichtingen onder een vergrootglas leggen. Men vraagt zich hardop af of we wel voldoende beschermd worden door de wijze waarop het milieurecht tot nu toe in de praktijk wordt uitgevoerd. Men wantrouwt geruststellende berichtgeving, gaat op onderzoek uit en denkt – al dan niet terecht – lijken in de kast te vinden en brengt die uitgebreid in de publiciteit. Dit is niet bevorderlijk voor het vertrouwen in de overheid en draagt eraan bij dat deze mensen de VTH van milieubelastende activiteiten de komende jaren nog vaker ter discussie zullen stellen.

Met de toegenomen aandacht voor duurzaamheid en het milieu in de samenleving, is ook het aanbod gegroeid van opleidingen die aandacht besteden aan deze onderwerpen of hier zelfs volledig over gaan. Daar waar milieukunde begin jaren zeventig nog in de kinderschoenen stond, heeft inmiddels zo ongeveer iedere universiteit een eigen milieuonderzoeksinstituut en afstudeerrichtingen.[15] De onderwerpen milieu, duurzaamheid en circulariteit zijn bovendien inmiddels in tal van hbo- en mbo-opleidingen en cursussen verwerkt. Dit betekent dat steeds meer mensen worden opgeleid in de duurzaamheidsbeginselen en dit gedachtegoed verder zullen gaan verspreiden. Ook op dit vlak ontstaat er dus een multipliereffect ten gunste van milieubewustzijn waardoor de maatschappelijke druk op de VTH van grote milieubelastende inrichtingen de komende jaren verder zal toenemen.

---

10 www.stopafvalwatertwente.nl/protestlied.html (14 mei 2022).
11 https://donatie.mobilisation.nl/ (15 mei 2022).
12 https://hollandse-luchten.org/ en www.frissewind.nu/articles/tata-livestream (15 mei 2022).
13 www.gld.nl/nieuws/7477332/nijmegen-kan-veel-meer-doen-tegen-vervuilers-stelt-deskundige en www.gld.nl/dossiers/asfaltcentrale-nijmegen (14 mei 2022).
14 www.nos.nl/artikel/2427368-gemeenten-rond-westerschelde-houden-vast-aan-bevolkingsonderzoek-pfas (15 mei 2022).
15 https://nl.wikipedia.org/wiki/Milieuwetenschappen (15 mei 2022).

Het vergrootglas dat vanuit de maatschappij op de VTH van milieubelastende activiteiten gelegd wordt, wordt onzes inziens door recente en komende wijzigingen in bestuursprocesrechtelijke en omgevingsrechtelijke wetgeving versterkt. Daarbij denken wij aan:
- de vervanging van de Wet openbaarheid van bestuur (Wob) door de Wet open overheid (Woo) waardoor meer overheidsinformatie actief gepubliceerd moet worden;
- de verlaging van de drempel om naar de rechter te stappen ten aanzien van besluiten die onder het Verdrag van Aarhus vallen[16] op grond van het Varkens in Nood arrest[17] en de ophanden zijnde codificatie daarvan in de Algemene wet bestuursrecht (Awb);[18]
- (neven)effecten van de Omgevingswet (Ow):
  - het volledige omgevingsrecht dient voortaan expliciet het doel 'duurzame ontwikkeling, de bewoonbaarheid van het land en de bescherming en verbetering van het leefmilieu' en richt zich daarom op 'het bereiken en in stand houden van een veilige en gezonde fysieke leefomgeving en een goede omgevingskwaliteit, ook vanwege de intrinsieke waarde van de natuur';[19]
  - door het vervangen van het begrip 'inrichting' in de Wet algemene bepalingen omgevingsrecht (Wabo) door het begrip 'milieubelastende activiteit'[20] in de Omgevingswet is een neutrale bedrijfsmatige term vervangen door een term die expliciet duidelijk maakt waar deze vergunningplicht om draait: milieubelasting;
  - door het uitgangspunt 'decentraal, tenzij'[21] krijgt het college van burgemeester en wethouders er meer bevoegdheden bij, de bestuurslaag die door de lokale binding bij uitstek benaderbaar en beïnvloedbaar is;
  - door het stimuleren van participatie en de mogelijkheid om participatie verplicht te stellen via de indieningsvereisten voor een aanvraag omgevingsvergunning,[22] zullen omwonenden van vergunningplichtige activiteiten eerder en beter geïnformeerd worden over ontwikkelingen in hun omgeving.

---

16   Een ontwikkeling die in lijn is met de voorspelling tien jaar geleden in de met de VMR Scriptieprijs 2012 bekroonde scriptie van Van Dijk, *De Trianel-uitspraak ontrafeld. Een rechtsvergelijkend onderzoek naar het beroepsrecht van milieuorganisaties in Nederland en Duitsland*, www.milieurecht.nl/bestanden/scriptie-jola-van-dijk-isbnean-978-90-813624-4-3-2012.pdf (15 mei 2022).
17   HvJ EU 14 januari 2021, C-826/18, ECLI:EU:C:2021:7, zoals vervolgens verder uitgewerkt door de ABRvS in twee richtinggevende uitspraken: ABRvS 14 april 2021, ECLI:NL:RVS:2021:786 en ABRvS 4 mei 2021, ECLI:NL:RVS:2021:953.
18   Wijziging van de artikelen 3:10, 3:15, 6:13, 7:1 en 8:1 van de Algemene wet bestuursrecht en toevoeging van een bijlage bij artikel 6:13 van die wet naar aanleiding van het arrest van het Hof van Justitie van de Europese Unie van 14 januari 2021 (C-826/18), www.internetconsultatie.nl/awbvarkensinnood/b1 (15 mei 2022).
19   Art. 1.3, aanhef en onder a, Ow.
20   Art. 2.1 lid 1, aanhef en onder e, Wabo versus art. 4.3 lid 1, aanhef en onder b, Ow.
21   *Kamerstukken II* 2013/14, 33962, nr. 3, p. 135-136.
22   Art. 16.55 lid 6 en 7 Ow.

5 Aandachtsbedrijven

Wij verwachten dat hoe meer maatschappelijke aandacht er komt voor milieu-VTH, hoe meer (milieu)juristen er nodig zullen zijn. Er zullen immers mensen nodig zijn om de informatieverzoeken over milieubelastende activiteiten af te handelen en te beoordelen welke informatie gedeeld mag en moet worden en welke juist niet. Bestuurders binnen bedrijfsleven en overheid zullen bovendien niet meer makkelijk wegkomen met moeilijk te controleren toezeggingen op lange termijn. Om onrust te voorkomen en daar waar onrust ontstaat het vertrouwen terug te winnen, zullen bedrijven en overheid actiever meer informatie moeten delen. VTH-medewerkers zullen bovendien vergunningen beter moeten onderbouwen, vaker moeten controleren en sneller moeten reageren op klachten van burgers. Risicovolle bedrijven en hun bevoegde gezag zullen steeds meer moeten gaan aantonen dat die bedrijven zich aan de regels houden en zorgvuldig omgaan met hun leefomgeving. Ten aanzien van *aandachtsbedrijven* als Tata Steel deelt de Omgevingsdienst Noordzeekanaalgebied (OD NZKG) bijvoorbeeld al actief informatie over toezicht en handhaving.[23] De directie van Tata Steel heeft bovendien in overleg met vakbond FNV voor de waterstofroute gekozen[24] en daarmee feitelijk onder druk van stakeholders voor versnelde reductie van CO_2-uitstoot. Het is logisch dat het bedrijf met de grootste CO_2-emissie van het land hierin vooroploopt. Wij verwachten echter dat binnen de komende veertig jaar alle inrichtingen die onder de Seveso-richtlijn[25] en categorie 4 van bijlage 1 van de Richtlijn Industriële Emissies[26] (RIE-4) vallen en hun bevoegde gezagen vergelijkbare stappen zullen moeten zetten, evenals minder zwaar gereguleerde maar wel in het oog springende bedrijven als APN in Nijmegen.[27]

Zoals al eerder aangegeven, verwachten wij ook dat ergens in de komende veertig jaar een omslag van rechtszekerheid naar milieubescherming zal komen. Milieuvergunningen zullen daardoor niet meer voor lange periodes worden afgegeven en vergunningen met formele rechtskracht zullen niet meer voor onbepaalde tijd een recht op milieubelasting geven. Gelet hierop zullen tussentijdse evaluaties en daaruit voortvloeiende herijkingen van de vergunningen op basis van best beschikbare technieken en maatschappelijk draagvlak hun intrede gaan doen. Vergunningverleners zullen daardoor strenger, inventiever en procesmatiger moeten gaan werken en bedrijven vaker tegen het licht moeten houden. Oftewel: hun werkzaamheden zullen per vergunningaanvraag meer tijd in beslag gaan nemen en vooral aandachtsbedrijven

---

23   https://odnzkg.nl/dossiers-en-projecten/aandachtsbedrijven/tata-steel/toezicht-en-handhaving-bij-tata-steel/ (22 mei 2022).
24   www.tatasteeleurope.com/nl/corporate/nieuws/tata-steel-kiest-voor-waterstofroute (22 mei 2022).
25   Richtlijn 2012/18/EU van het Europees Parlement en de Raad van 4 juli 2012. Op dit moment worden deze bedrijven nog BRZO-inrichtingen genoemd naar het Besluit risico's zware ongevallen 2015, maar na de inwerkingtreding van de Omgevingswet heten het Seveso-inrichtingen, zie par. 3.3.1 van het Besluit activiteiten leefomgeving (Bal).
26   Richtlijn 2010/75/EU van het Europees Parlement en de Raad van 24 november 2010.
27   www.odregionijmegen.nl/dossiers/asfalt-productie-nijmegen-apn/ (22 mei 2022).

zullen vaker een vergunning moeten aanvragen of hernieuwen. En vaker een vergunning aanvragen betekent ook vaker de mogelijkheid om te procederen voor belanghebbenden.

6 Toegankelijk milieurecht

Meer werk dus, waar meer milieujuristen voor nodig zullen zijn. Niet alleen aan de kant van het bevoegd gezag, maar ook aan de kant van bedrijven. In de verdediging bij de rechter, maar ook preventief, nog voordat de vergunning verleend is. Door de kortere proceduretermijnen in de Omgevingswet zal het bevoegd gezag immers vergunningaanvragen noodgedwongen eerder buiten behandeling laten wanneer deze niet aan de indieningsvereisten voldoen omdat ze minder coulance kunnen tonen ten aanzien van niet goed voorbereide aanvragen. Doordat milieubelastende activiteiten aan steeds strengere normen zullen moeten voldoen en vergunningen tussentijds herijkt zullen worden, zullen bedrijfsactiviteiten sneller op de grenzen van hun juridische mogelijkheden stuiten. Goed vergunningenmanagement wordt daardoor onontbeerlijk. Nu al wordt in de bouw € 300 à 400 miljoen per jaar aan faalkosten verloren door niet-ontvankelijke en niet-vergunbare vergunningaanvragen[28] en dit bedrag kan snel toenemen. Voor aanvragen voor milieuvergunningen is een goede voorbereiding en participatie net zo belangrijk.

Maar waar zijn al die nieuwe milieujuristen vandaan te halen nu de berichten over de krapte op de arbeidsmarkt[29] ons dit jaar om de oren vliegen? Nog veel te weinig studenten volgen een milieurechtelijk vak tijdens hun rechtenstudie. En bij milieujurist wordt al snel aan een meester in de rechten gedacht omdat het zo'n gespecialiseerd vakgebied is. Dat is ook logisch, omdat milieurecht een vakgebied is waarvan de actualiteiten constant bijgehouden moeten worden, wil men vakbekwaam blijven. Dat maakt het milieurecht alleen niet erg toegankelijk voor (zij)instromers, terwijl we die juist hard nodig zullen gaan hebben. Als juridisch kennisnetwerk kan de VMR hierin bij uitstek een positieve rol spelen. Niet alleen door alle milieurechtelijke ontwikkelingen op wetenschappelijk niveau te analyseren en becommentariëren, maar ook door het milieurecht toegankelijker te maken voor praktisch georiënteerde juristen. De komende veertig jaar zal een belangrijke vraag worden: hoe kunnen we de toetreding tot het vakgebied laagdrempeliger maken? Alleen als daar een goed antwoord op gevonden wordt, kan Nederland beschikken over voldoende milieujuristen. Milieujuristen die steeds harder nodig zijn om de steeds complexer wordende juridische uitdagingen aan te kunnen die steeds vaker veroorzaakt worden door de botsingen tussen economische belangen en internationale klimaat- en milieuafspraken. Deze (nog geen veertig jaar oude) meester in de rechten (die daardoor zo optimistisch

---

28 J.H.I. van Dijk & F.P.T. van de Coevering, *De Vergunningengids deel 1. Vergunningen in projecten: Projectgericht vergunningenmanagement*, Nijmegen: Permiso 2021, https://permiso.nl/product/vergunningen-in-projecten/ (22 mei 2022).
29 www.cbs.nl/nl-nl/nieuws/2022/20/arbeidsmarkt-nog-krapper-in-eerste-kwartaal (30 mei 2022).

is om te denken dat zij de komende veertig jaar aan milieurechtelijke ontwikkelingen mee gaat maken en die ontwikkelingen niet alleen als jurist, maar ook als politicoloog, vergunningverlener en vergunningenmanager zal blijven bekijken) en haar co-auteur (een civiel technicus en vergunningenmanager die alle milieurechtelijke ontwikkelingen van de afgelopen veertig jaar heeft meegemaakt omdat het hem maar niet lukt om met pensioen te gaan) voorspellen daarom dat over veertig jaar minstens één bestuurslid van de VMR géén meester in de rechten zal zijn.

7 Tegenwicht

Uiteraard waaien niet alle maatschappelijke en juridische winden dezelfde kant op en worden de hiervoor omschreven invloeden tot op zekere hoogte geneutraliseerd. Hierbij denken wij bijvoorbeeld aan de eerder al benoemde vervanging van het begrip 'inrichting' in artikel 2.1 lid 1, aanhef en onder e, Wabo door het begrip 'milieubelastende activiteit' in artikel 4.3 lid 1, aanhef en onder b, Ow. Hierdoor wordt namelijk niet langer het gehele bedrijf vergunningplichtig zodra één milieubelastende activiteit boven de norm voor de meldingsplicht uitkomt. Alleen ten aanzien van de milieubelastende activiteit geldt het zwaardere vergunningenregime, de rest valt onder het lichtere regime van de meldingsplicht. In de overgangsfase net na de inwerkingtreding van de Omgevingswet zorgt dit voor ingewikkeld en daardoor arbeidsintensief overgangsrecht. Op den duur zou deze systeemwijziging echter tijdbesparend moeten werken voor milieu-VTH doordat alleen nog maar de meest milieubelastende activiteiten onder het arbeidsintensievere vergunningenregime vallen. Ook het uitgangspunt om zo veel mogelijk met algemene regels te werken in plaats van meldings- en vergunningplichten zou voor minder regeldruk en daarmee VTH-werk moeten zorgen.

Ook al denken wij dat milieubescherming uiteindelijk zwaarder zal wegen dan de rechtszekerheid van milieubelastende activiteiten, we verwachten niet dat dit van vandaag op morgen zal gebeuren. Burgers, overheid en bedrijfsleven hebben tijd nodig om te wennen aan de nieuwe realiteit en deze verandering – haast een paradigmawisseling – zal grotendeels stapsgewijs gebeuren. Rechters zullen voor nieuwe opzienbarende uitspraken gaan zorgen zoals de eerder benoemde uitspraken over de PAS, maar wetgevers zullen vervolgens creatieve oplossingen, zoals de bouwvrijstelling in de Stikstofwet,[30] blijven bedenken. Creatieve oplossingen die ervoor zorgen dat de Europese milieuregels de Nederlandse economie niet al te zwaar op de maag liggen en het werk van VTH'ers behapbaar blijft. Overigens kan dat laatste uiteraard ook zonder dat er nieuwe regels voor geïntroduceerd hoeven te worden, bijvoorbeeld door steeds meer risicogericht te gaan handhaven.

---

30 Het nieuwe art. 2.9a Wet natuurbescherming, dat is toegevoegd met de Wet stikstofreductie en natuurverbetering per 1 juli 2021, waardoor op grond van art. 2.5 Besluit stikstofreductie en natuurverbetering een vrijstelling geldt voor bouw-, aanleg- en sloopactiviteiten ten aanzien van de natuurvergunningplicht voor het aspect stikstof.

8 Conclusie

Er is tegenwicht tegen de groeiende behoefte aan milieujuristen. Wij zien echter niet in hoe dat tegenwicht voldoende groot en standvastig kan zijn om de eerder omschreven trends volledig te kunnen neutraliseren. De overheid zal de komende veertig jaar keuzes moeten maken om tegelijkertijd milieubelastende werkgelegenheid in Nederland te kunnen houden én de burgers een goed leefklimaat te geven. Daarvoor zullen ingrijpende stappen gezet moeten worden ten behoeve van het oplossen van de grote met elkaar samenhangende uitdagingen rondom klimaat, verduurzaming en biodiversiteit. De overheid zal steeds hardere keuzes moeten maken en die steeds beter moeten onderbouwen en uitvoeren om het benodigde maatschappelijke draagvlak te krijgen en te behouden. Er zullen de komende veertig jaar nieuwe regels nodig zijn, maar ook genoeg juristen om die nieuwe regels te onderzoeken, uit te werken, te bestrijden, uit te leggen en toe te passen. Wij verwachten dat de VMR in 2062 drie keer zo groot zal zijn als nu. Mits we er in de tussentijd voldoende in slagen om het milieurecht als vakgebied toegankelijker en aantrekkelijker te maken.

8 Rechterlijke toetsing in het milieurecht

Maarten Verhoeven[1]

1 Inleiding

Het 'milieu' is geen persoon en heeft geen eigen stem in de rechtszaal. Het milieu is kwetsbaar en moet daarom worden beschermd. Die bescherming wordt ingeroepen door burgers, bedrijven, bestuursorganen en belangenorganisaties. Zij doen een beroep op internationale, nationale en lokale regels en rechtsbeginselen bij de rechter. Rechtspraak is mensenwerk. Door de tijden heen is de rechter steeds anders gaan toetsen. Deze bijdrage beperkt zich tot de rechterlijke toetsing in de bestuursrechtspraak. Na een korte algemene introductie in bestuursrechtelijk toetsen, zal eerst een overzicht worden gegeven van de milieurechtspraak door de tijden heen. In het tweede deel wordt stilgestaan bij de toenemende betekenis van de evenredigheidstoetsing en de rol van deze toetsing in de toekomst na inwerkingtreding van de Omgevingswet.

2 De toetsing door de bestuursrechter in het algemeen

Milieurecht is een functioneel rechtsgebied en is dus niet alleen maar bestuursrecht, civiel recht of strafrecht. Een belangrijk deel van de bescherming van het milieu is in handen van de overheid. Die stelt regels, handhaaft die regels en geeft toestemming voor activiteiten met gevolgen voor het milieu. Dat is vooral in het bestuursrecht verankerd. In het bestuursrecht vindt de aftrap doorgaans plaats door een bestuursorgaan dat in een besluit een toestemming geeft of een verplichting oplegt. De bestuursrechter toetst deze besluiten aan het recht (Europese richtlijnen, nationale wetten en regels, lokale regels en algemene beginselen). In de Algemene wet bestuursrecht (Awb) staat niet zoveel over de toetsing door de bestuursrechter. In artikel 8:69 Awb wordt de omvang van het geding bepaald. Dat zijn doorgaans de (onderdelen van) het besluit waartegen wordt geprocedeerd. Daarbinnen heeft de bestuursrechter de bevoegdheid om zelf rechtsgronden en feiten aan te vullen. In de Awb staat niet hoe streng de bestuursrechter moet of mag toetsen (ofwel: de intensiteit van de toetsing). Mag de rechter 'vol' toetsen en alles opnieuw beoordelen of moet terughoudendheid worden betracht (oordelen met de rem erop)? De intensiteit van de toetsing hangt af van formulering van de wet- en regelgeving en de verhouding tussen de rechter en de overheid binnen het maatschappelijke bestel van de trias politica. Er zijn wel enkele harde richtsnoeren: de bestuursrechter toetst de vaststelling van de feiten vol. De

---

1 Mr. M.J.H.M. Verhoeven is senior rechter bij de rechtbank Oost-Brabant en bestuurslid van de VMR.

bestuursrechter kan ambtshalve feiten aanvullen[2] en kan dus ook actief zelf op zoek gaan naar feiten. Dat wil niet zeggen dat de bestuursrechter altijd zelf in de omgeving gaat wandelen. Hij kan de Stichting Advisering Bestuursrechtspraak (StAB) om advies vragen, een onafhankelijke deskundige met een wettelijk verankerde positie.[3] Naarmate een wet dwingender is, zal de bestuursrechter voller toetsen of het besluit wel in overeenstemming is met die wet. Soms bieden de wettelijke voorwaarden voor het gebruik van een bevoegdheid ruimte voor een oordeel van het betrokken bestuursorgaan. Bij het gebruik van de bevoegdheid heeft het bestuursorgaan beleidsruimte. Zodra er ruimte is, wordt de rechterlijke toetsingsintensiteit minder eenvoudig te voorspellen en is deze afhankelijk van de maatschappelijke opvattingen over de verhouding tussen overheid en rechter. Die opvattingen veranderen nog wel eens. Zo oordeelde de Afdeling bestuursrechtspraak van de Raad van State (ABRvS) in de begintijd van de Awb over de evenredigheidstoets in een spijkerharde uitspraak[4] dat het niet de bedoeling was dat de rechter gaat beoordelen welke nadelige gevolgen nog wel en welke niet meer evenredig zijn, of dat de rechter gaat uitmaken welke uitkomst van de belangenafweging als het meest evenwichtig moet worden beschouwd. Die toets is pas recent losgelaten in de uitspraak van de ABRvS van 2 februari 2022.[5] De uitspraak van 2 februari 2022 staat niet op zichzelf. De afgelopen jaren is er veel aandacht voor de intensiteit van de toetsing. In het jaarverslag 2017 heeft de ABRvS aangegeven de oude termen 'marginale toetsing', 'beoordelingsvrijheid' en 'beleidsvrijheid' te vervangen door 'terughoudende toetsing', 'beoordelingsruimte' en 'beleidsruimte', zonder hier iets anders mee te bedoelen.[6] De bestuursrechter is indringender gaan toetsen op de voorbereiding en de motivering van het besluit en recent nadrukkelijk op de evenredigheid. Het jaarverslag van de ABRvS uit 2021 staat niet voor niets in het teken van evenredigheid en drie hard geleerde lessen voor de toekomst (kritischer kijken, tegenspraak en niet te snel harde lijnen uitzetten). De ABRvS heeft meerdere conclusies van staatsraden advocaat-generaal (A-G) gevraagd en gekregen over toepassing van het evenredigheidsbeginsel.[7] Is deze nieuwe kijk van invloed op de rechterlijke toetsingsintensiteit in het milieurecht?

---

2   Zie art. 8:69 lid 3 Awb.
3   Art. 20.14 e.v. Wm, art. 6.5b Wabo en art. 8.5 Wro.
4   ABRvS 19 mei 1996, ECLI:NL:RVS:1996:ZF2153.
5   ABRvS 2 februari 2022, ECLI:NL:RVS:2022:285.
6   Zie meer uitgebreid R. Kegge, 'Indringendere toetsing door de bestuursrechter', *JBPlus* 2018/4.
7   Zie de conclusies van 7 juli 2021 van A-G Widdershoven en A-G Wattel, ECLI:NL:RVS:2021:1468; de conclusie van 18 mei 2022 van A-G Widdershoven, ECLI:NL:RVS:2022:1140 en de conclusie van 18 mei 2022 van A-G Snijders, ECLI:NL:RVS:2022:1141.

3 De toetsing door de bestuursrechter in het milieurecht

De omvang van de bestuursrechtelijke toetsing in het milieurecht heeft een hele ontwikkeling doorgemaakt.[8] Aanvankelijk stond tegen milieubeschikkingen slechts administratief beroep open bij de Kroon. De Kroon besliste op basis van een advies van de toenmalige Afdeling geschillen van bestuur van de Raad van State die op haar beurt meestal een advies (ambtsbericht) vroeg van het verantwoordelijke departement. Daarin werd nauwgezet alles gecontroleerd. De Afdeling geschillen nam dit vaak over in een ontwerp-Koninklijk Besluit dat de Kroon vervolgens nagenoeg altijd ongewijzigd overnam. Dit was dus een volledige heroverweging waarbij de milieubeschikking zonder enige terughoudendheid werd getoetst. De Hinderwet en het milieuhygiënerecht bevatten volgens de Afdeling geschillen een duidelijke opdracht aan het bestuursorgaan een technisch-wetenschappelijk solide beschikking te geven die dus indringend kon worden getoetst.

Het Kroonberoep werd in 1988 vervangen door een onafhankelijke bestuursrechter en na de inwerkingtreding van de Awb in 1994 werd dat de ABRvS in eerste en enige aanleg. De Hinderwet werd in 1992 vervangen door de Wet milieubeheer (Wm). Op grond van artikel 8.8 Wm moest het bevoegd gezag een aantal factoren in acht nemen (onder andere algemeen geldende grenswaarden), met andere factoren rekening houden (bijvoorbeeld het milieubeleidsplan of richtwaarden) en moesten factoren bij vergunningverlening worden betrokken (zoals de bestaande toestand van het milieu waar het bedrijf invloed op kan hebben). In artikel 8.10 Wm stond het algemene criterium voor vergunningverlening. De vergunning kon slechts in belang van de bescherming van het milieu worden geweigerd. Dat werd nader ingevuld in artikel 8.11 lid 3 Wm met het Alara-beginsel.[9] De ABRvS toetste na de inwerkingtreding van de Wm aanvankelijk op dezelfde manier (vol), maar dat veranderde vanaf 21 april 1998.[10] Dit wordt ook wel de 'Wende' genoemd. Toen nam de ABRvS een overweging op waarin stond dat het bevoegd gezag een zekere beoordelingsvrijheid toekomt, die haar begrenzing onder meer vindt in hetgeen voortvloeit uit de meest recente algemeen aanvaarde milieutechnische inzichten. Deze overweging is in 2010 na de invoering van de Wet algemene bepalingen omgevingsrecht (Wabo) en de introductie van milieu(bestuurs)rechtspraak in twee instanties, ook door de rechtbanken overgenomen.[11] Beoordelingsvrijheid is beoordelingsruimte geworden. Het woordje 'zekere' werd in latere jaren meer en meer weggelaten. Een kwade lezer zou hieruit opmaken dat de bestuursrechter inmiddels gewoon terughoudend toetst. Dat is niet zo. De (zekere) beoordelingsruimte noodzaakt niet meteen tot een volledig terughoudende toets. Dat komt door de overige artikelen in de Wm en onderliggende grote hoeveelheid regelgeving, beleidsregels en brochures. Deze bevatten de grenswaarden

---

8   Zie uitgebreider T.C. Leemans, *De toetsing door de bestuursrechter in milieugeschillen*, Den Haag: Boom Juridische uitgevers 2008.
9   *As low as reasonably achievable*, ofwel (vrij vertaald) er wordt bescherming geboden tegen nadelige milieugevolgen tenzij dat redelijkerwijs niet kan worden gevergd.
10 ABRvS 21 april 1998, *M en R* 1998, 70 m.nt. Backes.
11 Rb. Oost-Brabant 27 juni 2013, ECLI:NL:RBOBR:2013:2570.

die in acht moeten worden genomen dan wel de richtwaarden waarmee rekening moet worden gehouden en de overige informatie die moet worden betrokken bij de besluitvorming. Dit is voor de bestuursrechter gesneden koek. In acht nemen impliceert een volle toets aan de wettelijke voorwaarde. De verplichting om rekening te houden met factoren vereist een goede motivering en een onvoldoende motivering is ook een vernietigingsgrond. De bestuursrechter kan ook makkelijk toetsen of bijvoorbeeld een brochure is betrokken bij de besluitvorming.

Na de 'Wende' in 1998 veranderde er niet zo veel in het wettelijke kader. In 2005 werd de IPPC-richtlijn[12] geïmplementeerd en werd ook het toetsingskader in artikel 8.11 lid 3 Wm gewijzigd van het Alara-beginsel naar de verplichting om ten minste de beste beschikbare technieken binnen een inrichting toe te passen. Met de inwerkingtreding van de Wabo in 2010 moest het bevoegd gezag dit ook nadrukkelijk in acht nemen. Anno 2022 zijn er naast de beste beschikbare technieken nog steeds een groot aantal wettelijke of buitenwettelijke grenswaarden, milieuplannen, richtlijnen, brochures of handreikingen waarmee de beoordelingsruimte wordt ingevuld, bijvoorbeeld de Handreiking Industrielawaai en vergunningverlening. Je zou zeggen dat de bestuursrechter hiermee genoeg informatie heeft om zonder terughoudendheid het gebruik van de beoordelingsruimte te toetsen. Zo eenvoudig is het echter niet. Wat het complex maakt, is dat deze grote hoeveelheid aan wettelijke en buitenwettelijke regels niet een zuiver technische beoordeling is van wat nog aanvaardbaar is voor het milieu, maar dat deze regels ook vaak zijn gebaseerd op een beleidsmatige afweging tussen het milieubelang en andere belangen. Bovendien veranderen de technische kennis en inzichten over de gevolgen voor het milieu en openbaren zich steeds meer nieuwe risico's of blijken eerder aangenomen risico's mee te vallen. Als het bestuursorgaan niets anders doet dan de wettelijke en buitenwettelijke regels volgen, zal de bestuursrechter, als hij dit zonder terughoudendheid gaat toetsen, er niet aan ontkomen om ook de wettelijke (en lagere) regels te toetsen. Hiermee komt de bestuursrechter in een mijnenveld. Artikel 120 Gw bevat nog steeds een verbod om een wet in formele zin te toetsen behoudens toetsing aan een Europese richtlijn of verdrag. Dat is weliswaar geen absoluut verbod, maar wel een hindernis.[13] Er kan geen beroep worden ingesteld tegen een algemeen verbindend voorschrift (art. 8:3 Awb). Slechts na een exceptieve toetsing aan hogere regelgeving of een toetsing van de grondslag van het algemeen verbindend voorschrift voor het betreffende besluit kan een algemeen verbindend voorschrift buiten toepassing worden gelaten. Het intensief toetsen van die grondslag is echter wel mogelijk. Een goed voorbeeld vormt de uitspraak van de ABRvS van 21 juli 2021,[14] waarin de Afdeling een aanpassing van de Regeling geurhinder en veehouderij exceptief en ogenschijnlijk terughoudend toetste, maar ondertussen behoorlijk indringend de beweegredenen voor de aanpassing onder de loep nam. Ook tegen een beleidsregel kan geen beroep worden ingesteld, maar het toepassen van de beleidsregel kan kennelijk onredelijk worden geacht, bijvoorbeeld omdat deze onevenredig is of omdat alle omstandigheden van het geval

---

12   Richtlijn 1996/61/EG.
13   Zie hierover de conclusie van 18 mei 2022 van A-G Snijders, ECLI:NL:RVS:2022:1141.
14   ABRvS 21 juli 2021, ECLI:NL:RVS:2021:1598 en ABRvS 21 juli 2021, ECLI:NL:RVS:2021:1598.

daartoe noodzaken.¹⁵ Een beleidsregel of beleidsnotitie kan dienen om beoordelingsruimte in te vullen. Ook dit kan de bestuursrechter onderzoeken. Een voorbeeld is de uitspraak van de ABRvS van 20 mei 2020.¹⁶ Dit betrof een buitenwettelijke invulling van de beoordelingsruimte met een beleidsnotitie over de toelaatbaarheid van de uitstoot van endotoxinen. In eerste aanleg had de rechtbank dit kader laten onderzoeken door de StAB en die had er geen gebreken in gevonden. Ondanks het ontbreken van een wetenschappelijk aanvaard toetsingskader liet de ABRvS deze invulling van de beoordelingsruimte daarom toe. Beide voorbeelden onderstrepen ook dat, als de bestuursrechter de achterliggende wettelijke en buitenwettelijke regels of richtlijnen toetst, dit wel veel werk is waarbij de inschakeling van de StAB vaak noodzakelijk is.

4   De evenredigheidstoetsing

Zoals hierboven al aangegeven heeft de ABRvS naar aanleiding van een daartoe ingewonnen conclusie[17] in de uitspraak van 2 februari 2022 een nieuwe kijk op de evenredigheidstoets geïntroduceerd. De evenredigheidstoets is een drietrapsraket waarbij wordt gekeken naar (1) de geschiktheid (is het besluit geschikt om het doel te bereiken), (2) de noodzakelijkheid (is het besluit noodzakelijk om het doel te bereiken? en (3) de evenwichtigheid (wat betekent het besluit voor de betrokkene(n) en is dit niet onredelijk bezwarend?) Met andere woorden: de bestuursrechter kijkt naar het doel, de middelen en de gevolgen van de besluitvorming. De toetsingsintensiteit hangt af van de aard en het gewicht van de bij het besluit betrokken belangen en de ingrijpendheid van het besluit en de mate waarin fundamentele rechten worden aangetast. De ABRvS geeft zelf al aan dat niet alle drie de trappen in alle zaken hoeven te worden genomen. Gaat de toetsing door de bestuursrechter in milieuzaken veranderen door deze uitspraak? De uitspraak lijkt geschreven voor belastende besluiten (in het milieurecht dus vaak een herstelsanctie zoals een last onder dwangsom). Maar ook een voorschrift in een omgevingsvergunning kan voor vergunninghouder belastend zijn, bijvoorbeeld omdat hij een investering moet plegen. Ook dit kan worden getoetst langs de route van de drietrapsraket in de uitspraak van de ABRvS van 2 februari 2022. Hetzelfde geldt voor de weigering van een omgevingsvergunning.

Een omgevingsvergunning is vaak begunstigend voor het bedrijf maar belastend voor het milieu en de omgeving. Uit de conclusie van 18 mei 2022[18] en de uitspraak van de ABRvS van 2 februari 2022 kan worden afgeleid dat de evenredigheidstoets ook kan worden gebruikt bij begunstigende besluiten. Het begunstigende element (de toestemming) rechtvaardigt een terughoudende toetsing, het belastende element een minder terughoudende toets naarmate de gevolgen meer ingrijpend zijn. Hoe pakt dit uit? De geschiktheid van de regeling op basis waarvan de vergunning wordt

---

15   Zie voor een voorbeeld, weliswaar in een Opiumwet-zaak maar breed toepasbaar, ABRvS 22 juli 2020, ECLI:NL:RVS:2020:1755.
16   ABRvS 20 mei 2020, ECLI:NL:RVS:2020:1974.
17   Conclusie A-G Widdershoven en A-G Wattel van 7 juli 2021, ECLI:NL:RVS:2021:1468.
18   Conclusie A-G Widdershoven van 18 mei 2022, ECLI:NL:RVS:2022:1140.

verleend, kan (al dan niet exceptief) worden getoetst. De noodzaak voor de vergunning is vooral gelegen in de wens van de aanvrager om iets te gaan doen. Het toetsen van de gevolgen van het besluit vindt dan plaats in de derde stap, de toetsing van de uitkomst van de belangenafweging. Is er voldoende evenwicht tussen alle betrokken belangen en gevolgen? Met een volle, indringende toets kan de bestuursrechter nagaan of het bestuursorgaan alle feiten en omstandigheden en betrokken belangen goed in kaart heeft gebracht en wat er op het spel staat en heeft de bestuursrechter een goed beeld van de gevolgen van het besluit voor de omgeving. Naarmate zwaardere gevolgen (bijvoorbeeld voor het milieu) optreden, is er aanleiding voor een vollere toetsing van de belangenafweging. De omstandigheid dat deze gevolgen op basis van de bovenliggende regeling aanvaardbaar worden geacht, wil niet automatisch zeggen dat de gevolgen niet ingrijpend zijn, temeer nu aan de bovenliggende regeling ook een beleidsmatige afweging ten grondslag heeft kunnen liggen. De uitkomst van deze evenwichtigheidstoets hoeft niet alleen te leiden tot een goedkeuring of vernietiging van de omgevingsvergunning. De bestuursrechter kan (met partijen) bezien of extra acties of maatregelen kunnen worden gevergd van vergunninghouder om die gevolgen (verder) te beperken zodat er wel een voldoende evenwicht wordt bereikt. De evenredigheidstoetsing nieuwe stijl noodzaakt het bestuursorgaan om bij het gebruik van de bevoegdheid de gemaakte belangenafweging (extra) te onderbouwen. Er zijn op dit moment nagenoeg geen uitspraken bekend waarin een evenredigheidstoets is uitgevoerd in (milieu)omgevingsvergunningen. De tijd zal leren of een intensievere evenredigheidstoets mede leidt tot een intensievere toetsing in milieugeschillen in zijn algemeenheid.

5 De Omgevingswet en de toetsingsintensiteit

De Omgevingswet is de eerste aardverschuiving in het milieurecht sinds de inwerkingtreding van de Wm. De Omgevingswet voorziet (anders dan de Wabo) in een inhoudelijke integratie van verschillende sectorale wetten in één wet. Het milieu zal op een andere manier worden beschermd.

Enkele belangrijke wijzigingen:

De Omgevingswet gaat gepaard met een andere manier van denken over de taak van het bevoegd gezag (althans in de ogen van de wetgever). De wetgever staat een paradigmawisseling voor, waarbij de overheid niet langer voorschrijft of oplegt maar gaat faciliteren. Dat faciliteren is onderdeel van een beleidscyclus. Hierbij ontwikkelt de overheid beleid en voert dit uit door middel van algemene regels. Dit mondt uit in concrete projecten en vergunningen. Deze uitwerking wordt gemonitord en kan leiden tot een nieuwe cyclus van ontwikkeling. De vraag is of op deze manier een goede democratische controle kan plaatsvinden (als de beleidsregel wordt gemaakt of bijgesteld na vergunningverlening). Het is moeilijk controleren als wordt geregeerd op verzoek van initiatiefnemers. De paradigmawisseling vereist ook het gebruik van open normen. De beleidsruimte van de overheid, vooral de lagere overheid, zal onder de Omgevingswet fors toenemen. Het inrichtingenbegrip (dat sinds de Hinderwet een van de ankerpunten van de milieubescherming is) verdwijnt. In de plaats daarvoor komt de milieubelastende activiteit (MBA). Slechts een beperkt aantal MBA's is vergunningplichtig (in elk geval Seveso-richtlijn[19]-bedrijven en bedrijven met een IPPCinstallatie[20]). De meeste MBA's worden gereguleerd in algemene regels (hoofdstuk 3 van het Besluit activiteiten leefomgeving (Bal)[21]). Sommige milieugevolgen zoals geur of geluid worden in principe niet gereguleerd in het Bal maar in elk geval in het omgevingsplan. Dat biedt de mogelijkheid voor een lokaal normatief kader en dus ook een lokaal beschermingsniveau. Hierbij kan aan andere belangen meer voorrang worden gegeven. Dat is anders dan het huidige stelsel met een uniform landelijk beschermingsniveau met ruimte voor inrichting-gebonden maatwerk. Het omgevingsplan heeft een verbrede reikwijdte en vergt een integrale beoordeling van de fysieke leefomgeving waarbij ruimtelijke ordening, milieu en andere aspecten van de leefomgeving naadloos in elkaar overvloeien binnen de kaders van het Besluit kwaliteit leefomgeving (Bkl).[22] Ter illustratie wordt in de nota van toelichting op het Bkl deze afwegingsruimte als volgt weergegeven:

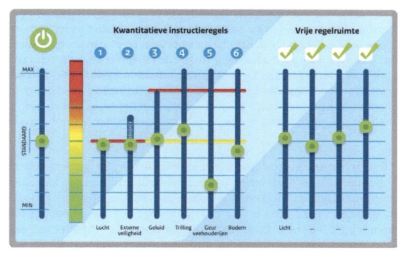

Bron: https://aandeslagmetdeomgevingswet.nl

Voor vergunningplichtige milieubelastende activiteiten wordt het vertrouwde toetsingskader ogenschijnlijk strenger: de vergunning wordt alleen verleend als wordt voldaan aan de criteria in artikel 8.9 Bkl. Hierin keren de beste beschikbare technieken terug en komen er nieuwe (aan Europese richtlijnen ontleende) criteria bij zoals het criterium van preventie, een verbod op het veroorzaken van significante milieuverontreiniging maar ook een verplichting tot doelmatig gebruik van energie.

---

19   Richtlijn 2012/18/EU.
20   Installatie als bedoeld in art. 3 Richtlijn 2010/75/EU.
21   Een AMvB ter uitvoering van de Omgevingswet.
22   Een AMvB ter uitvoering van de Omgevingswet.

Artikel 8.9 Bkl is dwingend geformuleerd, dus dat impliceert een vollere toets door de bestuursrechter.

De bestuursrechter zal de toepassing en handhaving van algemene regels op dezelfde manier toetsen als nu: kijken of aan de algemene regel wordt voldaan en als de algemene regel zelf ter discussie wordt gesteld, deze regel exceptief toetsen. De algemene regel kan natuurlijk zelf beoordelingsruimte creëren.

Het omgevingsplan is een belangrijke plek om milieugevolgen te reguleren en biedt een grote beoordelingsruimte aan het bevoegd gezag. De afweging in het omgevingsplan of de omgevingsvergunning ter afwijking van het omgevingsplan (ofwel de stand van de schuifjes in het mengpaneel) is een integrale afweging van het bestuursorgaan. Het bestuursorgaan zal de feiten en omstandigheden goed in kaart moeten brengen en vervolgens moeten onderbouwen waarom zij tot deze afweging komt. De bestuursrechter kan deze belangenafweging toetsen over de boeg van het evenredigheidsbeginsel. Na de check van de juistheid van de feiten en omstandigheden kan de geschiktheid van het lokale toetsingskader kritisch worden bekeken, zo nodig in een exceptieve toetsing. Het belang (en de noodzaak) van een initiatiefnemer zal vervolgens moeten worden afgezet tegen het algemeen belang en/of particuliere belangen om te zien of er wel een goed evenwicht tussen de belangen en gevolgen blijft bestaan. Dat sluit bijna naadloos aan bij het centrale criterium in de Omgevingswet van een evenwichtige toedeling van functies aan locaties.[23] Dat kan dus heel goed over de boeg van de nieuwe evenredigheidstoetsing worden ingevuld. Als er veel op het spel staat en de gevolgen zwaarder zijn, zal de bestuursrechter ook intensiever toetsen.

Hier zijn wel wat hindernissen en valkuilen waar de bestuursrechter zich van bewust moet zijn. De bestuursrechter heeft mogelijk niet alle partijen in beeld en kan daardoor belangen over het hoofd zien. Een omwonende zal zich mogelijk niet genoodzaakt voelen om mee te gaan doen in een procedure over een weigering van een omgevingsvergunning of een beperkend vergunningsvoorschrift. Dit geldt overigens ook voor het bestuursorgaan. Het milieu-/natuurbelang is een algemeen belang van ons allemaal, maar kan door de bestuursrechter pas worden meegenomen als iemand hier een beroep op doet. Een burger die beroep instelt en zich beroept op een norm ter bescherming van een milieubelang of een natuurbelang, krijgt niet zomaar rechtsbescherming. Hij moet niet alleen gevolgen van enige betekenis ondervinden door het initiatief, de norm moet ook de betreffende burger beschermen. Zijn directe leefomgeving zal moeten worden geraakt (het relativiteitsvereiste in art. 8:69a Awb[24]). Ook belangenverenigingen kunnen beroep instellen. Zij worden (meestal) niet uitgeschakeld door het relativiteitsvereiste, maar zij zullen wel moeten gaan verdedigen dat het milieubelang (of een bepaald milieugevolg) niet zomaar kan worden uitgewisseld tegen een ander belang (bijvoorbeeld een economisch belang). De

---

23   Art. 2.1 lid 3 onder k, art. 4.2 en art. 5.21 lid 2 onder b Ow.
24   ABRvS 11 november 2020, ECLI:NL:RVS:2020:2706.

evenredigheidstoets van een integrale afweging zal wel ingewikkeld worden. Bijvoorbeeld als een installatie wordt vergund met veel emissies en veel werkgelegenheid of als het ene milieugevolg (een hoge geluidsbelasting door een luchtreiniging) minder wordt beperkt dan het andere milieugevolg (beperking van de emissies door de luchtreiniging). Dat hoeft de bestuursrechter er niet van te weerhouden om het gewoon te doen.

Er zijn enkele ontwikkelingen in de Omgevingswet die aandacht verdienen.

Het voorzorgsbeginsel is in het huidige recht (over de boeg van art. 8 EVRM) onderdeel van het rechterlijke toetsingskader. De ABRvS is echter van oordeel dat het huidige toetsingskader van artikel 2.14 Wabo het bevoegd gezag niet de ruimte biedt om een omgevingsvergunning uitsluitend uit voorzorg te weigeren.[25] Alleen belangen waarover voldoende duidelijkheid en zekerheid (lees: algemeen wetenschappelijk aanvaarde inzichten) bestaat, kunnen in dit verband een rol spelen. Juist bij mogelijke (gezondheid)risico's is het voor het bevoegd gezag of burgers of organisaties nagenoeg onmogelijk om te voldoen aan de hoge eisen van de ABRvS. Op basis van artikel 5.32 Ow (en indirect over de boeg van art. 3.3 Ow als in de omgevingsvisie rekening is gehouden met het voorzorgsbeginsel) kan een omgevingsvergunning worden geweigerd indien naar het oordeel van het bevoegd gezag sprake is van bijzondere omstandigheden waardoor het verlenen van de vergunning zou leiden tot ernstige nadelige of mogelijk nadelige gevolgen voor de gezondheid. De tekst van het artikel 5.32 Ow creëert daarmee wel een extra weigeringsbevoegdheid met beoordelingsruimte voor het bevoegd gezag. De bestuursrechter kan het gebruik van deze ruimte met een goede indringende toetsing (al dan niet met behulp van deskundigenadvisering) beoordelen op zorgvuldigheid en motivering.

De menselijke gezondheid wordt extra genoemd in de Omgevingswet.[26] De gezondheid moet niet alleen worden betrokken bij de besluitvorming, er moet ook rekening mee worden gehouden en het wordt daarmee een belangrijk aspect in de belangenafweging en de evenredigheidstoets.

Ook is een grote rol weggelegd voor de zorgplichten in de Omgevingswet. Naast de algemene zorgplicht in afdeling 1.3 Ow, staan bijvoorbeeld in artikel 2.11 Bal een groot aantal specifieke zorgplichten. Deze zorgplichten gelden naast (en dus niet in aanvulling op) de algemene regels of vergunningsvoorschriften. Zij bieden een kapstok voor maatwerk (door maatwerkregels of maatwerkvoorschriften)[27] en zijn bestuursrechtelijk te handhaven (in hoeverre ze ook strafrechtelijk handhaafbaar zijn, staat ter discussie).[28] Deze besluiten lenen zich voor een evenredigheidstoets nieuwe stijl.

---

25 Zie ABRvS 23 februari 2022, ECLI:NL:RVS:2022:556.
26 Art. 2.1 lid 3 onder b en lid 4 Ow.
27 Art. 2.12 en 2.13 Bal.
28 Zie D.R. Doorenbos 'Modieuze milieudelicten'. *M en R* 2021/106.

6 Conclusie

De intensiteit van de rechterlijke toetsing in het milieurecht wisselt door de jaren heen. Van vol naar terughoudend naar indringend toetsen op zorgvuldigheid, motivering en evenredigheid. Het is moeilijk te voorspellen welke kant de prille evenredigheidstoetsing op zal gaan. De Omgevingswet biedt het bevoegd gezag meer ruimte. Het bevoegd gezag wordt hierdoor ook genoodzaakt om beter te verantwoorden waarom en hoe zij van deze ruimere bevoegdheden gebruik heeft gemaakt. De gemaakte keuze kan door de bestuursrechter worden getoetst over de boeg van de evenredigheidstoetsing nieuwe stijl. Dit zal niet altijd eenvoudig zijn. We zitten in een ingewikkelde tijd waarin het klimaat verandert en het milieu en de natuur steeds meer in het gedrang komen. Onze maatschappij wil ook steeds meer (meer woningen, meer economische groei) en staat voor grote opgaven zoals de klimaattransitie. Deze ontwikkelingen hebben allemaal invloed op de toetsingsintensiteit in milieuzaken. De toetsing zelf wordt niet eenvoudiger, maar hoeft, dankzij de ervaringen in het heden, in de toekomst niet slechter te worden.

9 Veertig jaar milieurechtelijk onderzoek: van milieurecht naar Aarderecht

Jonathan Verschuuren[1]

1 Inleiding[2]

Sinds de oprichting van de VMR is ons begrip van de menselijke impact op het milieu enorm veranderd. De opkomst van de wetenschap van de Aarde als systeem (Earth System Science) als een multi- of transdisciplinaire wetenschap gericht op het begrijpen van de structuur en het functioneren van de Aarde als een complex, adaptief en interactief systeem, heeft ons in staat gesteld beter te begrijpen hoe alle processen op de planeet met elkaar verbonden zijn en op elkaar inwerken, hoe menselijke activiteiten die processen beïnvloeden, en welke lineaire en niet-lineaire reacties kunnen worden verwacht.[3] Er zijn negen planetaire grenzen ontwikkeld om besluitvormers te helpen begrijpen wat de belangrijkste grenzen van onze planeet zijn en waar overheidsingrijpen op gericht moet zijn.[4] Deze negen, onderling samenhangende, grenzen zijn: opwarming van de Aarde, integriteit van de biosfeer (verlies biodiversiteitsfuncties en genetische diversiteit), verstoring van de kringloop van meststoffen (stikstof en fosfaat), aantasting van de ozonlaag, verzuring van de oceaan, zoetwatergebruik, landgebruik, introductie van nieuwe stoffen en luchtvervuiling. De belangrijkste vraag die milieurechtelijke onderzoekers nu bezighoudt is: wat betekent dit voor het recht? Hoewel het meeste milieurecht nog altijd op onderdelen van het milieu is gericht (water, bodem, lucht, afval, etc.), en bovendien slechts van toepassing is binnen de grenzen van een bepaald land (of op z'n best op een groep landen zoals de EU), weten we dat dit niet erg zinvol is als de focus gericht is op de Aarde als geheel en op de planetaire grenzen. Om binnen de planetaire grenzen te blijven en onze planeet een veilige omgeving voor de mens te laten zijn, zal het milieurecht verder moeten ontwikkelen tot 'Aarderecht' (in de literatuur aangeduid als Earth system law),[5] of planetair milieurecht.

---

1 Prof. mr. J.M. Verschuuren is werkzaam als hoogleraar internationaal en Europees milieurecht, Universiteit van Tilburg.
2 Deze bijdrage is een vertaalde en bewerkte versie van J. Verschuuren, 'Transboundary environmental law scholarship: towards a focus on planet Earth', in: K. de Graaf, B. Marseille, S. Prechal, R. Widdershoven, H. Winter (red.), *Grensoverschrijdende rechtsbeoefening. Liber Amicorum Jan Jans*, Uitgeverij Paris, p. 329-336.
3 Will Steffen et al., 'The emergence and evolution of Earth System Science', *Nature Reviews Earth & Environment* 2020, vol. 1, p. 54-63.
4 J. Rockström, W. Steffen et al., 'Planetary boundaries: exploring the safe operating space for humanity', *Ecology and Society* 2009, vol. 14, p. 32.
5 Rakhyun E. Kim & Louis J. Kotzé, 'Planetary boundaries at the intersection of Earth system law, science and governance: A state-of-the-art review', *Review of European, Comparative & International Environmental Law* 2021, vol. 30, p. 3-15.

De bescherming van het systeem Aarde wordt bemoeilijkt door de manier waarop we het recht hebben georganiseerd. Het huidige milieurecht maakt het op twee manieren moeilijk om een planetaire benadering te volgen om milieuproblemen aan te pakken. Ten eerste maken de grenzen tussen de nationale rechtsstelsels het moeilijk om een geïntegreerde en doortastende aanpak te hebben van de bestrijding van mondiale milieuproblemen. Ten tweede werken onze milieuwetten en -beleid momenteel in silo's omdat ze elk specifiek probleem afzonderlijk benaderen (te hoge stikstofdepositie, verdroging, PFAS-vervuiling, etc.), ondanks het feit dat deze problemen allemaal met elkaar verband houden. Als we het milieurecht een grotere rol willen geven om ervoor te zorgen dat we binnen de planetaire grenzen blijven, moeten we deze juridische grenzen zien te slechten.

Deze bijdrage beoogt niet een totaal nieuw milieurecht voor te stellen dat beter is gericht op bescherming van de planeet als geheel ('Earth system law' of 'Aarderecht'). De transitie van nationaal sectoraal milieurecht naar planetair milieurecht zal geleidelijk verlopen en het is op dit moment nog moeilijk om te voorzien waar die ontwikkeling zal eindigen. Wel kunnen we al eerste pogingen zien om het recht beter te laten aansluiten bij de eisen die de planeet aan ons stelt. Ik zal hierna twee voorbeelden behandelen. Ten eerste zal ik laten zien hoe op het gebied van het klimaatrecht de grenzen van staten minder relevant worden (par. 2).[6] Deze paragraaf zal dus ingaan op het eerste hierboven genoemde obstakel, dat van de focus van het recht op individuele landen. Ten tweede zal ik laten zien hoe de grens tussen het klimaatrecht en het biodiversiteitsrecht minder belemmerend wordt gemaakt (par. 3).[7] Deze paragraaf gaat derhalve over het tweede genoemde obstakel, dat van de 'silo-aanpak'. Aan het eind zal ik proberen op basis van deze twee voorbeelden kort vooruit te blikken naar de komende veertig jaar (par. 4).

2 Klimaatverandering en de geboorte van een systeembenadering van de Aarde in het recht

De planetaire grens met betrekking tot klimaatverandering is waarschijnlijk de grens die de meeste wettelijke erkenning en aandacht heeft gekregen van alle planetaire grenzen. Het is moeilijk voor te stellen dat internationale wetgeving inzake klimaatverandering niet de planeet als geheel als vertrekpunt neemt, aangezien het klimaatsysteem een mondiaal systeem is dat wordt beïnvloed door de gecombineerde impact van antropogene uitstoot van broeikasgassen over de hele wereld. In hun *Science*-artikel uit 2015 over de negen planetaire grenzen hebben Steffen en anderen een dubbele grens voor klimaatverandering gedefinieerd: een atmosferische

---

[6] Deze paragraaf is mede gebaseerd op J. Verschuuren, 'Climate Change' in: Duncan French & Louis Kotzé (red.), *Research Handbook on Law, Governance and Planetary Boundaries*, Cheltenham: Edward Elgar 2021, p. 246-260.

[7] Deze paragraaf is mede gebaseerd op J. Verschuuren, 'Regime interlinkages: examining the connection between transnational climate change and biodiversity law' in: Veerle Heyvaert & Leslie-Anne Duvic-Paoli (red.), *Research Handbook on Transnational Environmental Law*, Cheltenham: Edward Elgar 2020, p. 178-197.

CO_2-concentratie tussen 350 en 450 deeltjes per miljoen (ppm), en een toename van de stralingsforcering in de atmosfeer van tussen +1,0 en +1,5 watt per vierkante meter op het aardoppervlak (W m^{-2}) ten opzichte van pre-industriële niveaus.[8] Als de twee grenzen in acht worden genomen zou de gemiddelde temperatuurstijging op aarde niet boven de 2 graden Celsius moeten uitkomen.[9] Volgens het in 2021 verschenen deel van Assessment Report 6 van het IPCC was de CO_2-concentratie in 2019 gestegen tot 410 ppm, en de gemiddelde stralingsforcering in 2019, in vergelijking tot 1750 (begin van de industriële revolutie) +2,72 W m^{-2}.[10] In 2019 alleen, was de stijging van het aantal deeltjes CO_2 2,6 ppm, wat betekent dat we bij dit tempo in 2035 ook de bovengrens van de CO_2-concentratie zullen passeren. Het huidige concentratieniveau komt overeen met het niveau dat 3 miljoen jaar geleden bestond, toen de gemiddelde temperatuur tussen de 2 en 3 graden hoger lag dan voor de industriële revolutie en de zeespiegel 15 tot 25 meter hoger was dan vandaag.[11]

De Overeenkomst van Parijs vereist van de verdragsluitende staten dat zij de stijging van de mondiale gemiddelde temperatuur ruim onder de 2 °C boven het pre-industriële niveau houden en zich inspannen om de temperatuurstijging te beperken tot 1,5 °C boven het pre-industriële niveau.[12] Hoewel de Overeenkomst van Parijs niet verwijst naar het concept van planetaire grenzen of zelfs naar de planeet als zodanig, vermeldt de preambule wel het 'belang van het waarborgen van de integriteit van alle ecosystemen, inclusief oceanen, en de bescherming van de biodiversiteit, door sommige culturen erkend als Moeder Aarde'.[13] De Overeenkomst van Parijs heeft dus een einddoel geformuleerd dat zich richt op de Aarde als geheel, en lijkt, althans in beperkte mate, de noodzaak te erkennen om de benadering van klimaatverandering door de internationale gemeenschap te zien als onderdeel van een grotere verplichting voor de mensheid om de integriteit van de planeet als geheel te respecteren.

Veel landen hebben de doelstellingen van het Overeenkomst van Parijs vastgelegd in nationale wetten. Zo heeft Duitsland in 2019 een federale klimaatbeschermingswet

---

8   Will Steffen et al., 'Planetary Boundaries: Guiding Human Development on a Changing Planet', *Science* 2015, vol. 347, no. 1259855, p. 4.
9   J. Rockström, W. Steffen et al., 'Planetary boundaries: exploring the safe operating space for humanity', *Ecology and Society* 2009, vol. 14, p. 473.
10   V. Masson-Delmotte et al. (red.), 'IPCC, 2021: Summary for Policymakers' in: *Climate Change 2021: The Physical Science Basis. Contribution of Working Group I to the Sixth Assessment Report of the Intergovernmental Panel on Climate* Change (IPCC 2021), respectievelijk p. 4 en 11.
11   Rebecca Lindsey, 'Climate Change: Atmospheric Carbon Dioxide', NOAA klimaatverandering website (7 oktober 2021), www.climate.gov/news-features/understanding-climate/climate-change-atmospheric-carbon-dioxide.
12   Art. 2 lid 1 onder a Overeenkomst van Parijs. Zie ook Halldór Thorgeirsson, 'Objective (Article 2.1)' in: Daniel Klein, Maria Pia Carazo, Meinhard Doelle, Jane Bulmer, & Andrew Higham (red.), *The Paris Agreement on Climate Change. Analysis and Commentary*, Oxford: OUP 2017, p. 123-130.
13   Preambule, par. 13 Overeenkomst van Parijs.

aangenomen.[14] Anders dan de Nederlandse Klimaatwet,[15] verwijst de Bundes Klimaschutzgesetz (KSG) expliciet naar de doelstelling van de Overeenkomst van Parijs om de wereldwijde gemiddelde temperatuurstijging tussen 1,5 en 2 graden te houden,[16] en doelstellingen voor de reductie van broeikasgasemissies van 65 procent in 2030 en na 2050 negatieve reducties, dat wil zeggen dat meer wordt opgenomen uit de atmosfeer dan wordt uitgestoten.[17] Net als bijvoorbeeld het Verenigd Koninkrijk en Frankrijk,[18] kent ook Duitsland een onafhankelijke commissie van deskundigen, de Expertenrat für Klimafragen, die een belangrijke rol speelt bij de uitvoering en monitoring van de KSG.[19] In Nederland is deze taak toebedeeld aan het Planbureau voor de Leefomgeving.[20] Een actieve inbreng van zo'n niet-politieke commissie van deskundigen lijkt een belangrijke voorwaarde voor het vermijden van politieke inmenging op korte termijn, die vaak de verwezenlijking van de doelstellingen op langere termijn in de weg staat. Ook garandeert een dergelijke bijdrage van deskundigen dat het beleid gericht blijft op een op de stand van de wetenschap gebaseerde benadering in regelgeving en beleid. Anders dan de Nederlandse Klimaatwet, vereist de Duitse KSG dat alle bestuurders in het land, op alle overheidsniveaus, bij al hun beslissingen rekening houden met de federale doelstellingen inzake klimaatverandering.[21]

Ook de rechter baseert zich steeds meer op planetaire grenzen. De Hoge Raad verwees in het Urgenda-arrest specifiek naar het resterende mondiale koolstofbudget voor de planetaire grenzen van 450 en 430 ppm (voor respectievelijk 2 graden en 1,5 graden), waaruit volgt dat onmiddellijke actie geboden is.[22] De Hoge Raad gebruikte dit als een van de redenen om de opvatting van de Staat dat het eigen handelen zinloos is wanneer ook andere staten niet optreden, af te wijzen. Volgens de Hoge Raad verhoogt elke reductie, hoe klein ook, onmiddellijk het resterende wereldwijde koolstofbudget.[23] In haar uitspraak in de klimaatzaak tegen Shell verwees de rechtbank eveneens naar de planetaire grenzen van 450 en 430 ppm.[24] Tevens nam de rechtbank de totale mondiale CO_2-uitstoot van Shell in beschouwing, inclusief de

---

14 Gesetz zur Einführung eines Bundes-Klimaschutzgesetzes und zur Änderung weiterer Vorschriften vom 12. Dezember 2019, *Bundesgesetzblatt* I, No. 48 (17 december 2019).
15 Wet van 2 juli 2019, houdende een kader voor het ontwikkelen van beleid gericht op onomkeerbaar en stapsgewijs terugdringen van de Nederlandse emissies van broeikasgassen teneinde wereldwijde opwarming van de aarde en de verandering van het klimaat te beperken (Klimaatwet), *Stb.* 2019, 253.
16 Art. 1 KSG.
17 Art. 3 lid 1 KSG.
18 J. Verschuuren, 'Climate Change' in: Duncan French & Louis Kotzé (red.), *Research Handbook on Law, Governance and Planetary Boundaries*, Cheltenham: Edward Elgar 2021, p. 254-256.
19 Art. 11 en 12 KSG.
20 Art. 6 Klimaatwet.
21 Art. 13 KSG.
22 HR 20 december 2019, *M en R* 2020/8 m.nt. Thurlings, r.o. 4.6.
23 R.o. 5.7.8.
24 Rb. Den Haag 26 mei 2021, *M en R* 2021/86 m.nt. Arentz, r.o. 2.3.3.

uitstoot die veroorzaakt wordt door de verbranding van door consumenten aangeschafte olie- en gasproducten.[25] De rechtbank verplichtte het bedrijf vervolgens om zijn wereldwijde uitstoot in 2030 met 45% te hebben verminderd in vergelijking tot 2019.[26] Hoewel beide klimaatzaken zich primair richten op mogelijke schade door klimaatverandering in Nederland, laten ze goed zien hoe planetaire grenzen en een focus op de Aarde als geheel, te vertalen zijn in concrete juridische argumenten.

3 Tegelijkertijd omgaan met klimaatverandering en biodiversiteitsverlies

Over de hele wereld neemt de biodiversiteit al tientallen jaren in een alarmerend tempo af, voornamelijk als gevolg van verlies van leefgebied, vervuiling en uitheemse invasieve soorten. Klimaatverandering vormt een extra bedreiging voor de toch al kwetsbare soorten wilde flora en fauna. Ecosystemen veranderen, wat ertoe leidt dat soorten zich proberen aan te passen door het leefgebied te verschuiven of migratiepatronen te veranderen. De populaties van flora en fauna worden zwaar getroffen door steeds frequentere extreme weersomstandigheden. Tegelijkertijd speelt biodiversiteit een essentiële rol bij het tegengaan van en aanpassen aan klimaatverandering. Gezonde bossen en andere vormen van vegetatie, bodems en oceanen zijn door hun koolstofopname onmisbaar in elk beleid ter beperking van de klimaatverandering. We zijn ook afhankelijk van gezonde bodems en vegetatie voor veel van onze adaptatie-uitdagingen, bijvoorbeeld om onze kusten en onze voedselproductie te beschermen. Het is daarom in toenemende mate lastig om het klimaatrecht en het biodiversiteitsrecht als separate onderdelen van het milieurecht te zien, iets wat ook op internationaal niveau wordt erkend en langzaam leidt tot een zekere integratie.

Het is algemeen aanvaard dat een hoog niveau van menselijk ingrijpen in ecosystemen nodig is om de biodiversiteit te helpen zich aan te passen aan het veranderende klimaat en om tegelijkertijd de natuurlijke koolstofopname door vegetatie en bodem te vergroten. Er moet een breed scala aan interventies worden overwogen, met name:[27]

---

25 R.o. 4.4.5.
26 R.o. 5.3.
27 Zie bijvoorbeeld Jonathan Verschuuren, 'Restoration of Protected Lakes under Climate Change: What Legal Measures are Needed to Help Biodiversity Adapt? The Case of Lake IJssel, Netherlands, Colorado Natural Resources', *Energy & Environmental Law Review*, vol. 31, No. 2, p. 266-288; Arie Trouwborst, 'Climate change adaptation and biodiversity law' in: Jonathan Verschuuren (red.), *Research Handbook on Climate Change Adaptation Law*, Cheltenham: Edward Elgar 2013, p. 298-301; Jonathan Verschuuren, 'Climate Change: Rethinking Restoration in the European Union's Birds and Habitats Directive', *Ecological Restoration* 2010, vol. 4, p. 431, 434-435; Brendan G. Mackey et al., 'Climate Change, Biodiversity Conservation, and the role of Protected Areas: An Australian Perspective', *Biodiversity* 2008, vol. 9, p. 11, 13.

- herstel of (her)creatie van ecosystemen om veerkrachtigere habitats of corridors en bufferzones tot stand te brengen om de migratie van soorten naar meer geschikte gebieden te vergemakkelijken en de opname van koolstof te vergroten;
- herbebossing om de opname van koolstof te vergroten en de veerkracht en habitat voor bossoorten te vergroten;
- aangepast beheer van landgebruik en landbouwpraktijken om de koolstofvastlegging in de bodem te vergroten en gezondere, meer biodiverse bodems te creëren die beter bestand zijn tegen droogtes en extreme weersomstandigheden;
- aangepast beheer van wetlands en kustgebieden om veerkrachtigere habitats voor wetlands en kustsoorten te creëren, de vastlegging te vergroten en betere bescherming te bieden tegen extreme weersomstandigheden en overstromingen;
- geassisteerde verplaatsing van soorten die niet kunnen overleven in hun huidige natuurlijke habitat en, indien nodig, het creëren van nieuwe habitats om deze verplaatste soorten te huisvesten;
- ex situ instandhouding van soorten en genetische hulpbronnen voor latere verplaatsing naar nieuwe klimaatzones, en genetische modificatie om planten en wellicht ook dieren weerbaarder te maken tegen nieuwe klimatologische omstandigheden.

Aangezien zowel het klimaatsysteem als de biosfeer mondiale systemen zijn die op planetair niveau opereren,[28] is het duidelijk dat al deze interventies moeten worden uitgevoerd op alle bestuursniveaus, van mondiaal tot lokaal. Het internationaal recht is waarschijnlijk het meest geschikt om de transnationale inspanningen te coördineren, hoewel ook het nationale recht zeker een rol speelt. Mijn beoordeling laat zien dat er verschillende gevallen zijn waarin klimaat- en biodiversiteitsregimes op elkaar inwerken, hoewel deze interacties zeer beperkt zijn.[29] Het zijn vooral het Biodiversiteitsverdrag en het Verdrag van Ramsar inzake waterrijke gebieden die erg gericht zijn op aanpassing en mitigatie van klimaatverandering. Het Klimaatverdrag zwijgt grotendeels over biodiversiteit,[30] hoewel de zaken enigszins ten goede zijn veranderd met de goedkeuring van de Overeenkomst van Parijs.[31] Van Asselt concludeerde dat er 'potentieel is om synergieën tussen de klimaat- en biodiversiteitsregimes te

---

[28] Klimaatverandering en verlies van biodiversiteit zijn twee van de negen planetaire grenzen, zie J. Rockström, W. Steffen et al., 'Planetary boundaries: exploring the safe operating space for humanity', *Ecology and Society* 2009, vol. 14.

[29] J. Verschuuren, 'Regime interlinkages: examining the connection between transnational climate change and biodiversity law' in: Veerle Heyvaert & Leslie-Anne Duvic-Paoli (red.), *Research Handbook on Transnational Environmental Law*, Cheltenham: Edward Elgar 2020, p. 181-194.

[30] Zoals Maljean-Dubois en Wemaëre noteerden: 'the UNFCCC behaves sometimes like an autistic convention hermetic to external concerns', Sandrine Maljean-Dubois & Matthieu Wemaëre, 'Biodiversity and Climate Change' in: Elisa Morgera & Jona Razzaque (red.), Biodiversity and Nature Protection Law III, Cheltenham: Edward Elgar 2016, p. 306.

[31] De preambule van de Overeenkomst van Parijs verwijst naar biodiversiteit ('Noting the importance of ensuring the integrity of all ecosystems, including oceans, and the protection of biodiversity, recognized by some cultures as Mother Earth (...)'), maar ook

oogsten door middel van collectief interactiebeheer'.[32] Ik zal nu bespreken hoe een dergelijke synergie kan worden bereikt.

In de literatuur worden verschillende vormen van samenwerking tussen verschillende milieuregimes onderscheiden.[33] De eerste en lichtste vorm is een coherente interpretatie van juridische termen op verschillende gebieden. Dit kan op alle niveaus worden nagestreefd, zowel internationaal, als op EU-niveau, als nationaal. Een iets sterkere variant is het expliciet integreren van biodiversiteits- en klimaatveranderingsoverwegingen in zowel biodiversiteits- als klimaatveranderingsregimes.[34] Een tweede, ook nog vrij lichte vorm van samenwerking tussen klimaatveranderings- en biodiversiteitsregimes is het inzetten van sector overschrijdende financiering. Algemene milieufondsen, evenals specifieke fondsen onder beide regimes, kunnen projecten financieren met een tweeledig doel, of vereisen dat projectvoorstellen worden aangepast om gezamenlijke doelstellingen op het gebied van biodiversiteit en klimaatverandering te bereiken. Het Green Climate Fund doet dit al,[35] maar er is zeker ruimte voor een bredere uitrol van dit model door andere financiële instellingen zoals de Global Environment Facility en de Wereldbank, en bij andere fondsen zoals het Land Degradation Neutrality Fund dat onder het Verwoestijningsverdrag valt.[36]

De derde vorm van samenwerking tussen verschillende regimes bestaat uit initiatieven tussen instanties of het clusteren van verdragen op het gebied van biodiversiteit en klimaatverandering. In 2001 is een Joint Liaison Group (JLG) opgericht waarin functionarissen van de wetenschappelijke hulporganen en uitvoerende secretariaten van het Biodiversiteitsverdrag, het Klimaatverdrag, en het Verwoestijningsverdrag samenwerken.[37] Ambtenaren van het Verdrag van Ramsar sloten zich later aan, na het aannemen van een resolutie door de partijen bij dat verdrag waarin de verdragsluitende partijen, andere regeringen, secretariaten en wetenschappelijke en technische hulporganen worden verzocht de samenwerking en informatie-uitwisseling over wetlands en klimaatverandering te verbeteren op internationaal niveau door middel van

---

de bepalingen over 'sinks' (art. 5) en over het 'sustainable development mechanism' (art. 6).

32 Harro van Asselt, *The Fragmentation of Global Climate Governance: Consequences and Management of Regime Interactions*, Cheltenham: Edward Elgar, 2014, p. 258.
33 Arie Trouwborst, 'Climate change adaptation and biodiversity law' in: Jonathan Verschuuren (red.), *Research Handbook on Climate Change Adaptation Law*, Cheltenham: Edward Elgar 2013, p. 308.
34 Ibid., p. 311.
35 Voor meer informatie, zie de website van dit fonds, www.greenclimate.fund/.
36 Maljean-Dubois en Wemaëre, a.w. (noot 30), p. 303. Voor meer informatie over het LDN-fonds, zie de website van dit fonds, www.unccd.int/land-and-life/land-degradation-neutrality/impact-investment-fund-land-degradation-neutrality.
37 Nils Goeteyn &en Frank Maes, 'The Clustering of Multilateral Agreements: Can the Clustering of the Chemical-related Conventions Be Applied to the Biodiversity and Climate Change Conventions?' in: Frank Maes et al. (red.), *Biodiversity and Climate Change: Linkages at International, National and Local Levels*, Cheltenham: Edward Elgar, 2013, p. 149.

capaciteitsopbouw, mobilisatie van middelen en gezamenlijke werkprogramma's.[38] Hoewel de eerste beoordelingen van de resultaten van de JLG nogal pessimistisch waren,[39] lijkt langzaam maar zeker de belangstelling voor het nastreven van gezamenlijke doelen op het gebied van klimaatverandering en biodiversiteit toe te nemen. In 2017 nam de Conferentie van de Partijen van het Verwoestijningsverdrag bijvoorbeeld een besluit aan waarin de partijen werden uitgenodigd ervoor te zorgen dat hun doelstellingen voor het tegengaan van verdroging en verwoestijning en de activiteiten om deze doelstellingen te bereiken 'hefboomwerking en synergieën creëren met de klimaat- en biodiversiteitsagenda's van hun land, idealiter door gezamenlijke programmering van de drie Rio-verdragen' [Klimaatverdrag, Biodiversiteitsverdrag, Verwoestijningsverdrag, JV].[40] Een ander besluit nodigt de partijen bij het Verwoestijningsverdrag uit 'om het gebruik van lokaal aangepaste duurzame landbeheerpraktijken te overwegen als een effectief middel om nationale doelstellingen te bereiken met betrekking tot het aanpakken van (i) woestijnvorming/landdegradatie en verdroging, en het stoppen van verdere landdegradatie; en (ii) mitigatie van en aanpassing aan klimaatverandering, rekening houdend met mogelijke synergetische nationale acties in verband met het Klimaatverdrag en Biodiversiteitsverdrag'.[41]

Een vierde, nog geavanceerdere vorm van samenwerking tussen regimes bestaat uit een formele integratie van juridische teksten, zoals bijvoorbeeld is gebeurd met de opneming van biodiversiteitsnormen in het bossenregime onder het Klimaatverdrag (REDD+),[42] of zelfs de goedkeuring van een gezamenlijk protocol onder zowel het Klimaatverdrag als het Biodiversiteitsverdrag, met als doel om beide regimes expliciet aan elkaar te koppelen.[43] Dit laatste is nog niet gebeurd, maar is ook niet zonder precedent na de aanneming in 1988 van een gezamenlijk protocol dat twee verdragen op het gebied van aansprakelijkheid voor kernschade aan elkaar koppelt om te verzekeren dat partijen bij het ene verdrag een beroep kunnen doen op het mechanisme dat in het andere verdrag is ingesteld, mocht dit nodig zijn.[44] Het feit dat verdragspartijen bij beide verdragen kunnen verschillen maakt dergelijke fusies complex maar niet onmogelijk.[45]

---

38 Verdrag van Ramsar COP 11 (2012), Resolution XI.14 'Climate change and wetlands: implications for the Ramsar Convention on Wetlands', par. 34.
39 Maljean-Dubois en Wemaëre, a.w. (noot 30), p. 302; Van Asselt, a.w. (noot 32), p. 235.
40 Decision 3/COP13 UNCCD, ICCD/COP(13)/21/Add.1 (23 oktober 2017), par. 1(a).
41 Decision 3/COP13 UNCCD, ICCD/COP(13)/21/Add.1 (23 oktober 2017), par. 6.
42 Margaret A. Young, 'REDD+ and Interacting Legal Regimes' in: Christina Voigt (red.), *Research Handbook on REDD+*, Cheltenham: Edward Elgar 2016, p. 124.
43 Arie Trouwborst, 'International Nature Conservation Law and the Adaptation of Biodiversity to Climate Change: a Mismatch?', *Journal of Environmental Law* 2009, vol. 21, p. 442.
44 Joint Protocol Relating to the Application of the Vienna Convention and the Paris Convention of 21 September 1988, 1672 UNTS 302.
45 Goeteyn & Maes, a.w. (noot 37), p. 171.

4   Hoe verder met het milieurecht?

Het onderzoek op het gebied van het milieurecht verandert snel, net als het milieurecht zelf. Inzichten uit de wetenschap van de Aarde als systeem (Earth System Science) hebben ons geleerd dat we een planetaire benadering nodig hebben. Een dergelijke benadering maakt internationaal recht, EU-recht en nationaal recht niet overbodig. Het vereist echter wel dat beleidsmakers en juristen die op deze niveaus werkzaam zijn, verder kijken dan de gebruikelijke grenzen van rechtsstelsels en beleidsterreinen. Deze bijdrage probeert aan te tonen dat zowel op internationaal als op nationaal niveau aanzetten te vinden zijn voor zo'n planetaire focus daar waar het gaat over de aanpak van klimaatverandering. Klimaatverandering is echter slechts één van de negen planetaire grenzen. Onze opdracht voor de komende jaren is om ook een planetaire benadering te ontwikkelen met oog op het blijven binnen de andere grenzen: integriteit van de biosfeer (verlies biodiversiteitsfuncties en genetische diversiteit), verstoring van de kringloop van meststoffen (stikstof en fosfaat), aantasting van de ozonlaag, verzuring van de oceaan, zoetwatergebruik, landgebruik, introductie van nieuwe stoffen en luchtvervuiling. Een eerste inventarisatie van wat hiervoor nodig is voor Nederland is inmiddels uitgevoerd en laat zien dat er veel werk aan de winkel is.[46]

Een andere grote hindernis die moet worden genomen, is het zoeken naar onderlinge verbanden tussen de verschillende beleidsterreinen. Uit de beoordeling van de huidige instrumenten op het gebied van klimaatrecht en biodiversiteitsrecht blijkt dat beide regimes op internationaal en EU-niveau steeds meer samenwerken. De vooruitgang gaat echter verschrikkelijk traag en er zijn nog steeds gebieden waar beide regimes niet met elkaar praten of in conflict zijn. Er zijn snellere en intensievere vormen van samenwerking en interactie tussen verschillende regimes nodig om de doelstellingen voor aanpassing aan de klimaatverandering, mitigatie en instandhouding van de biodiversiteit volledig te bereiken. Regime-interacties moeten zowel breed als diepgaand zijn, variërend van samenwerking tussen agentschappen, ministeries en andere betrokken instanties, tot het aannemen van gecoördineerde of zelfs geïntegreerde juridische teksten. Dit moet niet alleen op internationaal niveau gebeuren, maar ook op EU-niveau en op nationaal en decentraal niveau. Hetzelfde kan worden beargumenteerd voor onderlinge verbanden tussen de andere planetaire grenzen. Deze uitdagingen zijn te complex en te veel met elkaar verweven om te worden aangepakt zonder aandacht te besteden aan de onderlinge verbanden tussen de transnationale regimes. Hoe dergelijke transnationale onderlinge verbanden precies moeten worden ontworpen om de grootste impact te hebben, is nog onduidelijk. De komende veertig jaar zullen in het teken staan van onderzoek naar Aarderecht. Wie weet heet de Vereniging voor Milieurecht in 2062 wel Vereniging voor Aarderecht!

---

46   Paul Lucas & Harry Wilting, *Using planetary boundaries to support national implementation of environment-related Sustainable Development Goals*, PBL-rapport 2748, Den Haag: PBL 2018.

10 Duurzame integratie van het milieurecht in het omgevingsrecht

Harm Borgers[1]

1 Inleiding

Ter gelegenheid van het 40-jarig bestaan van de VMR heb ik met plezier dit opstel geschreven als bijdrage aan de jubileumbundel van de vereniging. Reflecterend op het thema 'uitdagingen waarvoor het milieurecht zich komende jaren gesteld ziet' stelde ik mij de vraag welke uitdaging ik essentieel acht voor die nabije toekomst.

2 Externe integratie als uitdaging

Met een blik op de titels in mijn boekenkast kwam ik op de uitdaging van de externe integratie van het milieurecht met het oog op duurzame ontwikkeling.[2] Het boek dat mij hierbij in eerste instantie inspireerde, was het onderzoeksrapport *De toekomst van de Wet milieubeheer*.[3] Voorwaar een toepasselijke titel bij het thema van de jubileumbundel. In deze publicatie uit 1998 constateren de onderzoekers dat algemeen erkend wordt dat het belang van milieubescherming moet integreren met andere terreinen van het milieubeleid. In dit kader wijzen zij erop dat externe integratie voorwaardelijk is voor het realiseren van duurzame ontwikkeling.[4] Tegelijkertijd constateren de onderzoekers dat er verschillende manieren zijn om die externe integratie juridisch vorm te geven.[5] In een verkenning van de opties bespreken zij als meest vergaande manier dat het milieurecht kan integreren in een nieuwe integrale Omgevingswet. Zo'n alomvattende wet is op dat moment echter lastig te overzien, volgens de onderzoekers, waarna zij het idee niet uitwerken en minder omvattende varianten van integratie presenteren. Als eenvoudigste vorm daarvan gaat het erom dat geregeld zou kunnen worden dat milieubelangen altijd een rol moeten spelen bij de

---

1 Mr. dr. H.C. Borgers is partner bij adviesbureau KokxDeVoogd.
2 Externe integratie gaat – kort gezegd – over het afwegen van milieubelangen bij besluiten die niet specifiek betrekking hebben op de bescherming of verbetering van het milieu.
3 Th.G. Drupsteen, P.C. Gilhuis, C.J. Kleijs-Wijnnobel, S.D.M. de Leeuw & J.M. Verschuuren, *De toekomst van de Wet milieubeheer. Eindrapport project Perspectief, Ontwikkeling en Uitbouw Wet milieubeheer*, Deventer: Schoordijk Instituut, W.E.J. Tjeenk Willink, 1998.
4 Drupsteen et al., p. 22 en 167 e.v.
5 Drupsteen et al., p. 172 e.v.

belangenafweging in een besluit, ongeacht het specifieke onderwerp van dat besluit en met als knelpunt de beperkingen vanwege het specialiteitsbeginsel.[6]

In dezelfde boekenkast hervond ik trouwens ook de titel *Kleur in het omgevingsrecht*, niet veel later geschreven dan het rapport over de toekomst. Daarin wordt wel een lans gebroken voor het idee van een integrale Omgevingswet, als regeling voor de externe integratie van het milieurecht met het recht voor de ruimtelijke ordening en andere gebiedsgerichte beleidsthema's als water, natuur, landbouw en verkeer.[7]

De gedachtevorming over de externe integratie van beleidssectoren in één stelsel van omgevingsrecht kent dus een langere historie. Inmiddels is dat verhaal in een volgend stadium gekomen, anno 2022, met de aangenomen Omgevingswet (*die nog niet in werking is*). Deze wet integreert daadwerkelijk het gebiedsgerichte milieurecht met andere gebiedsgerichte beleidssectoren als ruimte, water, natuur, infrastructuur en erfgoed. Vanuit systematisch oogpunt kunnen we dus vaststellen, dat de externe integratie van beleidssectoren wel degelijk mogelijk is. Waar het op aankomt, is niet de juridische constructie maar het motief voor de integratie en het praktisch effect daarvan.

3   Motief voor externe integratie in de Omgevingswet

Het motief voor de integrale Omgevingswet is scherp verwoord door de wetgever:

> 'Gebruikers van de fysieke leefomgeving verwachten een samenhangende benadering van initiatieven en opgaven in de fysieke leefomgeving en een vergaande reductie van de complexiteit van de wetgeving. (…) De regering wenst daarom een paradigmawisseling, waarbij ontwikkelingen en opgaven in de fysieke leefomgeving zelf centraal staan. Vanuit dit perspectief wordt het gemakkelijker te denken vanuit de gebruiker of initiatiefnemer in de fysieke leefomgeving. Dit perspectief vereist een integrale aanpak omdat een initiatief vaak een belangenafweging over meerdere sectoren en belangen vergt. Regulering van kwaliteiten vanuit een sectorale invalshoek voldoet dan niet meer.'[8]

De crux is de stelling dat een integrale aanpak nodig is met een belangenafweging die over meerdere beleidssectoren en belangen gaat. Deze aanpak zet de gangbare specialiteit van beleidssectorale besluitvorming in een ander perspectief. Naast die 'specialiteit' van het afwegingskader voor een besluit zal tevens sprake moeten zijn van een 'evenredige' uitkomst van de totale belangenafweging met oog voor meerdere kwaliteiten van de fysieke leefomgeving.[9]

---

6   Drupsteen et al., p. 174.
7   F.C.M.A. Michiels, *Kleur in het omgevingsrecht* (oratie), Den Haag: Boom Juridische uitgevers 2001, p. 57.
8   MvT Omgevingswet, *Kamerstukken II* 2013/14, 33962, nr. 3, p. 18-19.
9   H.C. Borgers, *Duurzaam handelen* (diss.), Den Haag: Sdu Uitgevers 2012, p. 120-121.

Artikel 1.3 Ow geeft richting aan deze integrale aanpak met evenredige uitkomst. In dat artikel is het *maatschappelijk doel* van de Omgevingswet aangegeven. Er staat dat de wet tot het in onderlinge samenhang beschermen én benutten van de fysieke leefomgeving strekt, met het oog op duurzame ontwikkeling, de bewoonbaarheid van het land en de bescherming en verbetering van het leefmilieu. Voor het eerst is hiermee wettelijk bepaald dat de verbindende factor tussen de onderscheidenlijke onderwerpen van het veelkleurige omgevingsrecht bestaat uit de realisatie van duurzame ontwikkeling én milieubeheer én bewoonbaarheid. Met als bijzonderheid dat het gaat om de onderlinge samenhang hiertussen in relatie tot mogelijkheden van benutting en noodzakelijkheden van bescherming en verbetering.

4 De dubbele uitdaging: integraal plus specifiek

Met artikel 1.3 Ow is de externe integratie van het milieurecht voortaan een gegeven. Althans, op systeemniveau lijkt dat het geval te zijn. Voor concrete besluiten en andere handelingen van bestuursorganen is de externe integratie bij nader inzien geen uitgemaakte zaak. Artikel 2.1 Ow relativeert die integratie namelijk op voorhand, door te bepalen dat een bestuursorgaan oog moet houden voor de doelen van de wet (ergo: art. 1.3 Ow[10]) tenzij daarover specifieke regels zijn gesteld. Met dit laatste herleeft het primaat van het specialiteitsbeginsel voor alle bevoegdheden waarvoor bij wet sprake is van toepassingscriteria c.q. beoordelingskaders. Gelet hierop is de externe integratie van het milieurecht de komende jaren nog een hele uitdaging. Als gevolg van artikel 2.1 Ow zal de rechtspraktijk per situatie en locatie moeten nagaan of sprake is van een bestuurlijke opdracht om te zorgen voor een integrale aanpak – en dus voor externe integratie middels de onderlinge samenhang van duurzaamheid, bewoonbaarheid en milieubescherming en -verbetering, dan wel van een specifieke beleidssectorale regeltoepassing naar de letter van een specifieke wettelijke bepaling.

Om grip te krijgen op deze kwestie van ofwel integrale aanpak ofwel specialiteit maak ik graag gebruik van de reguleringstheorie van Malcom K. Sparrow. Bij iedere regulering is volgens hem sprake van een fundamenteel dilemma, dat luidt: wat zijn de grenzen van de verantwoordelijkheid die in het spel is?[11] Als aanpak voor dit dilemma introduceert hij vervolgens twee typen verantwoordelijkheden. Enerzijds gaat het om situaties waarin een bepaald belang middels regels en handhaving beschermd dient te worden tegen ongewenste (illegale) inbreuken. Anderzijds gaat het erom middels maatregelen opgaven te realiseren c.q. risico's te beheersen. Het verschil tussen beide is kort te duiden, door erop te wijzen dat sprake kan zijn van een effectieve regulering van een specifiek beschermd belang zonder dat daarmee sprake is van de realisatie van een maatschappelijke opgave of van het vermijden van een risico.[12] Deze theorie is door Sparrow in een figuur weergegeven.

---

10 MvT Omgevingswet, p. 395.
11 Malcolm K. Sparrow, *Fundamentals of Regulatory Design*, 2020, p. 11.
12 Sparrow, p. 14.

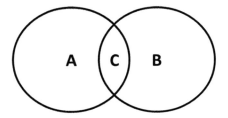

Cirkel A staat hier symbool voor de bescherming tegen een illegale inbreuk. Sparrow geeft aan dat het dominante model van regulering in het kader van deze cirkel gebaseerd is op het *'Legal model'*.
Cirkel B staat symbool voor de realisatie van een maatschappelijke opgave c.q. een beheersing van een maatschappelijk risico. Het dominante model van regulering is hier gebaseerd op het *'Expert model'*.

Deze twee typen van begrenzing van een bevoegdheid kunnen licht werpen op de uitdagingen met de toepassing van artikel 1.3 en 2.1 Ow in de rechtspraktijk. Cirkel A is op te vatten als een *model van legaliteit*, waarin *beslissend gehandeld* wordt vanuit de specialiteit van regels met een beginselplicht tot handhaving in relatie tot *activiteiten* waarvoor die regels gelden. De toets van deze bevoegdheidsuitoefening is een toets van rechtmatigheid. Cirkel B is daarentegen op te vatten als een *model van opgavegerichte besluitvorming* waarin *realiserend gehandeld* wordt vanuit een aspiratie om zo goed als mogelijk is resultaten te bereiken op basis van een beoordeling van informatie over feiten en belangen in relatie tot *oogmerken* van duurzame ontwikkeling, bewoonbaarheid en milieubescherming en -verbetering. De toets van deze verantwoordelijkheid is een toets van duurzame evenredigheid.

In de figuur is bewust sprake van een gedeeltelijke overlapping van de grenzen van de cirkels A en B. In het overlappende gebied C zullen het beslissend en het realiserend handelen met elkaar verenigd moeten worden, omdat beide modellen hier tegelijkertijd geldig zijn. Dit is, met andere woorden, het speelveld van de externe integratie. Het gaat hier wat mij betreft om het *model van responsiviteit*, waarin *op maat gehandeld* wordt (maatwerk) vanuit de dubbele uitdaging om de betrokken rechtsregels specifiek na te leven en tegelijkertijd bij te dragen aan het bovenliggende maatschappelijk doel. De toets van de verwezenlijking van deze dubbele uitdaging is een toets op het verloop van het interactieproces tussen de betrokken actoren in combinatie met de motivering van de uitkomst.

5   Is artikel 1.3 Ow toekomstbestendig?

De Omgevingswet is gebiedsgericht, met een beleidscyclus die zich richt op de kwaliteitsfuncties van de fysieke leefomgeving en met regels voor activiteiten op bepaalde locaties in de fysieke leefomgeving. In het stelsel gaat het niet over andere handelingsregimes, zoals voor stoffen en producten, waardoor geen sprake is van een geharmoniseerde sturing op alle typen handelingen die uit oogpunt van duurzame ontwikkeling effect hebben op ecosystemen en op de bescherming van mens en milieu.[13] De uitdaging voor de externe integratie van het milieurecht in het stelsel van de Omgevingswet strekt zich daarom ten principale uit tot de totstandkoming van een samenhangend juridisch regime dat uitgaat van een circulaire economie.[14] Dit is denkbaar met een uitbreiding van de Omgevingswet voor het bewaren, bewerken en gebruiken van stoffen, producten en systemen op een wijze die onder alle omstandigheden en zo nodig met maatwerk uitgaat van het maatschappelijke doel van de Omgevingswet.

---

13 G.A. Biezeveld, *Duurzame wetgeving* (diss.), Den Haag: Boom Juridische uitgevers 2012.
14 Ch. Backes, *Law for a circular economy* (oratie), Den Haag: Eleven International Publishing 2017.

11 CO$_2$ discrimineert niet. Een verkenning van nieuwe regelgeving voor CO$_2$-beprijzing (CBAM) en het gelijke speelveld binnen het milieurecht

Marjolein Dieperink en Jochem Spaans[1]

1 Inleiding

Gedurende het bestaan van onze vereniging hebben zich veel ontwikkelingen voorgedaan die raken aan de verhouding tussen het milieurecht en het mededingingsrecht. Met name binnen het EU-milieurecht zijn in het verleden veel regels gesteld die het creëren van een gelijk speelveld tussen concurrenten mede ten doel hebben. Denk bijvoorbeeld aan de EU-richtlijn industriële emissies die aangeeft bij te dragen aan het scheppen van gelijke mededingingsvoorwaarden;[2] of de invoering van het EU-systeem van de handel in broeikasgasemissierechten, het EU greenhouse gas emission trading scheme (EU ETS).[3]

Gedreven door met name de problematiek van de klimaatverandering, zijn er ook thans veel ontwikkelingen die aan de bedoelde verhouding raken. Zo komt naar aanleiding van de civielrechtelijke rechtspraak over klimaataansprakelijkheid[4] de vraag op wat die rechtspraak betekent voor een gelijk speelveld. Verder heeft 'een gelijk speelveld' een grote rol binnen de EU Green Deal en het EU 'Fit for 55'-pakket,[5] met wetgevingsinitiatieven als een voorstel voor een verordening inzake het waarborgen van een gelijk speelveld voor duurzaam luchtvervoer[6] en het voorstel tot wijziging van de EU ETS-richtlijn.[7] En ook in het Nederlandse klimaatbeleid wordt gewezen op het belang van een gelijk speelveld, bijvoorbeeld in de context van het beprijzen van CO$_2$-emissies en netaansluitingen.[8] Voor een voorbeeld buiten het klimaatbeleid en -recht wordt gewezen op het voorstel voor actualisering en modernisering

---

1 Prof. dr. M.A.M. Dieperink is advocaat te Amsterdam en bijzonder hoogleraar Klimaatverandering en Energietransitie aan de Vrije Universiteit Amsterdam. Mr. dr. L.A.J. Spaans is advocaat te Amsterdam en is verbonden aan diezelfde universiteit. Zij schreven deze bijdrage op persoonlijke titel. Deze bijdrage is afgerond op 1 juni 2022.
2 Richtlijn 2010/75/EU inzake industriële emissies (geïntegreerde preventie en bestrijding van verontreiniging), considerans overweging (3).
3 Richtlijn 2003/87/EG tot vaststelling van een regeling voor de handel in broeikasgasemissierechten.
4 Vooral Rb. Den Haag 26 mei 2021 (Milieudefensie/Shell), ECLI:NL:RBDHA:2021:5337, *M en R* 2021/86 m.nt. B. Arentz en *JM* 2021/95 m.nt. W.Th. Douma.
5 Zie o.a. het Commissievoorstel 'Fit for 55': delivering the EU's 2030 Climate Target on the way to climate neutrality' d.d. 14 juli 2021, COM(2021) 550 final.
6 COM(2021) 561 final.
7 COM(2021) 551 final.
8 Bijlage bij *Kamerstukken II* 2018/19, 32813, nr. 342.

van voornoemde EU-richtlijn industriële emissies. Dat voorstel rekent 'establishing a competitive level playing field and a high level of protection of health and the environment' tot zijn doelen.[9]

Tegenover deze ontwikkelingen staat dat het belang van een gelijk speelveld geen prominente rol speelt bij de (lange) totstandkoming van de Omgevingswet. Een 'beginsel van een gelijk speelveld' is ook niet meegenomen in de codificatie van milieurechtelijke beginselen in artikel 3.3 Ow.

De aanhoudende aandacht voor het belang van een gelijk speelveld, met name vanuit de EU-klimaatwetgeving gericht op CO_2-beprijzing, vormt voor ons de aanleiding om in dit artikel onderzoek te doen naar de plek van dat belang binnen het milieurecht. Dat doen wij aan de hand van één van de meest sprekende voorbeelden van toekomstige wetgeving waarin (mede) wordt geredeneerd vanuit het belang van een gelijk speelveld: het voorstel voor een verordening tot vaststelling van een mechanisme voor koolstofcorrectie aan de grens (hierna: 'Voorstel'), veelal aangeduid met het Engelse acroniem CBAM: Carbon Border Adjustment Mechanism.[10]

In deze bijdrage plaatsen wij het CBAM binnen het EU-klimaatbeleid (par. 2). Wij leggen vervolgens kort uit wat het Voorstel behelst (par. 3), en bespreken drie belangrijke discussiepunten rond de verdere vormgeving van het CBAM (par. 4). Wij beschouwen het CBAM vervolgens vanuit het daarmee tevens gediende belang van een gelijk speelveld (par. 5). Op basis daarvan doen wij een eerste voorzet voor de beantwoording van de vraag of het belang van een gelijk speelveld de komende jaren een meer prominente plaats moet krijgen binnen het milieurecht.

2 Plaats van het CBAM binnen het EU-klimaatbeleid

Klimaatverandering is een mondiaal probleem dat mondiale oplossingen vereist. Omdat het niveau van klimaatambitie en daarmee de wijze van regulering per regio verschilt, bestaat het risico van CO_2-lekkage (*carbon leakage*): in de EU gevestigde bedrijven verplaatsen hun CO_2-intensieve productie naar het buitenland, of EU-producten worden vervangen door meer CO_2-intensieve invoer. Zulke CO_2-lekkage verlegt broeikasgasemissies[11] naar landen buiten de EU, en verzwakt aldus de EU-klimaatinspanningen. Het bestaande EU ETS biedt bescherming tegen zulk weglekken, namelijk door kosteloze toewijzing van emissierechten aan sectoren die hiervoor gevoelig zijn.

---

9   COM(2022) 156 final/3.
10 COM(2021) 564 final.
11 In deze bijdrage worden de begrippen CO_2, koolstof(-prijs/-beprijzing) en broeikasgas door elkaar gebruikt. Koolstofdioxide (CO_2) is weliswaar het bekendste, maar slechts één van de broeikasgassen die onder het EU ETS vallen.

De EU beoogt met het ambitieuze 'Fit for 55'-pakket een impuls te geven aan haar klimaatbeleid, met als eerste tussenstap een emissiereductie van 55% in 2030 ten opzichte van het niveau in 1990. Om dat te realiseren, dient de kosteloze toewijzing van emissierechten te worden uitgefaseerd. Om te voorkomen dat als een direct effect van die uitfasering de CO_2-lekkage zal vergroten, heeft de Commissie op 14 juli 2021 het Voorstel gepubliceerd. Het doel van het CBAM is, in de kern, de prijs van CO_2 tussen binnenlandse producten en ingevoerde producten gelijk te trekken, en ervoor te zorgen dat de klimaatdoelstellingen van de EU niet worden ondermijnd door verplaatsing van de productie naar landen met een minder ambitieus klimaatbeleid,[12] dus door het creëren van een gelijk speelveld.

3 Het CBAM in het kort

3.1 Essentie van het CBAM

In de kern komt het CBAM erop neer dat in de EU gevestigde partijen die goederen importeren van buiten de EU, certificaten moeten kopen die overeenstemmen met de 'CO_2-prijs' die zou zijn betaald indien de goederen, volgens de CO_2-prijsregels van de EU, in de EU waren geproduceerd. Eén CBAM-certificaat representeert daarbij één ton ingebedde emissies in kwalificerende goederen. Zo zorgt het CBAM voor een gelijkwaardige CO_2-beprijzing van binnen de EU geproduceerde, en van buiten de EU ingevoerde producten. Op die wijze worden (ook) producenten uit derde-landen gestimuleerd om broeikasgasemissie-efficiëntere technologieën toe te passen.[13]

3.2 Welke goederen en welke emissies?

Op alle goederen geproduceerd binnen de sectoren die onder het EU ETS vallen, vindt CO_2-beprijzing plaats. Via het EU ETS betalen de producenten voor de broeikasgasemissies vanwege de productie van die goederen. Het CBAM betreft de CO_2-intensieve productie van goederen buiten het douanegebied van de EU.[14] In eerste instantie is het CBAM echter beperkt tot een aantal sectoren: cement, ijzer en staal, aluminium, kunstmest en elektriciteit. De bedoeling is dat het CBAM op termijn gaat gelden voor alle sectoren die in Bijlage I van de EU ETS-richtlijn worden genoemd.

Het CBAM is, volgens het Voorstel, in eerste instantie bovendien alleen van toepassing op directe emissies van broeikasgassen: de emissies uit de productieprocessen van goederen waarover de producent directe controle heeft. Na een overgangsperiode

---

12 O.a. European Commission, 'Carbon Border Adjustment Mechanism – Q&A', 14 juli 2021.
13 Zie uitgebreid: G.J. van Slooten, 'Het CBAM als slot op de klimaatachterdeur', *MBB* 2022/2-7.
14 Omdat de EU ETS-richtlijn in de gehele EER van toepassing is, valt de invoer uit IJsland, Liechtenstein, Noorwegen en Zwitserland onder het EU ETS en niet het CBAM.

zal het CBAM mogelijk worden uitgebreid naar indirecte emissies, dat wil zeggen emissies ten gevolge van de energieproductie, die tijdens de productieprocessen van goederen wordt verbruikt.[15]

3.3 Aangifte en inlevering van CBAM-certificaten

Onder het Voorstel kunnen alleen 'toegelaten aangevers' de onder het CBAM vallende producten invoeren.[16] Om als toegelaten aangever te worden aangemerkt, zal een (beoogd) importeur een vergunning moeten verkrijgen in de lidstaat waar hij is gevestigd (waarbij een specifieke regeling geldt voor de invoer van elektriciteit). Elke toegelaten aangever moet jaarlijks voor 31 mei bij de bevoegde autoriteit aangifte doen over het voorafgaande kalenderjaar.[17] Die aangifte behelst, in de kern, de totale hoeveelheid ingevoerde goederen, de daarmee corresponderende ingebedde broeikasgasemissies, en het in verband hiermee in te leveren aantal CBAM-certificaten. De toegelaten aangever is verplicht om dit aantal CBAM-certificaten in te leveren bij de bevoegde autoriteit van de betrokken lidstaat. Het Voorstel bevat regels over hoe de emissies te berekenen, voorziet in een verplichte verificatie van de ingebedde emissies, en in correctiemechanismen voor het geval te weinig (of te veel) CBAM-certificaten worden ingeleverd.

De toegelaten aangever verkrijgt CBAM-certificaten door deze te kopen van de bevoegde autoriteit van de lidstaat waar hij is gevestigd. Op grond van het Voorstel wordt de prijs van een CBAM-certificaat wekelijks door de Commissie bepaald, op basis van het gemiddelde van de slotprijzen van alle veilingen van EU ETS-emissierechten in de voorafgaande week.[18] De toegelaten aangever moet erop toezien dat hij aan het einde van elk kwartaal over een zodanig aantal CBAM-certificaten beschikt dat overeenstemt met ten minste 80% van de ingebedde emissies van alle goederen die hij heeft ingevoerd sinds het begin van het kalenderjaar.[19]

Een toegelaten aangever kan in zijn jaarlijkse CBAM-aangifte een vermindering van het aantal in te leveren CBAM-certificaten vragen, opdat rekening wordt gehouden met de in het land van oorsprong betaalde CO_2-prijs voor de aangegeven ingebedde emissies.[20] Op die manier wordt dubbele CO_2-beprijzing voorkomen. Daarnaast worden de in te leveren CBAM-certificaten gecorrigeerd voor de mate waarin EU ETS-emissierechten (nog) gratis worden toegewezen aan installaties die binnen de Unie de betrokken goederen produceren.[21]

---

15 European Commission, 'Carbon Border Adjustment Mechanism – Q&A', 14 juli 2021.
16 Art. 4 Voorstel.
17 Art. 6 Voorstel.
18 Art. 21 Voorstel.
19 Art. 22 lid 2 Voorstel.
20 Art. 9 Voorstel.
21 Art. 31 Voorstel jo. art. 10bis EU ETS-richtlijn.

3.4 Overige onderdelen van het CBAM

Het CBAM is veelomvattender. Op de toegelaten aangever rusten verschillende administratieve, rapportage- en financiële verplichtingen. Het Voorstel voorziet onder meer in CBAM-rekeningen in nationale registers, in het annuleren van CBAM-certificaten en in geregistreerde exploitanten van productie-installaties in derdelanden (waardoor individuele verificatie niet nodig is).[22] Ook regelt het Voorstel de mogelijkheid voor de nationale autoriteiten om boeten op te leggen, onder meer aan de toegelaten aangever die verzuimt tijdig CBAM-certificaten in te leveren. Het Voorstel haakt (ook) in dat verband aan bij de boetesystematiek onder het EU ETS.

4 Discussiepunten ten aanzien van het CBAM

De actuele stand van zaken in het CBAM-wetgevingsproces is dat zowel de milieucommissie van het Europees Parlement[23] (hierna: 'EP-commissie') als de Raad van de Europese Unie[24] (hierna: 'Raad') zich hebben uitgelaten over het Voorstel. In algemene zin valt op dat de EP-Commissie het voorstel op belangrijke punten aanscherpt, en dat de Raad en de EP-Commissie daarbij, vooralsnog, niet op één lijn zitten. Hierna wordt ingegaan op een drietal door de EP-Commissie voorgestelde aanscherpingen.

Ten eerste stelt de EP-Commissie voor om de werkingssfeer van het CBAM uit te breiden, namelijk met organische chemicaliën, waterstof en polymeren.[25] De Raad gaat in zijn rapportage niet van een uitbreiding uit.[26]

Ten tweede breidt de EP-Commissie de emissies uit die binnen het toepassingsbereik van het CBAM vallen, door onder directe emissies ook de emissies die samenhangen met verwarming en koeling tijdens een productieproces te verstaan.[27] Verder voegt de EP-Commissie bepaalde indirecte emissies aan CBAM toe. De Commissie deed dit eerder niet omwille van het eenvoudig houden van de administratieve lasten. Indirecte emissies vinden namelijk plaats bij anderen dan de entiteit die rapporteert over de emissies, en kunnen door die partij lastig worden gemeten. De EP-Commissie

---

22 Art. 10 Voorstel.
23 De milieucommissie van het Europees Parlement heeft op 17 mei 2022 een aanscherping van het CBAM-voorstel van de Commissie aangenomen; hierna: 'Ontwerpvoorstel'. Zie: www.europarl.europa.eu/doceo/document/A-9-2022-0160_EN.html.
24 De Raad van de Europese Unie heeft onlangs overeenstemming bereikt over het CBAM-voorstel, in de vorm van zijn zogeheten 'Algemene Oriëntatie'; zie www.consilium.europa.eu/nl/press/press-releases/2022/03/15/carbon-border-adjustment-mechanism-cbam-council-agrees-its-negotiating-mandate/.
25 Ontwerpvoorstel, amendement 13.
26 Overweging 32 Algemene Oriëntatie.
27 Zie art. 3 punt 15 van het Voorstel en het Ontwerpvoorstel, met betrekking tot de definitie van directe emissies.

volgt de Commissie hierin niet en stelt voor indirecte emissies veroorzaakt door de productie van elektriciteit gebruikt tijdens het productieproces (van de ingevoerde goederen) meteen al mee te nemen.

Ten derde is de EP-Commissie van mening dat een centrale CBAM-autoriteit het meest efficiënte, transparante en kosteneffectieve instrument zou zijn om de correcte uitvoering van het CBAM te waarborgen. Ook de Raad gaat uit van een centralisatie van de aanvraag van vergunningen en registratie onder het CBAM.[28] In het door de EP-Commissie en de Raad beoogde centrale register dient ook ieder kalenderjaar de CBAM-aangifte te worden gedaan[29] en kunnen de CBAM-certificaten worden verkocht.[30]

5 Plaats van 'het gelijke speelveld' in het milieurecht

5.1 Algemeen

Zoals aangegeven, is een van de doelen achter de CBAM-regelgeving het creëren van een gelijk speelveld tussen concurrenten. In deze paragraaf verkennen wij de plaats van het belang van een gelijk speelveld binnen het milieurecht. Doordat het bereiken van een gelijk speelveld regelmatig wordt genoemd als (sub)doelstelling van milieuwetgeving (zie par. 1), komt de vraag op of het milieurecht mede de ongeschreven norm bevat dat de overheid in de toepassing daarvan een gelijk speelveld tussen concurrenten moet nastreven.

5.2 Verbreding van het gelijkheidsbeginsel

Het Nederlandse bestuurs- en milieurecht kent, afgezien van het mededingingsrecht, geen norm die in specifieke zin inhoudt dat de overheid in haar besluitvorming en bij wetgeving rekening moet houden met het belang van een gelijk speelveld tussen concurrenten.[31] In de literatuur wordt echter een verschuiving van de functie van het gelijkheidsbeginsel gesignaleerd, namelijk van het gelijk behandelen in absolute zin, naar het bieden van gelijke kansen.[32] De Afdeling wijst in haar rechtspraak op het formele gelijkheidsbeginsel en leidt daaruit een nationale mededingingsnorm af. Die norm behelst dat bij de verdeling van schaarse publieke rechten daadwerkelijke mededinging moet worden geborgd en voor alle (potentiële) gegadigden dezelfde

---

28 Art. 14 en bijv. art. 5 lid 1ter Algemene Oriëntatie.
29 O.a. art. 6 lid 1 Algemene Oriëntatie.
30 O.a. art. 20 Algemene Oriëntatie.
31 Waarover J. Wieland, *De bescherming van concurrentiebelangen in het bestuursrecht* (diss. Leiden), Den Haag: Boom juridisch 2017, hfdst. 5.
32 J. Wieland, 'De correctie Widdershoven (niet) toegepast. Een veranderende benadering van het gelijkheidsbeginsel', *JBplus* 2018/3.

spelregels moeten gelden.[33] In dit kader wordt ook wel gesproken van relatieve gelijkheid.[34] Daarmee wordt gedoeld op de marktpositie die een ondernemer ten opzichte van zijn concurrenten inneemt en de impact die overheidshandelen op hun onderlinge verhoudingen kan hebben.[35] Als gezegd, normeert het gelijkheidsbeginsel naar de huidige stand van het recht echter niet het overheidshandelen in situaties waarin (markt)partijen zich welbeschouwd in verschillende situaties bevinden, maar waarbij een verschillend handelen van de overheid gevolgen heeft voor de (concurrentie)positie van een van beide partijen.

De omstandigheid dat de Europese wetgever de CBAM-regelgeving mede baseert op de doelstelling om een gelijk speelveld tussen concurrenten te bereiken, werpt de vraag op in hoeverre dat gelijke speelveld niet tot een algemeen uitgangspunt moet worden genomen in het milieurecht, met name waar het het tegengaan van klimaatverandering betreft. Deze vraag is niet slechts relevant vanwege de in paragraaf 1 genoemde recente wetgevingsvoorstellen waarin het bereiken van een gelijk speelveld tot doel wordt gesteld, maar wordt ook gevoed door het privaatrecht, in het bijzonder naar aanleiding van het vonnis in de procedure die Milieudefensie tegen Shell heeft aangespannen, waarin de rechtbank Den Haag heeft geoordeeld dat Shell meer moet doen om klimaatverandering tegen te gaan.[36] De rechtbank baseert zich daarbij op de ongeschreven zorgvuldigheidsnorm en vult die in aan de hand van de feiten, breed gedragen inzichten en internationaal aanvaarde standaarden. In de literatuur naar aanleiding van deze uitspraak en over de rol van de civiele rechter bij het tegengaan van klimaatverandering in het algemeen, wordt als nadeel van een dergelijk optreden van de civiele rechter gezien dat daarmee een ongelijkheid tussen concurrenten ontstaat.[37] De uitspraak van de civiele rechter bindt namelijk slechts de procespartijen en heeft – anders dan publiekrechtelijke wet- en regelgeving – geen algemeen verbindende werking. Zo'n algemeen verbindende werking is wel wenselijk waar het de klimaatverandering betreft: iedereen die broeikasgassen emitteert zou zich in gelijke mate dienen in te spannen om die emissie terug te brengen en daarmee de klimaatverandering tegen te gaan. Een verschillende behandeling tussen partijen, bijvoorbeeld wanneer die partijen zich in verschillende jurisdicties bevinden, kan leiden tot CO_2-lekkage; zie paragraaf 2. Strenge regelgeving heeft dan niet

---

33   Zie ABRvS 2 november 2016, ECLI:NL:RVS:2016:2927 (Speelautomatenhal Vlaardingen) en de daaraan voorafgaande conclusie van A-G Widdershoven van 25 mei 2016, ECLI:NL:RVS:2016:1421.
34   F.J. van Ommeren, 'Schaarse vergunningen: het beginsel van gelijke kansen als rechtsgrondslag voor de verplichting tot het bieden van mededingingsruimte. Van doctrinair standpunt naar positief recht', in: M. Bosma e.a. (red.), *De conclusie voorbij* (Polakbundel), Nijmegen: Ars Aequi Libri 2017, p. 204.
35   J. Wieland, 'De correctie Widdershoven (niet) toegepast. Een veranderende benadering van het gelijkheidsbeginsel', *JBplus* 2018/3.
36   Rb. Den Haag 26 mei 2021, ECLI:NL:RBDHA:2021:5337, *M en R* 2021/86 m.nt. B. Arentz en *JM* 2021/95 m.nt. W.Th. Douma.
37   Zie o.a. A. Hammerstein, 'Vraagtekens bij een vonnis', p. 16, in: *De klimaatzaak tegen Shell*, Deventer: Wolters Kluwer 2022.

zozeer tot effect dat de emissies worden beperkt, maar leidt tot een verplaatsing van die emissies.

5.3 Gelijk speelveld vloeit voort uit het gelijkheidsbeginsel

Naar onze mening kan uit de aandacht voor een gelijk speelveld op het moment (nog) niet (een opmaat naar) een algemeen beginsel of uitgangspunt worden afgeleid, strekkend tot een verbreding van het gelijkheids- of non-discriminatiebeginsel door daaruit een algemene verplichting van overheden af te leiden om in (de uitvoering van) milieubeleid een gelijk speelveld na te streven. Bij een betere beschouwing van de wetgeving waarin wordt geredeneerd vanuit het belang van een gelijk speelveld, valt namelijk op dat die doorgaans vooral ziet op de beprijzing van CO_2-emissies. Ten aanzien van CO_2-emissies doet zich de bijzondere omstandigheid voor dat het milieubelang slechts vergt dat er een totale cap wordt gesteld. Lokale omstandigheden en de locatie waar wordt geëmitteerd, zijn niet een belang dat het milieurecht gericht op CO_2-beprijzing beoogt (en hoeft) te beschermen. Met andere woorden: CO_2 discrimineert niet. En juist omdat het milieubelang door dat plafond afdoende wordt geborgd, bestaat er ruimte om nog een tweede doelstelling na te streven: het borgen dat de mededinging niet wordt verstoord. Anders gezegd: onderkend moet worden dat de vereiste inzet van emissierechten feitelijk niet alleen het milieu beschermt, maar ook de mededinging tussen partijen regelt. In zoverre reguleren systemen als EU ETS en CBAM ook marktordening.

Juist omdat het niet uitmaakt waar CO_2 wordt geëmitteerd, is sprake van een mondiale markt. Wat betreft de nationale markt kan worden gesteld dat uit het (nationale) gelijkheidsbeginsel dan voortvloeit dat op die markt partijen die aan elkaar gelijk zijn, gelijk moeten worden behandeld. En voor het bepalen in hoeverre partijen gelijk zijn, is vanuit milieubelang slechts relevant in hoeverre zij CO_2 emitteren. Zo beschouwd vloeit het belang van een gelijk speelveld wel rechtstreeks voort uit het gelijkheidsbeginsel, zonder dat daarvoor een verbreding van dat beginsel nodig is.

6 Tot slot

Het inzicht dat het belang van een gelijk speelveld wat betreft de beprijzing van CO_2-emissies voortvloeit uit het gelijkheidsbeginsel, maakt het mogelijk om het Voorstel en de door de EP-Commissie en de Raad voorstelde wijzigingen te waarderen. Zo leidt een uitbreiding met meer sectoren en indirecte emissies ertoe dat het gelijkheidsbeginsel beter wordt geborgd. Dat inzicht laat ook zien dat het belang van een gelijk speelveld reeds is verankerd in onze rechtsorde, en daarom geen meer prominente plaats hoeft te krijgen binnen het milieurecht, bijvoorbeeld door expliciete codificatie van een beginsel van een gelijk speelveld in de Omgevingswet. Tegelijkertijd vormt CO_2-beprijzing de hoeksteen van het EU-klimaatbeleid. Verwacht mag dus worden dat het belang van het gelijke speelveld een belangrijke rol zal (blijven) spelen in het milieurecht, in elk geval waar het gaat om het tegengaan van de klimaatverandering.

12 Naar een dynamische(re) milieuvergunning. *Bye-bye* bestaande rechten?

Kars de Graaf[1]

1 Inleiding

De afgelopen veertig jaar heeft de VMR zich met enthousiasme geworpen op het bevorderen van de belangstelling voor en de beoefening van het milieurecht. Dat milieurecht beoogt onder meer de fysieke leefomgeving te beschermen tegen de gevolgen van economische activiteiten voor de kwaliteit van het milieu. Bekend is dat dergelijke activiteiten goed gedijen bij rechtszekerheid. De inzichten in de mogelijkheden van milieubescherming zijn daarentegen dynamisch: de (politieke) inzichten over de prioriteit van milieubescherming kunnen veranderen, de (ecologische) kwaliteit van het milieu kan achteruitgaan en nieuwe technieken kunnen beschikbaar komen om het milieu beter te beschermen. Effectieve milieubescherming kan daarom op gespannen voet staan met rechtszekerheid. Meer flexibiliteit betekent echter een verlies aan rechtszekerheid en ook vaak een afscheid van 'bestaande rechten'.[2]

Als het streven naar ecologische duurzaamheid gezien wordt als kern van het milieurecht, dan moet het beschermen van de gezondheid van (complexe en adaptieve) ecosystemen gelden als primaire doelstelling en moet de normering van milieubelastende activiteiten tot op zekere hoogte dynamisch zijn. Ook indien die normering is opgenomen in een (milieu)vergunning.[3] Onvoldoende flexibiliteit in de publiekrechtelijke normering kan er toe leiden dat de civielrechtelijke onrechtmatige daad of internationaal gegarandeerde mensenrechten ondanks beroepen op de vrijwarende werking van de vergunning (vaker met succes) ingezet zullen worden door omwonenden of milieuorganisaties om strengere milieuhygiënische normering af te dwingen. In deze

---

[1] Prof. mr. K.J. de Graaf is als hoogleraar Bestuursrecht en duurzaamheid verbonden aan de vakgroep Staatsrecht, Bestuursrecht en Bestuurskunde van de Rijksuniversiteit Groningen. Hij is voorzitter van de VMR.

[2] De mate waarin een vergunning moet worden gezien als een verkregen, verworven of bestaand recht dat na verlening niet zomaar ongedaan kan worden gemaakt of kan worden aangetast, wordt frequent bediscussieerd en is niet in cement gegoten, zie daarover J.E. Hoitink, *Bestaande rechten in het milieurecht* (diss. Utrecht), Deventer: W.E.J. Tjeenk Willink 1998, p. 117 e.v.

[3] Dit geldt ook voor het stellen van maatwerkvoorschriften op grond van het Activiteitenbesluit (of in de toekomst: het Besluit activiteiten leefomgeving). Vgl. verder HR 10 maart 1972, ECLI:NL:HR:1972:AC1311, *NJ* 1972/278 (Vermeulen/Lekkerkerker) en Rb. Den Haag 26 mei 2021, ECLI:NL:RBDHA:2021:5337 (Milieudefensie e.a./Shell). Zie ook Elbert de Jong & Michael Faure, 'De autonomie van het civiele recht en het strafrecht bij normstelling voor ernstige risico's voor de fysieke leefomgeving', *NJB* 2022/864.

bijdrage vraag ik ook daarom aandacht voor (verdere) flexibilisering van de milieuvergunning (omgevingsvergunning milieu). Een dynamische(re) milieuvergunning kan betekenen dat het bevoegd gezag – meer dan tot nu toe gebruikelijk is – sturend moet (kunnen) optreden bij het verlenen en wijzigen van de milieuvergunning. En wellicht ook dat aan zogenoemde bestaande rechten – vaker dan tot nu toe gebruikelijk is – minder gewicht wordt toegekend. Dat leidt mij tot de vraag in hoeverre het bevoegd gezag in het huidige milieurecht de regie kan nemen en/of kan inspelen op nieuwe technologische ontwikkelingen of recente wetenschappelijke inzichten om bij milieuvergunningverlening de milieugebruiksruimte steeds zo klein mogelijk te houden (par. 2).[4] Vervolgens ga ik na welke opvattingen in de literatuur zijn terug te vinden over die mogelijkheden (par. 3). Tot slot werp ik een blik op het toekomstige recht, met name de Omgevingswet, om te bezien of invoering een verdere flexibilisering zal betekenen (par. 4). Ik sluit af met een korte slotbeschouwing (par. 5).

2 De grondslag van de aanvraag als grens

Het juridische kader voor milieuvergunningverlening geldt sinds 1993 (art. 8.1 e.v. Wm) en is in oktober 2010 verplaatst naar de Wet algemene bepalingen omgevingsrecht (art. 2.1 lid 1 onder e en art. 2.14 Wabo). Op punten is het in de loop der jaren gewijzigd, met name onder invloed van de Europese IPPC richtlijn en haar opvolger, de IE-richtlijn.[5]

De oprichtingsvergunning
In welke mate heeft het bevoegd gezag invloed op de milieubelastende activiteit (inrichting) waarvoor vergunning wordt aangevraagd en verleend? Uitgangspunt is dat de *grondslag van de aanvraag* niet mag worden verlaten door het bevoegd gezag. Het systeem van (milieu)vergunningverlening gaat ervan uit dat de initiatiefnemer zelfstandig mag bepalen wat wordt aangevraagd. In 2002 schrijft ook Jongma al dat de aanvraag de grondslag is voor de te nemen beslissing. Geen andere activiteiten mogen worden vergund dan zijn aangevraagd en er kan niet meer worden vergund dan is aangevraagd. Minder vergunnen dan is aangevraagd of afwijken van de aangevraagde technieken en/of voorzieningen is mogelijk, mits door de gedeeltelijke weigering of het voorschrijven van alternatieve technieken en/of voorzieningen *geen andere inrichting ontstaat* dan is aangevraagd (zodat de grondslag van de aanvraag niet wordt verlaten).[6] Voor de doorgewinterde milieurechtjurist is dit overigens niet verrassend. Afgezien van belangrijke vrijwillige mogelijkheden in een vooroverleg,

---

4   In de Nederlandse praktijk wordt overigens de 'milieuwinst' door toepassing van nieuwe, milieuvriendelijkere technieken vaak (deels) gebruikt om meer activiteiten toe te staan met een negatief effect op het milieu.
5   IPPC-richtlijn 1996/61/EG en RIE-richtlijn 2010/75/EU.
6   Zie M.P. Jongma, *De milieuvergunning, een onderzoek naar het beschermingsniveau en de soorten voorschriften* (diss. Utrecht), Deventer: Kluwer 2002. Vgl. ABRvS (vzr.) 20 juni 2001, ECLI:NL:RVS:2001:AH8441; ABRvS 4 februari 2004, ECLI:NL:RVS: 2004:AO2904; ABRvS 18 augustus 2010, ECLI:NL:RVS:2010:BN4252.

kan het bevoegd gezag niet effectief afdwingen wat de initiatiefnemer aanvraagt en waarover het bevoegd gezag moet oordelen. Een aanvraag voor een inrichting die voldoet aan de geldende eisen, kan bijvoorbeeld niet worden geweigerd omdat er een vanuit milieuperspectief betere locatie denkbaar of beschikbaar is.[7] In beginsel is het ook niet mogelijk ingrijpende voorschriften op te nemen die eisen dat milieuvriendelijkere grondstoffen en/of andere dan de aangevraagde technieken en/of voorzieningen worden gebruikt.[8]

Bij de beslissing over het weigeren of verlenen van de aanvraag,[9] maar ook bij het stellen van voorschriften aan de vergunning, geldt dat de beslissing 'in het belang van de bescherming van het milieu' moet zijn.[10] Daarbij spelen vele relevante aspecten een rol, die staan opgesomd in artikel 2.14 lid 1, onder a, b en c, Wabo.[11] Als het gaat om emissies is er een zekere dominantie van de onder c vermelde norm: in de inrichting moeten ten minste de voor de inrichting in aanmerking komende beste beschikbare technieken worden toegepast. Hoeveel ruimte biedt die norm het bevoegd gezag? In de praktijk weinig, zo lijkt het. Vanwege het gewenste *level playing field* en de rechtszekerheid moet in het individuele geval de toepassing van beste beschikbare technieken leiden tot de in de vergunning op te nemen, daarmee geassocieerde emissiegrenswaarden.[12]

De ambtshalve wijziging van de vergunning
Een volgende belangrijke vraag in verband met de dynamische omgevingsvergunning milieu is of de vergunningvoorschriften gedurende de looptijd kunnen worden aangepast. Op verzoek van de drijver van de inrichting kan veel, maar wat kan het bevoegd gezag doen om een wijziging van de vergunningvoorschriften af te dwingen vanwege nieuwe inzichten in de beschikbare milieugebruiksruimte van de

---

7   Zie Th.G. Drupsteen, *Een brug te ver?* (afscheidsrede Leiden), Deventer: Kluwer 2002, p. 14.
8   ABRvS 19 januari 2005, ECLI:NL:RVS:2005:AS3198; ABRvS 3 maart 2010, ECLI:NL:RVS:2010:BL6248.
9   Impliciet kan de aangevraagde vergunning overigens ook zien op emissies die op het moment van verlening niet genormeerd waren en waarvan pas later blijkt dat die schadelijk voor het milieu zijn. Zie ABRvS 24 april 2019, ECLI:NL:RVS:2019:1363; Rb. Noord Nederland 28 mei 2021, ECLI:NL:RBNNE:2021:2067. Dat ligt mogelijk anders bij watervergunningen voor lozingen, zie ABRvS 16 oktober 2019, ECLI:NL:RVS:2019:3479 (waarop kritiek van voormalig voorzitter van de VMR Van Rijswick in *AB* 2019/532 en van Van Kempen in *M en R* 2019/126 respectievelijk *M en R* 2020/17).
10 Vgl. art. 2.14 lid 3 en art. 2.22 lid 2 Wabo.
11 Zie M.N. Boeve e.a., *Omgevingsrecht*, Amsterdam: Europa Law Publishing 2019, hfdst. 6, par. 4.4.4. Zie ook M.N. Boeve, *Het omgevingsrecht van de compacte stad* (diss. Amsterdam, UvA), p. 87 e.v.
12 Zie H.C. Borgers & R. Molendijk, 'De lucht geklaard... Aan de slag met resultaatgerichte grenswaarden voor industriële emissies om 50% reductie te bereiken in 2030', *TO* 2021, afl. 4, p. 124 e.v. Zie ook A. Collignon & J.H.N. Ypinga, 'Het Schone Lucht Akkoord en strengere emissiegrenswaarden: een juridische kloof tussen ambitie en realisatie', *TO* 2021, afl. 4, p. 136 e.v.

betreffende inrichting? Het bevoegd gezag heeft de bevoegdheid vergunningvoorschriften aan te passen indien dat in het belang van de bescherming van het milieu is.[13] Voor het antwoord op de vraag is echter met name ook de actualiseringsplicht relevant. Het bevoegd gezag dient op grond van artikel 2.30 lid 1 Wabo *regelmatig* te bezien of de aan de vergunning verbonden voorschriften nog toereikend zijn in het licht van de ontwikkelingen in de technische mogelijkheden tot bescherming van het milieu, waaronder mede wordt verstaan het vaststellen van nieuwe of herziene conclusies over de beste beschikbare technieken,[14] en in het licht van de ontwikkelingen met betrekking tot de kwaliteit van het milieu (onderzoeksplicht). Blijkt daaruit dat de nadelige gevolgen die de inrichting voor het milieu veroorzaakt vanwege technische ontwikkelingen verder kunnen of, gelet op de kwaliteit van het milieu, verder moeten worden beperkt, dan is er op grond van artikel 2.31 lid 1 onder b Wabo een verplichting om de voorschriften aan te passen (actualiseringsplicht).

Zowel de toepassing van de actualiseringsplicht als de bevoegdheid tot het ambtshalve wijzigen van de milieuvergunning moest tot mei 2013 voldoen aan de eis dat de grondslag van de (oorspronkelijke) aanvraag niet mag worden verlaten.[15] Door de wijzigingen mocht dus geen andere inrichting worden vergund dan (oorspronkelijk) aangevraagd. Daarin is echter verandering gekomen. Artikel 2.31a Wabo biedt sindsdien het bevoegd gezag meer flexibiliteit, doordat is geregeld dat voor zover nodig voorschriften aan de omgevingsvergunning milieu worden verbonden die strekken tot toepassing van andere technieken (en voorzieningen) dan aangevraagd. Deze mogelijkheid is evenwel beperkt. De mogelijkheid om af te wijken van de grondslag van de aanvraag is enkel aan de orde als toepassing wordt gegeven aan artikel 2.31 lid 1 onder b Wabo (actualiseringsplicht). Zo blijft het 'leerstuk' van de grondslag van de aanvraag van toepassing bij de beslissing op de aanvraag om een oprichtingsvergunning.[16] Dat geldt ook voor het ambtshalve wijzigen van voorschriften op grond van artikel 2.31 lid 2 onder b Wabo.[17] Tot slot is naar mijn mening ook relevant dat het bevoegd gezag, indien een veranderingsvergunning wordt aangevraagd (art. 2.1 lid 1 onder c sub 2 Wabo), niet gehouden is voor de onderdelen van de inrichting waarop de aanvraag niet ziet ambtshalve te beoordelen of de gestelde voorschriften (nog)

---

13 Een in art. 2.31 lid 2 onder b Wabo opgenomen voorwaarde die ook toelaat dat minder strenge eisen worden gesteld in het belang van de drijver van de inrichting indien de bescherming van het milieu dat toestaat, zie ABRvS 6 december 2017, ECLI:NL:RVS:2017:3307; ABRvS 11 juli 2018, ECLI:NL:RVS:2018:2312 en ABRvS 23 maart 2022, ECLI:NL:RVS:2022:799.

14 Aanpassing van de voorschriften en de werking van de inrichting binnen vier jaar is dan vereist, zie art. 2.30 lid 2 Wabo jo. art. 5.10 Bor. Een en ander in verband met art. 21 lid 3 RIE.

15 Zie voor belangrijke kritiek daarop M.N. Boeve, M. Peeters & M. Poortinga, 'Een nieuwe regeling voor de ambtshalve wijziging van de milieuvergunning in het licht van het richtlijnvoorstel industriële emissies', *M en R* 2010, afl. 2, p. 77 e.v.

16 Uiteraard biedt het recht de mogelijkheid om de aanvraag buiten behandeling te laten en/of te weigeren.

17 ABRvS 10 september 2014, ECLI:NL:RVS:2014:3354.

voldoen aan de beste beschikbare technieken.[18] Met andere woorden, de beoordeling van de aanvraag van een veranderingsvergunning ziet enkel op de veranderingen.[19]

Kan met de actualiseringsplicht redelijkerwijs niet worden bereikt dat in de inrichting ten minste de relevante beste beschikbare technieken worden toegepast of biedt het wijzigen van de voorschriften redelijkerwijs geen oplossing voor de inrichting die ontoelaatbaar nadelige gevolgen voor het milieu veroorzaakt, dan moet de vergunning worden ingetrokken. Aan de strenge voorwaarden voor intrekking zal echter niet snel zijn voldaan, zodat wenselijke wijzigingen niet kunnen worden doorgezet en intrekken evenmin mogelijk is.[20]

3 Pleidooien tegen een strikte koppeling en voor flexibiliteit

In het voorgaande is kort geschetst dat er in de regelgeving en de jurisprudentie een belangrijk verband wordt aangenomen tussen enerzijds de (oorspronkelijke) aanvraag en anderzijds de beslissing om de vergunning te verlenen en/of de toepassing van de bevoegdheid om ambtshalve de voorschriften van de vergunning te wijzigen. Op die koppeling is in de afgelopen decennia door verschillende leden van de VMR kritiek geuit.[21]

Als het gaat om de gebondenheid van het bevoegd gezag aan de aanvraag voor een oprichtingsvergunning, is daarop (voorzichtig[22]) kritiek geuit door de voormalige voorzitter van de VMR, Thijs Drupsteen. In zijn afscheidsrede in 2002 is de kritiek voornamelijk gericht op de onmogelijkheden van het bevoegd gezag om de locatiekeuze te beïnvloeden.[23] Een betoog dat in het licht van de Vuurwerkramp Enschede in 2000 niet verwonderlijk is. Acht men meer sturing, regie en invloed voor de overheid gerechtvaardigd? Drupsteen merkt terecht op dat voor een antwoord op die vraag wellicht de kijk op de maatschappelijke verhoudingen relevant is voor de opvatting van zijn toehoorders.[24]

---

18 ABRvS 28 mei 2014, ECLI:NL:RVS:2014:1865 en ABRvS 20 juli 2016, ECLI:NL: RVS:2016:2011.
19 Dat ligt uiteraard anders als een revisievergunning wordt verlangd o.g.v. art. 2.6 Wabo.
20 Zie bijv. ABRvS 19 september 2012, ECLI:NL:RVS:2012:BX7699. Meegewogen moet worden of een reeds ingediende aanvraag om een veranderingsvergunning kan worden ingewilligd, zie ABRvS 4 februari 2009, ECLI:NL:RVS:2009:BH1835. Bij de intrekking van een vergunning kan schadevergoeding op grond van art. 5.20 Wm ook een rol spelen.
21 Anders: M.C. Brans, 'Het gebiedsontwikkelingsplan; de nieuwe rekbaarheid in het milieurecht', in: M.C. Brans e.a., *Hoofdstuk 2 Crisis- en herstelwet, de experimenteerfase voorbij?* (publicaties VBR nr. 39), p. 3 e.v.
22 Zie zijn opmerking 'Thijs wat haal je nu weer overhoop', in: Th.G. Drupsteen, *Een brug te ver?* (afscheidsrede Leiden), Deventer: Kluwer 2002, p. 22.
23 Een (strategische) milieueffectbeoordeling kan daarop natuurlijk wel invloed hebben.
24 Zie Drupsteen 2002, p. 14. Ik voeg toe dat ook de urgentie van de milieuproblematiek relevant lijkt.

De mogelijkheden om voorschriften te wijzigen was aan de orde in de dissertatie van Hoitink uit 1998 over bestaande rechten in het milieurecht.[25] Hoitink concludeert dat de aanvraag in de jurisprudentie te bepalend is bij de ambtshalve wijziging. Zij pleit ervoor om bij het gebruik van die bevoegdheid[26] naast het milieubelang ook een eerder verleende vergunning waardoor bepaalde verwachtingen zijn gewekt, als een factor van belang te beschouwen. Daarbij zou – anders dan uit de jurisprudentie bleek[27] – niet te veel waarde moeten worden gehecht aan bestaande rechten. Uitgangspunt zou moeten zijn dat bij ambtshalve wijzigingen geen andere inrichting mag ontstaan dan eerder is *vergund*. Het milieubelang zou vaker moeten kunnen prevaleren over die zogenoemde bestaande rechten. Voormalig VMR-voorzitter Rosa Uylenburg ziet in de brede reikwijdte van het begrip milieu nog een reden om de strikte koppeling los te laten; de door de wetgever gewenste verruimde reikwijdte van het begrip 'milieu' lijkt immers beperkt te worden door een (te strikte) koppeling tussen de grondslag van de aanvraag en de toepassing van de ambtshalve wijzigingsbevoegdheid.[28]

Oud-voorzitter van de VMR Chris Backes noemt in zijn preadvies voor de VAR, Vereniging voor bestuursrecht nog enkele belangrijke argumenten tegen een strikte koppeling. Zo is moeilijk te verklaren dat de grondslag van de aanvraag geen rol speelt bij de wijziging van een vergunning op grond van de Waterwet of de Natuurbeschermingswet 1998 (oud). Backes acht aanpassing van de jurisprudentie die 'uit het systeem van de milieuwetgeving' zou volgen, daarom aangewezen. Hij verwijst ook naar het Duitse recht, waarin de bevoegdheid in § 17 Bundesimmissionsschutzgesetz om voorschriften van de vergunning te wijzigen dient ter concretisering van de in § 5 neergelegde 'voortdurende autonome actualiseringsverplichting van de exploitant van de inrichting'.[29] Ook in Nederland zouden de belangen van exploitanten zonder de strikte koppeling kunnen worden afgewogen tegen het algemeen belang van bescherming van het milieu.[30]

---

25   J.E. Hoitink, *Bestaande rechten in het milieurecht* (diss. Utrecht), Deventer: W.E.J. Tjeenk Willink 1998, p. 241 e.v.
26   Hoitink beveelt aan de actualiseringsverplichting van art. 2.31 lid 1 onder b Wabo (toen: art. 8.22 Wm) en de wijzigingsbevoegdheid van art. 2.31 lid 2 onder b Wabo (toen: art. 8.23 Wm) te combineren in een bepaling over het wijzigen van voorschriften, zie Hoitink 1998, p. 243.
27   Vgl. ook N.S.J. Koeman, *Een wereld te winnen. Enkele beschouwingen over de toekomst van het omgevingsrecht* (afscheidsrede Amsterdam, UvA), Amsterdam: Vossiuspers 2009, p. 11; Ch.W. Backes, 'Meer ruimte voor het milieu – of toch minder milieu voor ruimtelijke ontwikkelingen?', in: M.N. Boeve & R. Uylenburg (red.), *Kansen in het omgevingsrecht* (Koeman-bundel), Groningen: Europa Law Publishing 2010, p. 31-43.
28   R. Uylenburg, 'De vergunningaanvraag ter discussie', *M en R* 2003, afl. 1, p. 1.
29   Ch.W. Backes, 'Dynamisch omgevingsrecht', in: M.J. Jacobs e.a., *Tijd voor verandering* (publicaties VAR-reeks 148), Den Haag: Boom Juridische uitgevers 2012, p. 176-177.
30   Vgl. Drupsteen 1998, p. 26-27.

Het lijkt er kortom op dat ook na invoering van artikel 2.31a Wabo in mei 2013 door velen wordt verdedigd dat meer flexibiliteit gerechtvaardigd is. Ook Boeve,[31] die in haar dissertatie over het omgevingsrecht van de compacte stad de hierboven besproken literatuur al eens (grondig) op een rijtje zette, is van oordeel dat meer ruimte kan worden geboden voor een verdere ontkoppeling. Met een te strikte koppeling tussen de aanvraag en de beslissing daarop en de wijzigingsbevoegdheid, blijven zeer waarschijnlijk mogelijkheden om de milieugebruiksruimte te beperken onbenut.

4 Een blik op de toekomst

Maakt het milieurecht van de toekomst, zoals we dat op dit moment voor ogen hebben, meer sturing en regie door het bevoegd gezag mogelijk, zodat minder waarde zal worden gehecht aan de grondslag van de aanvraag en bestaande rechten? Duidelijk is dat de problemen in de fysieke leefomgeving wel vragen om meer regie en ingrijpen door de overheid.

Indien de Omgevingswet in werking gaat treden, is duidelijk dat het systeem van milieuvergunningverlening behoorlijk gewijzigd wordt. Meest zichtbaar is dat de omgevingsvergunning milieu onder de Wabo verstrekt wordt voor een *inrichting*, terwijl de Omgevingswet in voorkomend geval een omgevingsvergunning vereist voor een *milieubelastende activiteit* (MBA).[32] Het verschil in aangrijpingspunt voor de regulering met een vergunning is relevant; zo wordt aan het nieuwe stelsel meer flexibiliteit toegedicht als het gaat om het aangrijpingspunt van regulering. Maar hoe zit het met de relevantie van de aanvraag voor de beslissing over een omgevingsvergunning voor een MBA? In de Omgevingswet is opgenomen dat de beoordelingsregels voor vergunningverlening worden gesteld met het oog op het waarborgen van de veiligheid, het beschermen van de gezondheid en het beschermen van het milieu.[33] Dat is op het eerste gezicht anders dan het bekende 'belang van de bescherming van het milieu', maar een indicatie voor een ontkoppeling biedt het niet. Datzelfde geldt voor de beoordelingsregels zelf in afdeling 8.5 Bkl. Artikel 8.9 Bkl biedt weliswaar een vernieuwd beoordelingskader dat beter aansluit bij de integrale benadering van (art. 1 en 11 van) de Richtlijn Industriële Emissies (RIE), maar een materiële wijziging lijkt niet beoogd en de bepaling geeft er geen blijk van dat verdere ontkoppeling voorzien is. Het is nog altijd in hoge mate aan de aanvrager om te bepalen op welke wijze hij de MBA wil verrichten.

---

31 M.N. Boeve, *Het omgevingsrecht van de compacte stad. Het omgevingsrechtelijk instrumentarium voor verdichting en functiemenging in het stedelijk gebied* (diss. Amsterdam, UvA), Amsterdam 2017, p. 213 e.v.
32 V.M.Y. van 't Lam & M. Jansen Schoonhoven, 'Van inrichting naar MBA. Enkele praktische consequenties nader belicht', *M en R* 2018/108; V.M.Y. van 't Lam & J.R. van Angeren, 'Milieubelastende activiteiten in de Omgevingswet. Gevolgen van de overstap van het begrip inrichting naar milieubelastende activiteiten', *TBR* 2016/132.
33 Art. 5.1 Ow jo. art. 5.18 en art. 5.26 Ow.

Net als bij de beoordelingsregels, is ook bij de bepalingen over het wijzigen van een omgevingsvergunning voor een MBA nauwer aangesloten bij de bepalingen van de RIE. De onderzoeksplicht is te vinden in artikel 5.38 Ow en artikel 8:98 Bkl, terwijl (de termijn voor) de actualiseringsplicht nadat nieuwe BBT-conclusies zijn vastgesteld is neergelegd in artikel 8.99 lid 1 en 2 onder a Bkl. Ook de in lid 3 expliciet genoemde andere ontwikkelingen die leiden tot de actualiseringsplicht, zijn bekend uit artikel 5.10 Bor. Voor de vraag naar de koppeling tussen aanvraag en de actualiseringsplicht, geldt dat artikel 8.99 lid 5 Bkl het bestaande recht continueert; alleen voor de actualiseringsplicht geldt dat het bevoegd gezag zo nodig voorschriften aan de omgevingsvergunning kan verbinden die strekken tot toepassing van andere technieken dan aangevraagd. Van een in de vorige paragraaf als wenselijk bestempelde verschuiving lijkt daarom geen sprake. Wel is een door de Europese Commissie voorgestelde wijziging van de RIE (ook op dit punt) veelbelovend.[34]

Tot slot zal de Omgevingswet introduceren dat naast de omgevingsvergunning voor een milieubelastende activiteit steeds ook een (specifieke) zorgplicht zal gelden op grond van artikel 2.11 Besluit activiteiten leefomgeving (Bal). Deze bepaling zorgt er voor dat de normering voor degene die een milieubelastende activiteit verricht dynamischer is dan enkel de vergunning (en de specifieke algemene regels). Het is echter niet de bedoeling van de wetgever om met deze bepaling wijziging aan te brengen in het uitgangspunt dat de aanvraag bepalend is, noch dat de specifieke zorgplicht de normering van vergunningplichtige MBA's dynamischer maakt.

5 Slotbeschouwing: *bye-bye* bestaande rechten?

Veel auteurs hebben zich in het verleden voorstander getoond van een minder strikte koppeling tussen de grondslag van de aanvraag enerzijds en anderzijds de beslissing op de aanvraag en de bevoegdheid of de verplichting om de vergunningvoorschriften te wijzigen. Ondanks dat een trend zichtbaar is naar een dynamische(re) milieuvergunning, bijvoorbeeld doordat voor veel inrichtingen algemene regels gelden naast de vergunning en doordat artikel 2.31a Wabo aanpassing van de normering beter mogelijk maakt, levert de toekomstige Omgevingswet op dit punt geen vernieuwing, maar eerder een voortzetting. Naar mijn oordeel is vereist dat de koppeling tussen aanvraag en hetgeen het bevoegd gezag vermag, sterker wordt ontkoppeld. De wijziging van het aangrijpingspunt voor normering van inrichting naar MBA en de specifieke zorgplicht voor milieubelastende activiteiten in artikel 2.11 Bal, zorgen daar niet tot onvoldoende voor. Het Nederlandse recht kent geen evenknie (of de opmaat daarvoor) van de ratio van de Duitse § 5 Bundesimmissionsschutzgesetz: een voortdurende actualiseringsplicht van de vergunninghouder die door het bevoegd gezag kan worden geconcretiseerd door voorschriften te wijzigen of aan te vullen.[35]

---

34 Zie het voorstel tot wijziging van de RIE: COM (2022) 156 final.
35 Vgl. COM/2022/156 final/3 met een voorstel om door een nieuw art. 14a RIE te verplichten tot een Environmental Management System (EMS).

Ontkoppeling zou een keuze impliceren voor minder rechtszekerheid en voor het toekennen van minder waarde aan bestaande rechten. Gelet op de uitdagingen waarvoor onze samenleving zich geplaatst ziet, moet die keuze worden gezien als een aantrekkelijke gedachte. Dus: *bye-bye* bestaande rechten? Dat is te zwart-wit gesteld. Het ligt voor de hand dat de algemene beginselen van behoorlijk bestuur (m.n. zorgvuldigheid, rechtszekerheid, evenredigheid) het onderzoek en de belangenafweging die ten grondslag moeten liggen aan het ambtshalve wijzigen van de voorschriften voldoende kunnen normeren.[36] Al met al lijkt mij het belang van de bescherming van het milieu beter af zonder een strikte koppeling tussen de grondslag van de aanvraag en de ambtshalve wijzigingsbevoegdheid.

---

36   Tijd, geld en de juiste prioriteit bij het bevoegd gezag is uiteraard ook vereist. Het ambtshalve verkleinen van de milieugebruiksruimte van ondernemers is in veel gevallen van groot algemeen belang en dan is wel ingrijpen en eventuele schade compenseren te verkiezen boven niet ingrijpen.

13 Meer of minder rechtsbescherming voor betrokken burgers of nimby's? Over toegang tot de bestuursrechter in het omgevingsrecht

Hanna Tolsma[1]

1 Inleiding

Toegang tot de rechter vormt een essentieel element van een rechtsstaat. De rechtmatigheid van overheidshandelen moet aan een onafhankelijke rechter kunnen worden voorgelegd. Hoe ruim zou in het omgevingsrecht die toegang tot de rechter moeten zijn? Die vraag is in de afgelopen veertig jaar waarin de VMR bestaat zeker vaker gesteld en dus zeker niet nieuw, maar niettemin ook weer actueel in het jaar 2022 vanwege recente ontwikkelingen. In deze bijdrage wordt eerst de huidige maatschappelijke context geschetst (par. 2). Vervolgens belicht ik, terugkijkend, enkele bestuursrechtelijke mijlpalen die effect hadden op de toegang tot de rechter (par. 3). Dat geeft een beeld van het kruispunt waarop we nu staan: meer of minder rechtsbescherming. Vanaf die plek beschouw ik ook enkele (juridische) strategieën die in de praktijk zijn gericht op het voorkomen van procedures (par. 4). Tot besluit volgen enkele afrondende opmerkingen gericht op de toekomst van de toegang tot de rechter in het omgevingsrecht (par. 5).

2 Nimby's en betrokken burgers

De Nederlandse overheid heeft de taak en ook de ambitie om de komende jaren verschillende grote maatschappelijke opgaven te realiseren: energietransitie, woningbouw, kringlooplandbouw en een gezonde leefomgeving.[2] Deze maatschappelijke opgaves staan op tijd. Snelheid is geboden.[3] De overheid zal ook door het nemen van omgevingsrechtelijke besluiten uitvoering geven aan deze taak. Maar omgevingsrechtelijke besluiten met effect op de leefomgeving stuiten vaak op verzet van omwonenden en milieuorganisaties. Het indienen van een rechtsmiddel (bezwaar of

---

[1] Prof. mr. H.D. Tolsma is als Hoogleraar Besluitvorming en rechtsbescherming in het omgevingsrecht verbonden aan de vakgroep Staatsrecht, Bestuursrecht en Bestuurskunde van de Rijksuniversiteit Groningen.
[2] 'Omzien naar elkaar, vooruitkijken naar de toekomst', Coalitieakkoord 2021-2025, VVD, D66, CDA en ChristenUnie, 15 december 2021.
[3] Het doel is om in 2050 klimaatneutraal te zijn. Het huidige nationale beleid is gericht op een CO_2-reductie van 60% in 2030. Dit vraagt een bijdrage van alle sectoren: mobiliteit, energie en industrie, woningbouw, landbouw en landgebruik. De aanpak om de woningcrisis op te lossen is beschreven in het Programma woningbouw (maart 2022), dat is gericht op het realiseren van 900.000 woningen in 2030.

beroep) betekent dat een onherroepelijk besluit langer op zich laat wachten. Rechtsbeschermingsprocedures vertragen bijvoorbeeld de realisatie van wind- en zonneparken en woningbouw.

Vanuit de hoek van ondernemers en projectontwikkelaars worden bestuursrechtelijke procedures daarom neergezet als een probleem. Nimby's (burgers die opkomen voor het 'not in my back yard'-principe) gebruiken – in die opvatting – procedures ten onrechte, op basis van oneigenlijke argumenten, om projecten waarmee het algemeen belang is gediend te vertragen of tegen te houden.[4] Dit beeld leidt tot krantenkoppen zoals: 'Met de stikstofnorm als wapen houden omwonenden steeds meer bouwprojecten tegen'.[5] Oplossingen voor 'het probleem' dat wordt gevormd door de ruime toegang tot de rechter zijn (onder meer) gericht op minder rechtsbescherming.

Een andere ontwikkeling vraagt juist om versteviging van de rechtsbescherming van betrokken burgers tegen de overheid. Met de kinderopvangtoeslagenaffaire heeft de belangstelling voor een zogenoemde responsieve vormgeving van de rechtsstaat een stevige impuls gekregen.[6] Het burgerperspectief staat voorop in een responsieve rechtsstaat. Van belang is dat een burger ook ervaart dat hij in een rechtsstaat leeft. Burgers moeten juist beter worden betrokken bij besluitvorming over klimaat- en energiemaatregelen.[7] Het beeld in de media is dat die betrokkenheid in de praktijk tekortschiet: 'Hoezo inspraak? In de praktijk staat de burger vaak buitenspel'.[8] In de literatuur wordt voorspeld dat het huidige bestuursrechtelijke klimaat ontegenzeggelijk verder wijzigt ten gunste van meer rechtsbescherming. De bestuursrechter is in de omgevingsrechtelijke jurisprudentie bijvoorbeeld ruimhartiger ten aanzien van ontvankelijkheidskwesties. De implementatie van het Varkens in Nood-arrest door de Afdeling bestuursrechtspraak, waarover later meer, is hiervan een goed voorbeeld.[9]

3 Bestuursrechtelijke mijlpalen op het gebied van toegang tot de rechter

Kijken we terug, dan kan een constatering zijn dat het bestuursrecht een ontwikkeling heeft doorgemaakt leidend tot minder rechtsbescherming. Bijvoorbeeld door de afschaffing van de *actio popularis* in 2005, de aanscherping van de uitleg van het belanghebbendebegrip en de invoering van het relativiteitsvereiste. Het Varkens in

---

[4] E. Haverkamp & M.E. Hinskens-van Neck, 'Rechtsbescherming versus tijdige realisatie en de (on)mogelijkheden om bij bouwprojecten tot versnelling en slagkracht te komen', *TBR* 2021, p. 17-31.
[5] *De Volkskrant*, 26 mei 2022.
[6] M. Scheltema, 'Mag de rechtsstaat voor de burger worden gesloten?', *AA* 2021, p. 809-820.
[7] 'Betrokken bij klimaat. Burgerfora aanbevolen', Eindrapportage adviescommissie Burgerbetrokkenheid bij klimaatbeleid (Commissie-Brenninkmeijer), maart 2021.
[8] *Vrij Nederland*, 29 januari 2022.
[9] Zie T. Barkhuysen, 'Ontvankelijk bestuursrecht', *NJB* 2021, p. 1865.

Nood-arrest noodzaakt tot wijziging van de Awb en biedt een momentum voor het maken van andere keuzes.

3.1 Aanscherping belanghebbendebegrip

Het beroepsrecht komt in het bestuursrecht toe aan belanghebbenden. De definitie van dit kernbegrip in artikel 1:2 Awb biedt relatief veel ruimte voor interpretatie door de bestuursrechter.[10] Voor zowel burgers en bedrijven als milieuorganisaties heeft de Afdeling bestuursrechtspraak de afgelopen decennia de criteria aangescherpt en daarmee de kring van beroepsgerechtigden ingeperkt.

Met de zogenoemde '1 oktober 2008-uitspraken' is de bestuursrechter er scherper op gaan letten of een milieuorganisatie voldoet aan de eisen van artikel 1:2 lid 1 en lid 3 Awb.[11] Anders dan voorheen voldoen milieuorganisaties die zich enkel bezig houden met procederen (inspraak, bezwaar en beroep) niet langer aan de eis van 'feitelijke werkzaamheden'. Over het beroepsrecht van milieuorganisaties en of de huidige eisen te streng of juist te soepel zijn, valt veel te zeggen.[12] Hier volstaat de signalering dat de Afdeling met deze jurisprudentielijn de drempel voor rechtsbescherming ten aanzien van milieugroeperingen heeft verhoogd.

Ook de drempel voor burgers en bedrijven bij omgevingsrechtelijke besluiten is hoger geworden. In de uitspraak Mestbassin Mechelen formuleert de Afdeling in 2017 een standaardoverweging.[13] Uitgangspunt is dat degene die rechtstreeks feitelijke gevolgen ondervindt van de activiteit die het besluit (zoals een omgevingsvergunning voor bouwen, kappen, natuur etc.) toestaat, in beginsel belanghebbende is bij dat besluit. Dat is anders als het niet gaat om 'gevolgen van enige betekenis'. Dat laatste (corrigerende) criterium betekent in het bijzonder voor de omgevingsvergunning milieu een aanscherping van de beoordeling van de belanghebbendheid. Voorheen werd immers bij de beoordeling geen acht geslagen op de mate waarin milieugevolgen konden worden ondervonden.[14] Mijn indruk is dat deze aanscherping heeft geleid tot een

---

10 Het begrip is buigzaam, zie K.A.W.M. de Jong & A.P. Klap, 'Het kneedbare belanghebbendebegrip', *AA* 2019, p. 147-154.

11 ABRvS 1 oktober 2008, ECLI:NL:RVS:2008:BF3911; ABRvS 1 oktober 2008, ECLI:NL:RVS:2008:3912; ABRvS 1 oktober 2008, ECLI:NL:RVS:2008:3913, *AB* 2008/348 m.nt. Michiels, *JB* 2008/239 m.nt. Schlössels, *Gst.* 2008, 141 m.nt. De Lange, *TBR* 2008/192 m.nt. Nijmeijer, AA20090051 m.nt. Damen, *M en R* 2008/105 m.nt. Jans en De Graaf, *JM* 2008/130 m.nt. Tolsma.

12 Zie voor een overzicht bijv. H.D. Tolsma, 'The Rise and Fall and Rise Again of Access to Justice in the Netherlands', in: De Graaf e.a. (red.), *Grensoverstijgende rechtsbeoefening* (liber amicorum Jan Jans), Zutphen: Uitgeverij Paris 2021, par. 2.

13 ABRvS 23 augustus 2017, ECLI:NL:RVS:2017:2271, *AB* 2017/348 m.nt. Tolsma, *M en R* 2017/138 m.nt. Van 't Lam en Van der Woerd, *TBR* 2017/160 m.nt. Nijmeijer, *JM* 2017/110 m.nt. Blokvoort, *JB* 2017/143 m.nt. Benhadi.

14 ABRvS 12 september 2012, ECLI:NL:RVS:2012:BX7107. En die lijn (mate waarin de gevolgen kunnen worden ondervonden doet er niet toe) werd al jaren gehanteerd. Zie bijv. R. Uylenburg, *Rechtsbescherming in het milieurecht*, Zwolle: W.E.J. Tjeenk Willink 1992, p. 82.

toename van procedures over toegang (in plaats van de inhoud). Inmiddels heeft de Afdeling wel expliciet gemaakt dat als twijfel mogelijk is over de vraag of gevolgen voor betrokkenen van enige betekenis zijn, betrokkenen het voordeel van de twijfel moeten krijgen.[15] Overigens is voor de 'betrokken burger' die buiten de boot valt, de afbakening van de kring van belanghebbenden aan de hand van de eis van het persoonlijk belang soms niet te begrijpen.[16]

3.2 Invoering van een relativiteitsvereiste

In 2013 heeft de Awb-wetgever het relativiteitsvereiste opgenomen in artikel 8:69a Awb. Sindsdien kan een belanghebbende niet bij iedere schending van een rechtsregel aanspraak maken op vernietiging van het besluit. Het Nederlandse relativiteitsvereiste past in een systeem van bestuursprocesrecht waarbinnen het belang centraal staat: het draait primair om de beslechting van geschillen en niet om het controleren van de rechtmatigheid van het bestreden besluit.[17] De bestuursrechter mag het bestreden besluit niet vernietigen als de (gestelde) geschonden norm niet strekt tot bescherming van de belangen van die belanghebbende.

Over de wenselijkheid van deze bepaling is veelvuldig gediscussieerd tussen voor- en tegenstanders.[18] Het streven naar een slagvaardiger bestuursprocesrecht geeft blijkens de wetsgeschiedenis de doorslag. Het kan niet zo zijn dat een besluit waarmee grote maatschappelijke en/of economische belangen zijn gemoeid door de bestuursrechter wordt vernietigd wegens schending van een norm die niet gericht is tot bescherming van de belangen van degene die zich daarop beroept. De toepassing van het relativiteitsvereiste leidde tot een stroom van jurisprudentie. In het najaar van 2020 vond de Afdeling het – gelet op in de rechtspraktijk levende behoefte daaraan – tijd om een overzicht op hoofdlijnen te geven.[19]

3.3 Varkens in Nood-arrest: meer of minder rechtsbescherming?

Uit de uitspraak van het Hof van 14 januari 2021 (het 'Varkens in nood-arrest') volgt dat de Nederlandse constructies 'wel inspraak voor niet-belanghebbenden, maar geen beroepsrecht' en 'geen beroepsrecht voor belanghebbenden zonder deelname

---

15 ABRvS 10 maart 2021, ECLI:NL:RVS:2021:499, *AB* 2021/194 m.nt. Tolsma.
16 H. Grosveld, 'Hoezo geen belanghebbende? Verslag van een rechtsgang Awb, observaties door een betrokken leek en een pleidooi voor een "feitelijk belang"', *NJB* 2020, p. 3067-3070.
17 B. Schueler, 'Van besluit naar geschil', in: *25 jaar Awb*, Deventer: Wolters Kluwer 2019, p. 69-80.
18 *Kamerstukken II* 2009/10, 32450, nr. 3, p. 20.
19 ABRvS 11 november 2020, ECLI:NL:RVS:2020:2706, *AB* 2021/42 m.nt. Nijmeijer, *JM* 2021/3 m.nt. Blokvoort.

aan de inspraakprocedure' in strijd zijn met (de Europeesrechtelijke implementatie van) het Verdrag van Aarhus.[20]

In het voorjaar van 2021 kiest de Afdeling – met het oog op de rechtspraktijk – voor een ruimhartige toepassing van het arrest.[21] Bij alle omgevingsbesluiten die zijn voorbereid met de uniforme openbare voorbereidingsprocedure (afd. 3.4 Awb) krijgen belanghebbenden in beroep artikel 6:13 Awb niet tegengeworpen. En niet-belanghebbenden die wel zienswijzen hebben ingebracht in de voorbereidings-procedure krijgen in beroep artikel 1:2 Awb niet tegengeworpen.

Met deze ruimhartige uitleg is de zogenoemde getrapte actio popularis terug in het omgevingsrecht. Een verschil met de in 2005 afgeschafte variant is dat het bestuurs-procesrecht tegenwoordig een relativiteitsvereiste kent. De vraag is wat een niet-belanghebbende heeft aan zijn beroepsrecht nu zijn materiële gronden frequent zul-len stranden op artikel 8:69a Awb. Omdat in de rechtspraak van de Afdeling een beroep op formele normen ook afhankelijk is van de mogelijkheid van de appellant om zich te beroepen op materiële normen, zullen ook dergelijke beroepsgronden van niet-belanghebbenden niet snel slagen bij een ongewijzigde jurisprudentielijn. Om recht te doen aan het Verdrag van Aarhus lijkt een andere toepassing van het rela-tiviteitsvereiste (ten aanzien van niet-belanghebbenden) noodzakelijk om effectieve rechtsbescherming van inspraakrechten te waarborgen.[22]

De wetgever is aan zet om het Verdrag van Aarhus te implementeren. In het voor-jaar van 2022 is een voorstel in internetconsultatie gebracht waarin de ruimhartige jurisprudentie van de Afdeling grotendeels is gecodificeerd. Een verschil is dat het consultatievoorstel de toepassing beperkt tot kort gezegd 'Aarhus-besluiten'. Het wetsvoorstel gaat dus uit van een regulier beroepsrecht voor niet-belanghebbenden die zienswijzen hebben ingebracht in de voorbereidingsprocedure van Aarhus-besluiten. Dit betekent een breuk met de eerder gemaakte keuze van de Awb-wet-gever om toegang tot de bestuursrechter te beperken tot belanghebbenden.

Vanuit het perspectief van voortvarende en efficiënte procedures is kritiek moge-lijk op deze keuze nu die leidt tot een grotere groep potentiële beroepsgerechtigden. In de toelichting bij de consultatieversie wordt opgemerkt: 'Het relativiteitsvereiste heeft mogelijkerwijs een remmende werking op het indienen van beroepen door

---

20 HvJ EU 14 januari 2021, C-826/18, ECLI:EU:C:2021:7, *AB* 2021/200 m.nt. Nijmeijer en Tolsma, *M en R* 2021/40 m.nt. Van 't Lam en Ravelli, *JB* 2021/28 m.nt. Schlössels en De Waele, *JM* 2021/33 m.nt. Douma.
21 ABRvS 14 april 2021, ECLI:NL:RVS:2021:786, *AB* 2021/201 m.nt. Nijmeijer en Tolsma, *JB* 2021/87 m.nt. Schlössels; ABRvS 4 mei 2021, ECLI:NL:RVS:2021:953, *AB* 2021/202 m.nt. Nijmeijer en Tolsma.
22 Zie o.a. de noot onder ABRvS 29 december 2021, ECLI:NL:RVS:2021:3020, *AB* 2022/167 van Van Hooren en Tolsma.

niet-belanghebbenden bij Aarhus-besluiten.'[23] Ik heb zo mijn twijfels of een rechtszoekende zonder juridische bijstand een dergelijke inschatting kan en zal maken. De Snoo en Van der Veen pleiten in hun reactie op de consultatieversie voor het invoeren van het relativiteitsvereiste in de bestuurlijke voorfase (afd. 3.4 Awb en bezwaar). Dat zou dan kunnen helpen om bij voorbaat kansloze beroepen al in de voorfase af te vangen. Daar ben ik geen voorstander van. Een fundamenteel bezwaar is dat een relativiteitseis haaks staat op de functies van zowel de uniforme openbare voorbereidingsprocedure (zorgvuldige besluitvorming) als de bezwaarfase (volledige heroverweging).[24] Bovendien vrees ik voor een toename van procedures over het verkrijgen van toegang tot de rechter. En in het geval dat de rechter in hoogste instantie vaststelt dat het bevoegd gezag in de voorfase ten onrechte aan een appellant het relativiteitsvereiste heeft tegengeworpen, dan heeft dat uiteindelijk een averechts effect op de snelheid.

Adriaanse breekt een lans voor de optie om de uniforme openbare voorbereidingsprocedure te beperken tot belanghebbenden.[25] Dat vraagt volgens haar wel om een ruimere invulling van het belanghebbendenbegrip, waarmee zij lijkt te doelen op een uitleg zoals volgt uit de huidige rechtspraak (gevolgen van enige betekenis alleen toepassen in evidente gevallen). Publieksparticipatie voor 'een ieder' kan plaatsvinden via informele inspraakavonden. Deze variant is tegen de stroom in, nu de algemene opvatting is dat een beperking van inspraak tot enkel belanghebbenden haaks staat op de ontwikkeling van participatie bij omgevingsrechtelijke besluiten.[26] Haar analyse laat evenwel goed zien dat het Varkens in Nood-arrest vraagt om een meer fundamentele bezinning over de wijze waarop de procedures nu zijn vormgegeven.

Positief te waarderen is dan ook dat de regering nader onderzoek en analyse in het vooruitzicht stelt, om te bezien of (systeem)verbeteringen nodig zijn voor een juiste implementatie van het verdrag en de daarin neergelegde verplichting voor

---

23 Consultatieversie MvT wijziging Awb n.a.v. HvJ EU Varkens in Nood, 1 april 2022, p. 28.
24 De argumenten zijn uitgebreid beschreven in de wetsgeschiedenis, zie *Kamerstukken II* 2009/10, 32450, nr. 3, p. 20-21.
25 M.E. Adriaanse, 'Een alternatieve oplossing voor Varkens in Nood', *JBplus* 2022, p. 68-78. Het Verdrag van Aarhus verzet zich daar niet tegen deze variant nu dat verdrag geen actio popularis verlangt. Zie par. 5.1 in R. Benhadi, 'Nederlands bestuursprocesrecht op onderdelen in strijd met het Verdrag van Aarhus', *JBplus* 2021, p. 95-118.
26 Consultatieversie MvT wijziging Awb n.a.v. HvJ EU Varkens in Nood, 1 april 2022, p. 15. En zie o.a. G.A. van der Veen, 'Meer varkens zonder zienswijzen dan nodig – Rechtsbescherming bij de bestuursrechter na het arrest Varkens in nood', *NTER* 2021, p. 234-238; J.H.N. Ypinga & J. Tingen, 'De Varkens in Nood-saga: de impact van het Verdrag van Aarhus op het Nederlandse omgevingsrecht', *BR* 2021/56, p. 343; H.D. Tolsma, 'The Rise and Fall and Rise Again of Access to Justice in the Netherlands', in: De Graaf e.a. (red.), *Grensoverstijgende rechtsbeoefening* (liber amicorum Jan Jans), Zutphen: Uitgeverij Paris 2021, par. 4.3.

verdragspartijen om te zorgen voor een goede toegang tot de rechter in milieuzaken.[27] Het verdient aanbeveling dat de veronderstellingen over de effecten van varianten die in het huidige debat naar voren worden gebracht ook empirisch worden onderzocht. Interessant zou zijn om te onderzoeken wat nu precies het effect is van de uitbreiding van de kring van beroepsgerechtigden op het tijdsverloop waarbinnen een besluit onherroepelijk wordt.

4 Strategieën om procedures te voorkomen

4.1 Misbruik van procesrecht

Een gedachte die leeft, is dat burgers en milieugroeperingen met 'oneigenlijke bezwaren' of 'kansloze beroepen' geen toegang tot de rechter moeten kunnen krijgen. De bestuursrechter kan een beroep niet-ontvankelijk verklaren als sprake is van misbruik van recht. Zo heeft de Afdeling in het kader van de Wet openbaarheid van bestuur een toetsingskader ontwikkeld om te beoordelen of sprake is van misbruik.[28] De lat ligt hoog, gelet op het fundamentele karakter van het recht op toegang tot de rechter (art. 6 EVRM). Zwaarwegende gronden zijn vereist, 'die onder meer aanwezig zijn indien rechten of bevoegdheden zodanig evident zijn aangewend zonder redelijk doel of voor een ander doel dan waartoe zij zijn gegeven, dat het aanwenden van die rechten of bevoegdheden blijk geeft van kwade trouw'.[29] Een antimisbruikbepaling is inmiddels verankerd in artikel 4.6 Woo.

Mij zijn geen vergelijkbare uitspraken bekend van de bestuursrechter over misbruik van recht in omgevingsrechtelijke zaken. Een antimisbruikbepaling is in het verleden wel bepleit door De Poorter, als alternatief voor het relativiteitsvereiste.[30] Mijn verwachting is dat, gelet op de hoge eisen van misbruik van procesrecht, de bestuursrechter in omgevingsrechtelijke zaken slechts sporadisch – in zeer uitzonderlijke gevallen – zal kunnen concluderen tot misbruik van recht.

Zeer opmerkelijk in dit kader is een uitspraak van een civielrechtelijke kortgedingrechter. Een vordering strekkende tot een gebod tot intrekking van een door

---

27 Consultatieversie MvT wijziging Awb n.a.v. HvJ EU Varkens in Nood, 1 april 2022, p. 15-16.
28 Art. 3:13 BW in samenhang gelezen met art. 3:15 BW vormt de wettelijke grondslag. Barkhuysen en Koenraad zijn overigens van oordeel dat een dictum met zo'n vergaande strekking een expliciete wettelijke basis behoeft, zie o.a. de annotatie bij ABRvS 19 november 2014, ECLI:NL:RVS:2019:4135, *Gst.* 2015/33.
29 Zie o.a. ABRvS 27 december 2018, ECLI:NL:RVS:2018:4256. Zie over misbruik van procesrecht uitgebreid R. Ortlep, *Redelijkheid en billijkheid in het bestuursrecht*, Deventer: Wolters Kluwer 2020, par. 3.3.
30 J.C.A. De Poorter, 'Doel en functie van de toegang tot de bestuursrechter: bespiegelingen over ontwikkelingen in het bestuursprocesrecht', in: *Toegang tot de rechter beperkt* (VAR-reeks 144), Den Haag: Boom Juridische uitgevers 2010, p. 40.

een stichting ingediend beroep bij de bestuursrechter, werd toegewezen.[31] Door het instellen van beroep door de Stichting Flora & Faunabescherming tegen omgevingsvergunningen voor de activiteit bouwen, dreigen 162 kopers van woningen schade te lijden. Privaatrechtelijke contracten (koop- en aannemingsovereenkomsten en hypotheekoffertes) verliezen hun geldigheid als de omgevingsvergunningen niet binnen bepaalde tijd onherroepelijk worden, met alle nadelige financiële gevolgen voor de kopers van dien. Naar het oordeel van de kortgedingrechter brengen in dit geval de normen van hetgeen in het maatschappelijk verkeer betaamt mee dat de stichting de belangen van de kopers dient te ontzien.

Volgens de NEPROM zou de wetgever er verstandig aan doen deze lijn te codificeren.[32] Vanuit juridisch perspectief zijn er evenwel principiële bezwaren tegen deze route via de civiele rechter. Schlössels wijst erop dat het niet aan de burgerlijke rechter is om te beoordelen of een beroep bij de bestuursrechter kansloos is. Ook bijzonder is de redenering van de kortgedingrechter dat de kopers het risico van bestuursrechtelijke procedures niet krijgen tegengeworpen. Met Schlössels ben ik van oordeel: 'Laten we hopen dat dit type uitspraak geen navolging krijgt!'[33]

4.2 Afstandsovereenkomst

Het sluiten van een afstandsovereenkomst is in de praktijk een strategie om rechtsbeschermingsprocedures te voorkomen (ook wel 'monddoodclausule' of 'geenbezwaarclausule' genoemd). Het komt erop neer dat partijen met potentiële belanghebbende overeenkomen dat deze burger geen rechtsmiddelen aanwendt (bezwaar en/of beroep) ten aanzien van toekomstige besluiten. Dit in ruil voor een financiële tegenprestatie.[34] Juridisch zijn deze deals niet waterdicht. Bij de Afdeling bestuursrechtspraak is een afstandsbeding rechtens niet afdwingbaar, nu artikel 7:1 en 8:1 Awb van dwingend recht zijn.[35] Een overeenkomst in strijd met deze bepalingen is in strijd met de openbare orde en nietig (art. 3:40 lid 1 BW).[36] Een bijkomend effect van

---

31 Rb. Noord-Holland 8 april 2022, ECLI:NL:RBNHO:2022:3145, *JB* 2022/96 m.nt. Schlössels.
32 Reactie NEPROM op Consultatieversie MvT wijziging Awb n.a.v. HvJ EU Varkens in Nood, 13 mei 2022.
33 Zie zijn noot bij Rb. Noord-Holland 8 april 2022, ECLI:NL:RBNHO:2022:3145, *JB* 2022/96 m.nt. Schlössels. Zie ook de kritiek van Barkhuysen en Koenraad in hun annotatie bij Rb. Noord-Nederland 26 juni 2020, ECLI:NL:RBNNE:2020:2258, *AB* 2020/305 m.nt. Barkhuysen en Koenraad.
34 Zie E. Haverkamp & M.E. Hinskens-van Neck, 'Rechtsbescherming versus tijdige realisatie en de (on)mogelijkheden om bij bouwprojecten tot versnelling en slagkracht te komen', *TBR* 2021/3, par. 5.
35 K.J. de Graaf, 'Afstand van beroepsrecht', *NTB* 2005, p. 6-9.
36 Zie uitgebreid o.a. P.J. Huisman & F.J. van Ommeren, *Hoofdstukken van privaatrechtelijk overheidshandelen*, Deventer: Wolters Kluwer 2019, par. 13.6.1.

deze route in de praktijk is dat het bezwaarmakers trekt die zich tegen hoge bedragen laten afkopen door projectontwikkelaars.[37] Die zijn daartoe uiteraard niet verplicht.

4.3 Participatie

Zowel in het Klimaatakkoord als onder de Omgevingswet vormt participatie een belangrijke pijler.[38] Het gaat dan niet alleen om de uniforme openbare voorbereidingsprocedure, maar vooral om het betrekken van partijen bij het besluitvormingsproces voordat de formele besluitvorming van start gaat ('vroegtijdige participatie'). De veronderstelling is dat een goed participatietraject leidt tot breed gedragen, kwalitatief goede besluiten en dus minder procedures. Steeds meer decentrale overheden hebben beleid en/of regelgeving waarin randvoorwaarden zijn opgenomen met betrekking tot participatie. Bij hernieuwbare energieprojecten gaat het dan niet alleen om procesparticipatie maar – om de acceptatie te versterken en het draagvlak te vergroten – ook om financiële participatie. Een initiatiefnemer kan de omgeving (financieel) laten meeprofiteren van de komst van een wind- of zonnepark. Het gaat hier niet om planschade of schadevergoeding. Op dit moment is een dergelijke financiële bijdrage van een projectontwikkelaar niet juridisch afdwingbaar. Een discussie is of dit fenomeen ook wettelijk geregeld zou moeten worden.[39]

Hoe het ook zij, de vraag is of de tijd die wordt gestoken in een goed participatietraject zich ook daadwerkelijk uitbetaalt doordat rechtsbeschermingsprocedures worden voorkomen. Een garantie op volledige acceptatie en draagvlak biedt participatie niet. Participatie kan juist ook aanleiding zijn voor burgers om procedures te starten over de vraag of het participatieproces op een juiste wijze is verlopen.[40] Wel kan een goed participatietraject inzicht geven in de bezwaren die er zijn. Mogelijke gebreken in de besluitvorming kunnen zo vroegtijdig worden gesignaleerd. Dat voorkomt mogelijke verrassingen en vertragingen in de beroepsprocedure bij de bestuursrechter.[41]

---

[37] 'Hoe bewoners van het Wijnhaveneiland zich voor veel geld laten afkopen door projectontwikkelaars', *AD* 12 september 2020.

[38] Een uitgebreide beschrijving van participatie onder de Omgevingswet is onder meer te vinden in S.W. Derksen & H.W. Dekker, 'Participatie onder de Omgevingswet: niet nieuw, wel anders geregeld (Deel I)', *TBR* 2020/104; S.W. Derksen & H.W. Dekker, 'Participatie onder de Omgevingswet: niet nieuw, wel anders geregeld (Deel II)', *TBR* 2020/114.

[39] Zie o.a. M.A.M. Dieperink, 'Financiële participatie en 50% lokaal eigendom in energieprojecten', *TBR* 2022/11, p. 70-83 en H.D. Tolsma, 'Procesparticipatie en financiële participatie bij wind- en zonneparken', *JBplus* 2021, p. 68-82.

[40] S.W. Derksen & H.W. Dekker, 'Participatie onder de Omgevingswet: niet nieuw, wel anders geregeld (Deel II)', *TBR* 2020/114.

[41] Dat voordeel wordt ook benoemd in de toelichting: Consultatieversie MvT wijziging Awb n.a.v. HvJ EU Varkens in Nood, 1 april 2022, p. 13.

5 Een blik vooruit

De aandacht voor versnelling van juridische procedures op het terrein van het omgevingsrecht is van alle tijden.[42] De noodzaak om snel grote maatschappelijke opgaves te realiseren, het Varkens in Nood-arrest en de ontwikkeling van (vroegtijdige) participatie maken de vraag actueel of procedures in het omgevingsrecht op dit moment optimaal geregeld zijn.

Bij het nadenken over de juiste weg werkt het wegzetten van burgers als nimby's en het framen van rechtsbeschermingsprocedures als probleem enkel polarisatie in de hand. Een laagdrempelige toegang tot procedures van rechtsbescherming, waarin overheidsbesluiten met impact op de fysieke leefomgeving door burgers en milieuorganisaties aan de bestuursrechter kunnen worden voorgelegd, vormt een essentieel element van de door velen nagestreefde responsieve rechtsstaat. Verbetervoorstellen gericht op het beperken of afsluiten van de toegang tot de bestuursrechter (invoeren van het relativiteitsvereiste in voorprocedures, misbruik van recht) stuiten op fundamentele juridische bezwaren. Bovendien is het maar zeer de vraag of met het creëren van dergelijke (procedurele) drempels ook daadwerkelijk sneller sprake is van een onherroepelijk besluit. Een scherpe afbakening van de kring van beroepsgerechtigden nodigt uit tot procedures over ontvankelijkheid. Mijn voorkeur gaat daarom uit naar een ruim beroepsrecht waarbij de rechter de aandacht kan richten op de inhoud. Initiatiefnemers en andere bij projectontwikkeling betrokken stakeholders (zoals banken) zullen in de planning rekening moeten houden met de mogelijkheid van rechtsbeschermingsprocedures. Een belangrijke randvoorwaarde is dat de rechtbanken en de Afdeling bestuursrechtspraak beschikken over voldoende capaciteit om de zaken binnen de wettelijke termijnen af te handelen.[43]

Het voorgaande neemt niet weg dat het zinvol is om te bezien of tijdwinst behaald kan worden met een slimmere vormgeving van procedures. Dit kan ook betekenen dat ruimte wordt genomen voor differentiatie van regels toegespitst op omgevingsrechtelijke zaken. Zo blijkt uit de uitspraak over het behoud van de grondentrechter in omgevingsrechtelijke zaken in hoger beroep dat de Afdeling oog heeft voor de rechtspositie van de belanghebbende derde (vergunninghouder, initiatiefnemer, omwonende) en de maatschappelijke belangen die vaak gemoeid zijn met omgevingsrechtelijke besluiten (zoals woningbouw en energietransitie). Een voortvarende en

---

42 Zie bijv. Ch.W. Backes e.a., *Snellere besluitvorming over complexe projecten vergelijkend bekeken*, Den Haag: Boom Juridische uitgevers 2010; B. Schueler, *Het zand in de machine. Over de noodzaak tot beperking van de rechtsbescherming*, Amsterdam: Vossiuspers UvA 2003; C. Lambers, D.A. Lubach & M. Scheltema, *Versnelling juridische procedures grote projecten*, WRR 1994.

43 De verwachting is dat de doorlooptijden oplopen. Er is een grotere instroom, de complexiteit van zaken neemt toe en er is een aanzienlijk tekort aan juristen. Zie Raad van State, Jaarverslag 2021, onder 'Productie en doorlooptijden'.

efficiënte procedure verzet zich tegen de uitbreiding van de omvang van het geding in hoger beroep (ten koste van rechtseenheid en rechtsbescherming).[44]

Verbetering in de vormgeving van de voorprocedures lijkt kansrijk om versnelling te realiseren. De ontwikkeling van met name vroegtijdige participatie vraagt om bezinning op de wijze waarop de uniforme openbare voorbereidingsprocedure en de bezwaarprocedure nu zijn gereguleerd.[45] Zo kan gedacht worden aan een vormgeving van de reguliere procedure die Aarhus-proof is, een facultatieve bezwaarfase of het verkleinen van de verschillen tussen bezwaar en de uniforme openbare voorbereidingsprocedure. Fundamentele wijzigingen vragen om een zorgvuldige doordenking. Idealiter leidt dat in de toekomst tot toegankelijke procedures die op voortvarende en efficiënte wijze rechtsbescherming bieden aan betrokken burgers en milieuorganisaties.

---

44 ABRvS 9 februari 2022, ECLI:NL:RVS:2022:362, *AB* 2022/143 m.nt. A.G.A. Nijmeijer en H.D. Tolsma. Zie voor een kritische bespreking: B.J. van de Griend, 'Het gedeeltelijk einde van de grondentrechter: goed nieuws, maar het kan nog beter', *JBPlus* 2022, p. 58-67.
45 Overigens wordt in de literatuur ook los van die ontwikkeling van vroegtijdige participatie gepleit voor wijzigingen: Zie bijv. C. Bitter & H. Besselink, '25 jaar Awb-bezwaarschriftenprocedure: tijd voor heroverweging', in: *25 jaar Awb*, Deventer: Wolters Kluwer 2019, p. 49-56; J.C.A. Aarts, L.M. Koenraad & M.S. Krikhaar, 'Regulier versus uitgebreid. Een pleidooi om de verschillen tussen de reguliere procedure (afd. 7.2 Awb) en de uitgebreide procedure (afd. 3.4 Awb) te verkleinen', *Gst.* 2019/144, p. 720-727.

14 De (door)ontwikkeling van de Omgevingswet

Wilco de Vos[1]

1 Inleiding

Aan het slot van mijn bijdrage voor de jubileumbundel ter gelegenheid van het 30-jarig bestaan van de VMR schreef ik: 'Ik hoop dat we bij een volgend jubileum van de VMR kunnen terugkijken en concluderen dat de Omgevingswet heeft gezorgd voor een bestendige basis, waarop kan worden voortgebouwd.'[2] Het ontwerp van de Omgevingswet was toen, in 2012, nog volop in ontwikkeling. In dat jaar zag de eerste consultatieversie het licht. Inmiddels zijn we een decennium en vele pagina's wettekst en parlementaire geschiedenis verder. De ontwikkeling van duurzame wetgeving blijkt van lange duur. Niettemin is de wetgeving van het nieuwe stelsel afgerond: de basis ligt er. De Omgevingswet zal naar verwachting op 1 januari 2023 in werking treden. Vervolgens zal in de praktijk blijken of de basis ook bestendig is. Het wettelijke stelsel biedt een basispakket van geharmoniseerde instrumenten en procedures. Wetgeving is echter nooit af. Dat geldt zeker voor de inhoudelijke normstelling. De wereld verandert, de opgaven voor de leefomgeving en noden van het moment vragen voortdurend om het actueel houden van de wetgeving. Dit hoort bij een 'levend' stelsel. Het vraagt ook om kritische reflectie, monitoring en evaluatie. Voortdurend zal bezien moeten worden of de beoogde doelen gehaald worden en of bijstelling nodig is. De beleidscyclus[3] die voor opgaven in de leefomgeving geldt, geldt ook voor de wetgeving zelf.

De komende tijd zal vooral in het teken staan van het toepassen van het nieuwe stelsel en het opdoen van ervaring. Tegelijk betekent regeren vooruitzien. Nu de Omgevingswet er is, kan de vraag worden gesteld hoe op die basis kan worden voortgebouwd. Het wettelijke stelsel zoals dat er nu is, is niet het beoogde eindbeeld. Er zijn in de nieuwe wetgeving nog diverse hoofdstukken gereserveerd. Zo zijn delen van het milieurecht daarin niet opgenomen. Welke onderwerpen of instrumenten zouden kunnen worden toegevoegd?

---

1 Mr. H.W. de Vos werkt bij de directie Constitutionele Zaken en Wetgeving van het Ministerie van Binnenlandse Zaken en Koninkrijksrelaties en is als juridisch projectleider betrokken bij de totstandkoming van de nieuwe omgevingswetgeving. Hij was van 2010-2021 bestuurslid van de VMR. Het artikel is op persoonlijke titel geschreven. De tekst van deze bijdrage is afgerond op 1 juni 2022.
2 H.W. de Vos, 'Een basis voor de toekomst: de Omgevingswet', in: *Milieurecht in ontwikkeling, jubileumbundel 30 jaar VMR*, Den Haag: Boom Juridische uitgevers 2012, p. 73.
3 *Kamerstukken II* 2014/15, 33962, nr. 3, p. 21-24.

2 De totstandkoming van het wettelijke stelsel

2.1 Fases van de stelselherziening

De eerste fase van de 'stelselherziening omgevingsrecht' was de totstandkoming van de Omgevingswet. In die fase zijn de doelen, uitgangspunten en kerninstrumenten bepaald. Hiermee is de basis voor het wettelijke stelsel gelegd. Met het aannemen van de Omgevingswet door het parlement is die fase afgerond en kwam het accent te liggen op de verdere uitwerking in de uitvoeringsregelgeving: de vier AMvB's en de Omgevingsregeling. Daarnaast is het invoeringsspoor tot stand gebracht, alsmede de aanvullingssporen geluid, bodem, natuur en grondeigendom. In de derde fase ligt de nadruk op de uitvoering: de implementatie door de betrokken overheden en de totstandkoming van het Digitaal Stelsel Omgevingswet (DSO). Bij de behandeling van de invoeringswet heeft het parlement een wegingsmoment bedongen voor het moment van invoering. Dit heeft geleid tot een voorhangprocedure voor het ontwerp van het koninklijk besluit dat de inwerkingtreding van de Omgevingswet regelt. Daarbij hebben beide Kamers een recht van instemming. Dit past bij het bijzondere karakter en de omvang van de stelselherziening en het bijbehorende digitale stelsel. De sterke parlementaire betrokkenheid, in het bijzonder van de Eerste Kamer, is bepalend geworden voor de invoering van de Omgevingswet. Na enkele keren uitstel ligt nu de datum van 1 januari 2023 voor besluitvorming voor.

2.2 Enkele cijfers en mijlpalen

De stelselherziening bestaat uit drie sporen: het hoofdspoor, het invoeringsspoor en de aanvullingssporen geluid, bodem, natuur en grondeigendom. De stelselherziening omvat in totaal: 6 wetten, 9 AMvB's en 6 regelingen. Het nieuwe stelsel vervangt meer dan 20 wetten, 60 AMvB's en 68 ministeriële regelingen. In totaal worden 148 regelingen volledig geïntegreerd, waarvan het grootste deel milieu- en waterregelgeving betreft. Daarnaast is er wetgeving die gedeeltelijk wordt geïntegreerd, zoals de Wet milieubeheer, de Waterwet, de Mijnbouwwet en de Woningwet. Dit leidt uiteindelijk tot een wettelijk stelsel dat bestaat uit: 1 Omgevingswet, 4 AMvB's[4] en 1 Omgevingsregeling. Daarin worden maar liefst 88 Europese richtlijnen, verordeningen en verdragen geheel of gedeeltelijk geïmplementeerd. Ook daarvan maakt het milieu- en waterrecht het grootste deel uit.

---

4   Besluit activiteiten leefomgeving, Besluit bouwwerken leefomgeving, Besluit kwaliteit leefomgeving en het Omgevingsbesluit.

Tabel 2.1 Mijlpalen totstandkoming wettelijk stelsel

2016	de Omgevingswet gepubliceerd
2018	de 4 AMvB's gepubliceerd
2020	de invoeringswet, de aanvullingswetten en de Omgevingsregeling gepubliceerd
2021	alle regelgeving van de stelselherziening gepubliceerd

2.3 Open totstandkomingsproces

Doel van de stelselherziening was een breed gedragen en werkbaar stelsel. Van begin af aan zijn diverse partijen bij de totstandkoming betrokken, in het bijzonder decentrale overheden, belangen- en uitvoeringsorganisaties. In aanvulling op de reguliere regelgevingsprocedures is voorzien in extra advies en consultatie. Zo is bij de start voorlichting gevraagd aan de Afdeling advisering van de Raad van State (hierna: Raad van State). Het resultaat daarvan is verwerkt in een uitgebreide beleidsbrief, waarover een internetconsultatie en een debat in de Tweede Kamer heeft plaatsgevonden. De beleidsbrief heeft gezorgd voor vroegtijdige helderheid over doelen en uitgangspunten van de stelselherziening. Vervolgens is er een voorontwerp gemaakt dat breed voor commentaar is uitgezet. Ook in latere fases, bijvoorbeeld bij de totstandkoming van de AMvB's, zijn er (pre)consultatieversies uitgebracht. Daarnaast zijn er vijf externe adviescommissies ingesteld, rondom verschillende thema's: milieu, water, gebouwde omgeving, natuur en landelijk gebied. De adviescommissies zijn uiteindelijk opgegaan in één integrale adviescommissie. Die heeft over alle wetgevingsproducten geadviseerd. Gaandeweg zijn er ook zogenoemde botsproeven georganiseerd. Daarin werd aan de hand van een casus door deelnemers uit de praktijk de werking van bepaalde regels of een instrument getest. Een vorm van 'droog oefenen' dus.

Ook het parlement heeft breed input vergaard, onder andere door middel van rondetafelbijeenkomsten en technische briefings. Daarvoor werden deskundigen en partijen uit het veld uitgenodigd. Beide Kamers hebben dat meerdere keren gedaan. Dit was met name van belang vanwege de omvang en het technische karakter van de stelselherziening.[5] Deze informatie is vervolgens betrokken bij de parlementaire behandeling, onder meer via de schriftelijke en mondeling inbreng, amendering en moties. De stelselherziening was een langjarig proces waarin de samenstelling van kabinetten en van beide Kamers wisselde. Het open totstandkomingsproces – van zowel regering als parlement – heeft bijgedragen aan het verkrijgen van draagvlak. De wetgeving is in beide Kamers telkens met een ruime meerderheid aangenomen.

---

5   Bijzonder was dat de Tweede Kamer de Rijksuniversiteit Groningen opdracht heeft gegeven om onderzoek te doen naar de verwerking van het advies van de Raad van State over de Omgevingswet.

2.4 Belangrijke inhoudelijke thema's

Bij de totstandkoming van het wettelijke stelsel kwamen enkele inhoudelijke thema's prominent naar voren.

Niveau normstelling
In het stelsel van de Omgevingswet zijn de hoofdelementen, zoals de instrumenten en procedures, op wetsniveau geregeld. Ook ingrijpende bevoegdheden, zoals onteigening, zijn op wetsniveau geregeld. De materiële normstelling is zo veel mogelijk gebundeld in vier AMvB's. Dit heeft meermaals tot discussie geleid over het geëigende niveau van regulering en het primaat van de wetgever. Naar aanleiding van het advies van de Raad van State over het ontwerp van de Omgevingswet is de sturing door de wetgever op verschillende manieren versterkt, onder meer door delegatiegrondslagen te begrenzen en door het opnemen van een voorhangprocedure voor ontwerp-AMvB's bij beide Kamers. Ook zijn er meer aspecten bij AMvB geregeld in plaats van bij ministeriële regeling. Verder zijn de ontwerp-AMvB's tegelijk met het voorstel voor de Invoeringswet voor advies aan de Raad van State voorgelegd. Op deze manier konden deze in samenhang worden beoordeeld en kon de balans worden opgemaakt of bepaalde normen op wetsniveau geregeld zouden moeten worden. De advisering door de Raad en de parlementaire behandeling hebben op dit punt echter niet tot wezenlijk andere uitkomsten geleid. Dat gold ook voor het vervolg bij de aanvullingsregelgeving. Eerdere keuzes zijn daarbij als uitgangspunt genomen. Bij een latere aanvulling zijn omgevingswaarden voor stikstofdepositie, vanwege het grote maatschappelijke belang, wel op wetsniveau geregeld.

Balans rechtszekerheid/flexibiliteit
De balans tussen rechtszekerheid en flexibiliteit houdt verband met het verbeterdoel van de stelselherziening om de bestuurlijke afwegingsruimte te vergroten. Enerzijds gaat het over de voorspelbaarheid en houvast die de regelgeving biedt (uniform beschermingsniveau) en anderzijds de afwegingsruimte voor bestuursorganen om 'maatwerk' te bieden in concrete gevallen of voor specifieke locaties. Het kan daarbij zowel om strengere als minder strenge normen gaan, al dan niet binnen een bepaalde bandbreedte. Deze discussie komt bij diverse onderdelen terug, bijvoorbeeld bij zorgplichten, 'open normen' en doelbepalingen.

Gelijkwaardig beschermingsniveau
Uitgangspunt voor de stelselherziening was een gelijkwaardig beschermingsniveau, zowel voor de fysieke leefomgeving als voor rechtsbescherming. Dit uitgangspunt was ingegeven vanuit de gedachte dat de stelselherziening niet vermengd moest worden met inhoudelijke beleidsopgaven voor de fysieke leefomgeving. Het uitgangspunt heeft tot de nodige discussie geleid, want wat is gelijkwaardig? Niettemin is het goed om te benadrukken dat het een uitgangspunt van de stelselherziening was maar geen uitgangspunt van het wettelijke stelsel zelf. Nieuwe wetgevingstrajecten kunnen gebruikt worden om ambities voor de fysieke leefomgeving te realiseren, bijvoorbeeld door aanscherping van normen of het voeren van regie.

3 De werking van het wettelijke stelsel

3.1 Ervaring opdoen in de praktijk

Veel van de discussies over bovenstaande thema's hebben te maken met de verwachte werking van de wetgeving. Het is dan ook goed om al voor de inwerkingtreding ervaring op te doen. De experimenteerruimte die de Crisis- en herstelwet biedt, maakt het mogelijk om de werking van regels te testen in de praktijk. Op deze manier is al ervaring opgedaan met de nieuwe instrumenten en regels en is beproefd of er in de praktijk behoefte aan is. Zo is er bij een groot aantal projecten toepassing gegeven aan het bestemmingsplan met verbrede reikwijdte, de voorloper van het omgevingsplan. Ook op andere wijze wordt al ervaring opgedaan met onderdelen van het stelsel. Zo is de Nationale Omgevingsvisie (NOVI), vooruitlopend op de Omgevingswet, op basis van het huidige recht vastgesteld. Deze ervaringen kunnen worden betrokken bij de voorbereidingen op de invoering van het wettelijke stelsel.

3.2 Monitoring en evaluatie

Ook na inwerkingtreding moet kritisch worden beoordeeld of het stelsel werkt. Vandaar dat wordt voorzien in monitoring en onafhankelijke evaluatie, op basis van onderzoek. In de Omgevingswet is een verplichting opgenomen om vijf jaar en tien jaar na inwerkingtreding van de wet een evaluatie uit te voeren (art. 23.9 Omgevingswet). Ter uitvoering van een door de Eerste Kamer aangenomen motie[6] zal een onafhankelijke evaluatiecommissie worden ingesteld die de wetsevaluatie uitvoert. De evaluatiecommissie zal eerst een opzet maken over de aanpak daarvan. Die opzet zal met het parlement worden gedeeld.

Naast de wetsevaluatie zal de werking van onderdelen van het stelsel (jaarlijks) worden gemonitord. Daarbij zal ook gekeken worden naar de beleidsinhoudelijke doelen van de Omgevingswet voor de fysieke leefomgeving. Tijdens de parlementaire behandeling zijn toezeggingen gedaan om specifieke onderdelen te monitoren, zoals de gevolgen voor de rechtspraak. De monitoring wordt uitgevoerd door het Ministerie van BZK. De Raad voor de leefomgeving en infrastructuur (Rli) draagt zorg voor de strategisch beleidsmatige advisering.

3.3 Regeringscommissaris

Tot slot bestaat het voornemen om, ter ondersteuning van de stelselverantwoordelijkheid van de Minister voor Volkshuisvesting en Ruimtelijke Ordening (VRO), een regeringscommissaris Omgevingswet in te stellen.[7] De regeringscommissaris adviseert vanuit zijn of haar (juridische) expertise over regeringsbeleid dat gevolgen heeft voor het wettelijke stelsel van de Omgevingswet. De regeringscommissaris

---

6 *Kamerstukken I* 2019/20, 34985, K.
7 *Kamerstukken II* 2019/20, 33118, nr. 148, p. 11 en *Kamerstukken II* 2020/21, 30985, nr. 48, p. 5.

kan, gevraagd en ongevraagd, belangrijke ontwikkelingen signaleren en voorstellen doen voor de goede werking, eenheid of doorontwikkeling van het wettelijke stelsel. De adviezen van de regeringscommissaris dienen als extra borging van de kwaliteit en integriteit van het wettelijke stelsel. De instelling van een regeringscommissaris sluit aan bij de aanbeveling in het eindadvies van de onafhankelijke adviescommissie Omgevingswet.[8]

Hoewel zowel de evaluatiecommissie, de Rli als de regeringscommissaris zich een oordeel zullen vormen over het functioneren van het wettelijke stelsel, is de invalshoek anders. De evaluatiecommissie en de Rli zijn onafhankelijk en kijken primair terug op basis van onderzoek. De regeringscommissaris adviseert vooraf over regeringsbeleid met het oog op de borging en ontwikkeling van het wettelijke stelsel. De regeringscommissaris werkt onder ministeriële verantwoordelijkheid. De regeringscommissaris maakt dan ook geen onderdeel uit van de evaluatiecommissie of de Rli.

4 De doorontwikkeling van het wettelijke stelsel

4.1 Een 'levend' stelsel

De komende tijd zal vooral in het teken staan van het toepassen van het gerealiseerde wettelijke stelsel en het beheer daarvan. Ondertussen staat de wereld echter niet stil. Zo zijn en worden regels gewijzigd in verband met inhoudelijke beleidsopgaven voor de leefomgeving. Dat geldt ook voor de implementatie van nieuwe Europese regelgeving, zoals het 'Fit for 55'-pakket om 55 procent minder CO_2-uitstoot te bewerkstelligen in 2030. Ook de jurisprudentie beïnvloedt de ontwikkeling van het omgevingsrecht, denk aan de uitspraken over de programmatische aanpak stikstof (PAS), 'Urgenda', 'Varkens in Nood' en 'Nevele'. Stuk voor stuk belangrijke en richtinggevende uitspraken die tot verandering van wet- en regelgeving leiden. Zoals in de vorige paragraaf is beschreven, zal de werking van het stelsel gemonitord en geëvalueerd worden. Zo nodig kan het stelsel vervolgens worden aangepast. Het wettelijke stelsel blijft dan ook voortdurend in ontwikkeling.

Ook het coalitieakkoord[9] bevat diverse ambities en opgaven voor de fysieke leefomgeving. De Omgevingswet biedt instrumenten die daarvoor kunnen worden ingezet. Voor diverse onderwerpen gaat het coalitieakkoord uit van een samenhangende of integrale aanpak, zoals een integrale aanpak voor het verbeteren van de natuur, de aanpak van stikstof, het verbeteren van de waterkwaliteit en de bodem. Dat sluit goed aan bij de doelen en instrumenten van de Omgevingswet.

Deze voornemens worden nader uitgewerkt via beleidsbrieven en (uitvoerings)programma's. Een voorbeeld hiervan is de algemene beleidsbrief over de portefeuille Volkshuisvesting en Ruimtelijke Ordening. Daarin wordt onder meer de aanscherping

---

8   *Kamerstukken II* 2019/20, 33118, nr. 123, bijlage 1, p. 15.
9   Coalitieakkoord 2021-2025, 'Omzien naar elkaar, vooruitkijken naar de toekomst', 15 december 2021.

van de NOVI aangekondigd, die vergezeld zal gaan van een uitvoeringsprogramma en het programma 'Mooi Nederland'. In de daaropvolgende beleidsbrief over ruimtelijke ordening wordt ingegaan op de ruimtelijke opgaven, in samenhang met andere opgaven, zoals de verbetering van de natuur en de energietransitie. Verder kunnen worden genoemd het nationaal programma landelijk gebied en het komende nationale milieuprogramma.

Het voert in het kader van deze bijdrage te ver om op de diverse inhoudelijke thema's in te gaan. Een doorsnijdend thema is de aandacht voor regie. Sturing door Rijk of provincie is volgens het kabinet nodig om de grote opgaven voor de fysieke leefomgeving aan te pakken. Voor meer regie zullen de instrumenten van de Omgevingswet worden benut, zoals de reeds genoemde aanscherping van de NOVI en programma's. Daarnaast kan gedacht worden aan instructieregels in het Besluit kwaliteit leefomgeving voor de doorwerking van het rijksbeleid in de (decentrale) regelgeving. Op deze manier zal het stelsel van de Omgevingswet gericht worden aangevuld.
Gelet op de verbeterdoelen van de stelselherziening en de beoogde harmonisatie is het van belang dat het wettelijke stelsel coherent blijft en dat verrommeling wordt voorkomen. Nieuwe wetgevingsvoornemens zullen dan ook goed moeten worden afgestemd en ingepast.

4.2 Verdere ontwikkeling van het wettelijke stelsel

In de memorie van toelichting van het wetsvoorstel van de Omgevingswet wordt een doorkijk geboden naar volgende modules voor de uitbouw van de Omgevingswet.[10] Daarin worden diverse onderwerpen genoemd die zich lenen voor de invulling van gereserveerde hoofdstukken. Voor de milieuregelgeving kan daarbij gedacht worden aan niet-locatiegebonden regelgeving, zoals de regels over stoffen en producten. Voor waterregelgeving betreft het de resterende onderdelen van de Waterwet, zoals de financiële bepalingen. Tijdens de parlementaire behandeling van de Omgevingswet zijn kaders geschetst voor de afweging van beslissingen over verdere integratie.[11] Integratie is geen doel op zich. Een van de criteria is dat er sprake moet zijn van een integratievoordeel, bezien vanuit de verbeterdoelen van de stelselherziening.
Buiten de uitbreiding met onderwerpen in volgende modules kan ook worden gedacht aan de verdere harmonisatie van instrumenten. Het instrumentenpakket van de Omgevingswet wordt dan vergroot en kan zo ook beschikbaar komen voor andere onderwerpen dan waarvoor die instrumenten nu worden ingezet. Dit past bij de verbeterdoelen van de stelselherziening. Gedacht kan worden aan geharmoniseerde regels over conformiteitsbeoordelingen, erkenningen en accreditaties, die veel binnen het omgevingsrecht voorkomen. Een ander onderwerp betreft het instrumentarium voor de verdeling van gebruiksruimte via de regulering van (emissie)rechten. Er zijn daarvoor diverse instrumenten, zoals het systeem van emissiehandel, dat in hoofdstuk 16 van de Wet milieubeheer is geregeld, en specifieke instrumenten, zoals

---

10   *Kamerstukken II* 2014/15, 33962, nr. 3, p. 320-326.
11   *Kamerstukken II* 2014/15, 33962, nr. 12, p. 234-236.

de registratie, toedeling en reservering van stikstofdepositieruimte. Het zou goed zijn om de ervaringen te benutten voor een geharmoniseerd instrumentarium dat zich leent voor verbrede toepassing.

Op deze manier kan het proces van harmonisatie en integratie binnen het stelsel van de Omgevingswet worden voortgezet. In het wettelijke stelsel is met deze doorontwikkeling al rekening gehouden door het reserveren van enkele hoofdstukken voor extra onderwerpen of instrumenten. Hopelijk kan er dan bij een volgend jubileum van de VMR worden geconcludeerd dat er een bestendige basis voor het wettelijke stelsel is gelegd waarop is en wordt voortgebouwd.

5 Slot

De doorontwikkeling van de (milieu)wetgeving is niet voorbehouden aan de overheid. Ideeën daarvoor ontstaan bij uitstek in de praktijk. De afgelopen jaren heeft de VMR door middel van diverse activiteiten en publicaties aandacht besteed aan de ontwikkeling van de Omgevingswet. Ook de komende jaren kan de VMR weer een belangrijke bijdrage leveren. De vereniging beschikt over een uitgebreid kennisnetwerk en biedt een platform voor de uitwisseling van kennis, ideeën en ervaringen. Deze bundel getuigt daarvan en biedt een bron van inspiratie. Ik wil de VMR van harte feliciteren met het behaalde jubileum en de vereniging een ideeënrijke en duurzame toekomst toewensen!

15 De Omgevingswet is nog niet af

Jan van den Broek (lid 160)[1]

1 Inleiding

In het jaar dat *Time* de computer kiest als 'Machine of the Year',[2] ziet ook de VMR het levenslicht. Van harte gefeliciteerd met het robijnen jubileum! De vereniging houdt zich al vier decennia verdienstelijk bezig met 'het bevorderen van de belangstelling voor en de beoefening van het milieurecht in de ruimste zin des woords', waarmee wordt bedoeld dat de VMR zich richt op zowel het milieuhygiënerecht als op het recht ter bescherming van water, natuur en landschap.[3] Ik kan in deze bijdrage dus met een gerust hart aandacht besteden aan het *omgevingsrecht*, dat relevant is voor de bestemming, de inrichting en het beheer van de *fysieke leefomgeving*.

Het Nederlandse omgevingsrecht[4] bestaat al decennialang uit een lappendeken, een bont, onsamenhangend geheel van vele tientallen wetten in formele zin,[5] die de basis vormen voor vele tientallen algemene maatregelen van bestuur en ministeriële regelingen. Het gaat met name om regels op het gebied van milieu, ruimtelijke ordening, natuur en water. Dat recht is geen rustig bezit.

Toen de VMR in 1982 werd opgericht, waren er nog drie omgevingswetten van kracht, tot stand gekomen in de negentiende eeuw: de Onteigeningswet (*Stb.* 1851, 125), de Hinderwet (*Stb.* 1875, 95) en de Spoorwegwet 1875 (*Stb.* 1875, 67). In de eerste acht decennia van de twintigste eeuw kwamen daar 28 omgevingswetten bij, waarvan meer dan de helft bij het paarlen jubileum van de VMR in 2012 weer waren vervallen, zoals de Bestrijdingsmiddelenwet (1962-2007), de Wet op de Ruimtelijke Ordening (1965-2008), de Wet verontreiniging oppervlaktewateren (1970-2009) en de Natuurbeschermingswet (1968-2005).

In de eerste drie decennia van de VMR (1982-2012) traden maar liefst 41 omgevingswetten in werking, waaronder de Wet bodembescherming (*Stb.* 1986, 374), de Wet milieubeheer (*Stb.* 1992, 414), de Waterwet (*Stb.* 2009, 107) en de Wet algemene

---

[1] Mr. dr. J.H.G. van den Broek is werkzaam als senior legal counsel bij VNO-NCW en MKB-Nederland in Den Haag.
[2] Voor het eerst sinds 1927 werd geen mens gekozen. In 1988 volgde Planet Earth.
[3] www.milieurecht.nl/over-de-vmr.
[4] Welke regels ik als omgevingsrecht kwalificeer, heb ik verantwoord in: J.H.G. van den Broek, *Bundeling van omgevingsrecht* (diss. Maastricht), Recht en Praktijk – Staats- en bestuursrecht, deel SB5, Deventer: Kluwer 2012, overzicht 1.1, p. 38-43 (verder: *Bundeling van omgevingsrecht*), https://cris.maastrichtuniversity.nl/en/publications/bundeling-van-omgevingsrecht-clustering-of-environmental-law-bünd.
[5] J.H.G. van den Broek, *Bundeling van omgevingsrecht*, overzicht 1.1, p. 2.

bepalingen omgevingsrecht (*Stb.* 2008, 496), terwijl 14 wetten vervielen, zoals de Hinderwet (1875-1993).[6]

Al die ingevoerde en ingetrokken wetten vroegen om duiding en het mag gezegd, dat de VMR daaraan veel heeft bijgedragen in druk bezochte bijeenkomsten in Utrecht en veel publicaties, aan een aantal waarvan ik graag heb mogen bijdragen.[7] En niet alleen die wetten zelf, ook de uitvoeringsregels en de Europese richtlijnen en verordeningen waaraan invulling werd gegeven, mochten zich verheugen in de belangstelling van de vereniging. Daarbij denk ik aan de IPPC-richtlijn,[8] de EMAS-verordening,[9] het Verdrag van Aarhus[10] en het Activiteitenbesluit.[11] Aangezien veel omgevingsrecht betrekking had en heeft op bedrijven, waren bedrijfsjuristen als Eddie Alders (FME), Frans Later (Hoogovens), Gerard Niezen (AkzoNobel) en Frans de Kok (DSM) graag geziene en actieve gasten, sprekers en schrijvers.

2 Bundeling

De periode 2008-2022 omvat het vierde decennium van de VMR, waarin veel nadruk is komen te liggen op bundeling van omgevingsrecht. De titels van de meeste omgevingswetten duiden erop dat de wetgever telkens een nieuwe, sectorale wet heeft vastgesteld om een bepaald probleem in de fysieke leefomgeving aan te pakken.[12] Deze sectorale aanpak is de wetgever niet overkomen. Eind jaren zestig werd met de keus om de toenmalige Hinderwet niet te verbreden, maar te komen tot de Wet inzake de luchtverontreiniging[13], bewust afgezien van een integrale *codex milieuhygiënicus*, die door de toenmalige regering echter wel werd gezien als een realiseerbare mogelijkheid in de verdere toekomst.[14] Het heeft bijna een halve eeuw geduurd

---

6   De Hinderwet is op 1 maart 1993 vervallen als gevolg van de inwerkingtreding van de Wet milieubeheer (*Stb.* 1992, 414 en *Stb.* 1993, 59).
7   Zoals J.H.G. van den Broek, 'Markt, Mens, Milieu, Met recht duurzaam ondernemen', in: *Duurzaam ondernemen en regelgeving*, Den Haag: Boom Juridische uitgevers 2001, p. 49-73.
8   Richtlijn 96/61/EG van de Raad van 24 september 1996 inzake geïntegreerde preventie en bestrijding van verontreiniging (*PbEG* L 257 van 10.10.1996, p. 26).
9   Verordening (EG) nr. 1221/2009 van het Europees Parlement en de Raad van 25 november 2009 inzake de vrijwillige deelneming van organisaties aan een communautair milieubeheer- en milieuauditsysteem (EMAS), tot intrekking van Verordening (EG) nr. 761/2001 en van de Beschikkingen 2001/681/EG en 2006/193/EG van de Commissie, *PbEU* L 341, 22.12.2009).
10 *Trb.* 1998, 289.
11 *Stb.* 2007, 415.
12 Zie uitgebreid G.A. Biezeveld, *Duurzame milieuwetgeving. Over wetgeving en bestuurlijke organisatie als instrument voor behoud en verandering* (diss.), Den Haag: Boom Juridische uitgevers 2002.
13 *Stb.* 1970, 580.
14 *Kamerstukken II* 1969/70, 9816, nr. 6, p. 2 (Urgentienota Milieuhygiëne).

voor dat toekomstbeeld wordt verwezenlijkt door de Omgevingswet (Ow). Die treedt naar verwachting op 1 januari 2023 in werking.[15]

De afgelopen decennia heeft de wetgever het aantal wettelijke regelingen wel verminderd door *bundeling*. Daaronder versta ik het door *integratie*[16] of *herschikking*[17] samenvoegen van wetssystemen als gevolg waarvan een nieuw of vernieuwd wetssysteem ontstaat.[18] Zo werd de Wet milieugevaarlijke stoffen geïntegreerd in de Wet milieubeheer (2008).[19] Herschikking heeft onder meer geleid tot de Waterwet (2009),[20] de Wet algemene bepalingen omgevingsrecht (2010) en de Wet natuurbescherming (*Stb.* 2016, 34).[21]

Het voornemen van de regering om te komen tot een integrale Omgevingswet was voor mij aanleiding om een toetsingskader te ontwikkelen waaruit volgt in welk geval naar mijn oordeel kan worden gesproken van een – wetenschappelijk verantwoorde – bundeling. In mijn onderzoek *Bundeling van omgevingsrecht* heb ik dit toetsingskader toegepast op genoemde bundelingswetgeving. In 'Architectuur van Omgevingswet geeft vertrouwen' (2021) in de bundel *Vertrouwen in de Omgevingswet*[22] heb ik het toetsingskader toegepast op de geconsolideerde versie van deze herschikking, zoals opgenomen in *Commentaar&Context Omgevingswet*.[23] Daarin concludeer ik dat de Omgevingswet voldoende vertrouwen geeft in een verantwoorde bundeling, die leidt tot een grotere kenbaarheid van het omgevingsrecht.[24]

---

15 Op basis van art. 23.10 Ow moeten de Eerste en Tweede Kamer instemmen met de voordracht voor een inwerkingtredings-KB. Bij het ter perse gaan van deze bijdrage had de Tweede Kamer bij motie Minhas ingestemd met inwerkingtreding per 1 januari 2023 (*Kamerstukken II* 2021/22, 33118, nr. 226).

16 Bij integratie wordt tussen twee of meer wetssystemen samenhang gebracht door een wetssysteem geheel te laten opgaan in een ander wetssysteem, waarbij het geïntegreerde wetssysteem wordt ingetrokken.

17 Bij herschikking wordt tussen twee of meer wetssystemen samenhang gebracht door die wetssystemen geheel te laten opgaan in een nieuw of vernieuwd wetssysteem, waarbij de herschikte wetssystemen worden ingetrokken.

18 J.H.G. van den Broek, *Bundeling van omgevingsrecht*, par. 2.4.4 en 2.4.5, p. 57-60.

19 *Stb.* 2007, 181 (art. IX) en 182.

20 De Waterwet is een *herschikking* van de Wet op de waterhuishouding, de Wet verontreiniging oppervlaktewateren, de Wet verontreiniging zeewater, de Grondwaterwet, de Wet droogmakerijen en indijkingen, de Wet op de waterkering en de 'natte delen' van de Wet beheer rijkswaterstaatswerken en Waterstaatswet 1900.

21 J.H.G. van den Broek, *Bundeling van omgevingsrecht*, hfdst. 4, 5 en 6.

22 J.H.G. van den Broek, 'Architectuur van Omgevingswet geeft vertrouwen', in: S. Hilligers, T.E.P.A. Lam & A.G.A. Nijmeijer (red.), *Vertrouwen in de Omgevingswet*, uitgave van Onderzoekscentrum voor Staat en Recht, Radboud Universiteit Nijmegen, Deventer: Wolters Kluwer 2021, p. 19-52.

23 J.H.G. van den Broek, *Commentaar&Context Omgevingswet*, Den Haag: Boom juridisch 2021. Bij dezelfde uitgever is ook verschenen: *De Omgevingswet. Een korte introductie*, Den Haag: Boom juridisch 2020.

24 J.H.G. van den Broek, 'Architectuur van Omgevingswet geeft vertrouwen', in: S. Hilligers, T.E.P.A. Lam & A.G.A. Nijmeijer (red.), *Vertrouwen in de Omgevingswet*, uitgave

3 Wetssystemen

Uitgangspunt voor mijn onderzoek is het *wetssysteem*, dat per definitie bestaat uit volgens bepaalde criteria geordende, onderling samenhangende regels. In een wetssysteem dienen alle regels te worden opgenomen die beantwoorden aan het door de wetgever gekozen *samenhangcriterium*. De wetgever heeft een ruime keus bij het kiezen van een of meer samenhangcriteria.[25] In de woorden van Hill komt de wetgever een grote speelruimte toe: 'bei der erstmaligen Einteilung rechtlicher Aussagen und Regelungen in ein bestimmten gesetzliches System', maar 'hat er sich jedoch für eine bestimmte Einteilung entschieden, muß bei zeitlich späteren Regelungen, die in das System eingepaßt werden, die Grundsatz der Systemgerechtigkeit herrschen'.[26]

Houdt de wetgever zich niet aan een eenmaal gekozen wetssysteem, dan veroorzaakt hij een *wetssystematisch tekort*. Bepaalde regels die volgens de gekozen samenhangcriteria onderling samenhangen, maken dan toch geen deel uit van hetzelfde wetssysteem.[27] Bundeling door integratie of herschikking zijn mogelijkheden om ten onrechte ontbrekende samenhang tussen wetssystemen alsnog te realiseren of te verbeteren.[28, 29] Bij bundeling gaat het om de *architectuur* van het omgevingsrecht, niet om de keuze van bouwmaterialen.[30] Het gaat bijvoorbeeld niet om een antwoord op de vraag welk bestuursorgaan het beste als bevoegd gezag kan worden aangewezen of welke voorbereidingsprocedure het beste kan worden gevolgd. Uiteraard is het antwoord op deze en dergelijke vragen wel van belang voor de invulling van wetssystemen.

---

van Onderzoekscentrum voor Staat en Recht, Radboud Universiteit Nijmegen, Deventer: Wolters Kluwer 2021, p. 52.

25 Voor verdere toelichting zie J.H.G. van den Broek, *Bundeling van omgevingsrecht*, par. 2.3, p. 44-51.
26 Hermann Hill, *Einführung in die Gesetzgebungslehre*, Heidelberg: C.F. Müller Juristischer Verlag 1982, p. 102.
27 Voor verdere toelichting zie J.H.G. van den Broek, *Bundeling van omgevingsrecht*, par. 2.4, p. 51-62.
28 In dit verband wijs ik graag op M.G. Faure, 'The Harmonisation, Codification and Integration of Environmental Law: A Search for Definitions 2000', *European Environmental Law Review*, June 2000, p. 181.
29 Voor verdere toelichting zie J.H.G. van den Broek, *Bundeling van omgevingsrecht*, par. 2.4.
30 Voor de titel ben ik geïnspireerd door E.M.H. Hirsch Ballin, 'Architectuur van wetgeving', in: C. Fasseur, E.M.H. Hirsch Ballin, J.J. Wiarda & J.A.M. van Angeren (red.), *Kracht van Wet*. Opstellen publiekrechtelijke wetgeving, aangeboden aan Mr. W.J. van Eijkern bij zijn afscheid als hoofd van de Stafafdeling Wetgeving Publiekrecht van het Ministerie van Justitie, Zwolle: W.E.J. Tjeenk Willink 1984, p. 77 e.v.

4 Kenbaarheid

Bij de keus voor een of meer samenhangcriteria dient in de eerste plaats te worden gekeken naar de naar mijn oordeel belangrijkste functie van een wetssysteem: het vergemakkelijken van in het geschreven recht opgenomen informatie. Een wetssysteem is los van de inhoud van de daarvan deel uitmakende regels van belang voor de *kenbaarheid* van het omgevingsrecht. Noll schrijft hier: 'Das Prinzip der Erkennbarkeit verlangt, daß der Gesetzgeber die Normen in einen systematischen Zusammenhang stellt.'[31] Ik noem een wetssysteem kenbaar als een gebruiker daaruit zijn rechten en plichten kan kennen. Om met Voermans te spreken: 'De rechtzoekende moet snel kunnen vinden wat hij zoekt en vervolgens eenvoudig vast kunnen stellen waar hij aan toe is, i.e. weten welke norm geldt.'[32]

Voor kenbaarheid is het niet noodzakelijk, dat een wetssysteem in Jip-en-Janneketermen is geformuleerd, maar wel dat het voor *gebruikers met enige kennis op het gebied van dat wetssysteem* mogelijk is rechten en verplichtingen in hun geheel te overzien en te begrijpen.[33] Een gebrek aan kenbaarheid van een wetssysteem leidt tot rechtsonzekerheid. De kenbaarheid is het meest gediend met samenhangcriteria die aansluiten bij de samenhangen die gebruikers van het omgevingsrecht in de *echte werkelijkheid* ervaren en zonder specialistische juridische voorkennis begrijpen. De *fysieke leefomgeving* is zo'n criterium.[34]

5 Omgevingswet

Binnen het omgevingsrecht is sprake van een wetssystematisch tekort omdat niet alle regels die volgens het op de echte werkelijkheid gebaseerd zakelijk samenhangcriterium *'fysieke leefomgeving'* onderling samenhangen desalniettemin geen deel uitmaken van hetzelfde wetssysteem.

---

31 Peter Noll, *Gesetzgebungslehre*, Reinbek bei Hamburg, 1973, p. 204 en 206.
32 W.J.M. Voermans, 'Weten van wetgeving', *RegelMaat* 2004/5, p. 155-160.
33 Ook Zijlstra meent dat een regeling duidelijk en toegankelijk moet zijn voor de gebruiker. Dat is volgens hem echter niet de burger, maar de rechtspraktijk. Juristen dienen de regeling met enige snelheid te kunnen doorgronden en ermee te kunnen werken (S.E. Zijlstra, 'Aanpak bij het opstellen van een wettelijke regeling', in: S.E. Zijlstra (red.), T.C. Borman, S.A.J. Munneke, F.J. van Ommeren, A.E. Schilder & E. Steyger, *Wetgeven. Handboek voor de centrale en decentrale wetgever*, Deventer: Kluwer 2012, p. 385-400). Backes noemt een milieurechtelijk stelsel waarvan zelfs specialisten en de meest betrokken wetgevingsambtenaren aangeven dat zij het niet meer in hun geheel kunnen overzien en begrijpen te complex. Hij noemt die complexiteit het voornaamste bezwaar tegen het omgevingsrecht (Ch.W. Backes, 'Naar een integrale omgevingswet?', in: *Bezinning op het omgevingsrecht*. Essays over de toekomst van het omgevingsrecht, Den Haag: Ministerie van IenM, oktober 2010, p. 3).
34 Voor verdere toelichting zie J.H.G. van den Broek, *Bundeling van omgevingsrecht*, par. 3.3.

Het Nederlandse omgevingsrecht[35] staat immers in tientallen wetten in formele zin,[36] die de basis vormen voor ruim honderd algemene maatregelen van bestuur en ministeriële regelingen. Hierna beperk ik me tot de wetten in formele zin. Het gaat met name om regels op het gebied van milieu, ruimtelijke ordening, natuur en water. In de bewoordingen van de Omgevingswet betreft het regels over de *fysieke leefomgeving* en activiteiten, die gevolgen hebben of kunnen hebben voor de *fysieke leefomgeving*. De fysieke leefomgeving omvat in ieder geval bouwwerken, infrastructuur, watersystemen, water, bodem, lucht, landschappen, natuur, cultureel erfgoed en werelderfgoed.[37] Die regels staan op dit moment niet in één wetssysteem, maar in verschillende wetssystemen.

Het betreft *onder meer*[38] de Belemmeringenwet Privaatrecht, de Crisis- en herstelwet, de Interimwet stad-en-milieubenadering, de Onteigeningswet, de Ontgrondingenwet, de Planwet verkeer en vervoer, de Spoedwet wegverbreding, de Tracéwet, de Waterstaatswet 1900, de Waterwet (Wtw), de Wegenwet, de Wet algemene bepalingen omgevingsrecht (Wabo), de Wet ammoniak en veehouderij (Wav), de Wet beheer rijkswaterstaatswerken, de Wet bodembescherming (Wbb), de Wet geluidhinder (Wgh), de Wet geurhinder en veehouderij, de Wet herverdeling wegenbeheer, de Wet hygiëne en veiligheid badinrichtingen en zwemgelegenheden, de Wet inrichting landelijk gebied, de Wet inzake de luchtverontreiniging, de Wet natuurbescherming (Wnb), de Wet milieubeheer (Wm), de Wet ruimtelijke ordening (Wro), de Wet voorkeursrecht gemeenten en de Wrakkenwet, delen van de Erfgoedwet en de Woningwet, en bepalingen uit wetgeving voor energie, mijnbouw, luchtvaart en spoorwegen die een rol spelen bij besluiten over ontwikkeling van de fysieke leefomgeving.

De Omgevingswet zal het hiervoor bedoelde wetssystematisch tekort in elk geval in belangrijke mate verminderen in zoverre de 26 genoemde wetten geheel worden opgenomen in het wetssysteem van de Omgevingswet, maar heft het tekort niet geheel op.

In de eerste plaats omvat de Omgevingswet – *vooralsnog* – niet alle wetten die betrekking hebben op de fysieke leefomgeving, maar worden 'slechts' 26 wetten geheel of gedeeltelijk vervangen. Zo zullen de hoofdstukken in de Wet milieubeheer over stoffen en producten (hfdst. 9), afvalstoffen (hfdst. 10) en handel in emissierechten (hfdst. 16) *vooralsnog* niet in de Omgevingswet worden opgenomen, omdat de Omgevingswet *primair* is gericht op de instrumenten voor gebiedsgericht beheer van de fysieke leefomgeving.[39]

---

35 Welke regels ik als omgevingsrecht kwalificeer, heb ik verantwoord in: J.H.G. van den Broek, *Bundeling van omgevingsrecht*, overzicht 1.1, p. 38-43.
36 J.H.G. van den Broek, *Bundeling van omgevingsrecht*, overzicht 1.1, p. 2.
37 Art. 1.2 lid 1 en 2 OW.
38 Hierna zal ik nog andere wetssystemen noemen waarin regels zijn opgenomen over de *fysieke leefomgeving* en activiteiten, die gevolgen hebben of kunnen hebben voor de *fysieke leefomgeving*.
39 *Kamerstukken II* 2013/14, 33962, nr. 3, p. 29-30.

In de tweede plaats kiest het kabinet ervoor om een aantal andere wetten die mijns inziens duidelijk – ook – de fysieke leefomgeving reguleren, niet in de Omgevingswet op te nemen. Dat geldt onder meer voor de Kernenergiewet, het deel van de Wet luchtvaart dat de geluidsbelasting en de externe veiligheidsrisico's van het luchtverkeer reguleert,[40] de Wet gewasbeschermingsmiddelen en biociden, de Meststoffenwet en de Wet voorkoming verontreiniging door schepen. Het lijkt erop, dat opnemen in de Omgevingswet alleen aan de orde is als er volgens het kabinet 'voordelen' bereikt kunnen worden.[41]

In de derde plaats is er na de plaatsing van de Omgevingswet in het *Staatsblad* op 26 april 2016[42] een aantal wetsvoorstellen in behandeling genomen, die *onmiskenbaar* betrekking hebben op de fysieke leefomgeving en dus op basis van dat samenhangcriterium in de Omgevingswet thuishoren, maar daarin na inwerkingtreding van die wet naar verwachting niet zullen worden opgenomen en dus tot wetssystematische tekorten zullen leiden. Hierna beperk ik me tot één voorbeeld, dat gemakkelijk met meer voorbeelden is aan te vullen.[43]

De Klimaatwet[44] is het resultaat van een initiatiefvoorstel dat de wijze verankert waarop het Nederlandse klimaatbeleid invulling geeft aan het op 12 december 2015 te Parijs tot stand gekomen Overeenkomst van Parijs.[45] De wet bevat als resultaatsverplichting 95% broeikasgasreductie in Nederland in 2050 ten opzichte van 1990 en als tussendoel een streefwaarde van 49% broeikasgasreductie in 2030 ten opzichte van 1990. Daarnaast bevat de wet een nevendoel met als streefwaarde 100% CO_2-neutrale elektriciteitsproductie in 2050. Deze wet gaat duidelijk 'over de fysieke leefomgeving en activiteiten in de fysieke leefomgeving' (art. 1.2 Ow). Het is aanvaardbaar dat niet wordt gewacht op de inwerkingtreding van de Omgevingswet en

---

40 *Kamerstukken II* 2013/14, 33962, nr. 3, p. 64.
41 *Kamerstukken II* 2013/14, 33962, nr. 3, p. 324.
42 *Stb.* 2016, 156.
43 Zo voorziet de *Wet verbod op kolen bij elektriciteitsproductie*, in werking getreden op 20 december 2019 (*Stb.* 2019, 493) in een verbod in twee stappen op het gebruik van kolen voor elektriciteitsopwekking door bestaande kolencentrales. Hierdoor wordt bijgedragen aan de CO_2-reductie. Een ander voorbeeld is het initiatiefwetsvoorstel *Wet duurzame aanpak stikstof*, dat een oplossing beoogt voor de stikstofcrisis door te zorgen voor daadwerkelijke daling van de stikstofuitstoot op de lange termijn en voor versterking van de natuur (*Kamerstukken II* 2019/20, 35444, nrs. 1-3). De Tweede Kamer heeft het voorstel op 17 december 2020 verworpen.
44 Wet van 2 juli 2019, houdende een kader voor het ontwikkelen van beleid gericht op onomkeerbaar en stapsgewijs terugdringen van de Nederlandse emissies van broeikasgassen teneinde wereldwijde opwarming van de aarde en de verandering van het klimaat te beperken (*Stb.* 2019, 253). De wet is het gevolg van het initiatiefvoorstel van de Tweede Kamerleden Klaver (GroenLinks), Asscher (PvdA), Beckerman (SP), Jetten (D66), Dik-Faber (ChristenUnie), Yesilgöz-Zegerius (VVD), Agnes Mulder (CDA) en Geleijnse (50PLUS). Het is in werking getreden op 1 september 2019, met uitzondering van art. 7, dat in werking is getreden met ingang van 1 januari 2020 (*Stb.* 2019, 254).
45 *Trb.* 2016, 94.

het is prijzenswaardig dat de initiatiefnemers hebben overwogen of aansluiting bij de Omgevingswet wenselijk is, maar hun besluit om dat niet te doen overtuigt niet vanuit wetssystematisch perspectief.

6   Toekomst voor de VMR

Hiervoor heb ik aandacht gevraagd voor 'het milieurecht in de ruimste zin des woords'. Had de VMR de eerste drie decennia van haar bestaan met name te maken met sectorale wetgeving, het vierde decennium stond vooral in het teken van bundeling van Omgevingsrecht. Ik wens de vereniging graag een vijfde decennium toe waarin de ontwikkeling van de Omgevingswet met dezelfde inzet wordt gevolgd als thans met sectorale wetgeving het geval is. Daarmee zou de VMR eraan kunnen bijdragen dat bestaande wetssystematische tekorten worden opgelost en nieuwe worden voorkomen. Want de Omgevingswet is nog niet af. Succes!

16 De 'onoverwinnelijke' Armada: wetgeven onder de Omgevingswet

Hans Erik Woldendorp[1]

1 Probleemstelling

Hoe zie ik mijn werk als wetgevingsjurist na de inwerkingtreding van de Omgevingswet voor me als mij wordt gevraagd om nieuwe wetgeving op het terrein van het omgevingsbeleid op te stellen? Maakt de Omgevingswet het mij dan makkelijker om beleidswensen in wetgeving om te zetten en zal het wetgevingsproces efficiënter verlopen? Nu de inwerkingtreding van de Omgevingswet op 1 januari 2023 na de instemming van de Tweede Kamer weer een stap dichterbij is gekomen, houden dergelijke vragen mij steeds meer bezig. Het gaat me hier niet zozeer om de vraag of het resultaat van de wetgeving eenvoudiger en beter zal worden of hanteerbaarder voor de praktijk (dit waren belangrijke drijfveren voor de ongekende wetgevingsoperatie). Het gaat mij hier vooral om de techniek en het proces van totstandkoming van nieuwe wetgeving op het terrein van het omgevingsbeleid.

Het beantwoorden van de vraag voelt vooralsnog alsof ik in een glazen bol zit te staren, die echter wazig blijft. Binnen het bestek van deze korte bijdrage moet ik mij beperken tot het naar voren brengen, en zelfs nog ontwikkelen, van wat losse gedachten, zonder wetenschappelijk verantwoorde onderbouwing, als die al te geven zou zijn. Wat het laatste betreft, ook voor de noodzakelijkheid of wenselijkheid van de Omgevingswet is volgens mij nauwelijks een wetenschappelijke onderbouwing gegeven of zelfs maar te geven. De Afdeling advisering van de Raad van State gaf in 2012 in haar voorlichting over het idee van het opstellen van een Omgevingswet al een kritische reflectie, omdat ze niet zo goed begreep waarom de hele operatie nodig was, welke voordelen deze wet ons zou kunnen brengen en of hiervoor niet minder ingrijpende, maar even effectieve alternatieven voorhanden waren om eventuele problemen op te lossen. Deze problemen zijn misschien wel onvermijdelijk, omdat de opdracht om de omgeving te beschermen zonder daarbij de maatschappij op slot te zetten nu eenmaal een complexe uitdaging is.[2] Dit advies is volgens mij nog steeds zeer lezenswaardig en relevant, het behoort denk ik zelfs tot de betere publicaties over het onderwerp. Het heeft mijns inziens tijdens de totstandkoming van de Omgevingswet bij politici en bestuurders van het begin af aan te veel ontbroken aan kritische reflectie op de werkelijke problemen in het omgevingsbeleid en in bredere zin

---

1 Drs. H.E. Woldendorp, wetgevingsjurist bij het Ministerie van Infrastructuur en Waterstaat. Het artikel is op strikt persoonlijke titel geschreven en niet bedoeld als weergave van het standpunt van welke organisatie dan ook.
2 Afdeling advisering van de Raad van State, advies (voorlichting) van 25 januari 2012, nr. W14.11.0341/IV (bijlage bij *Kamerstukken II* 2011/12, 33118, nr. 3).

het functioneren van de overheid, de vraag of de 'echte problemen' samenvielen met juridische oplossingen in de wetgeving, de doelstellingen van de hele operatie en de drijfveren daarachter en de balans tussen inspanningen, te verwachten resultaten en alle problemen waarin niet werd geïnvesteerd en die bleven liggen. De hoofden stonden, en staan nog steeds, als zonnebloemen in het veld allemaal in de richting van de zon gekeerd.

In de wetenschappelijke wereld heeft echter van het begin af aan verdeeldheid over de voors en tegens van deze wet bestaan, waarbij kritiek en enthousiasme en berusting en realiteitszin als de eb- en vloedbewegingen daalden en stegen onder invloed van de zekerheid of onzekerheid of en wanneer de wet in werking zou treden.

Eerder noemde ik de Omgevingswet, overigens in navolging van Raymond Schlössels, een experimentele wet, waarvan het succes niet op voorhand vaststaat; deze wet zal zich nog moeten bewijzen.[3] Het moment leek aangebroken dat van de steeds verdergaande uitbreiding van het omgevingsbeleid en de omgevingswetgeving gedurende de afgelopen decennia, een ontwikkeling, *à la* de expansie van het heelal, toch het einde in zicht begon te komen. De Omgevingswet pretendeert de synthese en in die zin het culminatiepunt van die ontwikkeling te zijn. Hoewel dus gedurende enige tijd het idee leek te hebben postgevat dat we in de ontwikkeling van het omgevingsbeleid min of meer een eindpunt hadden bereikt en dat het meeste en in elk geval belangrijkste beleid in wetgeving was verankerd, blijkt dit beleidsterrein nu juist weer volop in ontwikkeling en zien we ons voor enorme uitdagingen gesteld, die eerdere uitdagingen door hun mondiale omvang en de ingrijpendheid van de consequenties voor onze manier van leven nog lijken te overtreffen (met trefwoorden als: klimaatverandering, bodemdaling, energietransitie, behoud van biodiversiteit, plasticafval, eindigheid van grondstoffenvoorraden, opkomende verontreinigende stoffen). De milieu-onderwerpen zijn op de politieke en maatschappelijke agenda, zoals ook weerspiegeld op tv en in de krant, weer helemaal terug van weggeweest en hebben een urgentie als nooit tevoren.

In het omgevingsbeleid lijkt zich eenzelfde *momentum* te hebben voorgedaan als toen Francis Fukuyama in 1989 in zijn *The End of History?* de stelling poneerde dat de liberale democratie mogelijk het einde van de geschiedenis zou kunnen zijn. Precies op zo'n vergelijkbaar moment in het omgevingsbeleid, toen er sprake was van stilte die achteraf misschien eerder als een impasse moet worden geduid, kwam de Omgevingswet tot stand. De hoop, of misschien wel stille verwachting, van de wetgever lijkt te zijn dat de Omgevingswet zich zal gedragen als een expansievat, dat perfect in staat is om de drukveranderingen van nieuwe ontwikkelingen in het omgevingsbeleid binnen de afbakening van de wet op te vangen en zo explosies te voorkomen. De vraag is of de wetgever de intensiteit van de te verwachten drukveranderingen juist heeft ingeschat.

---

3 H.E. Woldendorp, Het incrementalisme van Lindblom, *M en R* 2022/3, p. 171. Zie voor een weergave van de opvatting van Schlössels mijn recensie: H.E. Woldendorp, 'Want zij gelooft in mij ...; recensie van: S. Hillegom, T. Lam, T. Nijmeijer (redactie), Vertrouwen in de Omgevingswet', *M en R* 2022/3, p. 183-194.

Tegen de geschetste achtergrond zijn beschouwingen over wetgeven onder de Omgevingswet speculatief en 'niet te bewijzen' en dat geldt dus ook voor mijn bijdrage aan dit jubileumboek. De kans dat ik over enkele jaren 'Zie je wel!' zal zeggen, lijkt me net zo groot als de kans dat ik 'Wat had je nou?' krijg tegengeworpen.

2 Context van de probleemstelling

De probleemstelling geeft mij aanleiding tot wat opmerkingen in algemene zin over de Omgevingswet en de context waarbinnen deze tot stand is gekomen.

Ik heb de indruk dat er tijdens de gedachtevorming over en de totstandbrenging van de Omgevingswet vooral is gekeken hoe wetgeving beter kan aansluiten op de werkelijkheid van de normadressaten van de wetgeving (de 'echte werkelijkheid', zoals Jan van den Broek dat altijd noemt). Het gaat mijns inziens vooral om de echte werkelijkheid van bedrijven en niet die van burgers of de toestand van het milieu en de 'ecologische voetafdruk' van de mens op de aarde. Het is mij overigens nooit duidelijk geworden waarom de invalshoek van de 'echte werkelijkheid' bepalend zou moeten zijn voor de opzet van wetgeving en waarom dat eenvoudiger, overzichtelijker en werkbaarder wetgeving en betere resultaten in welke zin dan ook zou moeten opleveren. Hoewel de aldus *geframede* 'echte werkelijkheid' officieel ook niet de invalshoek van de Omgevingswet is, het idee hiervoor is toch trendsettend gebleken. Volgens Raymond Schlössels gaat het namelijk om typisch neoliberale wetgeving.[4] Was de agenda voor deze wet niet te beperkt en te snel opgesteld, zo kan men zich, met de Afdeling advisering, achteraf afvragen. Uiteindelijk is de Omgevingswet vooral een instrumentenkist en een proceduretijger geworden. Of het hoge abstractieniveau de herkenbaarheid van de wet voor de praktijk verhoogt en een betere aansluiting daarop bewerkstelligt, zal nog moeten blijken. Volgens mij kan niemand zeggen wat er van de Omgevingswet in de praktijk kan en mag worden verwacht. Veel is mogelijk, ook veel goeds, maar de wet kan ook in het tegendeel verkeren. De inhoud van het beleid is er in de Omgevingswet bekaaid afgekomen, je kan met deze wet alle kanten op. Het zal ervan afhangen op welke wijze aan de wet uitvoering zal worden gegeven. De politieke voedingsbodem zal de resultaten bepalen. Zoals een hortensia op kalkrijke bodem roze bloemen krijgt en op zure bodem blauwe bloemen. Natuurlijk is de Omgevingswet in beginsel gericht op de bescherming van de fysieke leefomgeving, maar daar valt in de praktijk ook een andere draai aan te geven, zoals de hortensia van nature roze bloemen draagt, maar de bodemsamenstelling, al dan niet gericht gemanipuleerd, de bloemen van kleur kan doen verschieten.

Helaas hebben we in ons land maar weinig grote en principiële denkers over wetgeving en de rol van de overheid. Wanneer men zich wat in het onderwerp verdiept, komt, als het onvermijdelijke *Cafeetje in Sneek* van Drs. P telkens weer de naam van

---

4   Raymond Schlössels, 'De bestuursrechtelijke omgeving van de Omgevingswet', p. 81-103 in: S. Hillegers, T.E.P.A. Lam, A.G.A. Nijmeijer (red.), *Vertrouwen in de Omgevingswet*; Deventer: Wolters Kluwer 2021; ISBN: 9789013164398; NUR: 823-311.

de voormalig vicepresident van de Raad van State Tjeenk Willink langs, die hierover menige behartenswaardige publicatie en lezing heeft verzorgd.[5]

Het is in mijn beleving vooral de overheid zelf die tijdens de gedachtevorming over en totstandkoming van de Omgevingswet buiten beeld is gebleven. De heersende stemming lijkt vooral te zijn geweest dat de overheid er maar voor heeft te zorgen dat zij voldoet aan de eisen die aan haar worden gesteld. De overheid was vooral met zichzelf bezig en niet met de burgers. De overheid is er echter voor de burgers, en niet andersom. De stem van Fortuyn overstemt het publieke debat nog steeds. Het tegengeluid dat de overheid per definitie haar beperkingen heeft en dat het onverstandig is daarmee (principieel) geen rekening te (willen) houden, is nauwelijks hoorbaar en niemand wil het ook horen. Daarnaast worden de effecten van het beleid van de afgelopen decennia om de overheid af te slanken en te reorganiseren, langzamerhand steeds duidelijker zichtbaar en zij stemmen somber. De overheid lijkt lang niet altijd (meer) op haar taak berekend. Veel kennis en capaciteit is weggevloeid, het politieke landschap is gefragmenteerd en gepolariseerd en daardoor blijkt de overheid problemen te hebben om maatschappelijke vraagstukken voortvarend en doelmatig op te pakken. Het gebrek aan belangstelling voor het goede functioneren van de overheid als organisatie gaat ons denk ik steeds meer opbreken. Misschien is de overheid te weinig met de burgers bezig, maar de burgers zijn omgekeerd ook te weinig met de overheid bezig. De belangstelling is al lange tijd eendimensionaal: het moet goedkoper en efficiënter, de *output* van de overheid moet als de productie van een bedrijf in cijfers worden uitgedrukt en omhoog gestuwd. Het ontbreekt aan besef dat het goede functioneren van de maatschappij niet alleen van de overheid, maar ook van burgers een bepaalde houding en inzet vraagt. De heersende cultuur is vooral om op de overheid af te geven, er is weinig mededogen voor de overheid. De overheid dient vooral als postbus waar men, zoals bij Sinterklaas, zijn wensenlijstjes kan indienen in de hoop de gewenste cadeaus op de afgesproken tijd in ontvangst te mogen nemen. Dat heeft geleid tot eenrichtingsverkeer. Er worden steeds meer taken en verantwoordelijkheden naar de overheid geschoven, het verwachtingspatroon vertoont een stijgende tendens, maar of er achter het loket waar de wensen worden ingediend ook iemand zit om de wensen in ontvangst te nemen en daarmee aan de slag te gaan en of er kans van slagen is dat er resultaten worden geboekt, dat lijkt niemand te interesseren (als het maar wel allemaal gebeurt). De overvraagde en overbelaste overheid probeert op haar beurt zaken van haar bord te schuiven door taken en verantwoordelijkheden bij burgers en bedrijven te leggen, die dan natuurlijk worden opgepakt volgens hun inzichten en geleid door hun belangen, die niet per se hoeven samen te vallen met het maatschappelijke belang of gunstig hoeven uit te pakken voor alle bevolkingsgroepen. Bij politici en bestuurders ontbreekt het aan wezenlijke belangstelling voor de voorwaarden die bij de overheid moeten zijn vervuld om haar naar behoren te laten functioneren. Wensen, eisen en verwachtingen enerzijds en mogelijkheden tot verwezenlijking anderzijds lopen steeds verder uiteen.

---

5   Zie bijvoorbeeld: 'De Verwaarloosde Staat', *6e Bart Tromplezing, 30 oktober 2013, Amsterdam*, Bart Tromp Stichting; 'De overheid in tijden van crisis; tegen de uitholling', *De Groene Amsterdammer*, 11 november 2020; publicaties van H.D. Tjeenk Willink bij *De Groene* (www.groene.nl/auteur/h-d-tjeenk-willink).

Er is sprake van een niet realistisch verwachtingspatroon, überhaupt niet van verwachtingenmanagement. Er wordt namelijk geen rekening gehouden met de beperkingen van de uitvoeringsorganisatie, omdat die er niet mogen zijn, maar er intussen natuurlijk wel degelijk zijn. 'De overheid is ook maar een mens en geen mens is volmaakt', zo vat ik mijn betoog altijd graag samen. Politici zijn er niet alleen om de wensen en eisen door te geven, maar ook om zich serieus te bemoeien met de organisatie die deze wensen en eisen moet oppakken, door het scheppen van de juiste voorwaarden voor een goede uitvoering. De gevolgen van deze desinteresse of zelfs irritatie zijn ernaar.

De toeslagenaffaire was daar een voorbeeld van. Over deze affaire valt natuurlijk veel te zeggen, zeker ook dat de burger uit beeld was verdwenen, al was dat ook een te verwachten gevolg van vooraf bewust gemaakte en breed gedeelde keuzen. Wat mij hier echter vooral interesseert is dat gewaarschuwd was dat de Belastingdienst niet met de hem wezensvreemde taak van het uitkeren van toeslagen moest worden belast. Daar waren allerlei argumenten voor, bijvoorbeeld dat de Belastingdienst traditioneel tot taak heeft om belastingen te innen en dat de Belastingdienst kapot was gereorganiseerd en dat veel ervaren krachten waren 'weggelopen' of met pensioen gegaan (gestuurd). Politici en bestuurders vonden dit geen relevante informatie om rekening mee te houden en deden geen pogingen om bij de Belastingdienst eerst het lek boven te krijgen. Zij sloegen de waarschuwingen in de wind. Overheidsorganisaties zijn er immers ten dienste van de politieke en maatschappelijke wensen en moeten gewoon de opgedragen taken uitvoeren. De mentaliteit van de Belastingdienst sloot niet aan op de maatschappelijke opdracht en er vond een cultuurclash plaats tussen deze organisatie met een specifieke taakopvatting en de burgers die op haar dienstverlening waren aangewezen. Dat was nu precies waarvoor vooraf was gewaarschuwd: dat het kompas van de Belastingdienst niet in de juiste richting stond afgesteld. Dat de randvoorwaarden voor een goede dienstverlening niet waren vervuld, speelde in de besluitvorming echter geen rol en er was geen ruimte om de uitvoering van wetgeving en beleid af te stemmen op het morele kompas dat voor de overheid richtinggevend zou moeten zijn.

Op veel terreinen hebben zich vergelijkbare ontwikkelingen voorgedaan. Een van de verkeerde uitgangspunten dat naar mijn idee ook desastreus heeft uitgepakt, is dat de overheid als een bedrijf moet functioneren en vooral efficiënt moet zijn. Dat getuigt mijns inziens van onbegrip van het wezen van de overheid. De overheid moet rekening houden met en luisteren naar burgers en zich in hun specifieke situatie inleven, zowel bij de besluitvorming als bij de uitvoering. Dat leidt niet tot efficiëntie; productie draaien is volgens mij überhaupt geen criterium om het functioneren van de overheid op te beoordelen en leidt ertoe dat situaties over één kam worden geschoren. Zaken zullen dus meer capaciteit (moeten) vergen, trager (moeten) verlopen en meer geld (moeten) kosten dan vanuit het oogpunt van efficiëntie te rechtvaardigen valt. Door de nadruk op efficiëntie te leggen, worden belangrijke aspecten van de overheidstaak genegeerd en weggecijferd.

Tjeenk Willink noemt daarnaast ook het misverstand dat ambtenaren *allround* inzetbaar moeten zijn en dat er bewust aan is voorbijgegaan dat de overheid de maatschappelijke ontwikkelingen die in de richting gaan van steeds verdergaande specialisatie van kennis en ervaring over het hoofd heeft gezien. Het is natuurlijk niet zo dat het negeren van complexiteit vanzelf tot eenvoud leidt, integendeel, de praktijk is eerder dat men dan terechtkomt in de achtbaan van 'de dingen die je overkomen'. De politieke en bestuurlijke agenda ging eigenlijk lijnrecht in tegen de maatschappelijke ontwikkelingen en voorbij aan de vraag wat er van de overheidsorganisatie wordt verlangd om hiermee in de pas te blijven lopen.

De totstandkoming van de Omgevingswet laat mijns inziens geen ander beeld zien. Het ging eigenlijk zelden over de vraag of de overheidsorganisatie wel op haar taak berekend is om deze zeer omvangrijke en zeer ingewikkelde wet uit te voeren en hoewel die vraag nu aan het eind van het proces wel iets meer in beeld komt, ontbreekt voor zover mij bekend nog steeds een analyse of de uitvoeringsorganisatie op haar taak berekend is, wat de cruciale factor is voor het welslagen van de Omgevingswet in de praktijk. De veronderstelling dat als de uitvoering (fysiek) dichter bij de burger staat de resultaten vanzelf beter worden en de kosten worden gedrukt, valt niet te verifiëren. Welke eisen worden er aan de uitvoeringsorganisatie gesteld en kan zij daaraan voldoen? Dat lijkt geen groot punt van zorg en aandacht te zijn geweest en heeft geen aanleiding gegeven om passende maatregelen te treffen. Waar komt de overheid in het verhaal van de Omgevingswet voor? Kennis en ervaring bij gemeenten als voornaamste uitvoerende instantie lijken mij niet voldoende en de ambtelijke capaciteit lijkt ook niet toereikend. Er wordt een zwaar beroep gedaan op samenwerking en afstemming tussen verschillende overheden en de digitale ondersteuning om alles mogelijk te maken, zaken die naar de ervaring leert altijd moeizaam verlopen. De eerste belangrijke hobbel op de weg naar succes, het DSO, is nog niet genomen (om nog maar niet te spreken van het geüpdatet houden daarvan in de gebruiksfase), terwijl de volgende hobbel, de opstelling van omgevingsplannen lopende de bruidsschat, zich al aandient, waarbij de opdracht is om tijdens de grootschalige verbouwing de winkel open te houden. Dergelijke punten hebben mijns inziens (te) weinig aandacht gekregen en er is niet een programma geweest om de betrokken overheden klaar te stomen om met een zo veelomvattende en ingewikkelde wet aan het werk te gaan. Daar ging het bij de Omgevingswet ook helemaal niet om, maar daarmee is ook over het hoofd gezien dat het niet (voldoende) functioneren van de overheidsorganisatie ernstig afbreuk kan doen aan de goede werking van de wet en de verwezenlijking van de doelstellingen.

De invoering van de Omgevingswet zal onder eenzelfde gesternte plaatsvinden als eerdere operaties waarbij werd gedecentraliseerd. Zijn de omgevingsdiensten wel klaar voor de Omgevingswet? Terwijl er de afgelopen jaren de nodige rapporten zijn verschenen, zoals van de Commissie-Van Aartsen,[6] waaruit blijkt dat de diensten op dit moment nog steeds ondermaats functioneren, krijgen zij nog voordat daarvoor oplossingen zijn gevonden die zich in de praktijk bewezen hebben, er een nieuwe

---

6   Commissie-Van Aartsen, *Om de leefomgeving; Omgevingsdiensten als gangmaker voor het milieu*, 2021. Dit rapport is opgesteld in opdracht van de Staatssecretaris van Infrastructuur en Waterstaat.

megataak op hun bord bij gelegd. Het komt op mij over als het belasten met nieuwe stressvolle taken van iemand die tegen een *burn-out* aan zit.

Had er misschien niet beter (eerst) kunnen worden ingezet op de goede werking van de omgevingsdiensten? Goed functionerende omgevingsdiensten en decentrale overheden zijn een *conditio sine qua non* voor goede resultaten van het omgevingsbeleid. Had alle geld en capaciteit niet moeten worden ingezet voor verbetering van de omgevingsdiensten in plaats van het maken van nieuwe wetgeving? Een taaie uitdaging waaraan voor de politiek weinig valt te verhapstukken, dat begrijp ik ook wel. Met de Omgevingswet neemt de politiek de vlucht naar voren.

3 De probleemstelling als uitdaging

Een voordeel van de Omgevingswet is dat veel aspecten van nieuw milieubeleid daarin al uitgedacht en geregeld zijn. De instrumenten van de wet kunnen ook voor het aanpakken van nieuwe beleidsinitiatieven worden benut. Procedures en toezicht en handhaving hoeven bijvoorbeeld, als onderwerpen die altijd aan de orde zijn, niet meer te worden geregeld, want daarin is al voorzien. Als wetgevingsjurist kan men zo profiteren van wat door 'de knapste koppen' al is uitgezocht en opgeschreven. Dit voorkomt ook dat regelgeving over vergelijkbare onderwerpen of aspecten uiteen gaat lopen. Dit is natuurlijk ook een van de belangrijkste argumenten geweest voor de Omgevingswet als zodanig. De huidige omgevingswetgeving wordt als een onoverzichtelijk, inconsistent geheel ervaren, een verzameling meer of minder onafhankelijke 'staatjes', zoals de lappendeken van staatjes in het Duitsland uit de achttiende eeuw, of, omdat er inmiddels in de omgevingswetgeving al belangrijke integratieslagen hebben plaatsgevonden, eerder het Duitsland rond het midden van de negentiende eeuw toen er onder invloed van 'de Franse tijd' en de druk uit Pruissen al grotere staten waren uitgekristalliseerd.

Een belangrijk aandachtspunt is dat het onderhoud van de Omgevingswet moet worden gewaarborgd. Een goed ingespeeld team van juristen heeft voor de nodige structuur, samenhang en consistentie in de Omgevingswet en daaronder hangende uitvoeringsregelgeving (hierna: omgevingswetgeving) gezorgd en er was voor hun werk veel ambtelijke, bestuurlijke en politieke belangstelling en het genoot de hoogste prioriteit, dus het werk aan het tot stand brengen van de omgevingswetgeving werd van alle kanten gefaciliteerd. Deze juristen willen onderhand wel weer eens wat anders doen of zijn al vertrokken. Anderen die niet bij de totstandkoming van de wet betrokken zijn, moeten het roer overnemen. Hier schuilt een risico dat de strakke wetgevingsaanpak niet kan worden volgehouden en dat belangrijk denkwerk en hele kasten in het archief van het collectieve geheugen verloren gaan of niet meer up-to-date worden gehouden. Na verloop van tijd zal het steeds vaker voorkomen dat het wiel opnieuw moet worden uitgevonden omdat niemand meer de achtergronden van de bestaande wetgeving kent. Dat was zich eigenlijk al bij de aanvullingswetten Omgevingswet als een probleem aan het aftekenen, omdat daar vooral door 'specialisten' aan werd gewerkt die niet in de school van de Omgevingswet waren opgeleid, maar daar werkenderwijs mee vertrouwd moesten raken, als het ware via het 'volwassenenonderwijs' in de avonduren na een normale werkdag. Ook kon niet alles wat moest worden geregeld even goed in het al uitgetekende bouwwerk worden ondergebracht, zodat sommige onderdelen, als passagiers in de metro van Tokyo, de Omgevingswet moesten worden ingeduwd. De wetsgeschiedenis met de achtergronden van wetgevingsteksten is zo veelomvattend en omvangrijk, dat het eigenlijk alleen met behulp van de boeken van Jan van den Broek mogelijk is deze uit de vergetelheid op te roepen. Daarin zijn onder de wetgevingsteksten de belangrijkste passages uit de parlementaire stukken van alle relevante wetgeving opgenomen.[7] Het kost te veel tijd om dit allemaal zelf uit te vlooien en ontmoedigend is ook dat je er vooraf niet van verzekerd bent dat je met je uitzoekwerk het antwoord zult vinden, omdat het misschien wel nergens staat. Ik weet uit eigen ervaring dat ik dat nu al niet doe. Wanneer ik op een interpretatieprobleem stuit, dan vraag ik in eerste instantie na bij mijn collega's hoe het zit (al minder nu er door corona veel meer wordt thuis gewerkt in plaats van op kantoor), als terugvaloptie raadpleeg ik de boeken van Jan van den Broek, die ik overigens zelf heb moeten aanschaffen omdat de juridische bibliotheek van het ministerie is opgeheven en ik daar bovendien de meeste dagen niet ben, en als ik er dan nog niet achter ben gekomen, dan laat ik het zitten en negeer ik het punt en probeer er omheen te draaien en als dat ook niet kan, dan probeer ik in laatste instantie zelf te bedenken wat een logische interpretatie van de wetgevingsteksten kan zijn of, erger nog, het wiel zelf naar het voorbeeld van de Omgevingswet opnieuw uit te vinden. Ik weet natuurlijk ook wel dat het zo niet moet, maar het aantal uren in een werkdag is eindig en voor studie-uren is nauwelijks tijd ingeruimd, want er moet productie worden gedraaid en daar is altijd haast bij want 'we zitten hier niet op de universiteit', zoals de situatie door een collega eens bondig werd samengevat. Ik onderken en herken bovendien in mijn werk de 'waarheid als een koe' van het gevaar dat Huxley signaleert in het volgende citaat: 'Orwell vreesde dat de waarheid zou worden achtergehouden, Huxley vreesde dat deze ten onder zou gaan in een kakafonie van irrelevante bijzaken.'[8] Dat gevaar ligt 'ten departemente' permanent op de loer.

De ervaringen uit het verleden stemmen niet altijd hoopvol; de ene keer gaat het beter dan de andere keer. Het is gebleken dat de wetgevingskwaliteit die na een integratieslag kortstondig is bereikt, voor aspecten als systematiek, consistentie en evenwichtigheid vaak moeilijk is vol te houden. De Omgevingswet is zeer omvangrijk, er gelden een strak uitgewerkte systematiek en een specifiek begrippenkader, dus de kans is groot dat nieuwe juristen die aan de wet en met name de uitvoeringsregelgeving gaan sleutelen het bereikte niveau niet kunnen handhaven of onder druk van gelegenheidsoplossingen en compromissen hier en daar een bres in de vestingmuren schieten. Onderhoud van wetgeving is bovendien niet erg *sexy*, dus zal niet op dezelfde belangstelling mogen rekenen als het tot stand brengen ervan. Ook de weerbarstige

---

7 Zie mijn recensie: H.E. Woldendorp, 'Want zij gelooft in mij ...; recensie van: S. Hillegom, T. Lam, T. Nijmeijer (redactie), Vertrouwen in de Omgevingswet', *M en R* 2022/3, p. 183-194.
8 Dit citaat komt uit: Olaf Tempelman, *Roemeense Lente*.

problemen die zich in de uitvoeringsfase van wetgeving voordoen, zijn niet erg *sexy* om op te lossen. Het fenomeen dat men na een steile helling te hebben bedwongen, vervolgens stuk gaat op het vals plat, doet zich ook in de uitvoeringfase van wetgeving vaak voor. De ambtelijke capaciteit, kunde en aandacht worden vooral ingezet om nieuwe beleidsontwikkelingen en wetgeving te faciliteren en veel minder om het bestaande te onderhouden, bij te schaven en te verdiepen. Op het ministerie zijn geen wetgevingsjuristen aangesteld die bestaande wetgeving in portefeuille hebben, wanneer er geen concrete aanleiding bestaat om er iets aan te veranderen of in een aanvulling te voorzien en daarvoor een nieuw project wordt gestart. Daarnaast zijn de juristen op het ministerie meestal ook niet met de uitvoering van bestaande omgevingswetgeving belast en evenmin zijn ze een vraagbaak voor de praktijk (allemaal al lang geleden wegbezuinigd), dus de signalen over de werking van de wetgeving in de praktijk komen ook niet langs die kanten binnen. Het bijhouden van de jurisprudentie zit evenmin in het 'standaardpakket van werkzaamheden', tenzij er rechterlijke uitspraken zijn die aanleiding geven tot een reactie. Er zijn dus in beginsel geen deskundigen op het ministerie die 'alles weten' van een wet die in de uitvoeringsfase zit, althans niet op het terrein van de omgevingswetgeving. Juristen die tijdens het wetgevingswerk de nodige kennis van een wet hebben opgedaan, worden vervolgens voor nieuwe, soms heel verschillende, wetgevingsprojecten ingezet of worden, ook op eigen verzoek, functioneel gerouleerd en komen op andere beleidsterreinen terecht. Dit betekent dat als het karwei van het tot stand brengen van een wet is geklaard, de opgebouwde kennis niet met de tijd meegaat, maar op een bepaald punt waarop de wet af was blijft hangen en vervolgens erodeert. Mocht het weer nodig zijn iets aan bepaalde wetgeving te doen, dan wordt er (noodgedwongen) vaak een wetgevingsjurist op gezet die niet eerder bij die wetgeving betrokken was. Het is overigens beleid, om daardoor te voorkomen dat vastgeroeste opvattingen de wetgeving in hun greep houden. Zo is de Omgevingswetgeving ook grotendeels (juist) niet opgesteld door degenen die de eerdere omgevingswetgeving tot stand hadden gebracht. Houdt u mij ten goede, daar valt natuurlijk ook best iets voor te zeggen.

Voor zover ik nu al in aanraking met wetgeving onder de Omgevingswet ben gekomen, is mijn ervaring dat wanneer men iets wil regelen, de kring van betrokkenen zich na de eerste werkzaamheden met de meest betrokkenen concentrisch uitbreidt, zoals wanneer een steen in een stille vijver is geworpen. Dat is nodig om de eenheid van de omgevingswetgeving te bewaken en te voorkomen dat iedereen die daarin gaat wijzigen, dat op zijn eigen manier doet. Dit betekent dat er meer horizontaal opererende en coördinerende collega's bij de wetgevingsoperatie moeten worden betrokken, die in algemene zin veel weten van een specifiek onderwerp dat in de Omgevingswet is geregeld, maar die weinig weten van het specifieke maatschappelijke probleem waarvoor nieuwe wetgeving moet worden opgesteld. Dat maakt het een stroperig proces, terwijl de tendens in politiek en maatschappij juist is dat spoed geboden is. Wat ook meehelpt, is dat de wetgevingsprocedures als gevolg van steeds meer toetsen, advisering, inspraak en consultatie eveneens steeds stroperiger worden. Allemaal heel goed bedoeld, maar dat is juist het akelige probleem, dat tegen elke stap weinig valt in brengen, maar dat alle stappen tezamen veel en veel te veel zijn.[9] Alleen al met de nieuwe internetconsultatie ben je als wetgevingsjurist al gauw een half tot een heel jaar onder de pannen, met een even zo lange verlenging van de procedure tot gevolg.

Ook valt te verwachten dat wijzigingen van de regelgeving gebundeld zullen worden, om te voorkomen dat talloze wijzigingen van de omgevingswetgeving meer of minder gelijk op zullen lopen, wat natuurlijk toch ook weer niet helemaal te voorkomen is. Dat brengt extra coördinatie en vertraging mee. Het tempo wordt bepaald door het langzaamste onderdeel en de wachttijd totdat een nieuwe wijzigingsronde van start gaat. Wanneer er verschillende wijzigingen tegelijkertijd lopen, dan moeten die wijzigingen op elkaar worden afgestemd, wat allerlei extra wetgeving met zich brengt. Dit zal een hoop ingewikkelde, technische bepalingen nodig maken die voor niemand interessant zijn, maar wel onvermijdelijk. Het technocratisch gehalte van wetgevingsoperaties zal dus waarschijnlijk toenemen. De omgevingswetgeving zal geen 'rustig bezit' zijn.

Met de vraag wat de Omgevingswet betekent voor het vak en de ambities van de wetgevingsjurist, kom ik op meer psychologisch en voor mij, als psycholoog van de koude grond, echt speculatief terrein. Ik verwacht dat ik het zelf minder leuk zal vinden om mijn wetgevingswerk onder de vlag van de Omgevingswet te verrichten. Ik merk dat dit ook leeft bij collega's, voor zover zij althans niet aan de Omgevingswet hebben gewerkt, en dat menigeen zich niet bepaald op de komst van de Omgevingswet verheugt, terwijl ik ook van verschillende collega's die de afgelopen tijd met pensioen zijn gegaan weet dat zij opgelucht zijn om de komst van de Omgevingswet niet meer te hoeven meemaken, als dat niet al een reden was om eerder met pensioen te gaan. Ik heb me natuurlijk afgevraagd wat de reden daarvan kan zijn. Dat komt denk ik doordat de individuele wetgevingsjurist, die nu al met al in grote vrijheid en met een aanzienlijke eigen inbreng op zijn manier zijn 'eigen wetgeving' mag opstellen, zich moet gaan voegen naar de 'tirannie van de Omgevingswet'. Hij wordt verondersteld niet (te veel) aan te komen met eigen oplossingen, zelfs als die in samenspraak met betrokken sectoren, burgers en overheden zijn bedacht. De uniforme en consistente aanpak in de Omgevingswet gaat in beginsel vóór alles, anders wordt de wet een uitdragerij. De wetgevingsjuristen van de Omgevingswet zullen zich in de ontwikkeling van de omgevingswetgeving dus wel als *controlfreak* moeten opstellen Net als rechters en wetenschappers zijn wetgevingsjuristen en beleidsmedewerkers 'professionals'. Uit de managementboeken is bekend dat managers weliswaar ook de professionals moeten aansturen, met name zo veel mogelijk faciliteren en conditioneren zodat zij hun werk goed kunnen doen, maar zich daarbij liefst niet in detail moeten bemoeien met de wijze waarop zij hun werk doen. Een *controlfreak* boekt met professionals niet altijd de beste resultaten en zijn rol en gedrag leiden vaak tot irritatie. Misschien geldt dat straks wel voor iedereen die met de Omgevingswetgeving te maken krijgt. Dat valt moeilijk te voorspellen, mijn ervaring is dat de praktijk ook graag door de wetgever bij de hand wil worden genomen om op de juiste weg

---

9　H.E. Woldendorp, m.m.v. D.J. Sloot, 'AMvB's in het omgevingsrecht: oceaanstomers', *M en R* 2014/9, p. 668-674.

te worden geholpen. Als de Omgevingswet daadwerkelijk de kwaliteit bezit die zij op wetstechnisch vlak lijkt te hebben en gaandeweg, mede onder invloed van de zich ontwikkelende, nieuw te vormen, jurisprudentie verder aan duidelijkheid wint, dan zou deze wet de juiste gids kunnen zijn om de uitvoerende overheden en normadressaten een weg te wijzen door de doolhof die de praktijk is.

Het is voor veel wetgevingsjuristen denk ik een verlies aan uitdaging om zich te moeten voegen naar wat anderen al hebben uitgedacht of nog gaan uitdenken wanneer omgevingswetspecialisten het stokje overnemen om nieuwe regelgeving in de Omgevingswetgeving in te passen. Hierdoor zal de wetgevingsjurist die onder de Omgevingswet aan de slag gaat, naar mijn verwachting minder verantwoordelijkheid voor het eindresultaat voelen, omdat hij als individu daarop maar een beperkte invloed heeft en niet hoeft te staan voor alle in het overkoepelende geheel gemaakte en te maken keuzen. Nu is de wetgevingsjurist op het terrein van de omgevingswetgeving nog min of meer 'probleemeigenaar' voor grote onderdelen van de op te stellen wetgeving. Dat leidt misschien niet altijd tot de beste resultaten, maar werkt wel stimulerend op de ontwikkeling van de wetgevingsjurist in zijn vak en kan leiden tot creatieve oplossingen en vernieuwingen in de wetgeving. Onder de Omgevingswet zullen er tal van onderwerpen zijn, zoals procedures, handhaving en de uitwerking en toepassing van het instrumentarium, waar de wetgevingsjurist zich niet meer mee bezig hoeft te houden, omdat die al geregeld zijn in de Omgevingswet en daarmee uitgekristalliseerd. Dat brengt mee dat de wetgevingsjurist nog maar voor een beperkt deel van de op te stellen nieuwe wetgeving de echte penvoerder is en dat er voor de nieuwe wetgeving geen specialisten zijn die over de volle breedte van een beleidsonderwerp deskundig zijn en de achtergronden van gemaakte keuzen kennen en zo nodig de bakens durven te verzetten. Omdat de inzet zal zijn om nieuwe wetgeving zo goed mogelijk in te passen in het bestaande systeem van de Omgevingswet, kan de wetgeving een statisch geheel in een dynamische omgeving worden.

Een belangrijk nadeel van integratie van wetgeving op een abstract en instrumenteel niveau vind ik dat de herkenbaarheid van de aanpak van een maatschappelijk probleem in de wetgeving verloren gaat. Het meest herkenbaar is dat voor elk probleem specifieke wetgeving wordt opgesteld, in overleg met de stakeholders, waarbij maximale ruimte bestaat om wensen te honoreren. Onder de Omgevingswet zal echter sprake zijn van een stapel wijzigingsbepalingen in de bestaande omgevingswetgeving, die voor buitenstaanders, zoals politici, bestuurders, stakeholders en burgers moeilijk te doorgronden zullen zijn. Daar komt bij dat om de wijzigingsbepalingen te kunnen duiden, kennis van het geheel waarin de wijzigingen worden ingepast, onontbeerlijk is. Dit betekent dat 'iedereen' een vrij brede en diepgaande kennis van de Omgevingswet en de uitvoeringswetgeving zal moeten hebben om te kunnen meedoen en een nuttige inbreng te leveren. De Omgevingswet werkt als een fragmentatiebom. De wettelijke bepalingen zullen op instrumentele en wetstechnische gronden niet volgens de ordening van het maatschappelijke probleem of beleidsdoel bij elkaar komen te staan, maar gefragmenteerd raken tot in de uithoeken van het kolossale bouwwerk van de omgevingswetgeving. Tijdens de totstandkoming van de Omgevingswet, aanvullingswetten, invoeringswet, uitvoeringsbesluiten, invoeringsbesluit en aanvullingsbesluiten is me al opgevallen dat deze wetgeving zich door haar omvang en ingewikkeldheid en noodzakelijke specialistische kennis van de omgevingswetgeving manifesteerde als een monolithisch rotsblok, waarop maar weinigen vat kregen. De wetgevingstoetsen van het Ministerie van Justitie en de adviezen van de Afdeling advisering van de Raad van State, na het fundamentele eerste advies, grepen vaak aan op enkele opvallende details en opmerkingen in de sfeer van 'wat verder ter tafel komt'. Logisch. Het ging eigenlijk iedereen boven de pet om grip te krijgen op het geheel en de immer aanwezige tijdsdruk deed de rest. Ook bestaat dan de neiging vooral procedurele en formalistische in plaats van inhoudelijke reacties te geven. In de aanvullingswetten Omgevingswet bleek al dat de Omgevingswet hier en daar knelde als een keurslijf, waar innovatieve oplossingen niet in pasten. Het was soms moeilijk om betrokkenen met het gewenste maatwerk te bedienen, omdat dit moest worden opgeofferd aan de beheersbaarheid van de omgevingswetgeving. Dat is eigenlijk ook de reden en bedoeling van de Omgevingswet. De toegankelijkheid van het kolossale bouwwerk staat of valt met een overzichtelijke plattegrond en de looplijnen binnen het bouwwerk moeten strak worden aangegeven, om te voorkomen dat niemand er zijn weg meer in kan vinden en het een chaos wordt. Tegelijkertijd betekent dit dat we met de Omgevingswet op hoofdlijnen verder moeten zoals deze wet 'in het jaar 0' is uitgedacht, volgens de kennis, inzichten en compromissen in het tijdsbestek van de totstandkoming.

Eigenlijk ben ik zelf meer een voorstander van handelen naar bevind van zaken met maximale mogelijkheden om betrokkenen tegemoet te komen, het voortmodderen volgens de theorie van het incrementalisme van Lindblom.[10] De Omgevingswet zal al snel niet meer de ultieme waarheid blijken te zijn en de uitgangspunten kinderen van hun tijd. Het zal moeite kosten om te voorkomen dat het perfectionisme van de Omgevingswet in de praktijk een hinderlijk 'blok aan het been' wordt dat men steeds achter zich aan moet slepen en dat de voortgang verhindert. 'Eenvoudig beter' is volgens mij alleen te bereiken als men de inhoudelijke ambities terugschroeft en met name minder rekening houdt met de praktijk waarin er altijd sprake is van bijzondere situaties. Althans, als men met algemene regels wil werken. Als voor het individuele besluit wordt gekozen, dan kan men wel maatwerk leveren. Het gaat er hier niet om wat de voorkeur verdient, maar dat eenvoud als het erop aankomt vaak niet wenselijk wordt geacht en dus ook met de omgevingswetgeving niet is verwezenlijkt, omdat de wetgever op het ambitieniveau weinig veren heeft gelaten en zich eigenlijk zelfs nog grotere ambities van consistentie, afstemming en integrale aanpak ten doel heeft gesteld. Rekening houden met de bijzonderheden van het geval maakt algemene regels ingewikkeld, of bewerkelijke individuele besluitvorming nodig van wisselende kwaliteit. In de Omgevingswet is gekozen voor decentrale algemene regels in het omgevingsplan. Of dit het beste van twee werelden is (algemene regels die maatwerk leveren) of juist het slechtste (stapels lokale regels en maatwerkvoorschriften, zoals ijsbergen van kruiend ijs dat door de wind wordt opgestuwd) moet de praktijk

---

10 Zie: H.E. Woldendorp, 'Het incrementalisme van Lindblom', *M en R* 2022/3, p. 171.

uitwijzen. Daarbij valt te bedenken dat decentralisatie en milieubescherming in de praktijk op gespannen voet met elkaar staan.

Ik denk dat de maatschappelijke problemen van deze tijd vragen om wendbare wetgeving die volgens het incrementalistische model de wensen snel en flexibel kan bedienen. Er worden dan vast en zeker minder fraaie resultaten geboekt, maar wel snellere en concretere resultaten. Kleinere en voorzichtigere stappen brengen minder risico op een uitglijder mee, terwijl een misstap in de omgevingswetgeving al snel betekent dat men totaal onderuit gaat. Ik verwacht dat het enerzijds telkens een moeizame en tijdrovende exercitie zal worden om onder de Omgevingswet ook maar het kleinste dingetje te regelen, en anderzijds het risico bestaat dat na verloop van tijd belangrijke onderdelen van de wet moeten worden omgegooid omdat men met tegenvallers wordt geconfronteerd of men over bepaalde zaken heel anders is gaan denken.

Alles overziende gaat mijn voorkeur bij wetgeving voor de aanpak van nieuwe maatschappelijke problemen die zich aandienen uit naar maatwerkregelgeving boven de systematische en gestructureerde, maar ook kwetsbare aanpak van de Omgevingswet. Mijn gedachten gaan hierbij uit naar de wendbaarheid van de kleinere Engelse schepen die in de praktijk de prestigieuze, maar weinig wendbare schepen van de Spaanse Armada de loef afstaken.

Net als destijds door de Spanjaarden te optimistisch werd gedacht over de onoverwinnelijkheid van de Armada, is door de wetgever nu mogelijk te optimistisch gedacht over de kans van slagen van de Omgevingswet in de praktijk. Deze vrees wordt mede ingegeven door het volgende ervaringsfeit: *'People systematically overestimate their chances of success'*.[11]

---

11 Rolf Dobelli, *The Art of Thinking Clearly*, Harper 2014.

17 Het omgevingsplan als besluit waarbij schaarse geluidruimte wordt toebedeeld

Rachid Benhadi[1]

De gemeenteraad kan, als planwetgever, de milieugebruiksruimte[2] binnen een bepaald gebied juridisch begrenzen door in het omgevingsplan een emissie- en/of immissieplafond voor een of meer milieuaspecten (zoals geur, geluid en/of stikstof) vast te leggen waar verschillende activiteiten gezamenlijk (dus cumulatief) aan moeten voldoen. Dit kan nodig zijn omdat de fysieke leefomgeving overbelast is (en daarmee weinig milieuruimte meer resteert voor nieuwe ontwikkelingen) of omdat de gemeenteraad specifieke beleidsdoelstellingen heeft voor een specifiek gebied (wonen en werken op korte afstand van elkaar).[3]

Het begrenzen van de milieugebruiksruimte kan bewerkstelligd worden door middel van het vaststellen van een omgevingswaarde[4] dan wel het vaststellen van een cumulatieve norm waar verschillende activiteiten gezamenlijk aan moeten voldoen. Met het vaststellen van een omgevingswaarde worden individuele activiteiten niet gebonden en het vaststellen van (slechts) een getalsmatige cumulatieve waarde waar verschillende activiteiten gezamenlijk aan moeten voldoen leidt tot handhavingsdiscussies (wie moet worden aangesproken bij overschrijding van die cumulatieve norm?).[5] Beide problemen kunnen ondervangen worden door in het omgevingsplan op activiteit- of kavelniveau de beschikbare milieugebruiksruimte te verdelen.[6] In het licht van deze bijdrage is de situatie interessant waarin meerdere gegadigden binnen een gebied aanspraak willen maken op (een deel van) de milieugebruiksruimte voor dat gebied. Deze discussie zal onder de Omgevingswet (o.a.) gaan spelen bij de vaststelling van geluidproductieplafonds voor industrieterreinen, waarbij de wet (meer specifiek: het Besluit kwaliteit leefomgeving) de gemeenteraad *dwingt* om niet alleen een cumulatieve waarde[7] vast te stellen voor de geluidsbelasting als gevolg van de activiteiten die plaatsvinden op een industrieterrein, maar ook hiervan afgeleide geluidregels, zoals bijvoorbeeld een maximaal toegestane geluidsbelasting

---

1 Mr. R. Benhadi is als advocaat verbonden aan Hekkelman Advocaten N.V.
2 In essentie gaat het bij 'milieugebruiksruimte' in relatie tot het omgevingsplan – in mijn woorden – om de in het omgevingsplan juridisch bindend vastgelegde maximaal toegestane milieubelasting – uitgedrukt in één of meerdere kwantificeerbare normen – in een gebied waar milieubelastende activiteiten al dan niet gezamenlijk aan moeten voldoen.
3 *Stb.* 2018, 292, p. 253.
4 Zie over omgevingswaarden o.a. J.W. van Zundert, 'Omgevingswaarden', *BR* 2016/67; F.A.G. Groothuijse, 'Omgevingswaarden: waardevol?', *TO* juli 2016, nr. 4, p. 104 e.v.
5 Vgl. ABRvS 12 mei 2021, ECLI:NL:RVS:2021:1025, r.o. 6.2.1.
6 *Stb.* 2018, 292, p. 253.
7 Die cumulatieve waarde betreft een geluidsproductieplafond, dat vastgesteld wordt als omgevingswaarde.

per bedrijfskavel.[8] Daarmee worden individuele activiteiten genormeerd met het oog op het gezamenlijk kunnen voldoen aan een cumulatieve norm: een als geluidproductieplafond vastgestelde omgevingswaarde. De vraag die in deze bijdrage centraal staat, betreft de vraag of het op die wijze verdelen van een schaarse hoeveelheid milieugebruiksruimte (die gemaximeerd is door een als geluidproductieplafond vastgestelde omgevingswaarde) over individuele bedrijfskavels en/of activiteiten kwalificeert als het verdelen van een schaars recht. Meer specifiek is de vraag of het omgevingsplan in dat geval kwalificeert als besluit waarbij schaarse rechten worden toegedeeld. Die vraag zal ik in deze bijdrage beantwoorden. Ik beperk mij bewust tot de vraag of het omgevingsplan voor een industrieterrein kwalificeert als besluit waarbij schaarse rechten worden toebedeeld. De vraag of een bestemmingsplan (met geluidverkaveling) als besluit kwalificeert waarbij schaarse rechten worden toebedeeld laat ik – vanwege de omvang van de bijdrage – buiten beschouwing. Wel zal ik kort – en voor zover dat nodig is voor een goed begrip van de hierna te bespreken conclusie van A-G Widdershoven – kort ingaan op de geluidverdelingssystematiek die gemeenten (vrijwillig) hanteren onder het huidige recht.

1 De verdeling van schaarse geluidruimte: problematiek en oplossingen

1.1 Geluidverdelingsproblematiek onder huidig recht

Een bestemmingsplan dat de vestiging van aangewezen[9] grote lawaaimakers (dat zijn inrichtingen die in belangrijke mate geluidhinder kunnen veroorzaken) toelaat, kwalificeert als industrieterrein in de zin van artikel 1 Wet geluidhinder en moet op grond van die wet gezoneerd worden. In het bestemmingsplan dient dan een rond het betrokken industrieterrein gelegen zone te worden vastgesteld, waarbuiten de geluidsbelasting vanwege dat industrieterrein de waarde van 50 dB(A) niet te boven mag gaan.[10] Daarmee verplicht de Wet geluidhinder uitsluitend tot het vastleggen van de buitengrenzen van de geluidszone, de zogenoemde 50 dB(A)-contour.[11] Deze 50 dB(A)-contour moet bij een beslissing op een aanvraag om omgevingsvergunningverlening milieu in acht worden genomen.[12] In de Wet geluidhinder noch enig andere wet is vastgelegd op welke wijze de binnen de geluidszone aanwezige (cumulatieve) geluidruimte – die begrensd wordt door de 50 dB(A)-contour – verdeeld kan/moet worden over de op het industrieterrein gevestigde bedrijven. Een regeling hiervoor kan eigenlijk niet gemist worden omdat vergunningverlening op gezoneerde industrieterreinen, in tegenstelling tot niet-gezoneerde industrieterreinen, is gebaseerd op de cumulatieve geluidbijdrage van *alle* op het industrieterrein aanwezige bedrijven. Geluidruimte die door het ene bedrijf al wordt gebruikt, kan *niet* meer door een

---

8 *Stb.* 2018, 292, p. 257.
9 Zie art. 2.1 lid 3, gelezen in samenhang met bijlage I, onderdeel D bij het Besluit omgevingsrecht.
10 Art. 40 gelezen in samenhang met art. 1 Wet geluidhinder.
11 Vgl. ABRvS 14 december 2016, ECLI:NL:RVS:2016:3325, r.o. 8.4 e.v.
12 Art. 2.14 lid 1, aanhef onder c sub 2, Wabo.

ander bedrijf worden gebruikt of geclaimd.[13] Uit de praktijk zijn voorbeelden bekend waarin een industrieterrein fysiek nog wel ruimte biedt voor (nieuwe) bedrijvigheid, maar waar de geluidruimte reeds is opgesoupeerd door de zittende bedrijven. Het gevolg hiervan is dat fysiek beschikbare gronden die zijn gelegen op een industrieterrein en die bestemd zijn voor bedrijvigheid niet of niet volledig ontwikkeld kunnen worden.

Om dit probleem het hoofd te bieden hebben gemeenten in het afgelopen decennium op verschillende wijzen getracht de schaarse beschikbare geluidruimte te verdelen over de op het industrieterrein aanwezige bedrijfskavels. Dit ging regelmatig mis omdat bijvoorbeeld de wijze waarop de geluidruimte werd verdeeld zonder wettelijke grondslag plaatsvond.[14] Bij gebreke van een verdelingsregeling in de Wet geluidhinder, hebben verschillende gemeenten er uiteindelijk voor gekozen om via de band van het bestemmingsplan de binnen de geluidszone van een industrieterrein aanwezige geluidruimte juridisch bindend te verdelen. De plansystematiek van deze bestemmingsplannen kwam er in de kern op neer dat in de planregels (en verbeelding) een juridisch bindende geluidverkaveling werd vastgelegd, waarbij op perceelsniveau werd vastgelegd welke geluidemissie ter plaatse toegestaan was. Deze geluidemissie (geluidruimte) wordt doorgaans afgeleid van een aantal immissiepunten op de zonegrens[15] en/of woningen met een al dan niet bij hogerewaardenbesluit vastgestelde maximaal toelaatbare geluidsbelasting. Met het vastleggen van die geluidruimte werd gestreefd naar een efficiënte verdeling van de geluidruimte over de beschikbare bedrijfskavels op het industrieterrein en daarmee tot een doelmatig grondgebruik.[16] Verder bevatten bestemmingsplannen met een verdelingssystematiek doorgaans een wijzigingsbevoegdheid waarmee burgemeester en wethouders in staat worden gesteld om de geluidruimte te herverdelen, als daartoe aanleiding is.[17]

De Afdeling heeft in 2015 in een aantal uitspraken[18] de hiervoor beschreven geluidverdelingssystematiek geaccepteerd. De Afdeling liet hierbij meewegen dat een verdeling van de geluidruimte niet via de relevante milieuwet- en regelgeving geborgd kon worden en een doelmatige verdeling van de beschikbare geluidruimte op een industrieterrein ruimtelijk relevant is, omdat daarmee een doelmatig grondgebruik bereikt werd. Daarbij heeft de Afdeling tevens in aanmerking genomen dat uit de parlementaire geschiedenis[19] bij artikel 3.1 lid 1 Wro volgt dat het denkbaar is dat in bestemmingsplannen wettelijke (milieu)kwaliteitsnormen worden opgenomen die

---

13 A. Krikke & J.S. Haakmeester, 'Redactioneel artikel', *JM* 2012/903.
14 ABRvS 2 november 2011, ECLI:NL:RVS:2011:BU3124, r.o. 2.4.5.
15 Dit betreft de 50 dB(A)-contour.
16 Op deze manier werd voorkomen dat er bedrijfskavels zonder geluidruimte zouden komen te zitten.
17 Een dergelijke wijzigingsbevoegdheid stond ook centraal in de uitspraak van de Afdeling van 11 maart 2015, ECLI:NL:RVS:2015:705, *AB* 2015/257 m.nt. R. Benhadi.
18 ABRvS 4 februari 2015, ECLI:NL:RVS:2015:234 en ECLI:NL:RVS:2015:237, *AB* 2015/83 m.nt. R. Benhadi en *TBR* 2015/126 m.nt. J. van Oosten.
19 *Kamerstukken II* 2002/03, 28916, nr. 3, p. 21-22).

volledig bindend zijn en aan de hand waarvan de toelaatbaarheid van bepaalde vormen van gebruik van de grond en/of bouwwerken kon worden getoetst.

Daar waar nu gemeenten vrijwillig kunnen kiezen voor de hierboven beschreven plansystematiek (met geluidverkaveling), verdwijnt die vrijwilligheid onder de Omgevingswet. Ik zal dat hierna toelichten.

1.2   Geluidverdeling onder de Omgevingswet

Voor industrieterreinen gaat onder de Omgevingswet[20] een nieuwe beoordelings- en normeringssystematiek gelden, waarbij het omgevingsplan leidend wordt voor deze beoordeling en normering. Voordat ik nader inga op deze nieuwe systematiek, merk ik op voorhand op dat waar hierna gesproken wordt over 'industrieterrein', dit begrip – net als onder vigeur van de Wet geluidhinder – beperkt uitgelegd moet worden. Het betreft hier uitsluitend die bedrijventerreinen (1) waarop – zoals hierna uiteengezet zal worden – aangewezen activiteiten planologisch worden toegestaan dan wel (2) waarop de gemeenteraad – vrijwillig[21] – de hierna te bespreken GPP-systematiek van toepassing verklaart.[22]

De nieuwe systematiek zoals die onder de Omgevingswet gaat gelden voor industrieterreinen laat zich als volgt beschrijven.

Bij omgevingsplan worden als omgevingswaarde[23] geluidproductieplafonds vastgesteld rondom een industrieterrein waar bij AMvB aangewezen activiteiten *kunnen* worden verricht die in aanzienlijke mate geluidhinder kunnen veroorzaken.[24] De activiteiten die in aanzienlijke mate geluidhinder kunnen veroorzaken, zijn aangewezen in artikel 5.78b Besluit kwaliteit leefomgeving (Bkl). Het gaat hierbij om *onder andere* scheepswerven, activiteiten in de metaalindustrie, raffinaderijen, grootschalige energieopwekking etc.[25] Op het moment dat een omgevingsplan een dergelijke activiteit planologisch toelaat, is er sprake van een industrieterrein en gelden er specifieke wettelijke verplichtingen. Naast de verplichting om de grens van het industrieterrein in het omgevingsplan vast te leggen, zal de planwetgever,

---

20   De Wet geluidhinder en daarmee samenhangende wettelijke regelingen zoals het Besluit geluidhinder komen te vervallen.
21   Ik laat deze vrijwillige variant hier verder onbesproken, omdat op het moment dat een gemeenteraad ervoor kiest om de GPP-systematiek vrijwillig toe te passen bij een niet-industrieterrein, het betreffende bedrijventerrein voor de werking van de instructieregels uit het Bkl gelijkgesteld wordt aan een industrieterrein, met alle rechten én plichten die daaraan zijn verbonden (*Stb.* 2020, 557, p. 144).
22   De gemeenteraad kan op grond van art. 2.11 lid 1 Omgevingswet bij omgevingsplan geluidproductieplafonds als omgevingswaarden vaststellen rondom andere bedrijventerreinen dan de in art. 2.11a bedoelde industrieterreinen (*Kamerstukken II* 2018/19, 35054, nr. 3, p. 44 en *Stb.* 2020, 557, p. 79).
23   Een aan de overheid gestelde eis over de staat of kwaliteit van de fysieke leefomgeving.
24   Art. 2.11a Omgevingswet.
25   Art. 5.78b Bkl gelezen in samenhang met bijlage VIII bij het Bal.

zoals hierboven al aangestipt, bij omgevingsplan de voor dat industrieterrein vereiste geluidproductieplafonds (GPP's) moeten vaststellen. Daarmee samenhangend zullen ook geluidreferentiepunten (GRP's) rondom het betreffende industrieterrein vastgesteld moeten worden.[26] Beide begrippen licht ik toe.

Een GPP voor een industrieterrein begrenst het geluid dat afkomstig is van een industrieterrein en beschermt daarmee de omgeving van het industrieterrein tegen het gezamenlijke geluid van *alle* activiteiten[27] op dat industrieterrein.[28] Een GPP geldt ter plaatse van een geluidreferentiepunt (GRP). Een GRP is een fictief, maar geografisch bepaald rekenpunt waarvan de ligging wordt vastgelegd met coördinaten.[29] Anders gezegd: een GPP is de maximaal toegestane geluidsbelasting (uitgedrukt in de dosismaat Lden en Lnight) ter plaatse van een GRP. Een geluidproductieplafond legt daarmee de bovengrens (plafond) vast voor het geluid op geluidreferentiepunten van een industrieterrein en mag niet worden overschreden.[30]

Het door de gemeenteraad[31] bij omgevingsplan vastgestelde GPP betreft een resultaatsverplichting voor de planwetgever.[32] Een GPP is echter geen resultaatsverplichting of geluidregel voor de afzonderlijke activiteiten die door de bedrijven op het industrieterrein worden uitgevoerd.[33] Om overschrijding van het GPP te voorkomen, moet de gemeenteraad geluidregels opnemen in het omgevingsplan voor de activiteiten die plaatsvinden op het industrieterrein. Het doel van deze geluidverdeling is waarborgen dat de cumulatieve geluidsbelasting van de activiteiten die op het industrieterrein plaatsvinden het GPP niet overschrijden (art. 5.78f Bkl). Over het algemeen betreffen die geluidregels een perceelsgebonden geluidverkaveling, waarbij een door de planwetgever bepaalde geluidruimte wordt toegekend aan ieder individueel bedrijfskavel (denk hierbij bijvoorbeeld aan geluidruimte van een x-aantal dB's per m² bedrijfskavel), maar ook andere varianten zijn denkbaar.[34] Via het omgevingsplan wordt op de hiervoor beschreven wijze juridisch bindend vastgelegd welke geluidruimte aan een bedrijfsperceel of bedrijfsactiviteiten toekomt.

---

26   Art. 3.31 Bkl.
27   Dat komt overeen met het geluid door een industrieterrein als dat wordt bepaald zoals is voorgeschreven in art. 3.25 Bkl (*Stb.* 2020, 557, p. 321).
28   Art. 3.25 lid 2 Bkl. Zie ook *Stb.* 2020, 557, p. 224.
29   Art. 12.71f Omgevingsregeling.
30   Om deze overschrijding te voorkomen, bepaalt art. 5.78f Bkl dat het omgevingsplan regels moet bevatten die gericht zijn op het voldoen aan het GPP.
31   Geluidproductieplafonds voor industrieterreinen worden door de gemeenteraad vastgesteld als onderdeel van het omgevingsplan. In lijn met de wijze van besluitvorming over omgevingsplannen kan de gemeenteraad deze bevoegdheid op grondslag van art. 2.8 Omgevingswet delegeren aan het college van burgemeester en wethouders (*Kamerstukken II* 2018/19, 35054, nr. 3, p. 16).
32   Art. 3.44 Bkl.
33   *Stb.* 2020, 557, p. 277.
34   *Stb.* 2020, 557, p. 278.

2 Verdeling van geluidruimte: de verdeling van een schaars recht?

2.1 Inleiding

De juridisch bindende verdeling van geluidruimte via het omgevingsplan doet vervolgens de vraag rijzen of deze geluidverdeling kwalificeert als de verdeling van een schaars recht. Ik beantwoord deze vraag hierna in paragraaf 3, maar eerst ga ik in deze paragraaf op de conclusie van A-G Widdershoven, nu deze in zijn conclusie een aantal criteria heeft geformuleerd aan de hand waarvan kan worden beoordeeld wanneer een plan kwalificeert als besluit waarbij schaarse rechten worden toebedeeld.

2.2 De conclusie van A-G Widdershoven

In 2018 heeft de Voorzitter van de Afdeling verschillende vragen over schaarse rechten gesteld aan A-G Widdershoven en hem verzocht hierover een conclusie te nemen. Een van deze vragen betrof – kort samengevat – de vraag of een planologisch besluit (zoals een bestemmingsplan) onder omstandigheden als besluit kan worden aangemerkt waarbij schaarse rechten worden toegedeeld.[35] In zijn conclusie van 6 juni 2018 beantwoordt A-G Widdershoven deze vraag over het algemeen ontkennend. Widdershoven maakt hierbij, en voor zover hier relevant, een uitzondering voor een bestemmingsplan[36] dat voorziet in een *herverdeling* van milieugebruiksruimte. Meer specifiek heeft Widdershoven de situatie voor ogen waarin een in het bestemmingsplan opgenomen 'wijzigingsbevoegdheid wordt gebruikt om de door de wet[37] gemaximaliseerde milieugebruiksruimte te verdelen over meer gegadigden'.[38] Heel concreet zoomt hij hierbij in op de situatie dat een zonebeheerplan of geluidverdeelplan voor een industrieterrein (als bedoeld in de Wet geluidhinder) als onderdeel van het bestemmingsplan wordt vastgesteld (zie par. 1.1 voor een toelichting op deze constructie) en in dat bestemmingsplan een wijzigingsbevoegdheid is opgenomen waarmee burgemeester en wethouders de initiële geluidverdeling kunnen herverdelen.[39]

---

35 Zie punt 2.2 van de conclusie van A-G Widdershoven van 6 juni 2018, ECLI:NL: RVS:2018:1847.
36 Het begrip bestemmingsplan dient hier ruim uitgelegd te worden, in de zin dat dit ook een wijzigings- dan wel uitwerkingsplan of een provinciaal of Rijksinpassingsplan kan betreffen.
37 Ik denk dat het begrip 'wet' in de context van de conclusie ruim uitgelegd moet worden en dat daar tevens een bestemmingsplan (zijnde een algemeen verbindend voorschrift) onder geschaard moet worden, nu Widdershoven in zijn conclusie vaststelt dat met toepassing van een in het bestemmingsplan opgenomen wijzigingsbevoegdheid de geluidruimte herverdeeld kan worden.
38 Zie de paragraaf 'Conclusie' uit de conclusie van A-G Widdershoven van 6 juni 2018, ECLI:NL:RVS:2018:1847.
39 Een dergelijke wijzigingsbevoegdheid stond ook centraal in de uitspraak van de Afdeling van 11 maart 2015 (ECLI:NL:RVS:2015:705, *AB* 2015/257 m.nt. R. Benhadi), met dien verstande dat in die uitspraak de vraag of toepassing van die wijzigingsbevoegdheid ertoe leidt dat sprake is van de verdeling van een schaars recht niet aan de orde komt.

Widdershoven gaat in zijn conclusie[40] (uitsluitend) in op de vraag of het vaststellen van een *wijzigingsplan* (op grond van een in een bestemmingsplan opgenomen wijzigingsbevoegdheid (ex art. 3.6 Wro) waarmee de geluidruimte wordt 'herverdeeld'[41] over de zittende bedrijven, een verdeling van een schaars recht tot gevolg heeft. Widdershoven beantwoordt deze vraag bevestigend:

> 'Voorstelbaar is dat er op enig moment binnen de zone geluidruimte vrijvalt als gevolg van het vertrek van een bedrijf of doordat de geluidruimte van een bestaand bedrijf vrijwillig of anderszins wordt beperkt. Als gevolg hiervan zal het plan in zoverre gewijzigd worden en staat het bevoegd gezag voor de vraag hoe die vrijgevallen geluidruimte moet worden verdeeld over de zittende bedrijven. De voor die verdeling noodzakelijke wijziging van het plan ten gunste van een of meer van die bedrijven, impliceert volgens mij de verdeling van een schaars recht. Het wijzigingsplan dat daartoe strekt, zal dus competitief en transparant moeten worden vastgesteld.'[42]

Bij een wijzigingsplan (ex art. 3.6 Wro) kan in de visie van Widdershoven sprake zijn van de verdeling van een schaars recht in de situatie dat:
i. de wijzigingsbevoegdheid van toepassing is voor percelen van verschillende belanghebbenden,
ii. de bevoegdheid ziet op de verdeling van milieugebruiksruimte waarvan de totale cumulatieve ruimte door meerdere gegadigden wordt/zal worden benut, en
iii. het maximum wordt gevormd door een wettelijke norm.

Wordt aan bovenstaande drie (cumulatieve) criteria voldaan, dan kan er, zo stelt Widdershoven vast, sprake zijn van een besluit (het wijzigingsplan) waarbij schaarse rechten (milieugebruiksruimte) worden toebedeeld.

De vaststelling van Widdershoven dat de herverdeling van geluidruimte via een wijzigingsplan de verdeling van een schaars recht tot gevolg kan hebben, is een interessante, maar geen volledige vaststelling. Interessant omdat de herverdeling van geluidruimte zoals hij die beschrijft, onder omstandigheden, kwalificeert als de verdeling van een schaars recht (met dien verstande dat vooralsnog onduidelijk is of de Afdeling die conclusie zal overnemen). Onvolledig omdat Widdershoven niet ingaat op de vraag of *reeds* bij de vaststelling van het (moeder)bestemmingsplan ook al sprake is van een besluit waarbij schaarse rechten worden verdeeld. Als de herverdeling van de (schaarse) geluidruimte via een wijzigingsplan kwalificeert als de verdeling van een schaars recht, dan geldt dat in mijn beleving ook voor de initiële

---

40 Conclusie van A-G Widdershoven van 6 juni 2018, ECLI:NL:RVS:2018:1847, punt 4.12 e.v.
41 Er kunnen verschillende redenen zijn om de geluidruimte te herverdelen. Zo kan bijvoorbeeld het (vrijwillige of gedwongen) vertrek van een bedrijf dat een aanzienlijke claim legde op de beschikbare geluidruimte aanleiding zijn om de geluidruimte te herverdelen.
42 Conclusie van A-G Widdershoven van 6 juni 2018, ECLI:NL:RVS:2018:1847, punt 4.12.

verdeling van de geluidruimte in het moederplan. Wat betreft dit laatste punt deel ik de vaststelling van Wolswinkel dat wanneer de 'uitoefening van de bevoegdheid tot vaststelling van een wijzigingsplan leidt tot een herverdeling van schaarse rechten, (...) de vaststelling van het bestemmingsplan zelf de initiële verdeling van die schaarse rechten' vormt.[43]

De beschouwingen van Widdershoven bezien, rijst vervolgens de vraag of onder de Omgevingswet een vastgesteld omgevingsplan met daarin opgenomen een geluidverdeling (onder omstandigheden) kwalificeert als een besluit waarbij schaarse rechten worden toegedeeld.

3 Kwalificeert de geluidruimteverdeling voor een industrieterrein in het omgevingsplan als de verdeling van een schaars recht?

3.1 Inleiding

Uit de hiervoor beschreven systematiek zoals die gaat gelden voor industrieterreinen onder de Omgevingswet, komt duidelijk naar voren dat de maximaal toegestane geluidsbelasting die bedrijfsactiviteiten op een gezoneerd industrieterrein mogen veroorzaken begrensd wordt door specifieke geluidregels die in het omgevingsplan vastgelegd moeten worden en die gericht zijn op het voldoen aan de voor dat industrieterrein (eveneens bij omgevingsplan) vastgestelde GPP's.

De vraag die vervolgens rijst, betreft de vraag of in dat geval het besluit tot vaststelling van het omgevingsplan – voor zover dat betrekking heeft op de geluidruimteverdeling die gericht is op het voldoen aan een GPP – kwalificeert als schaars recht. Ik zal deze vraag beantwoorden aan de hand van de drie (cumulatieve) voorwaarden (zie par. 2.2) die Widdershoven heeft geformuleerd in zijn conclusie van 6 juni 2018.[44] Ik zie geen reden waarom die criteria uitsluitend toegepast moeten c.q. kunnen worden op een wijzigingsplan. Ik acht de door Widdershoven geformuleerde criteria tevens goed toepasbaar bij de beantwoording van de vraag of een omgevingsplan dat strekt tot (initiële) verdeling van een bepaalde geluidruimte over meerdere bedrijfskavels kwalificeert als besluit waarbij schaarse rechten worden toebedeeld. Nadat ik de door Widdershoven benoemde criteria heb afgelopen zal ik bezien of er nog aanvullende criteria moeten worden gesteld, waarlangs beoordeeld moet worden of bij de vaststelling van een omgevingsplan sprake is van de verdeling van schaarse rechten.

---

43 C.J. Wolswinkel, 'Schaarse rechten in het omgevingsrecht? Een tegenconclusie voor de rechtsontwikkeling', *TO* 2018, nr. 3, p. 116.
44 Conclusie van A-G Widdershoven van 6 juni 2018, ECLI:NL:RVS:2018:1847, punt 4.18 onder b.

3.2 Beoordeling aan de hand van de drie criteria van Widdershoven

1e criterium: het omgevingsplan ziet op percelen van verschillende belanghebbenden
De gronden (bedrijfskavels) op een industrieterrein zijn – uitzonderingen daargelaten – in handen van meerdere belanghebbenden die (doorgaans) belang hebben bij zo veel mogelijk geluidruimte voor het eigen perceel.[45] Het omgevingsplan dat ziet op de vaststelling van GPP's voor een industrieterrein en daarvan afgeleid op juridisch bindende (geluid)regels die gericht zijn op het voldoen aan die GPP's, voldoet daarmee aan het 1e criterium.

2e criterium: het omgevingsplan ziet op de verdeling van milieugebruiksruimte waarvan de totale cumulatieve ruimte door meerdere gegadigden wordt/zal worden benut
De bedrijven die gevestigd zijn op een industrieterrein moeten gezamenlijk een eveneens bij omgevingsplan vastgesteld (cumulatief) geluidbudget verdelen. Een GPP is feitelijk niets anders dan een cumulatief geluidbudget (zij het als omgevingswaarde) dat ter plaatse van een geluidreferentiepunt (GRP) de maximaal toegestane geluidsbelasting begrenst voor de gezamenlijke activiteiten die plaatsvinden op het betrokken industrieterrein. Zoals gezegd, is het GPP een omgevingswaarde die de maximaal toelaatbare geluidsbelasting als gevolg van het industrieterrein begrenst. Om overschrijding van het GPP te voorkomen, moet de gemeenteraad geluidregels opnemen in het omgevingsplan voor de activiteiten die plaatsvinden op het industrieterrein. Het doel van deze geluidverdeling is waarborgen dat de cumulatieve geluidsbelasting van de activiteiten die op het industrieterrein plaatsvinden het GPP niet overschrijden (art. 5.78f Bkl).

3e criterium: het maximum wordt gevormd door een wettelijke norm
Een GPP wordt bij omgevingsplan vastgesteld en stelt – zoals de naam al aangeeft – een (cumulatief) plafond aan de maximaal toegestane geluidsbelasting van de gezamenlijke activiteiten die worden verricht op het industrieterrein. Een GPP legt daarmee de bovengrens (plafond) vast voor het geluid van een industrieterrein en mag niet worden overschreden.[46] Daarmee is naar mijn oordeel ook voldaan aan het derde criterium.

3.3 Tussenconclusie

Op basis van bovenstaande analyse én beoordeeld langs de criteria die A-G Widdershoven in zijn conclusie heeft geformuleerd, concludeer ik dat een omgevingsplan dat met het oog op het voldoen aan een vastgesteld geluidproductieplafond een geluidverdelingsregeling bevat, (in beginsel) kwalificeert als besluit waarbij schaarse rechten worden toebedeeld.

---

45 Naarmate de milieugebruiksruimte voor een perceel groter is, worden de aanwendingsmogelijkheden van het betrokken perceel en daarmee de financiële waarde van dat perceel groter.
46 Om deze overschrijding te voorkomen, bepaalt art. 5.78f Bkl dat het omgevingsplan regels moet bevatten die gericht zijn op het voldoen aan het GPP.

3.4 Nadere beschouwing

Bovenstaande analyse gaat uit van de gedachtegang dat elke gegadigde (lees: bedrijf) op het industrieterrein in gelijke mate aanspraak kan of wenst te maken op een deel van het geluidbudget dat begrensd wordt door het GPP. Dat zal in de praktijk niet altijd het geval zijn. Dat heeft te maken met het feit dat niet elk GPP (even) relevant is voor elk bedrijfskavel.[47] Zo zullen (bijvoorbeeld) de aan de zuidzijde van een industrieterrein geldende GPP's minder of wellicht helemaal niet[48] van belang zijn voor een aan de noordzijde van een industrieterrein gesitueerd bedrijfskavel. Welk GPP en welke geluidruimte – als afgeleide van het GPP – relevant is voor een bedrijfskavel is afhankelijk van de feitelijke situering van een bedrijfskavel op het industrieterrein, de afstand tussen het betrokken bedrijfskavel en het GPP en – last but not least – de ter plaatse van die bedrijfskavel toegelaten functies die, afhankelijk van de zwaarte van de toegelaten functie(s), in meer of mindere mate aanspraak (moeten) kunnen maken op een deel van het geluidbudget dat begrensd wordt door een GPP. Wat dit laatste betreft, wijs ik bijvoorbeeld op de niet-geluidrelevante bedrijven die weliswaar gesitueerd kunnen zijn op een industrieterrein, maar die niet of niet in relevante zin een geluidproductie hebben die relevant is voor het voldoen aan de geluidproductieplafonds.[49] Kortom: per GPP kan de poule van gegadigden die aanspraak willen of kunnen maken op een deel van het geluidplafond verschillen. Van belang is hierbij dat de toegelaten functies, in combinatie met (o.a.) de situeringskenmerken van een bedrijfskavel of bedrijfsactiviteit op een industrieterrein van belang *kunnen* zijn voor de vraag of en, zo ja, in welke mate aan een bepaald bedrijfskavel geluidruimte moet worden toegekend. Deze verschillen kunnen met zich meebrengen dat in specifieke gevallen (toch) geen sprake is van de verdeling van schaarse geluidruimte.[50] Het wordt – verdelingstechnisch gezien – pas interessant als er geen vanuit ruimtelijk of milieuhygiënisch oogpunt te rechtvaardigen verschillen zijn tussen de geluidruimte die aan verschillende (bedrijfs)kavels wordt toegekend.

3.5 Transparantie en mededinging

Ervan uitgaande dat een omgevingsplan dat betrekking heeft op een industrieterrein en dat – met het oog op het voldoen aan de voor dat industrieterrein vastgestelde GPP's – een geluidverdeling bevat, onder omstandigheden als besluit kan worden aangemerkt waarbij schaarse rechten worden toegedeeld, rijst vervolgens de vraag welke gevolgen dat heeft voor de voorbereiding van dat omgevingsplan. Meer

---

47 Let wel: een GPP wordt vastgesteld voor het industrieterrein als geheel, en dus niet voor een separaat bedrijfskavel. Dat laat echter onverlet dat de geluidruimte voor ieder bedrijfskavel afhankelijk van verschillende factoren (zoals bijvoorbeeld de grootte van het industrieterrein).
48 Afhankelijk van bijvoorbeeld de grootte van het industrieterrein.
49 Zie *Stb.* 2020, 557, p. 226.
50 Vgl. ABRvS 4 december 2019, ECLI:NL:RVS:2019:4101, r.o. 16.2. Zie ook het commentaar van Nijmeijer en Wolswinkel op die uitspraak in A.G.A. Nijmeijer & C.J. Wolswinkel, 'De ordening van schaarse ruimte', *NTB* 2021/310.

specifiek betreft dat de vraag welke eisen – uit oogpunt van transparantie en mededinging – gesteld moeten worden aan de voorgenomen geluidverdeling.

Op de voorbereiding van een omgevingsplan is uniforme openbare voorbereidingsprocedure van afdeling 3.4 Awb van toepassing. Dit brengt met zich mee dat een ontwerp-omgevingsplan ter inzage moet worden gelegd, waar vervolgens zienswijzen tegen ingediend kunnen worden. In dat verband kan natuurlijk gesteld worden dat met het ter inzage leggen van het ontwerp-omgevingsplan al voldoende invulling wordt gegeven aan de eisen inzake transparantie en het bieden van mededingingsruimte. Nijmeijer en Wolswinkel betogen dat een ontwerpbestemmingsplan dat een (ontwerp)keuze maakt om schaarse rechten op een bepaalde wijze te verdelen, alternatieve verdelingen op achterstand zet. Vanuit die invalshoek bepleiten zij dat het aanbeveling verdient om de transparantie die nodig is om gelijke kansen te creëren, zo ver mogelijk naar voren te halen door bijvoorbeeld een voorontwerpbestemmingsplan ter inzage te leggen en potentiële gegadigden op te roepen om hun belangstelling kenbaar te maken.[51] Daar valt wat voor te zeggen. Immers, de plicht tot transparantie brengt met zich mee dat ook de ontwerpkeuze voor een bepaalde geluidverdeling, zoals deze in het ontwerp-omgevingsplan landt, ook in volledige transparantie dient te worden verricht. Overigens, is daarmee niet gezegd dat die vroegtijdige transparantie altijd gestalte zou moeten krijgen door middel van een voorontwerp van een omgevingsplan. Die transparantie kan ook bewerkstelligd worden door actief en in openbaarheid de behoefte aan geluidruimte te inventariseren, mits op voorhand maar duidelijk is met welk doel (namelijk het verdelen van geluidruimte) die inventarisatie plaatsvindt.

In dit verband merk ik nog op dat de regering in de nota van toelichting bij het Besluit kwaliteit leefomgeving er expliciet op wijst dat de planwetgever een passende mate van openbaarheid zal moeten garanderen met betrekking tot de beschikbaarheid van de schaarse milieugebruiksruimte, de verdelingsprocedure, het aanvraagtijdvak voor diegenen die mee willen dingen en de toe te passen criteria bij de verdeling. Het is aan de planwetgever die overgaat tot het verdelen van gebruiksruimte om hierover 'tijdig en voorafgaand aan de procedure duidelijkheid te scheppen'.[52] De nota van toelichting lijkt erop te wijzen dat ook de regering van oordeel is dat vroegtijdig en dus voorafgaand aan de planprocedure – die aanvangt met de terinzagelegging van het ontwerpplan – al potentiële gegadigden op te roepen om hun belangstelling kenbaar te maken.

---

51 A.G.A. Nijmeijer & C.J. Wolswinkel, 'De ordening van schaarse ruimte', *NTB* 2021/310, par. 4.2.
52 *Stb.* 2018, 292, p. 257.

4 Conclusie

De vraag of een omgevingsplan met een geluidruimteverdeling voor een industrieterrein kwalificeert als besluit waarbij schaarse rechten worden toebedeeld dient – beoordeeld langs de criteria die A-G Widdershoven in zijn conclusie van 6 juni 2018 heeft geformuleerd – naar mijn oordeel bevestigend beantwoord te worden. De vraag is echter of de Afdeling de beoordelingscriteria van Widdershoven volledig overneemt. Jurisprudentie die hier duidelijkheid over biedt is er nog niet. Daarbij komt dat in de praktijk niet alle gegadigden in gelijke mate aanspraak kunnen maken op een deel van het geluidbudget dat begrensd wordt door een geluidproductieplafond. Er zullen in de praktijk objectieve redenen zijn om onderscheid te maken tussen de hoeveelheid geluidruimte die aan een bepaald bedrijfskavel toegekend wordt. Deze objectieve redenen kunnen zijn gelegen in het feit dat de ter plaatse van een geluidkavel toegelaten functies geen of slechts in beperkte mate behoefte hebben aan geluidruimte (zie par. 3.3). Dit soort factoren maken de discussie over de vraag of het omgevingsplan schaarse rechten toebedeelt niet eenvoudiger en zal de praktijk nog met de nodige hoofdbrekens opzadelen.

18 Naar meer elektronisch milieutoezicht (op afstand)

Ralph Frins[1]

1 Inleiding

> 'Een goed functionerend stelsel van vergunningverlening, toezicht en handhaving (VTH) is essentieel voor het voorkomen van schade aan het milieu. Schade die soms onherstelbaar is of alleen met veel moeite en tegen hoge kosten hersteld kan worden.'[2]

Dat zijn de treffende openingszinnen van het rapport *Om de leefomgeving* van de Adviescommissie Vergunningverlening, Toezicht en Handhaving in het milieudomein (beter bekend als de Commissie-Van Aartsen) dat in 2021 verscheen. In datzelfde rapport concludeert de Adviescommissie echter dat het VTH-stelsel niet goed functioneert.[3] Een vergelijkbare conclusie valt te lezen in het – eveneens in 2021 verschenen – rapport *Handhaven in het duister* van de Algemene Rekenkamer. In dit rapport concludeert de Rekenkamer op basis van een onderzoek onder 482 bedrijven waar met grote hoeveelheden gevaarlijke stoffen wordt gewerkt dat het stelsel van toezicht en handhaving om milieucriminaliteit en -overtredingen tegen te gaan onvoldoende functioneert.[4]

Deze conclusies vormen voor de gemiddelde milieujurist waarschijnlijk geen verrassing. Berichten over een gebrekkig toezicht op de naleving van milieuregels en een gebrekkige handhaving daarvan doen immers al vele jaren de ronde. In dit verband zij erop gewezen dat de Inspectie Leefomgeving en Transport (ILT) de schade door milieucriminaliteit en -overtredingen op enkele miljarden euro's per jaar becijferde.[5] Het belang van de naleving van milieuregels en effectief toezicht daarop kan dan ook nauwelijks worden overschat. In paragraaf 2 bespreek ik kort enkele conclusies van voornoemde rapporten en de daarin geformuleerde aanbevelingen. Wat ik

---

1 Mr. dr. R.H.W. Frins is universitair docent algemeen bestuursrecht en omgevingsrecht bij de Radboud Universiteit.
2 Adviescommissie Vergunningverlening, Toezicht en Handhaving, *Om de leefomgeving. Omgevingsdiensten als gangmaker voor het bestuur*, Amersfoort: Lysias Advies 2021, p. 5.
3 Adviescommissie Vergunningverlening, Toezicht en Handhaving, *Om de leefomgeving. Omgevingsdiensten als gangmaker voor het bestuur*, Amersfoort: Lysias Advies 2021, p. 5.
4 Algemene Rekenkamer, *Handhaven in het duister. De aanpak van milieucriminaliteit en -overtredingen, deel 2*, Den Haag: Algemene Rekenkamer 2021, p. 61.
5 Algemene Rekenkamer, *Handhaven in het duister. De aanpak van milieucriminaliteit en -overtredingen, deel 2*, Den Haag: Algemene Rekenkamer 2021, p. 8-9.

in beide rapporten echter mis, is een analyse van de mogelijkheden om het toezicht op de naleving van milieuregels efficiënter te maken door de inzet van elektronische monitoring. Daarin zou mijns inziens namelijk de sleutel tot succes kunnen zijn gelegen. Vandaar dat ik in paragraaf 3 twee succesvolle voorbeelden van elektronische monitoring bespreek. Ik sluit af met een epiloog (par. 4).

2 Toezicht en handhaving in de praktijk

2.1 Om de leefomgeving

De Staatssecretaris van Infrastructuur & Waterstaat heeft de Commissie-Van Aartsen ingesteld en haar gevraagd welke mogelijkheden zij ziet om milieuhandhaving, -toezicht en vergunningverlening te versterken met als doel het VTH-stelsel effectiever en slagvaardiger te maken. Gelet hierop heeft de commissie zich vooral gericht op de vraag hoe het functioneren van de omgevingsdiensten – ook in relatie tot het bevoegd gezag – versterkt kan worden en hoe het Rijk zijn regierol kan invullen. Naar aanleiding van haar onderzoek komt de commissie tot het oordeel dat het VTH-stelsel op een aantal punten tekortschiet. Een van deze punten is dat het huidige aantal omgevingsdiensten te hoog is en te weinig garanties geeft voor de vereiste robuustheid om milieuhandhaving op een goed niveau uit te voeren. In dit verband merkt de commissie op dat zij veel onderbouwde voorbeelden heeft gezien waarbij deskundigheid tekortschiet, evenals de capaciteit om te handhaven. Een van de aanbevelingen van de commissie is dan ook om een ondergrens vast te stellen voor de omvang van omgevingsdiensten (kwalitatieve en kwantitatieve capaciteit) op basis van het aantal inrichtingen met milieubelastende activiteiten (per categorie).[6]

Dit is mijns inziens een terechte aanbeveling. Zoals ik in paragraaf 1 reeds opmerkte mis ik echter een analyse van de mogelijkheden die het gebruik maken van elektronische monitoring biedt. Elektronische monitoring zou er in mijn ogen juist voor kunnen zorgen dat de robuustere omgevingsdiensten hun taken met betrekking tot toezicht en handhaving nóg effectiever kunnen uitvoeren. Ik kom daar in paragraaf 4 op terug.

2.2 Handhaven in het duister

Het rapport *Handhaven in het duister* van de Algemene Rekenkamer borduurt voort op het rapport *Om de leefomgeving*. De Rekenkamer wijst er onder meer op dat milieu-inspecties onvoldoende risicogericht zijn. Zo heeft zij geconstateerd dat er bedrijven zijn met een hoog overtredingsrisico die weinig worden geïnspecteerd en dat bedrijven na een milieuovertreding over het algemeen niet vaker worden geïnspecteerd. Verder merkt de Rekenkamer op dat uit haar onderzoek blijkt dat

---

6 Adviescommissie Vergunningverlening, Toezicht en Handhaving, *Om de leefomgeving. Omgevingsdiensten als gangmaker voor het bestuur*, Amersfoort: Lysias Advies 2021, p. 24, 41 en 44-45.

er een duidelijke relatie is tussen het aantal milieu-inspecties en het aantal milieuovertredingen. Het is daarom aannemelijk dat er meer overtredingen zouden worden geconstateerd als er meer, of meer risicogericht, geïnspecteerd zou worden. Dit gaat volgens de Rekenkamer vooral op voor bedrijven waar relatief vaak overtredingen worden vastgesteld maar weinig wordt geïnspecteerd.[7] In aanvulling hierop merk ik op dat het aannemelijk is dat elektronische monitoring ervoor zou kunnen zorgen dat het aantal milieuovertredingen afneemt. Zeker als het betreffende bedrijf *real-time* wordt gevolgd door de betreffende toezichthouder (zie par. 3). Ook hier kom ik in paragraaf 4 op terug.

3 Ervaringen met elektronische monitoring

De gedachte dat elektronische monitoring de sleutel tot succes is, is ontstaan naar aanleiding van een korte analyse van twee elektronische monitoringsmethoden die in de praktijk reeds worden toegepast, te weten: de elektronische monitoring van luchtwassers en de zogenoemde elektronische neuzen. Op die twee methoden ga ik hierna nader in.

3.1 Elektronische monitoring van luchtwassers

In het verleden verschenen met enige regelmaat berichten in de media dat veehouders niet professioneel omgaan met hun luchtwassers en de milieuregels aan hun laars lappen.[8] In dit verband wijs ik op een rapport van het Rijksinstituut voor Volksgezondheid en Milieu (RIVM) uit 2012, waarin wordt verwezen naar een nalevingsonderzoek dat Handhavingssamenwerking Noord-Brabant in 2009 heeft uitgevoerd. Uit dat nalevingsonderzoek bleek dat 25 van de 63 geïnspecteerde luchtwassers (dat is 40%) niet aanwezig waren of uit stonden.[9] Naar aanleiding van de bij dit soort praktijkcontroles geconstateerde knelpunten zijn Wageningen UR Livestock Research en SRE Milieudienst gevraagd een studie te verrichten naar elektronische monitoringssystemen voor luchtwassers.[10] Op basis van dit onderzoek is bepaald welke parameters – gericht op een goede werking van het luchtwassysteem – moeten worden gemonitord. Deze parameters zijn per 1 januari 2013 opgenomen in artikel 3.99 lid 1 Activiteitenregeling milieubeheer.[11] Dit artikel geeft uitvoering aan artikel 3.125 lid 5

---

7 Algemene Rekenkamer, *Handhaven in het duister. De aanpak van milieucriminaliteit en -overtredingen, deel 2*, Den Haag: Algemene Rekenkamer 2021, p. 53 en 59.
8 F. Stouthart & R. Melse, *Implementatieproject Elektronisch Monitoren van luchtwassers. Rapportage*, Eindhoven: SRE Milieudienst 2013, p. 1.
9 J. Vonk e.a., *Naleeftekorten bij luchtwassers in de intensieve veehouderij. Effect op emissie(-reductie) van ammoniak*, Bilthoven: Rijksinstituut voor Volksgezondheid en Milieu 2012, p. 12.
10 R.W. Melse & J.C.T.J. Franssen, *Elektronische monitoring van luchtwassers op veehouderijbedrijven*, Lelystad: Wageningen UR Livestock Research, 2010, p. 1.
11 *Stb.* 2012, 441, p. 183. Het gaat mij in deze bijdrage om het functioneren van luchtwassystemen als zodanig. De discussie met betrekking tot de effectiviteit van dergelijke systemen laat ik vanwege de beperkt beschikbare ruimte buiten beschouwing.

Activiteitenbesluit milieubeheer. Artikel 3.125 Activiteitenbesluit milieubeheer is eveneens op 1 januari 2013 in werking getreden. Het vierde lid hiervan bepaalt dat een luchtwassysteem moet zijn voorzien van een elektronisch monitoringssysteem, waarmee de parameters die van belang zijn voor een goede werking van het luchtwassysteem worden geregistreerd. In aansluiting hierop bepaalt het vijfde lid dat bij ministeriële regeling regels worden gesteld over het elektronisch monitoringssysteem en wordt bepaald welke parameters in ieder geval worden geregistreerd.

Ik wijs erop dat het elektronisch monitoren van de werking van luchtwassystemen zowel voordelen biedt voor de toezichthouder, als voor de veehouder én de leverancier van het luchtwassysteem. Het voordeel voor de toezichthouder is dat deze aan de hand van de geregistreerde gegevens voor een door hem te kiezen periode het functioneren van het luchtwassysteem per uur kan uitlezen en beoordelen. In dit verband zij erop gewezen dat het bij bepaalde monitoringssystemen zelfs mogelijk is het functioneren hiervan op afstand uit te lezen. De voordelen voor de veehouder bestaan eruit dat door een elektronisch monitoringssysteem technische problemen (bijv. verstoppingen of defecte sensoren) tijdig kunnen worden opgemerkt en worden verholpen, waardoor onderhoudskosten zo veel mogelijk kunnen worden beperkt. Het voordeel voor de leverancier is dat deze concreet inzicht verkrijgt in het functioneren van het luchtwassysteem in de praktijk, kennis die mogelijk van pas komt bij het verder ontwikkelen van het luchtwassysteem.[12]

3.2 Elektronische neuzen

Een ander elektronisch monitoringsinstrument waar in de praktijk steeds meer gebruik van wordt gemaakt om geur en gassen op te sporen, is de zogenoemde elektronische neus (*eNose*). De *eNose* is een compact meetinstrument met vier sensoren, dat veranderingen in de luchtsamenstelling signaleert. Dat wil zeggen dat de *eNose* het signaleert als er een overmatige hoeveelheid van een bepaalde stof in de lucht is. *eNoses* kunnen op afstand worden gemonitord via een digitaal beeldscherm waarop zij als bolletjes worden weergegeven. Bij een gebruikelijke luchtsamenstelling is de *eNose* groen van kleur. Bij een verandering in de luchtsamenstelling verandert de kleur in geel of oranje. Bij een sterke verandering zal de *eNose* rood kleuren. In dat geval verschijnt op het beeldscherm van de toezichthouder een pop-up en is een signaal hoorbaar. Het is dan aan de toezichthouder in kwestie om – eventueel met behulp van ontvangen meldingen van burgers en bedrijven – te achterhalen wat de bron van de verhoogde emissie is, zodat naar een oplossing kan worden gezocht.[13]

---

12 Technisch informatiedocument 'Luchtwassystemen voor de veehouderij' (versie november 2017), p. 8, 41-43, 71-73 en 87-89. Raadpleegbaar via: www.infomil.nl/onderwerpen/landbouw/emissiearme-stalsystemen/technische/.

13 www.portofamsterdam.com/nl/ontdek/amsterdam-en-de-haven/leefbaarheid/elektronische-neuzen-om-geuroverlast-te-bestrijden en https://odnzkg.nl/dossiers-en-projecten/themadossiers/netwerk-enoses/.

Een korte zoektocht op het internet leert dat inmiddels op verschillende locaties *eNoses* zijn geïnstalleerd. Zo zijn er *eNoses* te vinden in het Amsterdamse havengebied en langs het Noordzee- en het Amsterdam-Rijnkanaal,[14] in de haven van Rotterdam[15] en rond het haven- en industrieterrein Moerdijk.[16]

Bron: Jaarverslag eNose-netwerk Noordzeekanaalgebied en Amsterdam-Rijnkanaal 2020[17]

4 Epiloog

In de in paragraaf 2 besproken rapporten worden milieucriminaliteit en -overtredingen treffend gekenmerkt als 'haalcriminaliteit': criminaliteit die vooral aan het licht komt door ernaar te zoeken. Het milieu doet immers geen aangifte.[18] In paragraaf 2.1 wees ik erop dat de handhavingscapaciteit van de omgevingsdiensten volgens de Commissie-Van Aartsen te beperkt is. Zoals de Algemene Rekenkamer echter terecht opmerkt, kan de aanpak van milieucriminaliteit en -overtredingen een

---

14 https://odnzkg.nl/dossiers-en-projecten/themadossiers/netwerk-enoses/.
15 www.portofrotterdam.com/nl/bouwen-aan-de-haven/veilige-haven/e-noses.
16 www.omwb.nl/nieuws/enose-netwerk-rond-haven-en-industrieterrein-moerdijk-voort gezet.
17 M. Battem, M. van der Meij & J. Thomas, *Jaarverslag eNose-netwerk Noordzeekanaalgebied en Amsterdam-Rijnkanaal 2020*, Zaandam: Omgevingsdienst Noordzeekanaalgebied 2021, p. 14.
18 Algemene Rekenkamer, *Handhaven in het duister. De aanpak van milieucriminaliteit en -overtredingen, deel 2*, Den Haag: Algemene Rekenkamer 2021, p. 30 en Adviescommissie Vergunningverlening, Toezicht en Handhaving, *Om de leefomgeving. Omgevingsdiensten als gangmaker voor het bestuur*, Amersfoort: Lysias Advies 2021, p. 16.

belangrijke rol spelen bij het behalen van milieu- en klimaatdoelen. Daarvoor is een betere uitvoering van toezicht en handhaving nodig, met oog voor effectiviteit, aldus de Algemene Rekenkamer.[19]

Zoals hiervoor meermaals opgemerkt ben ik van mening dat elektronische monitoring de sleutel tot succes is. Zeker als sprake is van *real-time* monitoring. De betreffende toezichthouders kunnen dan immers op afstand min of meer gelijktijdig verschillende bedrijven monitoren en indien nodig op korte termijn een onderzoek respectievelijk een handhavingstraject opstarten. Aannemelijk is dat dit in de eerste plaats tot een betere naleving van de milieuregels en daarmee een betere milieukwaliteit leidt (zie ook par. 2.2). Evenzo aannemelijk is dat dit tot een aanzienlijke kostenbesparing leidt. Zowel voor de toezichthoudende instantie (bijv. omdat het personeel een groter deel van het werk vanaf kantoor kan doen en zich primair kan richten op 'probleemgevallen', waardoor de beschikbare capaciteit efficiënter wordt benut), als voor het bedrijf in kwestie (bijv. omdat storingen met betrekking tot de betreffende milieutechniek eerder kunnen worden geconstateerd en dus ook eerder kunnen worden verholpen (zie ook par. 3.1)). Daarbij komt dat milieuschade ook kosten met zich meebrengt (zie par. 1), zodat ook wat dat betreft kosten kunnen worden bespaard.

Mijn korte zoektocht op het internet heeft helaas weinig andere concrete voorbeelden van reeds plaatsvindende elektronische monitoring opgeleverd. Ik acht het echter zeer waarschijnlijk dat ook voor andere milieudossiers dan hiervoor besproken elektronische monitoringssystemen nuttig kunnen zijn.[20] Zo wordt in andere Europese landen bijvoorbeeld gebruik gemaakt van elektronische monitoringssystemen voor het toezicht op de water- en bodemkwaliteit.[21] Gelet hierop wil ik een lans breken voor het verder onderzoeken van het nut en de noodzaak van elektronische monitoring van milieuregels.

---

19 Algemene Rekenkamer, *Handhaven in het duister. De aanpak van milieucriminaliteit en -overtredingen, deel 2*, Den Haag: Algemene Rekenkamer 2021, p. 65.
20 In dit verband wijs ik erop dat in een rapport van Berenschot wordt opgemerkt dat digitalisering grote impact heeft op de uitvoering van VTH-taken, waarbij het toepassen van digitale instrumenten bij toezicht en handhaving en het verbeteren van monitoring en rapportage met behulp van sensoring en data-analyse als voorbeelden worden genoemd. Verder wordt opgemerkt dat het onvermijdelijk is dat nieuwe taken op het gebied van VTH bij de omgevingsdiensten worden belegd, die wellicht langs andere lijnen dan gebruikelijk (denk aan digitalisering) uitgevoerd gaan worden. Zie: M. Tragter, A. van der Werff & A. Oostdijk, *Kwaliteitsborging bij de uitvoering van VTH-taken. Evaluatie van het instrumentarium*, Berenschot 2019, p. 22-23.
21 Zie: https://de.digi.com/blog/post/what-is-environmental-monitoring; www.additive-net.de/de/messtechnik-sensorik/anwendungen/umweltueberwachung en https://news.cision.com/talkpool-ag/r/western-sweden-takes-the-lead-in-the-development-of-digital-environmental-monitoring-using-talkpool-,c2305729.

19 Raakpunten zonder verbinding. Observaties over de verhouding tussen bestuurs- en strafrecht

Rob de Rijck[1]

1 Inleiding

In het ordeningsrecht, dus ook in het milieurecht, zijn de raakpunten van bestuursrecht en strafrecht velerlei. Deze bijdrage aan de lustrumbundel bij het 40-jarig bestaan van de Vereniging voor Milieurecht is de uiting van de verbazing van een strafrechtbeoefenaar over het hapsnap-karakter van die raakpunten en over het ontbreken van een omvattende visie over de onderlinge verhouding van die twee systemen in de handhaving.

De vraag naar die verhouding is overigens welbeschouwd niet de eerste vraag die moet worden gesteld. Dat is de vraag wat de samenleving überhaupt met handhaving wil. Hier is namelijk een aanzienlijke kloof tussen woord en daad zichtbaar. In elk geval in het milieurecht wordt aan de ene kant vaak iets geponeerd als: 'Adequate handhaving van wet- en regelgeving is van essentiële betekenis voor het realiseren van de met die wet- en regelgeving beoogde doelstellingen van overheidsbeleid.'[2] Aan de andere kant klinkt bijvoorbeeld de bekende Commissie-Van Aartsen: 'Met toenemende verbazing en verontrusting heeft de adviescommissie VTH zich gebogen over de prestaties van het VTH-stelsel.'[3]

De vraag naar handhaving als zodanig is fundamenteler en ook anders van aard dan die naar de verhouding tussen bestuurs- en strafrecht binnen de handhaving, maar ik beperk mij tot de laatste. Die beschouw ik in een bijdrage met weliswaar een serie voetnoten, maar zonder de pretentie dat ik een wetenschappelijke studie aanbied. Wat volgt, is niet meer dan een impressie op grond van langjarige werkzaamheid als officier van justitie op het milieuterrein.

Ik geef ten eerste een opsomming van punten waarop bestuurs- en strafrecht elkaar tegenkomen. Alleen al de lengte van die waarschijnlijk nog onvolledige lijst en de diversiteit van die punten tonen naar mijn mening aan dat de totstandkoming van een overkoepelende visie is geboden. In het tweede deel van deze bijdrage doe ik enkele suggesties voor elementen van zo'n visie.

---

[1] Mr. R.M.J. de Rijck is werkzaam als landelijk coördinerend milieuofficier bij het Functioneel Parket.
[2] MvT bij de Wet gewasbeschermingsmiddelen en biociden, *Kamerstukken II* 2005/06, 30474, nr. 3, p. 34.
[3] Adviescommissie Vergunningverlening, Toezicht en Handhaving, *Om de leefomgeving. Omgevingsdiensten als gangmaker voor het bestuur*, 4 maart 2021, p. 50.

2 Raakpunten van bestuurs- en strafrecht

1. Het eerste raakpunt van bestuurs- en strafrecht is natuurlijk dat de strafbaarstellingen van overtreding van ordeningsrecht niet zijn neergelegd in strafrechtelijke, maar volgen uit ordenende regelgeving.[4] De artikelen 173a en 173b Sr over het in de lucht, het water of de bodem brengen van stoffen zijn daarop geen uitzondering, omdat 'wederrechtelijk' in die bepalingen 'doorgaans' betekent 'zonder of in een strijd met een vergunning'.[5]

2. Dat het bestuurlijk bevoegd gezag en de strafrechtelijke instituties zijn belast met handhaving van dezelfde ordeningswetgeving, dwingt tot afstemming. Soms is die afstemming een wettelijke opdracht.[6] Ten behoeve daarvan worden afspraken vastgelegd in algemene documenten zoals de Landelijke Handhavingsstrategie,[7] of meer specifieke zoals die op het gebied van gewasbeschermingsmiddelen. Dat dergelijke documenten altijd goed zijn opgezet, is niet vanzelfsprekend.[8] Voor het strafrecht geven ze bovendien wel aan wanneer inzet daarvan is geboden, maar niet welke opdracht het dan precies heeft.

3. Strafrecht en bestuursrecht gebruiken dezelfde materiële begrippen. Daardoor stelt zowel de bestuursrechter als de strafrechter aan het Hof van Justitie van de Europese Unie prejudiciële vragen over bijvoorbeeld afval.[9] In strafzaken wordt een beroep gedaan op begripsinterpretaties door het bevoegd gezag,[10] dat overigens niet eens het Nederlandse bevoegd gezag hoeft te zijn.[11] In een EVOA-strafzaak over het afvalkarakter van anodeslib krijgen de strafrechtelijke uitspraken maar liefst vier bestuurs- of milieurechtelijke annotaties.[12]

---

4 De eigenlijke strafbaarstelling gebeurt – behoudens enkele uitzonderingen – in de WED.
5 De Lange in *T&C Strafrecht*, dertiende druk, art. 173a, aantekening 10a. Zie ook art. 173b, aantekening 10. Ik laat terzijde dat deze bepalingen strikt genomen niet het milieu beschermen, maar menselijk leven en gezondheid.
6 Zie bijvoorbeeld art. 5.7 lid 1 onder b Wabo.
7 Onder meer te vinden op www.infomil.nl.
8 Bijvoorbeeld R.M.J. de Rijck & F.M. van den Bogart, 'Het strafrecht en illegale gewasbeschermingsmiddelen in 2020', *Boom Strafblad* 2020, nr. 3, p. 167-168.
9 Respectievelijk bijvoorbeeld HvJ EG 25 juni 1998, C-192/96 (Beside en Besselsen), ECLI:EU:C:1998:315 en de gevoegde zaken HvJ EU 12 december 2013, C-241/12 (Shell Nederland Verkoopmaatschappij BV) en C-242/12 (Belgian Shell NV), ECLI:EU:C:2013:821.
10 Rb. Rotterdam 11 december 2019, ECLI:NL:RBROT:2019:10626.
11 Rb. Rotterdam 6 juli 2009, ECLI:NL:RBROT:2009:BJ2696.
12 Van Ham annoteerde Hof Den Bosch 19 oktober 2010, ECLI:NL:GHSHE:2010:BO1026 in *M en R* 2011/19 en Tieman, Van der Meulen en Van der Meijden HR 17 april 2012, ECLI:NL:HR:2012:BU3988 in respectievelijk *AB* 2012/204, *JM* 2012/76 en *JAF* 2012/57.

4. Strafzaken betekenen ook een stresstest voor de ordeningswetgeving. Regelmatig worden daarom bevindingen uit strafzaken over die wetgeving aan het bevoegd gezag of een vakdepartement aangeboden.

5. De handhaving door of namens het bevoegd gezag komt in strafzaken vaak aan de orde. De verdediging kan een beroep doen op het primaat van de bestuurlijke handhaving,[13] op het handhavingsbeleid van het bevoegd gezag,[14] op een toezegging van de inspectie dat de kwestie is afgedaan,[15] op een waarschuwing door een toezichthouder als grond voor toepassing van *ne bis in idem*[16] of juist op het achterwege blijven van optreden van de toezichthouders.[17] Het kan ook zijn dat de strafrechter een straf matigt omdat de bestuurlijke overheid in haar handhavingsplicht ernstig is tekortgeschoten.[18]

6. Als werkgever van buitengewoon opsporingsambtenaren (boa's) bepaalt het bevoegd gezag mede de omvang van het opsporingsapparaat. Op dit moment vallen een kleine 3.000 boa's onder het overigens zeer gefragmenteerde Domein II, Milieu, welzijn en infrastructuur.[19]

7. In de uitoefening van het gezag over de opsporing door de bijzondere opsporingsdiensten hebben het Openbaar Ministerie en de vakdepartementen beide een rol. Voor het onderwerp milieu zijn van belang de opsporingsdiensten van de ILT en van de NVWA in hun relatie tot de departementen IenW en LNV. De departementen 'werk[en vooral] vanuit het perspectief op welke wijze de opsporing dienstbaar kan zijn aan de beleidsmatige doelen die dominant zijn voor het departement'. Het Openbaar Ministerie is verantwoordelijk voor de strafrechtelijke handhaving.[20] Dit vereist afstemming, die moet worden neergelegd in handhavingsarrangementen.[21]

8. Sommige 'lichamen of personen, met een publieke taak belast' kunnen het strafrechtelijk instrument van de strafbeschikking toepassen.[22] Voorbeelden zijn de directeuren van omgevingsdiensten, de dagelijkse besturen van de waterschappen, de inspecteur-generaal van de ILT en die van de NVWA.[23]

---

13 Hof Den Haag 22 maart 2019, ECLI:NL:GHDHA:2019:635.
14 Rb. Rotterdam 4 december 2012, ECLI:NL:RBROT:2012:BY4960.
15 Rb. Rotterdam 10 mei 2010, ECLI:NL:RBROT:2010:BM4602.
16 HR 31 oktober 2017, ECLI:NL:HR:2017:2796. Bijzonderheid was dat het hier ging om de waarschuwing door de Schotse toezichthouder.
17 Hof Arnhem-Leeuwarden 24 maart 2021, ECLI:NL:GHARL:2021:2969.
18 Rb. Gelderland 17 september 2015, ECLI:NL:RBGEL:2015:6411 en 6412.
19 Bijlage bij de Regeling domeinlijsten buitengewoon opsporingsambtenaar.
20 Een en ander in de MvT bij de Wet op de bijzondere opsporingsdiensten, *Kamerstukken II* 2004/05, 30182, nr. 3, p. 9.
21 Art. 11 lid 1 Wet op de bijzondere opsporingsdiensten.
22 Art. 257ba lid 1 Sv.
23 Art. 4.2 Besluit OM-afdoening.

9. Opsporing en vervolging zijn kennisafhankelijk van de toezichthouder. Met 'kennis' bedoel ik knowhow over de bijzondere wetgeving, branches, bedrijven, veiligheidsaspecten etc. Een goed voorbeeld toont de leerzaamste casus van de afgelopen tien jaar, de fipronil-affaire van 2017. De strafrechtelijke autoriteiten wisten niet wat het gevaar was van het gebruik van fipronil in kippenstallen. Daartoe wendden zij zich tot de toezichthouder.[24]

10. De vraag naar uitwisseling van informatie tussen beide handhavingssystemen blijkt in de praktijk hardnekkig ingewikkeld. Doorgaans wordt deze niet vanuit de belangen van milieu en volksgezondheid benaderd, maar vanuit de privacyregelgeving. Dat leidt vaak tot krampachtigheid.

11. Een specifieke vorm van informatieverstrekking door het strafrecht aan het bevoegd gezag ligt in de Wet Bibob. De officier van justitie die beschikt over gegevens die erop duiden dat een betrokkene in relatie staat tot reeds gepleegde of redelijkerwijs te verwachten strafbare feiten, kan een bestuursorgaan wijzen op de mogelijkheid om een Bibob-onderzoek te doen en eventueel het Bureau Bibob om een advies te vragen.[25]

12. In de ordeningswetgeving wordt in toenemende mate de bestuurlijke boete geïntroduceerd. Daardoor kan in zogeheten duale sanctiestelsels voor een overtreding zowel een bestuurlijke boete worden opgelegd als strafrechtelijke vervolging plaatsvinden. Een eenduidig standpunt van de wetgever over de verhouding daartussen is lastig te ontdekken. De ene keer moet de nadruk op bestuurlijke boetes liggen met het strafrecht als vangnet.[26] De andere keer gaat het om 'indicaties pro of contra' de keuze voor een rechtsstelsel.[27] Een derde variant is: 'Wanneer er sprake is van een ernstig delict is het gepast om de vervolging en berechting op basis van het strafrecht te doen plaatsvinden.' Een delict is al ernstig bij moedwillige overtreding.[28] Weer een ander argument is dat het sanctie-instrumentarium van verschillende toezichthouders zo veel mogelijk moet worden gelijkgetrokken. Omdat de (inmiddels) Nederlandse Arbeidsinspectie voor 'Seveso-feiten' een boetebevoegdheid heeft, krijgt het bevoegd gezag voor de Omgevingswet die ook.[29]

13. De kabinetsreactie van 2018 op het bekende ongevraagde advies van de Raad van State van 2015 inzake sanctiestelsels bevat het beleidsvoornemen dat het OM en bestuursorganen in duale stelsels hun requireer- respectievelijk boetebeleid op elkaar

---

24 W. Sorgdrager, *Onderzoek fipronil in eieren*, juni 2018, p. 48-50.
25 Art. 26 Wet Bibob. Een belangrijk, recent voorbeeld van toepassing van de Wet Bibob is ABRvS 16 februari 2022, ECLI:NL:RVS:2022:511.
26 MvT bij de Wet gewasbeschermingsmiddelen en biociden, *Kamerstukken II* 2005/06, 30474, nr. 3, p. 34.
27 MvT bij de Wet dieren, *Kamerstukken II* 2007/08, 31389, nr. 3, p. 71.
28 MvT bij de Wet dieren, *Kamerstukken II* 2007/08, 31389, nr. 3, p. 74.
29 MvT bij de Invoeringswet Omgevingswet, *Kamerstukken II* 2017/18, 34986, nr. 3, p. 292-293.

zullen afstemmen.[30] Voor het ordeningsrecht als geheel is dat buitengewoon ambitieus en misschien is het daardoor dat ik hier niet meer van hoorde.

14. Sommige op grond van de Wet op de economische delicten (WED) mogelijke sancties zijn niet uitvoerbaar zonder samenwerking met het bevoegd gezag. Dat geldt in elk geval voor de stillegging van een onderneming en de herstelverplichting.[31]

15. Van tijd tot tijd moet de Hoge Raad een grensgeschil tussen bestuurs- en strafrecht oplossen. Hoe onderscheidt de bevoegdheid van artikel 23 WED om vervoermiddelen te onderzoeken zich van regulier toezicht?[32] Is de zogeheten randvoorwaardenkorting op GLB-inkomenssteun een straf of de schorsing van een visvergunning een 'criminal charge'?[33]

16. Nu en dan schuurt de verhouding tussen het bestuurlijk en het strafrechtelijk gezag bijzonder. Ongemakkelijk is het als een bestuurlijke rechtspersoon wordt vervolgd.[34] Pijnlijk is het voorbeeld dat een wethouder een boa instrueerde om af te zien van het opmaken van een proces-verbaal.[35]

17. De strafwetgeving kent twee ongebruikte bepalingen over de verhouding tussen bestuurs- en strafrecht. Dat zijn artikel 58 WED, dat bepaalt dat 'lichamen met een publieke taak belast' contactambtenaren kunnen benoemen die het contact met het Openbaar Ministerie onderhouden en artikel 162 lid 1 onder c Sv, dat openbare colleges en ambtenaren oplegt om aangifte te doen als zij kennis krijgen van een misdrijf waardoor inbreuk op of onrechtmatig gebruik wordt gemaakt van een regeling waarvan de uitvoering of de zorg voor de naleving aan hen is opgedragen. Hoe het staat met het bestuursrechtelijke artikel 5:44 Awb kan ik niet goed beoordelen.

---

30 Brief van de Ministers van Justitie en Veiligheid en voor Rechtsbescherming van 14 mei 2018, *Kamerstukken II* 2017/18, 34775 VI, nr. 102, p. 2. Het kabinetsstandpunt is neergelegd in de bijlage bij het Nader rapport van 26 april 2018, dat met deze brief aan de Tweede Kamer is aangeboden. Het advies is dat van de Afdeling advisering van de Raad van State aan de Minister van Veiligheid en Justitie inzake sanctiestelsels van 13 juli 2015, *Stcrt.* 2015, 30280 van 14 september 2015.
31 Art. 7 onder c en art. 8 onder c WED.
32 HR 25 juni 2013, ECLI:NL:HR:2013:3, *NJ* 2014/10 m.nt. Reijntjes.
33 Respectievelijk HR 14 februari 2017, ECLI:NL:HR:2017:241 en HR 12 juni 2018, ECLI:NL:HR:2018:901.
34 Zeer recent Hof Arnhem-Leeuwarden 29 maart 2022, ECLI:NL:GHARL:2022:2331. Een waterschap werd verweten dat het opzettelijk zou hebben gepoogd een bever te doden of te vangen, door in gebieden waarin bevers leven onbeschermde klemmen te plaatsen om muskusratten te vangen.
35 Mij ambtshalve bekend.

3 Op zoek naar samenhang

De voorgaande opsomming is, nogmaals, geen wetenschappelijke analyse. Zij laat echter mijns inziens voldoende zien dat er tussen het bestuursrecht en het strafrecht talrijke materieelrechtelijke, institutionele, capaciteits-, afstemmings-, beleidsmatige en informatielijnen bestaan zonder een uitgewerkt, overkoepelend beeld van de gewenste verhouding tussen de twee systemen. Aan een dergelijk beeld bestaat dus nood, zoals Vlaamse collega's dat pregnant zeggen, maar de wetgever heeft dat nooit geformuleerd. In de wording van de WED in de periode 1947-1950 ging het over de verhouding tussen tucht- en strafrecht.[36] Misschien had men later, bij de wijziging van de WED in 1994[37] of de totstandkoming van de Wet op de bijzondere opsporingsdiensten in 2006,[38] een beschouwing hierover verwacht, maar die is niet gevolgd.

Voor een dergelijke algemene visie lijkt mij het volgende van belang.

1. De uitwerking van de verhouding tussen bestuurs- en strafrecht zou kunnen beginnen bij de trias *doeltreffend, evenredig en afschrikkend*. Die instructie geeft het Europese recht immers voor alle sanctionering door de lidstaten, zowel bestuurlijke als strafrechtelijke,[39] van Europese regels. Het is een rijke norm, die alleen al op grond van het belang van coherentie ook kan worden toegepast op regelgeving van nationale origine. Zij geeft richting binnen het hele scala van mogelijke sancties, van de bestuurlijke waarschuwing tot intrekking van een vergunning en gevangenisstraf voor de schuldige manager.

2. Bestuurlijke handhaving – ook de punitieve – lijkt mij aan de orde als het perspectief van sanctionering vooral in de doeltreffendheid moet liggen. Strafrechtelijke sanctionering komt in beeld als het in de eerste plaats gaat om afschrikking en om uitdrukking van maatschappelijke afkeuring.[40] Voor beide stelsels geldt dan de belangrijkste eis van het recht, die van evenredigheid.

3. Deze benadering lijkt goed te accorderen met die van een 'totaalpakket aan sancties' dat evenredig moet zijn.[41]

---

36 De verhouding tussen tucht- en strafrecht bevat waarschijnlijk interessante parallellen met die tussen bestuurs- en strafrecht.
37 Wet van 4 februari 1994 houdende wijziging van de Wet economische delicten en andere wetten met het oog op de verhoging van de straffen gesteld op ernstige milieudelicten, de strafbaarstelling van een aantal feiten als economische delicten en de aanpassing van de indeling van de economische delicten, *Stb.* 1994, 135.
38 Wet van 29 mei 2006, *Stb.* 2006, 285.
39 Of eventueel civielrechtelijke.
40 Dit laatste in overweging 3 van Richtlijn 2008/99.
41 J.H. Crijns & M.L. van Emmerik, 'Samenloop tussen strafrecht en punitief bestuursrecht. Zoeken naar evenredige bestraffing' in *NJB* 2018, aflevering 16, p. 1101.

4. Mogelijk is de betekenis van het strafrecht in een veld met individuele slachtoffers (arbeidsongevallen) een andere dan in een veld zonder (EVOA). Zaken met individueel slachtofferschap zijn immers een klassieke strafrechtelijke opdracht.

5. Straf- en bestuursrecht kennen elk hun eigen mogelijk- en onmogelijkheden. Ook hier biedt de fipronil-affaire een mooi voorbeeld. Het strafrecht kon bij een doorzoeking uitstekend de (digitale) administratie van het bedrijf Chickfriend in beslag nemen en daardoor achterhalen waar het fipronil had toegepast.[42] Dat kon het toezicht niet, maar anderzijds liggen het blokkeren van een groot aantal bedrijven en het doen uitgaan van een publiekswaarschuwing[43] natuurlijk ver buiten het strafrechtelijke bereik.

6. Zoals hierboven aangegeven, heeft het bestuurlijk bevoegd gezag op een aantal plaatsen in het systeem een formele rol ten aanzien van de strafrechtelijke handhaving. Die moet beter worden doordacht.

7. Voor de informatieverstrekking van het strafrecht aan het bevoegd gezag geldt dat beteugeling van een concreet gevaar voor milieu of volksgezondheid altijd belangrijker is dan een individuele strafzaak. Ook hier weer de fipronil-casus: Sorgdrager schrijft dat het bij toepassing van het strafrecht kan voorkomen dat omwille van de strafzaak niet wordt ingegrepen in situaties waarin overtredingen zijn geconstateerd. 'In het verband met voedselveiligheid en voedselvertrouwen kan dat zeer ongewenst zijn.'[44] Inderdaad. Het is een kwestie van gezond verstand dat indien in een strafzaak naar voren komt dat mogelijk gevaar dreigt, het bevoegd gezag daarover wordt geïnformeerd.[45]

8. Een belangrijk organisatorisch vraagstuk is dat het aantal bestuursorganen op milieugebied zeer groot is, maar alle strafzaken bij dezelfde vervolgende instantie terechtkomen.

9. Aandacht verdient dat wel wordt betoogd dat de waarde van het strafrecht ook ligt in zijn onafhankelijkheid van het bestuurlijk bevoegd gezag. De Europese Commissie meent dat het strafrechtelijk onderzoek een extra waarborg voor onpartijdigheid biedt, omdat een dergelijk onderzoek berust bij andere instanties dan de administratieve instanties die de exploitatievergunning of eventuele toestemming tot verontreiniging hebben verleend.[46] Elders wordt gepleit voor een meer autonome,

---

42 W. Sorgdrager, *Onderzoek fipronil in eieren*, juni 2018, p. 77.
43 W. Sorgdrager, *Onderzoek fipronil in eieren*, juni 2018, p. 62-66 en 69-72.
44 W. Sorgdrager, *Onderzoek fipronil in eieren*, juni 2018, p. 127.
45 Ik bedacht wel eens dat je een bepaling met die strekking in de WED zou kunnen opnemen: R.M.J. de Rijck, 'Enkele opmerkingen over het kabinetsstandpunt bestuurs- en strafrecht, ook in het licht van het Sorgdrager-rapport', *JBPlus* 2018/4, p. 30.
46 Voorstel voor een richtlijn van het Europees Parlement en de Raad inzake de bescherming van het milieu door middel van het strafrecht, COM(2007) 51, p. 2. Dit argument voor het strafrecht is neergelegd in overweging 5 van het voorstel, maar komt niet in de uiteindelijke richtlijn terecht.

minder bestuursafhankelijke invulling van het begrip 'wederrechtelijk' in artikel 173a en 173b Sr.[47] Die onafhankelijkheid lijkt een waardevolle gedachte, maar dan zal er een oplossing moeten worden gevonden voor de hierboven gesignaleerde kennisafhankelijkheid van het strafrecht.

4 Afronding

In antwoord op de vragen van de Vereniging voor Milieurecht ter gelegenheid van haar lustrum ben ik van oordeel dat het voor de milieuhandhaving goed is als er een samenhangend, algemeen idee wordt geformuleerd over de verhouding tussen bestuurs- en strafrecht. Misschien biedt het komende Interbestuurlijk programma ter opvolging van de aanbevelingen van de Commissie-Van Aartsen[48] daarvoor de gelegenheid. Dit dan wel in het besef dat daarmee de gesignaleerde kloof tussen woord en daad in de milieuhandhaving nog niet is gedicht.

---

[47] E.R. de Jong & M. Faure, 'De autonomie van het civiele recht en het strafrecht bij normstelling voor ernstige risico's voor de fysieke leefomgeving,' in *NJB* 2022, afl. 14, in het bijzonder p. 1037.

[48] Brief van de Staatssecretaris van IenW van 8 april 2022, *Kamerstukken II* 2021/22, 22343 en 28663, nr. 315, p. 1.

20 Wat is nodig voor een duurzaam milieu(straf)recht?

Valérie van 't Lam en Monique van der Linden[1]

1 Inleiding

Duurzaamheid is een *hot topic*. Dit komt met name omdat er nog veel moet gebeuren, willen we het doel van 2050 (klimaatneutraal) halen. Zowel op Europees als nationaal niveau komt er steeds meer regelgeving bij die beoogt bij te dragen aan dat doel. Het milieustrafrecht is in dat verband ook belangrijk. Het milieustrafrecht behoeft aandacht en verbetering. Dat komt niet alleen naar voren in het publieke debat, maar ook bij beschouwing van de recent uitgebrachte rapportages en publicaties op het gebied van het milieu(straf)recht.

Zo kan volgens Faure het strafrecht een bescheiden maar belangrijke rol spelen bij de bevordering van duurzaamheid, waarbij wel wordt gesignaleerd dat er vele uitdagingen zijn bij het verwezenlijken van een adequate strafrechtelijke bescherming van het (leef)milieu.[2] In onder meer het Dreigingsbeeld Milieucriminaliteit 2021 staat dat de aanpak van milieucriminaliteit in de praktijk te wensen overlaat. Opsporing en vervolging zijn te weinig slagvaardig, de opsporing is gefragmenteerd, vervolging en berechting duren te lang en de uiteindelijke sancties zouden vaker niet dan wel afschrikwekkend zijn. Grote vermijdbare milieuschade is het gevolg. Veranderingen zijn daarom aangewezen. Er is niet alleen meer capaciteit nodig, maar ook een andere aansturing en meer gebonden slagkracht voor een effectieve strafrechtelijke aanpak, aldus het Dreigingsbeeld Milieucriminaliteit 2021.[3] Naar aanleiding van vergelijkbare bevindingen op Europees niveau is op 15 december 2021 het voorstel gepubliceerd voor een nieuwe Richtlijn inzake de bescherming van het milieu door middel van strafrecht. Deze richtlijn zal de bestaande Richtlijn 2008/99/EG vervangen met als doel om milieucriminaliteit strenger aan te pakken door het milieustrafrecht te versterken.[4]

---

1 Mr. dr. V.M.Y. van 't Lam en mr. drs. M. van der Linden zijn beiden advocaat bij Stibbe te Amsterdam.
2 M. Faure, 'De strafrechtelijke bescherming van duurzaamheid: vergezichten en uitdagingen', *DD* 2021/50 en meer recent ook E.R. de Jong & M. Faure, 'De autonomie van het civiele recht en het strafrecht bij normstelling voor ernstige risico's voor de fysieke leefomgeving', *NJB* 2022/14, p. 1028-1039.
3 Openbaar Ministerie, Omgevingsdienst NL, Politie, ILT en NVWA, Dreigingsbeeld Milieucriminaliteit 2021 te vinden op: www.om.nl/documenten/publicaties/milieu criminaliteit/2021/07/dbmc.
4 Proposal for a Directive of the European Parliament and of the Council on the protection of the environment through criminal law and replacing Directive 2008/99/EC, COM(2021) 851 final.

In deze bijdrage bespreken wij graag onze visie vanuit de praktijk. Voor zover wij het overzien is dat perspectief tot nu toe onderbelicht gebleven. Daarbij gaan wij niet in op de mogelijke strafrechtelijke handhaving van bestaande en nieuwe duurzaamheidsregels of op de mogelijkheid om personen of bedrijven strafrechtelijk aansprakelijk te stellen voor klimaatverandering.[5] Alles overziend, zien wij namelijk (helaas) ook andere uitdagingen voor een duurzaam milieu(straf)recht. Het streven lijkt ons daarbij dat het milieu(straf)recht niet alleen ook de volgende veertig jaar nog houdbaar en werkbaar moet zijn, maar dat het ook goed is voor milieu en klimaat.

In onze praktijk zien wij een aantal ontwikkelingen die onzes inziens haaks staan op dit streven naar een duurzaam milieu(straf)recht. Vooral in relatie tot de opvolging van incidenten zijn de daarbij behorende uitdagingen goed zichtbaar. Wij zullen deze concrete ontwikkelingen (*high level*) schetsen en u meenemen in onze zorgen dat het milieu(straf)recht en de huidige manier waarop dat wordt gehandhaafd naar de toekomst toe een averechts effect kunnen hebben op het milieu en het klimaat.

2 (Zorgelijke) ontwikkelingen

2.1 Inleiding

Incidenten zijn helaas onvermijdelijk. Hoe goed alles ook geregeld is, het kan ieder bedrijf overkomen. In de praktijk zien wij dat er bij incidenten – ook al zijn deze relatief onschuldig – snel tot handhaving wordt overgegaan. De overtuiging van de zijde van de overheid lijkt bij ieder incident te zijn dat op het moment dat er iets 'mis' gaat, de veroorzaker daarvan (hard) moet worden aangepakt. In veruit de meeste gevallen betreft het echter onvoorziene gebeurtenissen die niemand heeft gewild en waar ook niemand bij is gebaat. Een harde aanpak maakt de situatie in onze ervaring in dergelijke gevallen slechts onnodig complex en levert in ieder geval geen bijdrage aan een duurzaam milieu(straf)recht. In deze bijdrage gaan we aan de hand van de context van incidenten in op enkele zorgelijke ontwikkelingen die wij in de praktijk zien, omdat juist bij incidenten deze zorgelijke ontwikkelingen duidelijk zichtbaar zijn. Wij menen dat deze ontwikkelingen ieder voor zich – maar zeker in gezamenlijkheid – niet bijdragen aan een duurzaam milieu(straf)recht.

2.2 Uitgebreide meldplichten

Op het moment dat zich een 'ongewoon voorval' voordoet, moet dit al snel gemeld worden bij het bevoegd gezag. In het kader van het omgevingsrecht zijn er vele meldplichten.[6] In deze bijdrage beperken wij ons tot de 'incidentmelding' van artikel 17.2 jo. 17.1 Wm. Uit dien hoofde moet zo spoedig mogelijk gemeld worden als zich

---

5   Zie over dat laatste bijvoorbeeld S.J. Lopik & S.H. Stax, 'Klimaatverandering en strafrecht: een verkenning', *Boom Strafblad* 2020, aflevering 3.
6   Zie over de verschillende melding-stelsels de conclusie van A-G Widdershoven van 12 november 2014, ECLI:NL:RVS:2014:4116.

een 'ongewoon voorval' voordoet, waardoor nadelige gevolgen voor het milieu zijn ontstaan of dreigen te ontstaan. Hieronder vallen niet alleen kleine incidenten met verwaarloosbare gevolgen, maar ook grote rampen en ernstige arbeidsongevallen. Deze meldplicht is steeds al ruim geweest en ook ruimer dan waartoe de Seveso-richtlijn en de IPPC-richtlijn verplichtten.[7] In de Omgevingswet wordt overigens een nog breder toepassingsbereik van deze 'incidentmelding' nagestreefd.[8]

Deze meldplicht staat echter niet op zichzelf. Los daarvan geldt op grond van artikel 17.2 lid 2 Wm een verdergaande verplichting om het bevoegd gezag te informeren over onder andere de oorzaken van het voorval en de genomen maatregelen en/of de maatregelen die overwogen worden om de gevolgen van het voorval te voorkomen, beperken of ongedaan te maken én om te voorkomen dat een zodanig voorval zich nogmaals kan voordoen. Het daarbij beoogde doel is, kort gezegd, tweeledig: waarborgen dat de nadelige gevolgen zo veel mogelijk worden beperkt en daarvan leren om herhaling te voorkomen.[9] Dit is uiteraard in alle gevallen nastrevenswaardig.

Het is echter wel van belang daarbij niet uit het oog te verliezen dat het bevoegd gezag hiermee over veel informatie komt te beschikken die ook in het kader van eventueel opvolgend punitief bestuursrechtelijk of strafrechtelijk optreden op grond van bijvoorbeeld een van de vele zorgplichtbepalingen buitengewoon interessant is. Dat dit niet geheel theoretisch is, blijkt – los van onze ervaringen in de praktijk waarover we straks nog nader komen te spreken – onder andere ook uit de 'doormeldplicht' zoals die in artikel 17.2 lid 3 Wm is opgenomen. Op die basis stelt het bevoegd gezag ook andere bestuursorganen en overheidsdiensten op de hoogte van de melding en de daarbij verstrekte gegevens, als zij direct belang hebben bij een onverwijlde mededeling. Kennelijk wordt aannemelijk geacht dat ook het Openbaar Ministerie hier onder omstandigheden onder wordt begrepen.[10]

---

7   *Kamerstukken II* 2009/10, 32445, nr. 3, p. 1-2. Zie over deze meldplicht ook ons blogbericht FAQ: Wanneer moet een ongewoon voorval op grond van de Wet milieubeheer gemeld worden? www.stibbeblog.nl/all-blog-posts/environment-and-planning/faq-wanneer-moet-een-ongewoon-voorval-op-grond-van-de-wet-milieubeheer-gemeld-worden/. Overtreding daarvan is overigens een economisch delict.
8   Afdeling 19.1 van de nieuwe Omgevingswet zou in dit kader (nog) bredere definities introduceren.
9   Zie hiertoe o.a. *Kamerstukken II* 2009/10, 32445, nr. 3, p. 1. Ook in de memorie van toelichting bij het wetsvoorstel Omgevingswet is dit overigens (wederom) terug te vinden, *Kamerstukken II* 2013/14, 33962, nr. 3, p. 249, 250, 591 en 592.
10 Zie hiertoe 'Ongewone voorvallen. Advies van de Evaluatiecommissie Wet Milieubeheer over hoofdstuk 17 Wet milieubeheer betreffende maatregelen in bijzondere omstandigheden', januari 2003, p. 63 (o.a. online te raadplegen via www.berndvandermeulen.eu/uploads/1/0/1/7/101759872/ongewonevoorvallen.pdf). Ons is hier overigens geen rechtspraak over bekend.

2.3 Toenemende samenloop bestuursrechtelijk en strafrechtelijk optreden

Ook bij incidenten – daaronder niet alleen te verstaan de hiervoor besproken 'ongewone voorvallen' – is een toename van strafrechtelijke handhaving van milieuregelgeving zichtbaar. Waar eerst volstaan werd met de inzet van het bestuursrecht, als al tot actie werd overgegaan, wordt nu ook het strafrechtelijk (sanctie)arsenaal ingezet. In sommige gevallen meldt ook de Onderzoeksraad voor Veiligheid (OVV) zich voor een eigen onderzoek.

Voor bedrijven betekent dat dat er steeds vaker onvermijdelijk op meerdere borden geschaakt zal moeten worden. Als verschillende partijen van overheidswege onderzoek doen, is het speelveld complex. Niet alleen is het doel van de verschillende onderzoeken een ander (variërend van toekomstgericht optreden tot bestraffen over het verleden tot maximaal leren van hetgeen is voorgevallen), maar ook gelden er verschillende waarborgen en regels. Illustratief hiervoor is de geldende medewerkingsplicht in het kader van toezicht en onderzoeken van de OVV in tegenstelling tot het *nemo tenetur*-beginsel en het zwijgrecht in het kader van het punitief bestuursrecht en het strafrecht. In het strafrecht hoef je jezelf niet te belasten en is het aan het OM om bewijs te verzamelen ter mogelijke onderbouwing van de ontstane verdenking.

Terughoudendheid bij de inzet van het strafrecht was altijd geboden – ook in het milieurecht.[11] Nog daargelaten dat deze *ultimum remedium*-gedachte, naar onze overtuiging, niet zomaar opzij mag worden gezet en dat de toenemende inzet van het strafrecht vragen oproept als het gaat om de evenredigheid van het overheidsoptreden,[12] vestigen wij hier in deze bijdrage vooral de aandacht op de daarbij behorende complexiteit met betrekking tot het (onder dwang) verstrekken van potentieel belastende informatie. Informatie die in het kader van bestuursrechtelijk toezicht is gevorderd (waar de medewerkingsplicht geldt), vinden wij immers vaak terug in het strafdossier. Zoals hierna nog meer uitgebreid aan de orde zal komen, is dit juridisch lang niet altijd houdbaar, laat staan nastrevenswaardig.

2.4 Toenemende focus op 'feitelijk leidinggevenden'

Los van de toenemende inzet van het strafrecht in zijn algemeenheid bij incidenten, hebben wij de indruk dat er daarbij een toenemende druk bestaat om ook de betrokken personen strafrechtelijk te vervolgen. Deze wens is zichtbaar in het publieke debat, in een toenemend aantal juridische acties om ook de vervolging van betrokken

---

11 Zo blijkt o.a. ook uit de Landelijke Handhavingstrategie Brzo 1999, p. 8: 'Het uitgangspunt is om eerst zoveel mogelijk via het bestuursrecht op te treden en strafrecht als ultimum remedium in te zetten (...).' De Landelijke Handhavingstrategie Brzo is te vinden via: www.brzoplus.nl/publish/pages/104518/eindversie_landelijke_handhaving strategie_brzo_doc.pdf.

12 Zie hiertoe o.a. J. Crijns & M. van Emmerik, 'Samenloop tussen strafrecht en punitief bestuursrecht. Zoeken naar evenredige bestraffing', *NJB* 2018/16, p. 1094-1103.

individuen af te dwingen en werd van de zijde van het OM ook expliciet bevestigd in de laatste Aanwijzing hoge transacties: 'Ten aanzien van de in artikel 51 Sr bedoelde opdrachtgevers en feitelijk leidinggevenden blijft het uitgangspunt dat deze zo mogelijk ook worden vervolgd.'[13]

In de praktijk zien wij ook een toenemende geneigdheid om betrokken personen als verdachte aan te merken en als zodanig in het strafrechtelijk onderzoek te betrekken. Wij kunnen ons daarbij niet aan de indruk onttrekken dat de impact die een dergelijke handelwijze op betrokkenen heeft, wordt onderschat. Dit klemt des te meer nu het in het milieu(straf)recht in de overgrote meerderheid van de gevallen gaat om incidenten die niemand heeft gewild en waar ook niemand bij is gebaat. Voor 'feitelijk leidinggeven' is opzet op de verboden gedraging immers een noodzakelijk vereiste dat steeds op individueel niveau vastgesteld zal moeten worden: 'In feitelijk leidinggeven ligt een zelfstandig opzetvereiste op de verboden gedraging besloten.'[14] Meer algemeen geldt daarbij het volgende: 'opzet t.a.v. enig delict of delictsbestanddeel [wordt] door het Nederlandse strafrecht nergens toegerekend aan een natuurlijk persoon, indien die geestesgesteldheid bij hem of haar niet persoonlijk aanwezig is geweest'.[15] Naar onze overtuiging mag hier dus niet lichtvaardig over worden gedacht en mogen betrokken individuen ook niet lichtvaardig als verdachte worden aangemerkt. Hoe dan ook, is dit een zichtbare tendens waar betrokken partijen zich rekenschap van zullen moeten geven.

2.5 Toenemend aantal ruime zorgplichten

Als incidenten bestuursrechtelijk of strafrechtelijk worden opgevolgd, vindt handhaving veelal plaats op grond van een van de vele zorgplichtbepalingen die het milieurecht kent. Artikel 5 lid 1 Besluit risico's zware ongevallen 2015 is in dit kader illustratief: 'De exploitant treft alle maatregelen die nodig zijn om zware ongevallen te voorkomen en de gevolgen daarvan voor de menselijke gezondheid en het milieu te beperken.' Ook de Arbeidsomstandighedenwet (Arbowet) kent vergelijkbare ruime zorgplichtbepalingen waarvan door handhavende toezichthouders en opsporingsinstanties dankbaar gebruik wordt gemaakt.[16]

---

13 Hoewel hier van alles van te vinden is, volstaan wij hier met signalering van dit door het OM geformuleerde uitgangspunt. Te vinden via https://wetten.overheid.nl/ BWBR0044047/2020-09-04. Zie in dit kader ook het proefschrift van T.R. Bleeker, *Milieuaansprakelijkheid van leidinggevenden* (diss. Universiteit Utrecht), Deventer: Wolters Kluwer 2021.
14 HR 26 april 2016, ECLI:NL:HR:2016:733, *NJ* 2016/375 m.nt. H.D. Wolswijk, r.o. 3.5.3.
15 HR 23 februari 1954, *NJ* 1954, 378 (IJzerdraad-arrest).
16 Er gelden bijvoorbeeld ruime zorgplichten in relatie tot werknemers en derden op grond van respectievelijk art. 6 en 10 Arbowet.

De zorgplicht komt in het kader van de Omgevingswet overigens nog nadrukkelijker terug.[17] In de Omgevingswet zelf staan de zogenoemde algemene zorgplichtbepalingen en daarop gaan wij hier niet in. De specifieke zorgplichten zijn te vinden in onder andere het Besluit activiteiten leefomgeving (Bal). Het zijn zorgplichtbepalingen die zijn ontleend aan bestaande zorgplichtbepalingen en ook nieuwe zorgplichtbepalingen. De zorgplichtbepalingen in de AMvB's bevatten nog steeds veel algemene bewoordingen, dat is in wezen niet heel anders dan nu. Wel anders is dat er meer specifieke zorgplichtbepalingen zijn dan nu, omdat zij regels vervangen die zijn geschrapt[18] én zij naast de vergunning en algemene regels gelden. Terwijl nu de vergunning de reikwijdte van de zorgplicht bepaalt.[19] Kortom: de specifieke zorgplicht wijkt niet voor de vergunning en algemene regels.

Dat betekent bijvoorbeeld dat als iemand zich houdt aan de vergunning, dan niettemin de specifieke zorgplicht kan worden overtreden, waartegen niet alleen bestuursrechtelijk maar ook strafrechtelijk kan worden opgetreden. Dat betekent dat in het kader van bijvoorbeeld strafrechtelijke handhaving zal worden gediscussieerd over de vraag of degene die de activiteit verricht de zorgplicht heeft overtreden. Een voorbeeld van een term die – anders dan nu – voorkomt in een specifieke zorgplicht is 'de beste beschikbare techniek'. Die term staat in een specifieke zorgplichtbepaling in het Bal. In artikel 2.11 Bal staat dat degene die een milieubelastende activiteit (de 'opvolger' van 'de inrichting') verricht, weet of redelijkerwijs kan vermoeden dat die activiteit nadelige gevolgen kan hebben voor de belangen, bedoeld in artikel 2.2, verplicht is alle maatregelen te nemen die redelijkerwijs van diegene kunnen worden gevraagd om die gevolgen te voorkomen. Voor milieubelastende activiteiten houdt deze plicht in ieder geval in dat de beste beschikbare technieken worden toegepast (art. 2.11 lid 2 onder c Bal). Dat betekent dat ondanks het feit dat diegene volledig conform de vergunning handelt – hetgeen volgens het toetsingskader van de Omgevingswet-regelgeving conform beste beschikbare technieken zou moeten zijn (art. 8.9 Bkl) – toch kan worden geconfronteerd met strafrechtelijk en bestuursrechtelijk optreden op grond van de zorgplicht.

Wij betwijfelen of de praktijk daarmee is gebaat. In het huidige recht vinden discussies over de zorgplicht plaats in het kader van handhaving. Dat is doorgaans een minder prettige context om te discussiëren over een norm of over de vraag wat mag worden gevergd in het kader van de zorgplicht dan in het kader van vergunningverlening

---

17 Zie o.a. J.K. van de Poel, 'Zorgplichten voor het milieu onder de Omgevingswet', *M en R* 2019/72; D.R. Doorenbos, 'Strafrechtelijk gesanctioneerde zorgplicht- en vangnetbepalingen in de omgevingswetgeving', *M en R* 2021/106; G.A. van der Veen, 'De Omgevingswet en de ambivalente sanering van het bodembeschermingsrecht', *M en R* 2019/37, onderdeel 4; G.A. van der Veen, *Milieuaansprakelijkheid en zorgplichten in de Omgevingswet* (oratie Rijksuniversiteit Groningen), 14 oktober 2014; J.M.H.F. Theunissen, 'De Omgevingswet: leve de algemene zorgplicht?', *Gst.* 2016/110; L.J.M. Boerema, 'Natuur in de Omgevingswet: de zorgplicht wordt gewijzigd', *JM* 2021/73; D. Doorenbos, 'Een strafrechtelijk vangnet in de Omgevingswet', *NJB* 2021/907, p. 974-980.
18 Zie bijvoorbeeld NvT Besluit bouwwerken leefomgeving (*Stb.* 2018, 291) p. 192.
19 Bijv. ABRvS 17 april 2019, ECLI:NL:RVS:2019:1260.

of maatwerk. Omdat de regering ervoor heeft gekozen veel regels te schrappen en te vervangen door zorgplichtbepalingen – ook in het omgevingsplan en de waterschapsverordening – zullen in het kader van de Omgevingswet (nog) veel meer discussies dan nu plaatsvinden in de context van (strafrechtelijke of bestuursrechtelijke) handhaving. De Afdeling advisering was hierover al kritisch.[20] Het speelveld wordt dus (nog) complexer en creëert (nog) meer mogelijkheden voor toezichthouders en opsporingsinstanties om handhavend op te treden.

2.6 Toenemende interesse in de door de betrokken bedrijven opgestelde incidentrapportages

Los van een mogelijk onderzoek van overheidswege, wordt er op het moment dat er iets 'mis' gaat ook al snel door het bedrijf zelf intern onderzoek verricht (zoals een *Root Cause Analysis* (hierna: 'RCA')) naar hetgeen zich heeft voorgedaan. In veel gevallen zal 'een' onderzoek verplicht zijn. In navolging van de eerdergenoemde 'melding naar aanleiding van een ongewoon voorval' moet immers, zoals hiervoor ook aan de orde kwam, ook gerapporteerd worden over de oorzaken van het voorval en de genomen maatregelen dan wel de maatregelen die overwogen worden. Een eigen onderzoek is daartoe dus aangewezen (en overigens ook wenselijk om, waar mogelijk, lessen te trekken uit het voorval).

Zoals wij hiervoor hebben geschetst, wordt van overheidszijde – getriggerd door de 'ongewoonvoorvalmelding' – al snel tot handhaving overgegaan, waarbij de inzet van het strafrecht en het vervolgen van mogelijk betrokken individuen niet wordt geschuwd. In de praktijk zien wij (ook) in dit kader echter een tendens die ons zorgen baart: voor het bewijs wordt dankbaar gebruik gemaakt van deze door bedrijven opgestelde incidentrapportages. Dit gebeurt zowel in het punitief bestuursrecht als in het strafrecht. De voortschrijdende inzichten en de (op die basis geformuleerde) aanbevelingen worden daarmee steeds vaker tegen de betreffende bedrijven gebruikt ofwel tegen hun werknemers.

Een RCA bevat immers in de regel niet alleen een weergave van de meest waarschijnlijke oorzaak (meest waarschijnlijk, omdat in veel gevallen 'de' oorzaak niet meer met zekerheid achterhaald zal kunnen worden), maar ook aanbevelingen om herhaling, in de meest brede zin, te voorkomen. Dit past ook helemaal bij het doel van een dergelijke RCA: maximaal leren van onwenselijke voorvallen om herhaling daarvan zoveel als redelijkerwijs mogelijk te voorkomen.

In het punitief bestuursrecht en het strafrecht lijkt het nu echter gemeengoed te worden dat deze incidentrapportages voor een ander doel worden ingezet, namelijk om met *'the benefit of hindsight'* aansprakelijkheid te construeren. Gegeven de vele zorgplichtbepalingen die de toezichthouders en opsporingsinstanties in het

---

20 *Kamerstukken II* 2017/18, 34986, nr. 4 (Advies Raad van State), p. 55-59. Eveneens kritisch: D.R. Doorenbos, 'Strafrechtelijk gesanctioneerde zorgplicht- en vangnetbepalingen in de omgevingswetgeving', *M en R* 2021/106.

milieu(straf)recht ter beschikking staan, (b)lijkt dit vaak een relatief eenvoudige opgave. Aan de hand van de in de RCA geformuleerde aanbevelingen om herhaling in de toekomst te voorkomen, wordt simpelweg betoogd dat indien deze maatregelen eerder waren genomen, het incident voorkomen had kunnen worden. Hierbij wordt echter volstrekt voorbijgegaan aan het feit dat deze aanbevelingen pas ná het incident uit onderzoek zijn gebleken. Het betreft dus kennis die pas achteraf is opgedaan en niet – met terugwerkende kracht – aan betrokken bedrijven dan wel hun medewerkers kan worden toegedicht. Achteraf bezien zal er altijd wel iets te vinden zijn dat beter had gekund. Dat betekent echter niet dat de onderneming verwijtbaar heeft gehandeld. Als dergelijke incidentrapportages al voor het bewijs gebruikt worden, zou de overheid zich naar onze mening dus minst genomen rekenschap moeten geven van deze *'hindsight bias'*.

Onzes inziens zouden incidentrapportages überhaupt niet meer in belastende zin tot het bewijs moeten worden toegelaten in punitief bestuursrechtelijke en strafrechtelijke procedures.

Allereerst is de vraag gerechtvaardigd of deze tendens juridisch wel houdbaar is. Het hof Den Haag toonde zich eerder kritisch toen het OM onder andere ook de door de verdachte onderneming zelf opgestelde relevante incidentrapportage had gevorderd. Volgens het hof had het OM de betreffende incidentrapportage niet mogen vorderen. Het gebruik tot het bewijs hiervan zou in strijd zijn met het zwijgrecht en het recht om jezelf niet te hoeven belasten (het *nemo tenetur*-beginsel).[21] Naar onze overtuiging is dit een logische uitkomst. Te meer nu cruciale waarborgen die in een strafrechtelijk onderzoek wél gelden, in een intern incidentenonderzoek ontbreken. Aan een werknemer komen in het kader van een RCA bijvoorbeeld niet de rechten toe die hij of zij bij een 'verhoor' wel zou hebben.

Vanuit het streven naar een duurzaam milieu(straf)recht is het echter nog zorgelijker dat de toegevoegde waarde van incidentrapportages hiermee onder druk komt te staan. Incidentonderzoek is immers pas waardevol als maximale transparantie kan worden betracht. Dat wil zeggen dat betrokken werknemers zich vrij voelen volledig open en onbeperkt hun verhaal te doen en alle geleerde lessen (in brede zin) in het incidentrapport (kunnen) worden opgenomen. In het licht van al het voorgaande, kunnen bedrijven echter niet anders dan terughoudendheid betrachten in het onderzoek en de daaropvolgende rapportage. Zorgvuldigheid blijkt (noodzakelijkerwijs) geboden om hun eigen belangen en de belangen van de betrokken medewerkers te beschermen.

---

21 Hof Den Haag 5 december 2014, ECLI:NL:GHDHA:2014:4095. Ook de rechtbank Zeeland-West-Brabant toonde zich in dit kader al kritisch (Rb. Zeeland-West-Brabant 21 maart 2014, ECLI:NL:RBZWB:2014:1911).

We kunnen echter niet anders concluderen dan dat de gesignaleerde manier van handhavend optreden een averechts effect heeft op een duurzaam milieu(straf)recht en derhalve op het milieu en het klimaat. Het leren van incidenten zou – vanuit dat perspectief – zonder twijfel prioriteit moeten hebben. Daaraan is inherent dat de resultaten van dergelijk (buitengewoon nastrevenswaardig) incidentenonderzoek in het geheel niet in belastende zin tegen bedrijven dan wel hun werknemers gebruikt zou moeten – en mogen – worden. Dat lijkt ons in eenieders belang.

2.7 De Wet open overheid

Een andere zorgwekkende ontwikkeling is de Wet open overheid (Woo). Het voert te ver hier in deze bijdrage in detail op in te gaan,[22] maar van belang is wel om in ogenschouw te (blijven) nemen dat op het moment dat informatie met de overheid wordt gedeeld, door derden kan worden gevraagd om openbaarmaking daarvan. Dit betreft evenmin een theoretisch risico. Onder andere de media maken veelvuldig gebruik van dit instrument om te proberen informatie te bemachtigen om daar vervolgens – veelal zonder de benodigde context – over te publiceren. Nog sterker dan in de voorloper van de Woo, de Wet openbaarheid van bestuur (Wob), is openbaarmaking (ook van milieu-informatie en emissies) het uitgangspunt. Uitzonderingen op dit uitgangspunt zijn er (gelukkig) wel, maar het is en blijft juridisch een complex speelveld. Wederom dus een ontwikkeling die tot zorgvuldigheid noopt (en mogelijk eveneens tot terughoudendheid).

3 Conclusie

Alles overziend, zien wij in de praktijk dat er (in ieder geval waar het incidenten betreft) meer en meer gemeld moet worden door bedrijven bij de overheid. Direct gevolg hiervan is dat er ook steeds meer informatie gedeeld moet worden. Zolang de insteek daarvan is om maximaal te leren van incidenten en herhaling daarvan te voorkomen, is dat uiteraard niet problematisch. Echter, dat lijkt niet langer de insteek te zijn. Naast het bestuursrecht, wordt het strafrecht steeds vaker ingezet om handhavend op te treden en de aanpak van feitelijk leidinggevenden wordt daarbij niet geschuwd. De (steeds) brede(r wordende) en vaker voorkomende zorgplichtbepalingen in het milieurecht nodigen daar ook toe uit. Inherent daaraan is echter, zo zien wij in praktijk, dat incidentrapportages niet langer gezien worden als 'leerdocumenten', maar meer en meer als bewijs waarvan dankbaar gebruik kan worden gebruikt ten nadele van de betrokken bedrijven en individuen in kwestie. Bedrijven kunnen dan ook niet anders dan zich hier rekenschap van geven en in dit kader terughoudendheid betrachten. Te meer, nu de Woo ruime mogelijkheden biedt voor derden om te verzoeken om openbaarmaking van met de overheid gedeelde informatie.

---

22 Zie hiertoe meer uitgebreid K. Giezeman & N.A. Nowotny, 'De openbaarmaking van strafrechtelijk gerelateerde informatie onder de Wet open overheid', *TvS&O* 2022-2/3, p. 70-78.

Het risico is dus reëel dat deze ontwikkelingen naar de toekomst toe een averechts effect hebben op het milieu(straf)recht en dus op het milieu en het klimaat. Het leren van incidenten zou te allen tijde prioriteit moeten hebben. Van overheidszijde zou dit in geen enkel opzicht ontmoedigd moeten worden. In ieder geval moeten de resultaten van nastrevenswaardig incidentenonderzoek niet in belastende zin tegen de betrokkenen worden gebruikt.

21 Uitdagingen bij strafrechtelijke handhaving van het milieurecht

Marleen Velthuis[1]

1 Inleiding

Voor deze jubileumbundel ter ere van het 40-jarig bestaan van de Vereniging voor Milieurecht werden diverse personen gevraagd een bijdrage te leveren over de grote uitdagingen waarvoor het milieurecht zich de afgelopen periode gesteld zag. Een onderwerp dat zeker de nodige uitdagingen kent betreft de handhaving van overtredingen van milieuwet- en regelgeving. Nadat in de jaren zeventig meer aandacht bestond voor dit onderwerp zijn talloze discussies gevoerd, rapportages gepubliceerd en beleidsstukken opgesteld. Het is onmogelijk om in deze bijdrage uitputtend te zijn en dat streven heb ik dan ook niet.

Voor deze gelegenheid leek het me aardig om enkele aandachtspunten bij de strafrechtelijke handhaving van het milieurecht te bespreken die veertig jaar geleden al werden gesignaleerd (par. 2). Vervolgens maak ik een sprong in de tijd en bespreek ik de problemen waar we in de huidige praktijk (nog) mee te maken hebben (par. 3). Naast de gesignaleerde tekortkomingen is evenwel ook positief nieuws te melden. De aandacht voor efficiënte handhaving van het milieurecht is onverminderd hoog. Op dit moment worden vele initiatieven opgepakt en uitgewerkt om de handhaving van het milieurecht naar een hoger niveau te tillen. Een aantal daarvan gericht op de verbetering van de strafrechtelijke handhaving licht ik uit (par. 4) en ik sluit af met enkele gedachten over de toekomst van dit specifieke rechtsgebied (par. 5).

2 Handhaving van het milieurecht veertig jaar geleden

De handhaafbaarheid van milieuwetgeving betrof ook in de jaren zeventig al een heikel punt. Ter bescherming van het milieu werd nieuwe wet- en regelgeving ingevoerd, maar de handhaving door opsporingsdiensten en justitie bleef achter. Een van de oorzaken hiervan betrof de versnippering over vele verschillende gespecialiseerde diensten.[2] Coördinatie was dringend nodig en hiertoe werd het Interdepartementaal Overleg inzake de handhaving van het milieurecht opgericht. In 1976 bood het Interdepartementaal Overleg aan Minister van Justitie Van Agt het rapport *De coördinatie*

---

1 Mr. M. Velthuis is advocaat bij NautaDutilh.
2 Zie voor een overzicht van deze ontwikkeling van het milieurecht en verschillende andere oorzaken voor het achterblijven van handhavend optreden: T. Sapens e.a., *Vuile olie, Onrechtmatig verwerken en mengen van olieproducten als vormen van milieucriminaliteit*, Den Haag: Boom Lemma, 2013.

van milieudelicten aan.³ Hierin werd onder andere aan de orde gesteld of het wenselijk en mogelijk was om één speciale opsporingsdienst voor milieudelicten in het leven te roepen. Het samenvoegen van de verschillende diensten op het gebied van de opsporing van milieudelicten zou een zeer gewenste bundeling van mankracht, deskundigheid en technische hulpmiddelen opleveren, alsook een belangrijke bijdrage leveren aan grotere uniformiteit en objectiviteit bij de handhaving van milieurecht. Als een van de belangrijkste nadelen werd gezien dat het bijna onmogelijk leek dat één korps alle verschillende facetten zou kunnen beheersen, waardoor dit zich zou moeten beperken tot de zwaardere criminaliteit.⁴ Uiteindelijk werd geconcludeerd dat het noodzakelijk was om op 'zeer korte termijn' een effectieve opsporing van milieudelicten tot stand te brengen, terwijl het nog geruime tijd zou duren voordat het korps milieupolitie zou zijn opgericht en de kinderziektes zou hebben overwonnen. Dit terwijl bij het voortborduren op de bestaande structuur op korte termijn 'een aanvaardbaar resultaat' kon worden geboekt.⁵ Voor die route werd destijds gekozen, waarbij de vraag centraal stond hoe een soepel samenspel kon worden gecreëerd tussen de verschillende toezichthoudende organen en de opsporingsdiensten.⁶

Hierop zijn diverse vervolgonderzoeken en rapporten gepresenteerd, waaronder het *Eerste rapport verhouding Justitie-Bestuur bij handhaving van het milieurecht*,⁷ de notitie *Handhaving Milieurecht* uit 1981⁸ en de nota *Handhaving van de Wet verontreiniging oppervlaktewateren*.⁹ In deze laatste nota werd onder andere voorgesteld te komen tot een scheiding in taken tussen vergunningverlening enerzijds en controle en toezicht op de naleving van de vergunningvoorschriften anderzijds. Ook volgden rapportages naar aanleiding van diverse milieuaffaires. Zo concludeerde de Commissie-Uniser dat een aparte organisatie moest worden opgericht met specialisten voor alle terreinen op milieugebied die belast zou moeten worden met de opsporing van milieucriminaliteit.¹⁰ Deze aanbeveling nam de minister niet over, maar wel werd in 1985 het Milieubijstandsteam geïnstalleerd, dat voor complexe opsporingszaken kon worden ingezet.

---

3   *Kamerstukken II* 1977/78, 14315, nr. 1.
4   *Kamerstukken II* 1977/78, 14315, nr. 2 (Rapport Coördinatie van de opsporing van milieudelicten), p. 5.
5   *Kamerstukken II* 1977/78, 14315, nr. 2 (Rapport Coördinatie van de opsporing van milieudelicten), p. 6.
6   *Kamerstukken II* 1977/78, 14315, nr. 2 (Rapport Coördinatie van de opsporing van milieudelicten), p. 4.
7   *Kamerstukken II* 1977/78, 14315, nrs. 3-4 (Eerste rapport verhouding Justitie-Bestuur bij handhaving van het milieurecht).
8   *Kamerstukken II* 1980/81, 16805, nrs. 1-2 (Notitie Handhaving Milieurecht).
9   *Kamerstukken II* 1983/84, 18516, nrs. 1-2 (Nota Handhaving van de Wet verontreiniging oppervlaktewateren).
10 VROM, *Rapport van de onderzoekscommissie naar de bestuurlijke aspecten van de uitvoering van de milieu- en andere relevante wetgeving bij Drisolco B.V., EMK, Uniser. e.a.*, Den Haag: VROM, 1983 (naar aanleiding van jarenlang illegale lozing van afvalstoffen waarbij de handhaving tekortschoot).

In de jaren daarop volgden voortgangsrapportages inzake de ontwikkeling van de handhaving van het milieurecht. Bij de eerste voortgangsrapportage werd gesignaleerd dat tekortkomingen van de handhaving samenhingen met de schaarse mankracht en financiële middelen.[11] Meer concreet werd opgemerkt dat in de praktijk te weinig ambtenaren zich bezighielden met handhaving, waardoor het Openbaar Ministerie regelmatig dossiers ontving waarin onvoldoende bewijs voor de overtredingen was opgenomen. Hierdoor resulteerden veel zaken in een sepot, hetgeen uiteraard niet goed was voor de moraal en ambtenaren beslist niet enthousiasmeerde om zich te richten op handhaving.[12] In de tweede voortgangsrapportage waren positieve berichten over de eerste ervaringen met het Milieubijstandsteam, al was een verdere ontwikkeling van het team wel nodig.[13] Uit de derde voortgangsrapportage volgde dat capaciteitstekort van de recherche een meer structureel probleem was, waardoor deze onvoldoende tijd had om te besteden aan milieuzaken en de samenwerking met het Milieubijstandsteam beperkt was.[14] Ondertussen werd in 1989 het eerste Nationaal Milieubeleidsplan opgesteld,[15] waarna ook (ernstige) milieucriminaliteit meer op de agenda kwam te staan en meer budget beschikbaar kwam voor strafrechtelijke handhaving. In de vierde voortgangsrapportage werd vervolgens geconcludeerd dat kenmerkend was voor de afgelopen periode dat het Openbaar Ministerie zich organisatorisch en beleidsmatig had ingesteld op een duidelijke intensivering van de strafrechtelijke handhaving.[16] De laatste voortgangsrapportage in deze selectie bevatte aldus een hoopvolle boodschap.

3 Uitdagingen in de huidige praktijk

Hoewel we inmiddels ongeveer vier decennia verder zijn, blijven de hiervoor aangestipte uitdagingen herkenbaar. In het CCV-rapport *De markt de baas* uit 2019 werden de knelpunten uiteengezet zoals deze in de praktijk werden ervaren.[17] Een gebrek aan capaciteit zorgt in de strafrechtelijke handhavingspraktijk voor veel vertraging. Strafzaken die zes jaar na dato nog steeds niet op zitting staan, zijn helaas niet uitzonderlijk en verjarings- en redelijketermijnverweren zijn inmiddels onderdeel van

---

11 *Kamerstukken II* 1984/85, 18600, hoofdstuk XI, nr. 15 (Voortgangsbericht inzake de ontwikkeling handhaving milieuwetgeving), p. 6.
12 *Kamerstukken II* 1984/85, 18600, hoofdstuk XI, nr. 15 (Voortgangsbericht inzake de ontwikkeling handhaving milieuwetgeving), p. 6-7.
13 *Kamerstukken II* 1985/86, 19200, hoofdstuk XI, nr. 72 (Tweede voortgangsbericht inzake de ontwikkeling handhaving milieuwetgeving), p. 2.
14 *Kamerstukken II* 1988/89, 20800, hoofdstuk XI, nr. 34 (Derde voortgangsbericht inzake de ontwikkeling handhaving milieuwetgeving), p. 7 en 37.
15 Ministerie van Volkshuisvesting, Ruimtelijke Ordening en Milieubeheer, *Nationaal Milieubeheerplan: Kiezen of verliezen*, 1989.
16 *Kamerstukken II* 1990/91, 21800, hoofdstuk XI, nr. 85 (Vierde voortgangsbericht inzake de ontwikkeling handhaving milieuwetgeving), p. 38.
17 *Kamerstukken II* 2019/20, 22343, nr. 287, bijlage 916101: Centrum voor criminaliteitspreventie en veiligheid, *De markt de baas, Een verkenning naar ervaren knelpunten in de aanpak milieucriminaliteit*, Utrecht, 16 september 2019.

het standaardrepertoire van advocaten in milieuzaken. Vervolgens staan de opgelegde straffen – bezien vanuit het perspectief van de opsporingsinstanties – niet in verhouding tot de duur van het uitgevoerde onderzoek, terwijl anderzijds de beperkte korting op de strafmaat onvoldoende compensatie kan bieden voor de jarenlang voortslepende strafzaak. De capaciteitsproblemen doen zich overigens voor in de gehele handhavingsketen, van de omgevingsdiensten, bijzondere opsporingsdiensten, de politie, het Functioneel Parket tot en met de rechterlijke macht.[18]

De kwaliteit van de aangeleverde processen-verbaal werd in het CCV-rapport niet als cruciaal probleempunt benoemd, zoals veertig jaar geleden wel het geval was (al bleek dat dossiers nog niet altijd compleet zijn).[19] Hier lijkt het Openbaar Ministerie in de praktijk een belangrijke rol te spelen, waarbij de behandelend officier van justitie een ontvangen dossier zo nodig retourneert en de opsporingsdienst verzoekt de kwaliteit van de aangeleverde processen-verbaal te verbeteren. Dit zorgt evenwel voor een verdere vertraging in het proces.

De diversiteit aan toezichthouders en opsporingsinstanties zorgt ook anno 2022 nog voor een reëel risico op een gebrek aan uniformiteit in de toepassing van het beleid. De Landelijke Handhavingsstrategie, meer specifiek de daarin opgenomen interventiematrix die richtinggevend behoort te zijn bij het bepalen van de keuze voor bestuursrecht, strafrecht of een combinatie van beide, wordt in de praktijk soms in het geheel niet toegepast.[20] Bovendien ontbreekt hier de noodzakelijke rechtsbescherming, doordat de Landelijke Handhavingsstrategie niet als recht wordt aangemerkt in de zin van artikel 79 Wet RO.[21] Hierdoor kan een zaak resulteren in een langlopend strafrechtelijk onderzoek, terwijl een bestuursrechtelijke interventie meer voor de hand had gelegen. Wat niet meehelpt, is dat de koers dat het strafrecht in milieuzaken als *ultimum remedium* moet worden ingezet, lijkt te zijn verlaten. Ook bij minder zware overtredingen wordt soms het strafrecht ingezet, indien dit, veelal in combinatie met bestuursrechtelijke interventies, als *optimum remedium* wordt gezien.

Meer op de achtergrond bestaan ook nog steeds belangrijke problemen die aan een efficiënte aanpak van milieucriminaliteit in de weg staan. Een veelgehoord knelpunt blijft nog altijd de te beperkte uitwisseling van kennis en informatie tussen de toezichthouders en opsporingsdiensten, die elk een eigen aandachtsgebied hebben. Als voorbeeld kan worden gewezen op Inspectieview Milieu, een digitale tool die als bron van informatie voor alle verschillende toezichthouders en opsporingsinstanties zou moeten dienen, maar die nog lang niet door alle partijen wordt gebruikt.[22] In het CCV-rapport werd aanbevolen een 'coördinerende functie' op te zetten voor

---

18   Zie a.w. noot 17, p. 20.
19   Zie a.w. noot 17, p. 35.
20   Zie a.w. noot 17, p. 23.
21   HR 17 maart 2020, ECLI:NL:HR:2020:436; Hof Arnhem-Leeuwarden 7 juli 2021, ECLI:NL:GHARL:2021:6840.
22   Zie a.w. noot 17, p. 32.

informatie-uitwisseling, alsook om duidelijk te maken welke informatie gedeeld mag worden tussen zowel bestuursrechtelijke en strafrechtelijke partijen.

4 Initiatieven ter verbetering van de handhaving

De aandacht voor de geconstateerde tekortkomingen bij de handhaving van het milieurecht is op dit moment hoog. Een veelheid aan initiatieven is opgestart om op diverse onderdelen tot verbeteringen te komen. Ironisch genoeg is de coördinatie en integratie van al deze trajecten al wel een uitdaging op zich.[23]

De Commissie-Van Aartsen (Adviescommissie VTH) deelde in maart 2021 haar aanbevelingen volgend op de kort daarvoor uitgevoerde onderzoeken[24] en de bevindingen van de Algemene Rekenkamer opgenomen in de rapporten *Een onzichtbaar probleem* en *Handhaven in het duister*.[25] Deze Commissie was uitermate kritisch en concludeerde o.a. dat het VTH-stelsel niet functioneert en wordt gekenmerkt door fragmentatie en vrijblijvendheid.[26]

Net als veertig jaar geleden werd (kort) overwogen of één opsporingsinstantie of centraal orgaan zou moeten worden opgericht dat zich bezighoudt met de handhaving van milieurecht. Echter, ook de Commissie-Van Aartsen concludeerde dat het niet wenselijk was het stelsel fundamenteel aan te passen door bijvoorbeeld een gedeconcentreerde rijksdienst of zelfstandig bestuursorgaan.[27] De Commissie-Van Aartsen meent namelijk dat voor winst te behalen valt door een versterking van de kwaliteit en robuustheid van de omgevingsdiensten.[28] De Commissie-Van Aartsen gaf tien aanbevelingen, waaronder meer prioriteit, capaciteit en inzet van strafrechtelijke handhaving en vervolging, een verplichting tot informatie-uitwisseling en investeren in kennisontwikkeling en kennisdeling, één uitvoerings- en handhavingsbeleid, één uitvoeringsprogramma per regio en het inrichten van rijkstoezicht op omgevingsdiensten.

---

23 Onder andere – naast de hierna genoemde initiatieven – het programma 'Liever een goede buur', het 'Actieplan aanpak milieucriminaliteit' en diverse rapporten van de Strategische Milieukamer, schriftelijke aanbevelingen van diverse betrokken ministeries, alsook rapportages van de Raad van de Europese Unie.
24 *Kamerstukken II* 2021/22, 28663, nr. 300 (een kwantitatief onderzoek over de data van de omgevingsdiensten en stand van zaken van het VTH-stelsel en een juridisch onderzoek naar de mogelijkheden om de aanbevelingen van de Commissie-Van Aartsen op te volgen).
25 *Kamerstukken II* 2020/21, 22343, nrs. 294 en 297.
26 *Kamerstukken II* 2020/21, 22343, nr. 295 (Rapport *Om de leefomgeving. Omgevingsdiensten als gangmaker voor het bestuur*), p. 6-7, 10.
27 *Kamerstukken II* 2020/21, 22343, nr. 295 (*Om de leefomgeving. Omgevingsdiensten als gangmaker voor het bestuur*), p. 51.
28 *Kamerstukken II* 2020/21, 22343, nr. 295 (*Om de leefomgeving. Omgevingsdiensten als gangmaker voor het bestuur*), p. 43; zie ook hierna.

Onder de paraplu van het Actieplan Aanpak Milieucriminaliteit, dat gestart is in 2020, en binnen het kader van het Interbestuurlijk Overleg worden thans diverse projecten uitgevoerd ter opvolging van de aanbevelingen van de Commissie-Van Aartsen.[29]

Een actualisering van de Landelijke Handhavingsstrategie was reeds aangekondigd, waarbij de ambitie werd uitgesproken dat (meer) betrokken partijen het beleid daadwerkelijk gaan toepassen.[30] Binnen het interbestuurlijk programma zal het streven zijn beleid vast te stellen, waarbij op een meer uniforme wijze wordt gekomen tot besluitvorming voor een passend handhavingstraject.

Volgend op de aanbeveling om te komen tot meer prioriteit en capaciteit in het strafrechtelijke kader vond in maart 2022 een werksessie plaats met alle bij milieucriminaliteit betrokken stakeholders. Conclusies die volgden waren o.a. dat de Strategische Milieukamer een formele positie zou moeten krijgen binnen het kader van de strafrechtelijke inzet door de omgevingsdiensten, politie en de ILT-IOD. Tevens werd geconcludeerd dat een effectievere inzet van milieu-recherchecapaciteit nodig is met een centrale aansturing binnen elke organisatie, alsook dat de gespecialiseerde inlichtingen- en opsporingsdiensten en het Openbaar Ministerie moeten worden versterkt.[31]

Voor wat betreft de verbetering van kennisdeling is het streven thans dat alle omgevingsdiensten en het Openbaar Ministerie voor de zomer van 2022 op Inspectieview zijn aangesloten.[32] De afgelopen periode bleek dat eerdere doelstellingen niet werden gehaald, vooral vanwege technische problemen.[33] In aanvulling hierop is ook een project gestart om te werken aan verbetering van de kwaliteit van de data.[34]

Naast de bovengenoemde specifieke initiatieven zal ook het algemene streven om te komen tot een efficiëntere strafrechttoepassing wellicht uitkomst kunnen bieden. Transacties met een boetecomponent van maximaal € 200.000, en transacties met een totale transactiewaarde van maximaal € 1.000.000 kunnen op grond van de

---

29 *Kamerstukken II* 2021/22, 22343, nr. 315, (bijlage Outline interbestuurlijk programma versterking VTH-Stelsel; Projecten: Robuuste omgevingsdiensten en financiering, Bestuursrechtelijke en strafrechtelijke handhaving en vervolging, Informatie-uitwisseling en datakwaliteit, Kennisinfrastructuur, inclusief arbeidsmarkt voor gekwalificeerd personeel, Onafhankelijke uitvoering van toezicht en handhaving, Monitoring kwaliteit milieutoezicht).
30 https://iplo.nl/regelgeving/instrumenten/vergunningverlening-toezicht-handhaving/landelijke-handhavingstrategie/.
31 *Kamerstukken II* 2021/22, 22343, nr. 315 (Brief van de Staatssecretaris van Infrastructuur en Waterstaat van 8 april 2022), p. 2.
32 *Kamerstukken II* 2021/22, 22343, nr. 324 (Verslag van commissiedebat 16 mei 2022), p. 35-36.
33 *Kamerstukken II* 2021/22, 22343, nr. 311.
34 *Kamerstukken II* 2021/22, 22343, nr. 324 (Verslag van commissiedebat 16 mei 2022), p. 35-36.

Aanwijzing hoge transacties van het Openbaar Ministerie efficiënt en zonder een persbericht worden afgedaan, terwijl voor hogere transacties de onafhankelijke toetsingscommissie de transactie zal beoordelen en het publiek middels een persbericht en feitenrelaas wordt geïnformeerd over de zaak. Deze buitengerechtelijke wijze van afdoening zal voor veel strafzaken een passend alternatief zijn voor behandeling op een strafzitting, naast de mogelijkheid om in strafzaken een strafbeschikking op te leggen. Daarnaast heeft het Openbaar Ministerie een aanwijzing in voorbereiding om als kader te dienen voor het maken van procesafspraken.[35] De praktijk zal moeten uitwijzen of hier binnen het milieustrafrecht behoefte aan en ruimte voor is, alsook of procesafspraken daadwerkelijk een bijdrage kunnen leveren aan de gesignaleerde problematiek.

5   Tot slot

Uitdagingen die veertig jaar geleden al bestonden bij de handhaving van milieurecht blijven anno 2022 nog steeds aandacht vergen. Gewezen kan worden op tekortkomingen die samenhangen met de schaarse capaciteit voor (strafrechtelijke) handhaving, de versnipperde kennis en expertise, het gebrek aan coördinatie, een te beperkte uitwisseling van kennis en informatie tussen de betrokken toezichthouders en opsporingsdiensten en de diversiteit aan instanties die aan een uniforme toepassing van het handhavingsbeleid in de weg kan staan.

Gelukkig heeft handhaving van het milieurecht de aandacht en is iedereen doordrongen van de noodzaak verbeteringen door te voeren. De vele recente initiatieven die worden uitgevoerd om de effectiviteit te verbeteren stemmen optimistisch. Desondanks zijn de uitdagingen voorlopig nog niet van de baan. Vooral een vergroting van capaciteit in de gehele strafrechtelijke handhavingsketen is noodzakelijk om te komen tot een wezenlijke verbetering. Op korte termijn zijn mijn verwachtingen dan ook niet hooggespannen, mede vanwege de omstandigheid dat specifieke expertise in dit domein noodzakelijk is en het realistisch gezien enkele jaren zal duren voordat verbeteringen merkbaar zijn. Tot die tijd zal voortdurend kritisch beoordeeld moeten worden of inzet van het strafrecht noodzakelijk is, alsook of in die gevallen een zaak daadwerkelijk naar zitting moet worden gebracht.

Het is in elk geval aan ons als liefhebbers van het milieurecht om de jongere generaties te enthousiasmeren voor dit rechtsgebied, waarin (strafrechtelijke) handhaving een belangrijke plaats inneemt.

---

35   Brief van de Minister van Justitie en Veiligheid 22 maart 2022, Antwoorden op Kamervragen over procesafspraken tussen verdachte en het Openbaar Ministerie (OM), kenmerk 3920599.

22 Zoöp en de natuur als drager van rechten

Godert van der Feltz[1]

1 Inleiding

In de dagelijkse omgevingsrechtpraktijk komt niet zo snel de vraag aan de orde in wiens belang natuur en milieu dienen te worden beschermd. Voor wie trachten we de achteruitgang van de biodiversiteit te keren? De opwarming van de aarde te beperken? Ter wille van de mens, die de aarde bewoont en zijn nageslacht? Of ten behoeve van de aarde (moeder Gaia) en alles wat daarop leeft?

Kan een jurist in een democratische rechtsstaat in 2022 het antropocentrische denken overstijgen en in voorkomend geval uit naam van de aarde het niet-menselijk leven tegen de mens in bescherming te nemen? Moet dat zelfs?

In deze bijdrage ga ik eerst in op de wereldwijde trend om de natuur (dieren, soorten en landschappen) rechtspersoonlijkheid toe te kennen. Dat heeft als doel om meer vanuit het natuurbelang te denken en het natuurbelang zwaarder te laten wegen.[2] Vervolgens bespreek ik een verwante, maar andere aanpak om de natuur een prominentere rol te geven: de Zoöp.[3]

2 Rechtspersoonlijkheid voor de natuur

2.1 De wereld

Ecuador legde in 2008 de rechten van de natuur (Moeder Aarde, Pacha Mama) in de Grondwet vast. Ik citeer de meest pertinente bepalingen:

'CHAPTER SEVEN, Rights of nature

Article 71. Nature, or Pacha Mama, where life is reproduced and occurs, has the right to integral respect for its existence and for the maintenance and regeneration of its life cycles, structure, functions and evolutionary processes.

All persons, communities, peoples and nations can call upon public authorities to enforce the rights of nature. To enforce and interpret these rights, the principles set forth in the Constitution shall be observed, as appropriate.

The State shall give incentives to natural persons and legal entities and to communities to protect nature and to promote respect for all the elements comprising an ecosystem.

---

[1] Mr. G.C.W. van der Feltz is – na een lange loopbaan als advocaat – rechter bij de rechtbank Rotterdam.
[2] www.nyenrode.nl/nieuws/n/biodiversiteit-behouden-heeft-natuur-rechten-nodig.
[3] www.ivdnt.org/actueel/woorden-van-de-week/nieuw-woord-van-de-week/zooperatie.

Article 72. Nature has the right to be restored. This restoration shall be apart from the obligation of the State and natural persons or legal entities to compensate individuals and communities that depend on affected natural systems.

In those cases of severe or permanent environmental impact, including those caused by the exploitation of non-renewable natural resources, the State shall establish the most effective mechanisms to achieve the restoration and shall adopt adequate measures to eliminate or mitigate harmful environmental consequences.

Article 73. The State shall apply preventive and restrictive measures on activities that might lead to the extinction of species, the destruction of ecosystems and the permanent alteration of natural cycles.

The introduction of organisms and organic and inorganic material that might definitively alter the nation's genetic assets is forbidden.

Article 74. Persons, communities, peoples, and nations shall have the right to benefit from the environment and the natural wealth enabling them to enjoy the good way of living.

Environmental services shall not be subject to appropriation; their production, delivery, use and development shall be regulated by the State.'

De wet wordt in Ecuador zo uitgelegd, dat aan eenieder (ieder mens dus en iedere organisatie met rechtspersoonlijkheid) het recht toekomt om voor de rechten van een bepaald dier of een natuurgebied op te komen. Zo werd in december 2021 een beroep op de rechten van de natuur gedaan om een mijnbouwactiviteit in een beschermd bosgebied te verbieden. In een volgende stap kende het constitutionele hof van Ecuador in april 2022 rechtspersoonlijkheid toe aan een wolaap.[4] De rechter stelde vast, dat zowel de eigenaar van de wolaap (die het aapje op jonge leeftijd uit zijn habitat had gehaald en het achttien jaar lang als huisdier hield) als de overheid (die het dier bij de eigenaar weghaalde omdat het verboden is wilde dieren te houden en het vervolgens in een dierentuin onderbracht, waar het binnen een maand aan een hartstilstand overleed) de rechten van de wolaap hadden geschonden.

In Nieuw-Zeeland kregen de berg Taranaki, het nationale park Te Urewere en de Whanganui-rivier (2014) rechtspersoonlijkheid.[5] Het resultaat van 140 jaar onderhandelen tussen de Whanganui iwi Maori-stam en het nationale parlement. De Whanganui iwi beschouwen de rivier Whanganui als een levende voorouder. Blijkens de toelichting op dit besluit gaat het om rechtspersoonlijkheid met alle daaruit voorvloeiende rechten, plichten en aansprakelijkheid. Het (beoogde) resultaat is, dat wie schade toebrengt aan de rivier, daar aansprakelijk voor kan worden gehouden, ook zonder dat wordt aangetoond, dat de Whanganui iwi (de omwonenden) zelf schade lijden. Er is in verband met deze besluitvorming een herstelbetaling gedaan. Aan de Whanganui iwi, niet aan de rivier. In het rechtsverkeer zal de rivier worden

---

[4] www.animalstoday.nl/ecuador-wettelijke-rechten-wilde-dieren/.
[5] www.animalstoday.nl/nieuw-zeelandse-rivier-krijgt-rechten/.

vertegenwoordigd door twee natuurlijke personen: iemand die daartoe uit en door de Maori-gemeenschap is aangewezen en een overheidsvertegenwoordiger. De rechtspersoonlijkheid van de Whanganui-rivier gaat naar verwachting een rol spelen bij een dispuut om een waterkrachtcentrale die zich hoog in het stroomgebied van de rivier bevindt. De waterkrachtcentrale levert groene stroom, maar zij vermindert de stroomsnelheid en hindert daarmee het ecosysteem.

In het Spaanse parlement werd met een grote meerderheid ingestemd met het toekennen van rechten aan het Spaanse zoutwatermeer Mar Menor. Een aantal rivieren in Colombia kreeg rechten. In Canada wordt aan wilde dieren – pro se – bescherming geboden.
In totaal zijn rechten aan de natuur zelf toegekend in zeker vierentwintig landen, waaronder – behalve de hiervoor genoemde landen – de Verenigde Staten, Oeganda, India en Bangladesh.
Steven Wise van het (Amerikaanse) Nonhuman Rights Project (NhRP)[6] is er vooralsnog niet in geslaagd om bij de rechter de erkenning af te dwingen dat mensenrechten ook toekomen aan hoogontwikkelde primaten zoals chimpansees. NhRP zoekt deze juridische status niet voor alle leven op aarde. Het wil de kring van zoogdieren waaraan mensenrechten toekomen alleen wat ruimer trekken dan om de mens alleen. Kandidaat is, behalve de grote mensapen, ook de dolfijn.

2.2 Nederland

In de Nederlandse Grondwet (art. 21 Gw) is neergelegd dat de zorg van de overheid gericht is op de bewoonbaarheid van het land en de bescherming en verbetering van het leefmilieu. De mens staat centraal. Ik veronderstel tenminste dat de opstellers van artikel 21 bij 'leefmilieu' in de eerste plaats voor ogen stond de mogelijkheid van mensen om in ons land te leven.
De aanhef van de Wet dieren vermeldt de erkenning van 'de intrinsieke waarde van het dier' en slaat acht op ethische aspecten. Nu die gericht zijn op de verbetering van de situatie van dieren, krijgt het dier daar een centrale plaats, al is de lotsverbetering van dieren tevens de vervulling van een wens van mensen, wie het lot van dieren ter harte gaat. De Wet natuurbescherming is gericht op het behoud van de biologische diversiteit en een duurzaam gebruik van de bestanddelen daarvan. Dat 'gebruik' lijkt mij evident mensengebruik.
De wetgever staat in Nederland maar zelden in de voorhoede. Er wordt al jaren gestreden voor rechtspersoonlijkheid van de Noordzee. Eva Meijer pleit in haar proefschrift[7] voor een 'Interspecies Democracy'. Er wordt gewerkt aan een cao voor bijen en een Vakbond voor Dieren: werkende dieren hebben recht op een veilige leef- en werkomgeving, vrije tijd en pensioen. Zwangerschaps- én ouderschapsverlof zijn een thema, net als (het limiteren van) de productiecapaciteit van dieren.[8]

---

6 www.nonhumanrights.org/.
7 Eva Meijer, *Political animal voices* (proefschrift, Universiteit van Amsterdam), 2017.
8 www.trouw.nl/opinie/varkens-kippen-en-koeien-verdienen-ook-een-vakbond-net-als-uitgebuite-arbeiders~b273f0de/.

De inspiratie voor deze initiatieven komt onder meer van de Franse filosoof Bruno Latour (van hem komt: 'het parlement van de dingen'). Latour[9] pleit voor een perspectiefwisseling: het is goed dat de mens ook in de huid van niet-mensen kruipt en door hun ogen kijkt. Pas met het toekennen van rechten aan dieren en andere levensvormen, of zelfs 'dode' dingen als landschappen verlaten we het antropocentrische perspectief.

3 De (proto-)Zoöp. Wat is dat nu weer?

Het Nieuwe Instituut in Rotterdam heeft een systeem opgezet om de stem van het niet-menselijk leven in de operationele sfeer van zo veel mogelijk organisaties te laten horen. Het heeft daartoe criteria ontwikkeld.[10] Voldoet een organisatie daaraan, dan geeft dat zekere garanties dat het eigen functioneren is gericht op duurzaamheid en ecologisch herstel. Zij mag zichzelf dan 'Zoöp' (samentrekking van 'zoë' (leven) en 'coöperatie') noemen. De Zoöp is geen nieuw type rechtspersoon, de Zoönomie is evenmin een systeem om rechtspersoonlijkheid aan de natuur te verlenen, maar 'Zoöp' is eerder een certificaat. Het Zoönimisch Instituut (nu nog: het Nieuwe Instituut, zelf (sinds 22 april 2022) de eerste Zoöp in de wereld) is de uitvoerder van dit systeem: het ontwikkelt en actualiseert de criteria, het verstrekt de licentie om je als 'Zoöp' te mogen afficheren en het voegt in overleg met de Zoöp onafhankelijke eco-regeneratie-experts ('Sprekers voor de Levenden') aan het bestuur toe als adviseur en waarnemer (dat wil zeggen: met het recht om aanwezig te zijn en te spreken bij vergaderingen, doch zonder stemrecht). Het bewaakt, samen met de Spreker voor de Levenden, de kwaliteit: zinvolle regeneratiedoelen, geen greenwashing en geen getreuzel in de antichambre van het proto-Zoöpschap. De Spreker voor de Levenden houdt zich bezig met het plannen en uitvoeren van eco-regeneratiedoelen. Per geval kan worden bekeken of de waarnemer in het bestuur bepaalde verdergaande bevoegdheden kunnen toekomen. Zijn andere onderwerpen aan de orde dan houdt de eco-regeneratie-expert zich afzijdig, totdat beslissingen erover een belemmering kunnen vormen voor het halen van de eco-regeneratiedoelen. De Zoönomische Stichting bestuurt, zij houdt toezicht en bepaalt het beleid. Zusterorganisaties zijn inmiddels in het leven geroepen in België, Duitsland, Italië en Slovenië.

Achtergrond is de opvatting dat de wereldwijde klimaatcrisis en de ecologische verwoesting door de mens het resultaat zijn van het exclusief najagen van menselijke belangen. In een Zoöp krijgt het andere-dan-menselijk leven een sterkere positie met als doel: ecologische regeneratie. Regeneratie (herschepping, wat mij betreft) gaat verder dan het beschermen wat er nog over is van het niet-menselijk leven. De (toekomstige) Zoöps van de wereld werken samen aan de transformatie van de bestaande economie tot een regeneratieve economie, ook wel: mensinclusief ecosysteem. Het

---

9 Face à Gaia, 'Huit conférences sur le Nouveau Régime Climatique (2015); Mémo sur la nouvelle classe écologique', met Nikola Schultz, Éditions La découverte (jan. 2022).

10 https://zoop.hetnieuweinstituut.nl/; www.trouw.nl/duurzaamheid-natuur/van-eend-tot-alg-in-een-zooperatie-krijgen-alle-levende-organismen-een-stem~b7ac5f0c/.

gaat om niets minder dan om het op de langere duur leefbaar houden van de wereld. Voor de mens en voor al het andere leven op aarde. Een Zoöp onderschrijft de volgende waarden:
- gelijkheid (tussen menselijk en niet-menselijk leven);
- collectieve en wederzijdse steun tussen alle elementen (Zoöps, instituut, stichting);
- vrijgevigheid en dankbaarheid;
- onderling vertrouwen;
- hantering van meerdere perspectieven en permanente educatie.

Behalve de aanstelling van een Spreker voor de Levenden moet een organisatie om de Zoöp-licentie te verkrijgen een nulmeting uitvoeren en op zich nemen te werken volgens de zoönomische jaarcyclus: een permanent leerproces. Men moet ecologische regeneratie als nevendoel aanvaarden en daar concreet aan werken. Transparant, zodat de organisatie op de resultaten kan worden aangesproken. De jaarcyclus houdt in dat de Zoöp elk jaar specifieke eco-regeneratiedoelen bepaalt en openbaar rapporteert over de realisering ervan. Een wijziging in de activiteiten van de Zoöp moet erop gericht zijn de organisatie beter (gezonder) te laten functioneren als deel van de ecosystemen waarin ze participeert. Overigens wordt van de Zoöp niet gevraagd om haar activiteiten te veranderen, uit te breiden of bepaalde activiteiten na te laten. De status van Zoöp vereist evenmin verandering van de juridische structuur of van de nationale regelgeving. De Zoöp werkt vanuit een nulmeting, er zijn geen minimumstandaarden voor de start. Daar is voor gekozen om de drempel voor organisaties om mee te gaan doen zo laag mogelijk te houden. In de aanloop naar de licentie kan een organisatie zich laten registreren als proto-Zoöp. Al suggereert de start via de nulmeting iets anders, niet iedere organisatie kan Zoöp worden: organisaties gericht op producten en diensten die niet in overeenstemming te brengen zijn met het doel van eco-regeneratie (bij mij komt als voorbeeld op: handel in niet-biologische gewasbeschermingsmiddelen) komen voor een licentie niet in aanmerking.

4 De Zoöp nader bekeken

Het hiervoor beschreven systeem is bovenal gericht op bewustwording en het integreren van de rechten van de natuur in het denken. Daarmee is de introductie van de Zoöp door een aantal voorlopers te vergelijken met onderwerpen als veiligheid (op de werkvloer en van de consument), integriteit, diversiteit, non-discriminatie, gelijke beloning, maatschappelijk verantwoord ondernemen en privacy. Dat integreren gebeurt met een reeks instrumenten: in de hoogste bestuurslaag moet zijn geborgd dat het onderwerp bij beslissingen wordt betrokken, er moet jaarlijks over worden gerapporteerd, de boodschap moet steeds weer onder de aandacht van alle onderdelen (mensen) uit de organisatie worden gebracht en men streeft naar permanente verbetering aan de hand van plannen, afrekenbare doelen en verantwoording. Het kan van belang zijn ook het belonings- en hr-beleid erop af te stemmen. De nationale overheid zet de maatschappelijke 'inpoldering' van het nieuwe gebied met enige vertraging voort, vaak met regels en het aanstellen van een toezichthouder.

De media pakken hun rol op bij de bewaking en ten slotte hoopt men dat het publiek (aandeelhouders en consumenten) er rijp voor wordt om organisaties af te rekenen op onderpresteren.

Wat moet een Nederlandse jurist denken van de Zoöp en het geven van rechtspersoonlijkheid aan dieren en landschappen? Ik geef u mijn eerste reflexen (mogelijk die van veel juristen):
- Volksvertegenwoordigers en bestuurders krijgen de opdracht zich in te zetten voor het welzijn van de mens. Een bewoonbare aarde en respect voor het niet-menselijk leven zijn daar een afgeleide van.
- De stem van dieren en landschappen kan alleen via een mens tot ons komen. De Spreker voor de Levenden moet zo veel ecologische kennis hebben dat hij die stem kan vertalen.
- Bij het geven van rechtspersoonlijkheid aan de natuur wordt regelmatig verwezen naar plaatselijk traditioneel denken en geloven. Dat lijkt een nogal selectief gebruik van het traditionele gedachtegoed: terwijl de mens in het westen zichzelf steeds verder verdinglijkt, geeft die traditie de dingen een ziel.
- Rechtspersoonlijkheid houdt de erkenning in van het recht op bestaan en het recht om met rust te worden gelaten (respect voor de integriteit). Een rivier met rechtspersoonlijkheid mag – neem ik aan – stromen, ook overstromen als het aanbod dat nodig maakt. Men mag zijn water niet vervuilen. Voor een stevige rechtspositie in concrete gevallen is het noodzakelijk om de rechten expliciet te benoemen en uit te werken. Heeft iedere rivier recht op natuurlijke oevers (ook de Amstel?). Mag erop gevaren worden? Met vervuilende stookolie als brandstof?
- Rechtspersoonlijkheid veronderstelt het dragen van rechten en plichten.[11] Het is bij de breed gedeelde twijfel aan de vrije wil al lastig mensen ter verantwoording te roepen voor het verzaken van hun plichten. Bij het toerekenen van plichten aan dieren en rivieren komt de gedachte op aan de strafprocessen met dieren in de beklaagdenbank, zoals die aan het einde van de middeleeuwen enige tijd in zwang waren. Iets nuttigs voor de wereld kan ik me daarbij niet voorstellen. Dat betekent dat de rechtspersoonlijkheid voor dieren en landschappen op dit punt wezenlijk afwijkt van het gebruikelijke concept.
- De Zoöp is een instrument om het denken en handelen te organiseren van hen die al doordrongen zijn van de noodzaak van snelle en ingrijpende verandering van ons gedrag en onze maatschappij. Het richt zich alleen indirect tot de grote groep anderen.
- De zoönomie is gericht op revitalisering van ecosystemen en de ecosysteemdiensten. De taak van de Zoöp is te leren functioneren binnen de ecosystemen waar ze in participeert. De zoönomie trekt niemand voor. Planten, dieren, schimmels, algen, virussen en bacteriën, iedereen mag meedoen. Het gaat over de concrete materiële werkelijkheid, maar het bewustzijn dat men daar deel van uitmaakt, er bepaalde verantwoordelijkheden in heeft en er zijn gedrag op moet afstemmen, is een abstractie, voorbehouden aan de mens. Het concept van de zoönomie is

---

11 www.nrc.nl/nieuws/2022/05/20/komt-een-berg-bij-de-rechter-dat-is-helemaal-niet-zo-gek-a4125052.

in de eerste plaats ecocentrisch, maar het is wel door mensen gezien/bedacht en daarmee in zekere zin (toch weer) antropocentrisch. Het zet de mens niet terug in een dierensysteem, gelijkwaardig met andere dieren.[12] De mens blijft erboven zweven, blijft pogen het geheel te regisseren. Geen bezwaar, zou ik denken: hoe krachtiger we het beest in ons temmen, hoe beter voor het ecosysteem. Onmatig produceren uit winstbejag, verspilling, verslaving aan de wegwerpmaatschappij, kortetermijndenken en wel uitsluitend in het belang van de eigen sibbe zijn uitingen van het dier in ons. Om te overleven zijn dieren zuinig met activiteit (ze zijn lui), houden ze niet van verandering (van dieet bijvoorbeeld) en richten ze zich op behoeftebevrediging op de korte termijn (de eigen volle maag en het eigen voortplantingssucces). Precies deze dierlijke trekken in de mens brengen – gecombineerd met een fabelachtig intellect en de plaatsing van de duim tegenover de vingers – de wereld nu ernstig in gevaar. De mens moet het dier in zichzelf overstijgen. Het denken dat ons moet redden, het denken in termen van een ecosysteem, is bij uitstek een menselijke verworvenheid. Daarin staat de mens misschien niet centraal, maar het is wel de mens die vooruit moet kijken. Die moet inzien dat het leven afhankelijk is van respect voor het ecosysteem, in zijn geheel. Ook als dat het leven waar we aan gewend en gehecht zijn op zijn kop zet.

Zo bezien lijkt de zoönomie toch geen principiële breuk in ons denken op te leveren, net zomin als het toekennen van rechtspersoonlijkheid aan de wolaap. Rechtspersoonlijkheid en zoönomie zijn geen juridische toverstafjes die het discours wezenlijk veranderen. Ik kan mij ten minste niet goed voorstellen hoe in een gerechtelijke procedure voor of tegen de waterkrachtcentrale in de Whanganui (met materiële argumenten aan beide kanten) het formele gegeven dat de rivier als partij mee kan procederen, het oordeel in belangrijke mate zou beïnvloeden. Met strenge, gedetailleerde regels kan de wetgever een rivier zonder rechtspersoonlijkheid net zo effectief beschermen als een rivier zonder rechtspersoonlijkheid. Het toekennen van een eigen juridische stem aan dieren en natuur (rivieren, bergen, landschappen) is daarmee vooral een instrument dat ons bewust kan maken van het feit dat de mens te veel plaats is gaan innemen ten koste van dier en natuur. Als rechtspersoonlijkheid een verruiming oplevert van de mogelijkheden om een gerechtelijke procedure te starten (zoals in Ecuador is geconcludeerd), is dat natuurlijk een nuttig, maar – in het licht van wat er in Europa al kan – bescheiden gevolg. Het is ook niet helemaal zonder gevaar van verstopping van het rechtssysteem overigens.

5 Afsluiting

De Zoöp is een aansporing om voor de lange termijn en natuurinclusief te denken. Zoönomie is een beweging van onderop, in zo veel mogelijk instituties. Liefst bij banken, pensioenfondsen, verzekerings- en energiemaatschappijen en grote platforms. De zoönomie zou vleugels krijgen als het niet langer een puur vrijwillige

---

12 www.trouw.nl/religie-filosofie/mens-en-dier-zijn-niet-gelijk-vindt-denker-des-vaderlands-paul-van-tongeren~b5e2bb794/.

aangelegenheid zou zijn, bijvoorbeeld doordat de Zoöp-licentie mee gaat tellen bij overheidsaanbestedingen. Ondertussen piekt in Nederland de verkoop van *sports utililty vehicles* (nu ja: cross-overs), wil de vleesconsumptie maar niet zakken en blijkt 'vliegschaamte' in Nederland een kortdurende coronahype. 'Ze' (overheid en bedrijfsleven) moeten het maar oplossen. Als een coke-snuivend wielerpeloton stuift de mensheid blindelings naar de afgrond. Tegen beter weten in, in ieder geval sinds 1963 (*Silent Spring*[13]) en 1972 (*Grenzen aan de groei*, Rapport van de Club van Rome[14]). Voor de democratie bestaat echter geen aanvaardbaar alternatief, ook niet als een abrupte gedragsverandering nodig is. Dus is ieder instrument welkom, dat kan helpen de kiezer te doordringen van het belang van een fundamentele verandering in ons denken en doen. Ook de Zoöp.

---

13   Rachel Carson, *Silent Spring* ('the classic that launched the environmental movement').
14   Massachusetts Institute of Technologie, onder leiding van Dennis Meadows en Donella Meadows.

23 Veertig jaar milieurecht: de emancipatie van het natuurbeschermingsrecht

Fred Kistenkas[1]

De VMR bestaat veertig jaar, maar ook het vak milieurecht aan de Nederlandse universiteiten zal ongeveer evenzoveel jaar bestaan. Ikzelf loop nu eveneens veertig jaar mee aan de universiteit en zag met name het natuurbeschermingsrecht van nietig onderdeeltje van een aarzelend keuzevakje Milieurecht groot worden tot een machtig vakgebied dat via stikstofregels inmiddels het hele land kan stilleggen.

Laat me u meevoeren naar de gezapig-conservatieve Utrechtse rechtenfaculteit eind jaren zeventig, via de jaren tachtig en negentig aan de progressief-linkse UvA tot de jaren nul, tien en begin twintig in het groene Wageningen. Het natuurbeschermingsrecht is glansrijk geëmancipeerd, maar er zijn bedreigingen die ik samenvat tot het sluipende fenomeen van beleidswetgeving.

1 Van aarzelend keuzevakje naar master

In 1982, het oprichtingsjaar van onze VMR, werd voor het eerst en uiterst aarzelend het doctoraal-keuzevak Milieurecht aangeboden aan de Utrechtse rechtenfaculteit. Tot die tijd kwam milieurecht niet eigenstandig in het curriculum voor. Per ongeluk werd er bij een vak als Europees recht nog wel eens verwezen naar de toen net nieuwe Europese Vogelrichtlijn. Ik was eind jaren zeventig zelf rechtenstudent en herinner mij nog een harde discussie in een collegezaaltje in het Academiegebouw op het Domplein tussen corporale studenten ('Moet de EEG zich nu ook al met vogeltjes bezighouden? Dat mogen ze niet eens!') en linkse studenten ('Vogels trekken zich niks aan van landsgrenzen; ook dit milieuprobleem moet je dus met Europese wetgeving aanpakken.'). Ik vond dat beide kanten gelijk hadden. Inmiddels is de EU gelukkig wel bevoegd gemaakt, maar die corpsstudenten hadden toentertijd wel degelijk een punt: de EEG had inderdaad geen enkele bevoegdheid om natuurwetgeving te maken en in retrospectief is het een wonder dat die eerste Europese natuurrichtlijn er toch gekomen is. Welke krachten speelden er toen? Apocrief is het verhaal dat ik later vaak van Britse en Scandinavische collega-milieujuristen hoorde: dat katholieke Zuid-Europa schoot de vogels die 'wij' in Noord-Europa beschermden en een fourageergebied gaven domweg weer uit de lucht. De noordelijke schil van Europa zag de Vogelrichtlijn kennelijk als een protestantse les in natuurrentmeesterschap aan dat katholieke zuiden dat alleen maar aan jacht en lekker eten dacht. De Vogelrichtlijn als protestantse richtlijn? Ofschoon er geen protestantse meerderheid in Europa was en is, is die visie helemaal zo gek nog niet; te meer niet als je

---

[1] Mr. dr. F.H. Kistenkas is associate professor omgevingsrecht aan Wageningen University & Research.

bedenkt dat vrij snel ook half-protestantse landen als Duitsland en Nederland zich bij die noordschil aansloten; de bekende boter/olijfolie- of bier/wijn-grens dus weer. Zij zagen zichzelf kennelijk als schuldige rentmeesters en *Naturgärtner*. Dürnberger[2] spreekt beeldend van: 'Der Garten als Naturideal mit Störfaktor Mensch', waarbij natuurbescherming altijd vooral met een slecht geweten en protestants schuldbesef te maken zou hebben gehad. Dit soort interessante theologisch-ethische bespiegelingen over het groene omgevingsrecht hoor je eigenlijk nooit in Nederland. Sterker nog: mijn Wageningse studenten weten tegenwoordig al niet eens meer wat een katholiek of een calvinist is. Dat moet je dan helemaal gaan uitleggen. Jammer, want zo wordt ook wel een originele analogie tussen klimaatrecht en laatmiddeleeuws katholicisme aangebracht: angst voor een apocalyptische catastrofe, dogma's en aflatenhandel.[3] Terug naar de Vogelrichtlijn. Ik hou het toch maar gewoon op typisch legislatief jarenzeventig-denken: je hebt harde 'nee, tenzij'-rechtsregimes nodig voor zachte waarden als natuur en milieu. De opkomst van de milieuwetgeving juist in die jaren kun je vanuit die oude gedachte verklaren.

Eindelijk was er dan een keuzevakje daarover. Ik herinner mij nog als verplichte literatuur een flinterdun boekje van Th.G. Drupsteen, getiteld *Het Nederlands milieurecht in kort bestek* uit 1978. Meer was er in die dagen ook nog niet. Ik heb het inmiddels vergeelde boekje nog in mijn boekenkast en tel slechts een paar pagina's over natuur. Het meeste gaat daarvan dan ook nog eens over de Jachtwet.

2 Beatrix en de waddenschilder

Na mijn Utrechtse jaren werd ik in 1983 gevraagd om aan de UvA staatsrecht te gaan doceren. Iets geheel anders zou je denken, maar gek genoeg dateert uit die Amsterdamse jaren de mooiste natuurbeschermingsrechtelijke casus die ik ooit heb meegemaakt. Ik was intussen gepromoveerd op een proefschrift over uitingsvrijheid en onder dat grondrecht viel ook de vrijheid van de kunst. Kunstenaars zouden volgens sommige juristen zelfs iets meer mogen dan een gewone sterveling en zich kunnen beroepen op de Grondwet en de uitingsvrijheid uit het Europees Verdrag voor de Rechten van de Mens (inmiddels ook in ons metier bekend uit de Urgenda-zaak). Dat heette de kunstenaarsexceptie oftewel de *exceptio artis*. Ik twijfelde over zo'n *exceptio artis*. Niemand staat immers boven de wet, ook kunstenaars niet, maar zij hadden inderdaad wel een bijzonder grondwettelijk recht op uitingsvrijheid. De casus is een klassieker geworden: het ging over waddenschilder Geurt Busser die zijn schip liet droogvallen op het Wad om daar aquarellen te schilderen van het landschap. Hier zouden natuurbescherming en grondrechten botsen. Tegelijk zijn kunstschilders, natuurfotografen en- filmers natuurlijk ook zeer goede ambassadeurs voor de natuur. Zij laten ons heel mooi zien wat het beschermen waard is.

---

2 Chr. Dürnberger, 'Naturschutz – keine Frage der Schuld. Utopisches Denken in Debatten über die Mensch-Natur-Beziehung', *GAiA* 2013, 22, p. 174-177.

3 M. Rosenberger, 'Die Ratio der Klima-Religion. Eine theologisch-ethische Auseinandersetzung mit klimaskeptischen Argumenten', *GAiA* 2014, 23, p. 93-99.

In een rechtswetenschappelijk artikel nam ik het op staatsrechtelijke gronden op voor de vrijheid van de kunst en dus voor Busser. Dat artikel schijnt zelfs bij koningin Beatrix bekend te zijn geweest en met instemming gelezen te zijn toen zij het ook opnam voor de kunstschilder. In *De Telegraaf* van 9 juni 1993 lezen we dat de staatssecretaris 'trillend van de zenuwen' terugkwam van een onderhoud met hare majesteit 'die goed op de hoogte bleek van de zaak Busser'.

In die beginjaren negentig hadden we nog geen Natura 2000 en dus geen habitattoets. Busser was opmerkelijk genoeg wel gewoon van harte welkom op het Duitse en Deense Wad, maar dus niet in het Nederlandse deel. Bij een ministersconferentie in het Deense Esbjerg werd hij in 1991 zelfs gevraagd om te exposeren. Precedentwerking werd aangevoerd, maar het was en is niet aannemelijk dat er zich opeens tientallen varende beroepsschilders en -fotografen zouden gaan aanmelden. Ik pleitte dus voor vergunningverlening met onder andere ook een verwijzing naar mijn proefschrift en dan met name het Duitse bestuursrecht op dit punt.

In de krant uit begin jaren negentig lezen we: 'Door persoonlijk ingrijpen van Koningin Beatrix mag kunstschilder Geurt Busser, bijgenaamd de Rembrandt van het Noorden, gaan werken in het gesloten deel van de Waddenzee.' Geurt Busser vaart, schildert en exposeert nog steeds en maakt zich ook druk om het dichtslibben van het Groningse haventje van Noordpolderzijl. Een ware ambassadeur voor het Groningse Wad; kunst in dienst van de natuur en als beschermer van wat kwetsbaar is en dus een juist besluit destijds, al dan niet koninklijk ingegeven.

Het was mijn eerste natuurbeschermingsrechtelijke casus. Nog steeds zijn ook mijn Wageningse studenten muisstil als ik ze dit relaas vertel. Eigenlijk bestond natuurbeschermingsrecht toen nog niet. Dat zou pas later losbarsten met de Habitatrichtlijn, maar ik werd wel gebeld door een hoogleraar van Wageningen Universiteit: 'Jij schrijft over natuurbeschermingsrecht, hè? Is Wageningen niet iets voor je?' Met staatsrecht houd ik me sinds de late jaren negentig niet meer bezig, maar nog steeds twijfel ik over de *exceptio artis* ...

3   Wageningen gered door Natura 2000

Ik denk wel eens dat Wageningen University & Research, de WUR dus, gered is door de Habitatrichtlijn. Het zag er immers slecht uit voor de voormalige landbouwuniversiteit zo eind jaren negentig. Steeds minder studenten, de intensieve landbouw lag steeds meer onder vuur en Utrecht en Nijmegen stonden al klaar om de bijnafailliete boedel over te nemen. Maar door de Habitatrichtlijn met zijn door een harde habitattoets beschermde Natura 2000-gebieden was er opeens werk vanwege ons huis-Ministerie van LNV en een nieuwe groene roeping die prachtig aansloot bij een nieuwe tijd van duurzaamheid, klimaat en later ook de *Sustainable Development Goals*.

Er was opeens veel werk voor al die Wageningse ecologen en bestuurskundigen. LNV-projecten, maar ook onderwijs: 'Kistenkas, wil jij weer niet wat hoorcolleges geven hier? Niet over staatsrecht, maar over natuur- en milieurecht.'

Mijn daartoe in *no time* uit de grond gestampte vak natuurbeschermingsrecht werd een verplicht vak voor biologie-, bosbouw- en milieukundestudenten, maar bovenal vonden deze Wageningse studenten onze rechtswetenschap verrassend relevant. Ze waren opmerkelijk genoeg meer geïnteresseerd in ons vak dan de rechtsstudenten die ik aan UvA en UU had meegemaakt. Opleidingscommissies vroegen mij om meer juridische vakken zoals bosrecht, omgevingsrecht en milieubeleidsinstrumenten. Er was ook geen leerboek voor onze niet-juristen in het Wageningse domein, dus snel ook een leerboek *Recht voor de groene ruimte* geschreven. Binnen een jaar was dat uitverkocht; de wetenschappelijke uitgever op de Wageningse campus had zoiets nog nooit meegemaakt. Het leuke is: je studenten van vandaag zijn je opdrachtgevers van morgen. Als onderzoeker kom je ze weer tegen en allemaal hebben ze nog een eerste, tweede of derde druk in hun kast. Nooit maakte ik een groep studenten mee die altijd zo goed meedeed en zo goed de literatuur van tevoren bestudeerde als de Wageningse studenten.

4   De toekomst

Het natuurbeschermingsrecht heet niet voor niets natuur*beschermings*recht. Het is geen natuur*ontwikkelings*recht, natuur*belevings*recht of natuur*benuttings*recht, maar uitsluitend en alleen het *beschermen* van enkele vaststaande natuurdoelen. In de jaren zeventig was dat ook precies het doel: de weinige natuur die we nog hadden moest keihard beschermd worden en daar had je wetgeving als dwingend sturingsinstrument voor. Harde toetsen voor zachte waarden. Deed je dat niet, dan zouden economische waarden het al gauw winnen. Zo ontstond de Vogelrichtlijn van 1979 en daarop voortborduurend uiteindelijk ook de Habitatrichtlijn van 1992. In de jaren zeventig zagen wij juristen wetgeving nog als middel bij uitstek voor harde verboden om het milieu en de natuur te redden. De wereld was immers maakbaar en natuur en milieu dienden met harde verbodsregels beschermd te worden.

Tegenwoordig zie je volgens mij een totaal ander type wetgeving. Ik vraag me af of dat goed is voor de toekomst van ons milieurecht. Het lijkt wel of milieuwetgeving niet meer zoals vroeger het exclusieve domein is van de wetgevingsjurist. Het lijken steeds meer bestuurskundige producten waarbij niet de regelgeving, de harde verbodsnormen inclus, maar meer de beleidscyclus centraal staat. Deze zogenoemde *beleidsinstrumentele wetgeving*[4] lijkt ook in het milieurecht steeds meer de overhand te krijgen. Dat begon volgens mij al op Europees niveau met de EU-verordeningen over hout (EUTR, de *EU Timber Regulation* uit 2013) en invasieve exoten (IAS, de *Invasive Alien Species Regulation* uit 2014). Evenals veel andere moderne wetgeving volgt ook de IAS-verordening een zogenoemde *beleidscyclus*: van een Unielijst (art. 4) via risicobeoordeling (art. 5), actieplannen (art. 13) en een surveillancesysteem (art. 14) naar risicobeheer (art. 19). In de rechtswetenschap heet dit nieuwe type van reguleren beleidsinstrumentele wetgeving ofwel *beleidswetgeving*. Regelgeving focust zich dan meer op (beleids)proces dan inhoud en lijkt meer het domein en product van bestuurskundigen dan van juristen te zijn.

---

4   D.R.P. de Kok & R.J.M. van den Tweel, 'Urgenda en de wetgever', *RegelMaat* 2021/3, p. 125-131.

We zien dit ook al een jaar eerder bij de EU Timber Regulation met zijn vage nepnorm van *due diligence systems* voor de houtketen en bosbouw; ook weer veel beleid en weinig recht.[5] De wetgevingsjurist maakte vroeger harde milieunormen, maar lijkt zich tegenwoordig bezig te moeten houden met een beleidscyclus van vooral beleidsinstrumenten. Beleid is evenwel geduldig en vooral ook vrijblijvend, terwijl recht dwingend en afdwingbaar is. Eerdere generaties milieuwetgeving focusten zich niet op beleidsinstrumenten maar hadden daarentegen juist harde juridische toetsingsregimes, zoals een 'nee, tenzij'-toets voor beschermde soorten en voor habitattypen (de habitattoets uit de EU-Habitatrichtlijn).

Dit leidt ertoe dat beschermde soorten wel een 'nee, tenzij'-toets hebben maar invasieve exoten geen enkele toets kennen; zelfs niet een lichtere 'ja, mits'-toets. Er wordt in de IAS-verordening immers niet gezegd dat er geen spade de grond in kan zonder voorafgaande toets. Invasieve exoten hoeven niet verwijderd te zijn dan wel beheersbaar te zijn alvorens een gebiedsontwikkeling mogelijk is. De IAS-verordening vertrouwt meer op algemene lijstjes, plannen en surveillance; kortom, meer op abstract beleid dan op een toetsing in een concreet geval. De normatieve kracht van dit soort postmoderne regelgeving is uiterst gering. Er staan amper verbodsbepalingen in. Het is meer een soort beleidscircus van actieplannetjes, lijstjes en systeempjes.

Op nationaal niveau is intussen ook de Omgevingswet een mooi voorbeeld van beleidswetgeving. Daarin staat immers een zogenoemde *beleidscyclus* centraal van beleidsontwikkeling, beleidsdoorwerking, beleidsuitvoering en beleidsterugkoppeling. Mooie beleidsinstrumenten als omgevingsvisies en programma's worden op het beleidsspoor geïntroduceerd, maar de doorwerking op het juridische en uiteindelijk dus beslissende spoor is daarmee nog allerminst gezekerd. Onder de oude Wro tot 2008 zorgde provinciale goedkeuring van ontwerpbestemmingsplannen en natuurlijk ook de Planologische Kernbeslissing (PKB) voor een soort automatische doorwerking van rijks- of provinciaal beleid naar de planwetgeving op het juridische spoor, maar zowel dat provinciaal goedkeuringsrecht als de PKB zijn inmiddels geschrapt. Ik zou ze daarom nu weer herinvoeren en misschien ook een provinciale PKB, een pPKB, er nog bij voegen. Alsdan is zo'n beleidscircus van niet-bindende beleidsdocumentjes toch nog relevant voor de rechtsinstrumenten en ontstaat er weer iets van structurele en automatische doorwerking van beleid naar het recht. Thans zie je nu al in de jurisprudentie dat die fraai geformuleerde nationale belangen uit de NOVI niet of moeizaam (zullen) doorwerken naar het gemeentelijke niveau.[6]

Uit eigen ervaring weet ik dat dit soort doorwerkingsinstrumenten als PKB en vooral ook provinciaal preventief toezicht ten gemeentehuize goed werken. Mijn tocht langs de drie bovengenoemde universiteiten begon namelijk ooit met een jaartje als planjurist op het gemeentehuis van Zeist. Het juridisch denkniveau van mijn collega's was daar verontrustend laag, zo niet totaal afwezig, maar men wist wel donders goed

---

5   F.H. Kistenkas, 'Concurring regulation in European forest law. Forest certification and the new EU Timber Regulation', *GAiA* 2013, 22, p. 166-168.
6   ABRvS 23 december 2020, ECLI:NL:RVS:2020:3071, *Gst.* 2021, 49 m.nt. F.H. Kistenkas (Fryske Marren).

dat er serieus naar provinciaal ruimtelijk beleid gekeken moest worden als er weer eens een ontwerp van een (postzegel)plan gemaakt moest worden: anders geen provinciale goedkeuring. Ik weet dat men nu daar domweg het piepsysteem hanteert: gewoon bouwen in de EHS/Natuurnetwerk Nederland en als er iemand piept, is het vroeg genoeg om de zienswijze af te wijzen of desnoods in te binden als de provincie zich echt druk gaat maken om bouwen binnen haar groene contour.

De Omgevingswet kiest voor integraal en bovendien ook nog decentraal: de gemeenten krijgen de eerstelijns bevoegdheden, zijn dus in feite het primaire *bevoegd gezag* en mogen gaan wegwegen. Dan wordt alles 'eenvoudig en beter', aldus de *framing* van de gelijknamige Haagse programmadirectie. We moeten vertrouwen hebben in gemeenten als lagere, pardon: *mede*-overheden. Waar dat vertrouwen dan op gebaseerd moet zijn, is mij na veertig jaar academische bestudering van de gemeenterechtelijke jurisprudentie onduidelijk.

Alleen al de simpele suggestie van die Omgevingswet dat gemeenten primair 'de baas' zijn en in het vervolg een integrale weging mogen gaan doen, bleek elders al funest voor de natuur. Uit de evaluatie van die enige andere integrale omgevingswet ter wereld (die van Nieuw-Zeeland) weten we dat – ook al blijven sommige sectorale milieutoetsen wetstechnisch bestaan – de gemeenten zwakke waarden als natuur en biodiversiteit veel te gemakkelijk zullen wegwegen als zij horen dat je integraal mag werken, denken en wegen vanuit een zwakkere 'ja, mits'-gedachte. Dat is in Nieuw-Zeeland ook echt zo gebeurd en veel rechters gingen daar gemakshalve veel te lang in mee. De *courts* en vooral de *councils* denken dat ze veel wegingsruimte hebben gekregen, want zo was immers de framing van het ministerie en dat is niet goed voor de economisch zwakke sector van natuur en biodiversiteit.[7]

Over mijn rechtsvergelijkende studie met Nieuw-Zeeland werden tot twee keer toe rechtswetenschappelijke Kamervragen[8] gesteld en tot twee keer toe kregen we geen rechtswetenschappelijk antwoord maar een bestuurskundig antwoord; is dat tekenend voor de positie van de jurist ten departemente? Is die ondergesneeuwd geraakt door allerhande sociale wetenschappers? We vroegen naar rechtsinstrumenten die zwakke waarden dwingend zouden kunnen beschermen en doorwerking konden hebben naar al te bouwlustige en nationale NOVI-belangen 'wegwegende' gemeenten, maar we kregen sans gêne slechts een opsomming van beleidsinstrumenten als antwoord. Beleid is evenwel ten principale vrijblijvend, maar recht is dwingend.

---

[7] F.H. Kistenkas, 'De Omgevingswet: een juridisch discutabele exercitie', *TO* 2021-1, p. 27-31 en F.H. Kistenkas, M.J. Smits & D.A. Kamphorst, 'Implementing sustainable development into one integrated domestic environmental act. A law comparison between two frontrunners: New Zealand and The Netherlands', *European Energy and Environmental Law Review* (*EEELR*) 2020-6, p. 240-244.

[8] *Kamerstukken II* 2020/21, Aanh. 1336 en 1993, vragen van het lid Van Gerven (SP) aan de Minister van BZK over het artikel van mr. dr. F.H. Kistenkas.

We moeten ervoor oppassen dat milieuwetgeving steeds meer gaat lijken op een beleidsdocument of teruggebracht wordt tot een *beleids*cyclus. Milieuwetgeving is groot geworden door haar harde normen, plafonds en 'nee, tenzij'-regimes. Alleen al de suggestie wekken dat we alles nu integraal gaan doen en gaan kijken hoe we de 'klant' tegemoet kunnen komen kan al funest zijn. Ik vind het prima dat sociale wetenschappers als bestuurskundigen zich bezighouden met beleidscycli, draagvlak, stakeholders en workshops, maar blijf af van onze wetgeving en reduceer dat niet tot een beleidscyclus.

5 Slot

Ik heb u meegenomen in dezelfde tijdspanne als de VMR thans bestaat en langs drie universiteiten. Wat ooit begon als een bescheiden keuzevakje met een dun boekje milieurecht met slechts een paar obligate zinnetjes over natuur, is uitgegroeid tot een volwaardig rechtsgebied met eigen masters en minors en zelfs met hooggewaardeerde hoofdvakken aan een voormalige landbouwuniversiteit met tot op de dag van vandaag niet eens een juridische faculteit. Ja, dat illustreert toch wel een giga-emancipatie in veertig jaar! Maar in de toekomst moeten we oppassen voor afglijden naar beleidswetgeving, waarbij wetgeving gaat lijken op vrolijk doch vrijblijvend beleid, opgehangen aan een zogenoemde beleidscyclus met dominantie van beleidsinstrumenten en *framing* door een gelikte programmadirectie.

Ik denk evenwel dat het uiteindelijk wel goed komt. Kijk maar naar Nieuw-Zeeland met zijn omgevingswet. Het kan dan inderdaad wel weer dertig jaar duren, maar een wetsevaluatie snoert al die beleidswetenschappelijke, niet-rechtswetenschappelijk geschoolde beunhazen de mond en geeft ons juristen weer ons domein terug: het milieurecht met een natuurbeschermingsrecht met harde normen.

24 De eco-regeling in het GLB 2023-2027: biodiversiteit als keuzemenu

Tonny Nijmeijer[1]

1 Inleiding

Het gaat niet goed met de biodiversiteit. Het herstel van biodiversiteit is daarom een van de speerpunten in de Europese Green Deal.[2] De Green Deal wordt (onder meer) uitgewerkt in het Gemeenschappelijk Landbouwbeleid (GLB) van de Europese Unie. Met ingang van 1 januari 2023 geldt een vernieuwd GLB, dat is toegesneden op de doelstellingen van de Green Deal (verder: GLB 2023-2027).[3] Omdat een substantieel deel van de biodiversiteit zich bevindt (of zou moeten bevinden) op gronden die in gebruik zijn als landbouwgrond – en dus in beheer zijn bij agrariërs – is het GLB 2023-2027 direct van invloed op de biodiversiteit.[4] In het huidige GLB is het herstel van biodiversiteit al een van de doelstellingen.[5] Ook in andere Europese regelgeving is de koppeling tussen biodiversiteit en landbouw gelegd, bijvoorbeeld in de ELFPO-verordening.[6] In 2020 is bovendien de Europese Biodiversiteitsstrategie 2030 – als opvolger van de Biodiversiteitsstrategie 2020 – vastgesteld.[7] Kortom: het herstel van biodiversiteit staat al vele jaren op de Europese agenda. Tot op heden sorteren de maatregelen echter te weinig effect.[8] De uitdaging voor de toekomst is om een effectiever herstel van biodiversiteit op landbouwgronden te bereiken. Het GLB 2023-2027 introduceert daarvoor een nieuw instrument: de *eco-regeling*.

---

1 Prof. mr. A.G.A. Nijmeijer is werkzaam als hoogleraar bestuursrecht, in het bijzonder omgevingsrecht, aan de Radboud Universiteit. Hij is tevens staatsraad advocaat-generaal in de Afdeling bestuursrechtspraak van de Raad van State. Deze bijdrage is afgesloten op 13 juni 2022.
2 www.europa-nu.nl/id/vl4ck66fcsz7/europese_green_deal#p1.
3 www.consilium.europa.eu/nl/policies/cap-introduction/cap-future-2020-common-agricultural-policy-2023-2027/.
4 Voor meer informatie zie bijv. www.wur.nl/nl/nieuws/Landbouw-en-biodiversiteit-bij-elkaar-brengen.htm.
5 https://agriculture.ec.europa.eu/common-agricultural-policy/cap-overview/cap-glance_nl.
6 Verordening (EU) nr. 1305/2013 van 17 december 2013 inzake steun voor plattelandsontwikkeling uit het Europees Landbouwfonds voor plattelandsontwikkeling. Art. 5 lid 4 onder a van de verordening noemt bijvoorbeeld het herstellen van de biodiversiteit als een Europese prioriteit voor de plattelandsontwikkeling.
7 COM(2020)380. EU-biodiversiteitsstrategie voor 2030: De natuur terug in ons leven brengen.
8 Om de biodiversiteit verder te stimuleren is in ons land in 2018 het Deltaplan Biodiversiteitsherstel van start gegaan; zie voor uitgebreide informatie www.samenvoorbiodiversiteit.nl.

2   Huidig GLB: de subsidie als vertrouwd kerninstrument

De in 2015 uitgevoerde tussentijdse evaluatie van de Europese Biodiversiteitsstrategie 2020, meldt over de bijdrage van de land- en bosbouw aan het herstel van de biodiversiteit het volgende:

> 'De aanhoudende achteruitgang van de staat van instandhouding van soorten en habitats van EU-belang die samenhangen met de landbouw, geeft aan dat er meer moet worden gedaan om de biodiversiteit in die gebieden in stand te houden en te verbeteren. Het gemeenschappelijk landbouwbeleid heeft een essentiële rol te vervullen in dit proces, samen met het desbetreffende milieubeleid. De hervorming van het GLB voor 2014-2020 biedt een hele reeks instrumenten die kunnen bijdragen tot het ondersteunen van de biodiversiteit. De lidstaten zullen die kansen nu op voldoende grote schaal moeten benutten wil het streefdoel worden verwezenlijkt.'[9]

Op Europees niveau is het GLB 2014-2020 nader uitgewerkt in – onder meer – het derde Plattelandsontwikkelingsprogramma, ook wel POP3 genoemd. Binnen de context van het POP3 bestaan vele soorten subsidies, zowel op landelijk als op provinciaal niveau.[10] De subsidie kan met recht het kerninstrument voor het herstel van biodiversiteit op landbouwgronden worden genoemd. Een specifieke regeling die binnen Nederland geldt om agrariërs actief te betrekken bij natuurbeheer en waarin de subsidie de spil vormt, is de regeling Agrarisch Natuur- en Landschapsbeheer (ANLb). Een wezenlijk element in het ANLb, is de gebiedsgerichte benadering van het natuurbeheer. Die gebiedsgerichte benadering wordt op twee manieren gestimuleerd. In de eerste plaats worden subsidies op grond van het ANLb niet verleend aan individuele agrariërs maar alleen aan georganiseerde agrarische samenwerkingsverbanden, de *collectieven*. Er zijn momenteel veertig agrarische collectieven.[11] Vanuit deze collectieven worden individuele agrariërs door middel van beheercontracten en beheerpakketten bij het natuurbeheer betrokken. In de tweede plaats moeten de te subsidiëren activiteiten passen in het natuurbeheerplan dat voor het desbetreffende gebied door de provincie is vastgesteld. In de provinciale natuurbeheerplannen wordt het herstel van biodiversiteit veelvuldig als doel genoemd.[12] Met het oog op het GLB 2023-2027 is een interessante vraag waarom het herstel van biodiversiteit op landbouwgronden tot op heden onvoldoende effect sorteert. In de tussenevaluatie van de ANLb worden twee oorzaken aangewezen: (a) deelname aan het ANLb is vrijwillig en (b) natuurbeheeractiviteiten passen niet (goed) in een reguliere agrarische bedrijfsvoering.[13] Het is goed om deze twee oorzaken in het vervolg van deze bijdrage op het netvlies te houden.

---

9   Brussel 2 oktober 2015, COM(2015) 478 final, p. 9-10.
10 www.rvo.nl/onderwerpen/glb/pop3#welke-subsidies-zijn-er%3F.
11 De collectieven hebben een gezamenlijke website: www.boerennatuur.nl.
12 Bijvoorbeeld Natuurbeheerplan Provincie Overijssel 2022, o.a. p. 5 en p. 35 en het Natuurbeheerplan 2022 van de provincie Utrecht, o.a. p. 5 en p. 12. Alle provinciale natuurbeheerplannen zijn te raadplegen op de website van de provinciale uitvoeringsorganisatie BIJ12 (www.bij12.nl/).
13 F.G. Boonstra e.a., *Stelselvernieuwing in uitvoering. Tussenevaluatie van het agrarisch natuur- en landschapsbeheer*, WUR 2021, par. 6.5.2., p. 74.

3 GLB 2023-2027: introductie van de eco-regeling

3.1 Algemeen

Het GLB 2023-2027 zet steviger in op de beloning van activiteiten die bijdragen aan het herstel van biodiversiteit. Daartoe wordt de *eco-regeling* geïntroduceerd. De implementatie van het GLB 2023-2027 vindt in Nederland plaats door middel van het Nationaal Strategisch Plan (NSP).[14] In het NSP is de Europese eco-regeling nader uitgewerkt en toegespitst op de Nederlandse situatie. De eco-regeling wordt als hét instrument gezien waarmee verduurzaming van de landbouw – inclusief het herstel van biodiversiteit – kan worden bereikt.

3.2 Schets van de eco-regeling in het NSP

Wat houdt de eco-regeling in? Activiteiten die in het kader van de Europese eco-regeling worden uitgevoerd, dienen vijf doelen: het verbeteren van biodiversiteit, bodem en lucht, klimaat, landschap en water. Om in aanmerking te komen voor bekostiging vanuit de eco-regeling, moet een agrarisch bedrijf voldoen aan instapeisen in de vorm van 'goede landbouw- en milieucondities', kortweg GLMC's. De GLMC's hebben onder meer betrekking op de bescherming van veengebieden en wetlands, het aanleggen van bufferstroken, het tegengaan van erosie, gewasrotatie en diversificatie en het aanhouden van niet productief areaal en landschapselementen.[15]
Afhankelijk van de inspanning, komt een agrariër in aanmerking voor een van de volgende eco-premies:
– brons: 60 euro per hectare;
– zilver: 100 euro per hectare;
– goud: 200 euro per hectare.

Het is de bedoeling dat de eco-activiteiten zo veel mogelijk aan alle doelen tegelijkertijd bijdragen. Iedere eco-activiteit heeft een bepaalde waarde.[16] Deze waarde is gebaseerd op de kosten die een agrariër moet maken om de activiteit uit te voeren, op de gederfde inkomsten en op het belang van een eco-activiteit voor natuur en milieu. De opgetelde waarde van de uitgevoerde eco-activiteiten bepaalt voor welke premie (goud, zilver of brons) een agrariër in aanmerking komt. Hieronder een overzicht van de eco-activiteiten die volgens het NSP worden onderscheiden (deze opsomming kan op een later moment worden gewijzigd).

---

14 Gemeenschappelijk Landbouwbeleid (https://nsp-toekomstglb.nl).
15 Gemeenschappelijk Landbouwbeleid – Thema Groenblauwe architectuur (https://nsp-toekomstglb.nl/thema-groenblauwearchitectuur/).
16 Een uitgebreide analyse van het systeem is te vinden bij B. Stout e.a., *Score activiteiten op doelstellingen in de eco-regelingen van het Nationaal Strategisch Plan*, CLM/WUR, maart 2022.

Tabel 3.1 Punten en waarde per eco-activiteit[17]

Hoofdteelt	Klimaat	Bodem en lucht	Water	Landschap	Biodiversiteit	Waarde/ha
1. Gras/klaver	4	4	0	1	1	€ –
2. Grasland met kruiden	2	4	1	2	2	€ 180
3. Langjarig grasland	4	4	3	0	0	€ 90
4. Meerjarige teelt	4	4	4	1	1	€ 600
5. Natte teelt	3	0	0	1	2	€ –
6. Rustgewas	4	4	4	1	1	€ 50
7. Stikstofbindend gewas/eiwitgewas	3	2	0	1	1	€ 2.305
8. Strokenteelt	0	2	2	2	2	€ 215
9. Vroeg oogsten rooigewas (uiterlijk 31 augustus)	0	3	2	0	0	€ 175
10. Vroeg oogsten rooigewas (uiterlijk 31 oktober)	2	2	4	1	1	€ 490
Bodemgewas						
11. Groenbedekking	2	3	3	1	1	€ 430
12. Onderzaai vanggewas	2	1	1	1	1	€ 140
Teeltmaatregelen						
13. Biologische bestrijding	0	4	1	1	3	€ 100
Veemaatregelen						
14. Verlengde weidegang (1.500 uur)	2	3	0	1	0	€ –
15. Verlengde weidegang (3.000 uur)	3	4	0	2	0	€ –
Niet-productief landbouwgrond						
16. Bufferstrook met kruiden (langs bouwland)	2	4	0	1	40	€ 1.145
17. Bufferstrook met kruiden (langs grasland)	0	0	4	3	3	€ 1.095
18. Groene braak	2	4	0	1	2	€ 2.415
19. Houtig element (heg, haag, struweel)	4	2	0	4	60	€ 4.015
20. Houtig element (overige houtige elementen)	4	2	0	4	60	€ –
Duurzaam bedrijf						
21. Biologisch bedrijf (SKAL)	4	4	2	1	2	€ 200

17 Het nieuwe GLB: de eco-regeling (www.rvo.nl/onderwerpen/glb/het-nieuwe-glb/eco-regeling – Het-puntensysteem).

Bovenstaand 'keuzemenu' laat zien dat er nogal wat te kiezen valt. Niet alle activiteiten lenen zich in gelijke mate voor toepassing. Welke activiteit wordt gekozen, is mede afhankelijk van het type bedrijf, de locatie-specifieke omstandigheden, de voorkeur en de capaciteiten van de agrariër, financiering et cetera. Om de te maken keuze in het kader van de eco-regeling te faciliteren, wordt door het Rijk voorzien in een Simulatietool. Met de Simulatietool wordt tevens inzichtelijk hoeveel punten in een concreet geval met een bepaald pakket aan eco-activiteiten kunnen worden behaald.[18] Ongeacht het aantal punten: in de kern is de eco-regeling een subsidie. Meedoen is (nog steeds) vrijwillig.

4 Uitdagingen voor de eco-regeling en het herstel van biodiversiteit

4.1 Hoogte van de financiële vergoeding

Voor veel Nederlandse agrariërs is de inkomenssteun vanuit het GLB – ook wel de *basispremie* genoemd – belangrijk voor de rendabiliteit van hun bedrijf.[19] In het huidige GLB is de vergoeding ruim € 260 per hectare. Het NSP voorziet in een stapsgewijze verlaging van de basispremie. In 2023 wordt de premie € 220 en deze loopt verder af naar € 165 in 2027. Deze financiële maatregel vergroot de kans op succes voor de eco-regeling, omdat bij een lagere opbrengst uit de basispremie, de stimulans om extra inkomen te genereren door het uitvoeren van een of meer eco-activiteiten, naar verwachting toeneemt. Daarmee is echter niet gezegd dat het meedoen aan de eco-regeling altijd opweegt tegen het verlies aan inkomsten. De productiviteit neemt af en de eco-activiteit vergt tijd en arbeid die niet in omzetgenererende productie kan worden gestoken. Ten aanzien van de afname van de productiviteit vraag ik mij overigens af in hoeverre bij het bepalen van de vergoeding voor de eco-activiteit is meegewogen dat het verrichten van eco-activiteiten gevolgen kan hebben voor de productiviteit en de hoeveelheid arbeid op *niet* in de eco-activiteit betrokken percelen. Denk bijvoorbeeld aan de verplichting om landschapselementen in stand te houden en te onderhouden. Momenteel bestaat 3,5% van het landbouwareaal binnen de EU uit landschapselementen. Volgens de EU-Biodiversiteitsstrategie voor 2030 moet dat percentage naar 10% om het biodiversiteitsverlies te stoppen.[20] In het NSP worden daarom de aanleg, het behoud en het beheer van landschapselementen op verschillende manieren ondersteund. Om te voldoen aan de voorwaarden voor de basispremie, moeten de landschapselementen in stand worden gehouden. De schaalvergroting die de afgelopen decennia juist ten gevolge van het gevoerde GLB in de agrarische sector is doorgevoerd, heeft onder meer gevolgen gehad voor de omvang van landbouwwerktuigen. De omvang van moderne landbouwmachines vereist dat percelen en bedrijfsgebouwen ruim toegankelijk en liefst 'zo vierkant mogelijk' zijn. Als productiepercelen worden omzoomd en doorkruist door landschapselementen

---

18   Pilot simulatietool eco-regeling nieuwe GLB (www.arvalis.nl/pilot-simulatietool-eco-regeling-nieuwe-GLB).
19   https://agriculture.ec.europa.eu/common-agricultural-policy/income-support_nl.
20   EU-Biodiversiteitsstrategie voor 2030, COM(2020) 380 final, p. 17.

(heggen, bomen en boomgroepen, houtwallen et cetera), dan zal dat gevolgen hebben voor de wijze van bewerking van die percelen (voor zover bewerking met grote landbouwmachines mogelijk blijft). Een ander voorbeeld is de eco-activiteit waarbij percelen buiten productie worden gelaten. Aannemelijk is dat op die percelen onkruiden gaan groeien die kunnen verwaaien naar productiepercelen waar deze niet gewenst zijn. Bestrijding daarvan kost arbeid, tijd en dus geld.

Kortom, of de met de eco-regeling te genereren inkomsten opwegen tegen het verlies aan 'reguliere' inkomsten hangt niet alleen af van de hoogte van de basispremie. Blijkbaar is het bepalen van de hoogte van de subsidie opdat deze voor de agrariër aantrekkelijk genoeg is om vrijwillig mee te doen aan natuurbeheer, niet eenvoudig. Aangenomen mag immers worden dat bij de introductie van de vele reeds bestaande subsidievormen, steeds de vooronderstelling is geweest dat het agrariërs over de streep zou trekken om mee te doen aan natuurbeheer en het herstel van biodiversiteit. Of het stapsgewijs verlagen van de basispremie enerzijds en de vergoeding voor eco-activiteiten anderzijds effectief genoeg zijn om agrariërs in voldoende mate mee te laten doen aan de eco-regeling, zal de toekomst moeten uitwijzen.

4.2 Blijvende borging gebiedsgerichte aanpak natuur

Voorafgaand aan de inwerkingtreding, heeft een ex ante evaluatie van het NSP en de daarin opgenomen eco-regeling plaatsgevonden. In die evaluatie wordt gesignaleerd dat een agrariër naast de mogelijkheid van deelname aan een eco-regeling, kan blijven deelnemen aan de regeling ANLb. Die regeling blijft met het NSP gehandhaafd. De eco-regeling is opgezet als een individuele subsidie en verschilt op dat punt duidelijk van het model in het ANLb, waar de bij het collectief aangesloten agrariërs gebiedsgericht en binnen de kaders van het provinciale natuurbeheerplan gezamenlijk aan de slag gaan. Dat laat onverlet dat in het ANLb het gebruik van landbouwproductiemethodes die een gunstig effect hebben op de biodiversiteit, evengoed worden gestimuleerd. Door de agrariër te verrichten activiteiten mogen echter niet voor meerdere subsidieregelingen worden opgevoerd. Dat wil zeggen: een agrariër moet kiezen of hij activiteiten laat meetellen voor deelname in de eco-regeling of voor het ANLb. In de ex ante evaluatie wordt het risico gesignaleerd dat agrariërs die nu nog percelen en/of activiteiten inbrengen in de ANLb, die percelen uit de ANLb halen omdat ze anders niet kunnen voldoen aan de (puntsgewijze) instapeis voor de eco-regeling en daardoor eco-premie mislopen (terwijl de basispremie hoe dan ook stapsgewijs wordt verlaagd). Het uitnemen van percelen uit de ANLb ten faveure van de eco-regeling kan tot gevolg hebben dat er een 'gat' ontstaat in het perceelsgewijze 'mozaïek' van het agrarische collectief. Dat komt de op het natuurbeheerplan gebaseerde gebiedsgerichte aanpak van ANLb niet ten goede. Dat nadelige effect kan worden gemitigeerd als ook de vergoeding voor eco-activiteiten steeds plaats zou vinden binnen de kaders van het provinciale natuurbeheerplan. Die koppeling is echter noch in het NSP, noch in de daarin uitgewerkte eco-regeling gelegd.

5 Ter afsluiting

Het nieuwe GLB 2023-2027 introduceert de eco-regeling om het herstel van biodiversiteit op landbouwgronden aan te jagen. Of dat gaat lukken, zal de toekomst leren. De achilleshiel is dat ook de eco-regeling – net als de huidige GLB-subsidies – uitgaat van vrijwillige deelname door de agrariër. Dat vrijwillige karakter gekoppeld aan het gegeven dat natuurbeheer zich in veel opzichten niet goed verdraagt met een reguliere agrarische bedrijfsvoering, is tot op heden geen succesvolle combinatie gebleken als het gaat om het herstel van biodiversiteit.

Vlak voordat deze bijdrage bij de redactie van de jubileumbundel moest worden aangeleverd, is door het kabinet de Startnotitie Nationaal Programma Landelijk Gebied (NPLG) gepresenteerd. Het NPLG is in het bijzonder van belang vanwege de daarin uit te werken aanpak van de stikstofdepositie in Natura 2000-gebieden. In hoeverre het NPLG tot daadwerkelijke actie(s) leidt, moet blijken.[21] De verwachting lijkt echter gerechtvaardigd, dat het NPLG een substantiële wijziging in de bedrijfsvoering van een groot aantal agrarische bedrijven tot gevolg zal hebben.[22] Anders gezegd: de reguliere agrarische bedrijfsvoering kan in die bedrijven niet worden voortgezet. Het wegvallen van die 'faalfactor' als het gaat om het herstel van biodiversiteit, opent mogelijkheden voor een koppeling tussen de aanpak van de stikstofdepositie enerzijds en de ambities die het NSP op het gebied van biodiversiteit heeft anderzijds.[23] Het herstel van biodiversiteit is ermee gediend als de eco-regeling, door de samenloop met de aanpak van de stikstofdepositie, niet alleen maatschappelijk maar ook vanuit de agrarische sector de juiste wind in de zeilen krijgt. Zoveel is zeker.

---

21 Er is de nodige kritiek op de door het kabinet voorgestelde aanpak; zie o.a. 'VVD-fractie moet nu kiezen waar haar loyaliteit ligt', *NRC* 12 juni 2022 en Reactie Derk Boswijk op 'Stikstofaanpak: meer duidelijkheid nodig' (www.cda.nl, 10 juni 2022).
22 Zie o.a. 'Stikstofreductie betekent een ingrijpende herinrichting van het boerenland' *NRC* 10 juni 2022.
23 De precieze verhouding tussen NPLG en NSP zal nog verder worden uitgewerkt, aldus de Startnotitie, p. 14 (te raadplegen via www.aanpakstikstof.nl/documenten/publicaties/2022/06/10/startnotitie-nplg).

25 Natuurbescherming in een veranderende wereld

Marieke Kaajan[1]

1 Inleiding

'Onze aarde warmt op, de zeespiegel stijgt en we krijgen steeds vaker te maken met extreem weer. Dit bedreigt het leven van mensen, dieren en de natuur. En het richt enorme schade aan. We moeten meer doen dan we al deden om onherstelbare en kostbare schade door klimaatverandering te voorkomen', aldus de Minister voor Klimaat en Energie in een Kamerbrief van 2 juni jl.[2] Nederland heeft daarom grote klimaatambities. In 2030 moet de CO_2-uitstoot in Nederland met ten minste 55% zijn gedaald, als opmaat naar een klimaatneutraal Nederland in 2050. Om dit te bereiken presenteerde het kabinet op 2 juni jl. het ontwerp-beleidsprogramma klimaat.[3]

Met het klimaatbeleid zullen ook stappen worden gezet ter verbetering en herstel van de kwaliteit van gebieden die op grond van de Habitatrichtlijn en de Nederlandse implementatie daarvan in de Wet natuurbescherming (Wnb), beschermd zijn (de zogeheten 'Natura 2000-gebieden').[4] In deze bijdrage ga ik niet in op de vraag of de beoogde maatregelen toereikend zijn om de klimaatdoelstellingen te halen, noch op de vraag of in het klimaatbeleid de juiste doelstellingen zijn gekozen. Ik signaleer echter een tweetal ontwikkelingen die mogelijkerwijs in de weg staan aan een echt effectief klimaatbeleid; te weten (i) de huidige focus op stikstofreductie en (ii) de relatief beperkte mogelijkheid om, bij het behalen van de klimaatdoelstellingen, het meer generieke klimaatbelang voorrang te geven boven het belang tot bescherming van Natura 2000-gebieden.[5] Ik licht beide ontwikkelingen hierna toe.

---

[1] Mr. M.M. Kaajan is advocaat bij ENVIR Advocaten in Amsterdam.
[2] Zie www.rijksoverheid.nl/documenten/kamerstukken/2022/06/02/kamerbrief-ontwerp-beleidsprogramma-klimaat.
[3] www.rijksoverheid.nl/documenten/publicaties/2022/06/02/ontwerp-beleidsprogramma-klimaat.
[4] Zie ook de brief van de Minister voor Natuur en Stikstof aan de Tweede Kamer d.d. 1 april 2022, www.rijksoverheid.nl/documenten/kamerstukken/2022/04/01/hoofdlijnen-van-de-gecombineerde-aanpak-van-natuur-water-en-klimaat-in-het-landelijk-gebied-en-van-het-bredere-stikstofbeleid.
[5] Ongetwijfeld zijn er nog veel meer ontwikkelingen en uitdagingen die mogelijkerwijs van invloed zijn op het behalen van de doelstellingen van het klimaatbeleid. Voor de goede orde merk ik hier dan ook op dat ik met het noemen van deze twee ontwikkelingen niet de suggestie heb willen wekken dat dit de enige twee relevante ontwikkelingen zijn.

2 Stikstofreductie: doel of middel?

Het kan niemand zijn ontgaan dat Nederland in een 'stikstofcrisis' verkeert. Deze crisis werd pijnlijk zichtbaar met de uitspraak van de Afdeling bestuursrechtspraak van de Raad van State (ABRvS) van 29 mei 2019 waarin de passende beoordeling van het Programma Aanpak Stikstof in strijd met de Habitatrichtlijn werd geoordeeld.[6] Ondanks de vele stappen die sindsdien zijn gezet in, met name, beleid en wetgeving[7], is deze crisis nog verre van opgelost.[8]

Om de stikstofcrisis te boven te komen, wordt nu ingezet op een forse reductie van stikstofdeposities op Natura 2000-gebieden, met als doel dat in 2035 op 74% van het areaal van de voor stikstof gevoelige habitats in Natura 2000-gebieden niet groter is dan de hoeveelheid in mol per hectare per jaar waarboven verslechtering van de kwaliteit van die habitats niet op voorhand is uit te sluiten (de zogeheten kritische depositiewaarde), bedraagt.[9] Met het regeerakkoord uit 2022 is het behalen van deze doelstellingen versneld en is het streven dat het percentage van 74% al in 2030 wordt behaald.[10] Deze versnelling is nog niet wettelijk verankerd. Het is vooralsnog, voor zover mij bekend, niet duidelijk of deze doelstelling in de praktijk daadwerkelijk gehaald kan worden.[11] Weliswaar gaat de Wnb uit van de resultaatsverplichting en is daarmee in ieder geval juridisch 'verzekerd' dat de doelstelling van 74% in 2035 – of, als de Wnb wordt gewijzigd, 2030 – behaald moet worden.

Bedacht dient te worden dat het halen van deze doelstelling niet automatisch betekent dat wordt voldaan aan de doelstellingen van de Habitatrichtlijn. Deze doelstellingen komen, kort gezegd, neer op het realiseren van een gunstige staat van instandhouding van te beschermen natuur in Nederland én op het voorkomen van (verdere) verslechtering van Natura 2000-gebieden.[12] Het halen van deze doelstellingen is daarmee dus niet een-op-een gekoppeld aan reductie van stikstofdepositie op Natura 2000-gebieden. Zou de wettelijk voorgeschreven reductie al worden behaald, dan betekent dit, anders gezegd, dan ook niet automatisch dat daarmee aan de doelstellingen van de

---

6 ABRvS 29 mei 2019, ECLI:NL:RVS:2019:1603.
7 Zie hiervoor www.aanpakstikstof.nl/.
8 In de tussentijd lijken we ook nog eens af te stevenen op een nieuwe crisis, ditmaal vanwege een niet-correcte en niet-tijdige naleving van de Kaderrichtlijn Water. Zie www.nu.nl/klimaat/6204157/nieuwe-stikstofcrisis-dreigt-door-slechte-waterkwaliteit.html.
9 Art. 1.12a lid 1 onder c Wnb.
10 www.rijksoverheid.nl/regering/coalitieakkoord-omzien-naar-elkaar-vooruitkijken-naar-de-toekomst/2.-duurzaam-land/landbouw-natuur-en-stikstof.
11 Wel is duidelijk dat er ingezet moet worden op forse reductie. Zie www.nrc.nl/nieuws/2022/06/02/uitstoot-stikstof-moet-in-sommige-gebieden-70-tot-80-procent-omlaag-a4131650.
12 Zie meer in detail M.M. Kaajan, 'Bouwstenen voor gebiedsontwikkeling in het licht van de bescherming van Natura 2000-gebieden', in Verdaas/Kaajan/Bosma, *Gebiedsontwikkeling tijdens de stikstofcrisis*, Publicatie van de Vereniging voor Bouwrecht 2021, nr. 49, i.h.b. p. 43-47 en p. 87-91.

Habitatrichtlijn is voldaan.[13] Ook laten de doelstellingen zien dat er, op dit moment althans, niet beoogd wordt om te komen tot een zodanig vergaande stikstofreductie dat de stikstofbelasting voor 100% van de stikstofgevoelige habitats onder de kritische depositiewaarde ligt. Wellicht is dat zelfs onmogelijk.[14] Maar in dat geval is het de vraag of we met de resultaatverplichtingen die nu in de wet zijn opgenomen, niet als het ware ons eigen graf hebben gegraven. Hoe kan dan immers straks, als blijkt dat 100% reductie tot onder de kritische depositiewaarde niet haalbaar is, gerechtvaardigd worden dat dan toch nog steeds wordt voldaan aan de doelstellingen van de Habitatrichtlijn? Want waarom is 74% reductie dan – kennelijk – wel noodzakelijk en 100% reductie niet? Haalbaarheid speelt, kennelijk, geen rol bij de verplichtingen zoals nu opgenomen in de wet.

Nog los van de vraag of aan deze doelstellingen wel een gedegen analyse ten grondslag ligt van de maatregelen en acties die daadwerkelijk nodig zijn om te voldoen aan de verplichtingen uit de Habitatrichtlijn, bekruipt mij gaandeweg steeds meer het gevoel dat stikstofreductie een 'doel op zich' wordt, in plaats van een van de *middelen* om uiteindelijk, voor zover dat mogelijk is, een goede natuurkwaliteit te realiseren. Toegegeven, het hanteren van – min of meer concreet te toetsen – doelstellingen is een bruikbare tool om als uitgangspunt te fungeren en om zo, gebiedsgericht, concrete doelstellingen te stellen en hieraan maatregelen te koppelen. Natuurlijk is het zo dat als alleen het begrip 'gunstige staat van instandhouding' of het 'voorkomen van (verdere) verslechtering' zou worden gebruikt, er eerst een 'definitiediscussie' start over de uitleg van deze begrippen; dat leidt in ieder geval niet tot meer snelheid in het behalen van de doelstellingen uit de Habitatrichtlijn. In die zin is het een positieve ontwikkeling dat de meer abstracte begrippen uit de Habitatrichtlijn nu, voor wat betreft reductie van stikstof, in de Wnb nader geconcretiseerd zijn.

Het hanteren van dit soort concreet uitgewerkte doelstellingen kan mijns inziens echter ook tot gevolg hebben dat het overkoepelende doel uit beeld raakt; dat de focus komt te liggen bij het halen van de stikstofdoelstellingen, waardoor er pas later weer aandacht komt voor de achterliggende, wettelijk voorgeschreven doelstellingen.[15] Dat is niet wenselijk, ook omdat niet duidelijk en/of helder is dat de natuur daadwerkelijk in een gunstige staat van instandhouding is gekomen, of zelfs (verdere) verslechtering van Natura 2000-gebieden is voorkomen ten opzichte van de referentiekwaliteit, zodra de stikstofdoelstellingen zijn behaald. Het huidige kabinetsbeleid voorziet overigens, terecht, ook in het treffen van natuurmaatregelen om de kwaliteit van de Nederlandse natuur meer in algemene zin te verbeteren en vervolgens te behouden en provincies leveren op dat vlak uiteraard ook al vele inspanningen. Toch blijft de

---

13 Zie o.a. J.W. Erisman, W. de Vries e.a., *Stikstof. De sluipende effecten op natuur en gezondheid*, Stichting Biowetenschappen en Maatschappij 2021, i.h.b. p. 99.
14 Zie o.a. J.W. Erisman, W. de Vries e.a., *Stikstof. De sluipende effecten op natuur en gezondheid*, Stichting Biowetenschappen en Maatschappij 2021, i.h.b. p. 102.
15 Zie in dit verband ook M. Vink e.a., *Naar een uitweg uit de stikstofcrisis. Overwegingen bij een integrale, effectieve en juridisch houdbare aanpak*, Planbureau voor de Leefomgeving 2021 (nr. 4520), i.h.b. p. 60 e.v.

vraag staan of door de focus op stikstofreductie de noodzakelijke bredere blik niet te veel ondersneeuwt.

3 Klimaatveranderingen en natuurbescherming

Ook om de volgende reden zou het, als onderdeel van een meer integrale aanpak van de klimaatopgave, effectiever zijn als met een brede(re) en multidisciplinaire blik wordt gekeken naar de bescherming van Natura 2000-gebieden in Nederland. De Habitatrichtlijn leidt vooral tot een statische en eendimensionale bescherming van Natura 2000-gebieden; de Wnb dus ook. Dit zal onder de Omgevingswet naar verwachting nauwelijks (kunnen) veranderen; weliswaar wordt de Wnb geïntegreerd in de Omgevingswet, maar deze wet verandert, uiteraard, het regime van de Habitatrichtlijn niet. Dat bemoeilijk een effectief klimaatbeleid mogelijkerwijs. Ik licht dat hierna toe.

Op grond van de Vogel- en de Habitatrichtlijn bestaat voor Europese lidstaten de verplichting om Natura 2000-gebieden aan te wijzen en voor de in deze gebieden te beschermen natuur instandhoudingsdoelstellingen te formuleren.[16] De selectie en vervolgens aanwijzing van de relevante gebieden kan uitsluitend plaatsvinden aan de hand van ecologische criteria, waarbij, wat kort door de bocht gezegd, uiteindelijk van belang is dat binnen een lidstaat de meest geschikte gebieden ter bescherming van soorten en habitattypen worden aangewezen. Als een gebied eenmaal kwalificeert als Natura 2000-gebied, dan leidt dat tot diverse verplichtingen voor de lidstaten. Daartoe behoort ook de verplichting om te waarborgen dat de natuurkwaliteit van het aangewezen gebied niet verder verslechtert ten opzichte van de kwaliteit die het had op het moment dat het gebied als Natura 2000-gebied moet worden beschouwd.[17] Het stempel 'Natura 2000-gebied' heeft ook tot gevolg dat bij de ontwikkeling van plannen of projecten met mogelijke significant negatieve gevolgen op het Natura 2000-gebied, in de vorm van een passende beoordeling, de aanvaardbaarheid van deze gevolgen dient te worden onderzocht. Bij deze regels ter bescherming van deze Natura 2000-gebieden staat het natuurbelang voorop.

Uit de Habitatrichtlijn en uit Europese rechtspraak kan worden afgeleid dat aanwijzing niet een statisch gegeven is; eenmaal aangewezen Natura 2000-gebieden moeten continu getoetst worden aan de meest recente wetenschappelijke inzichten. Indien noodzakelijk kan dit leiden tot een verplichting om de begrenzing van een gebied te

---

16 Zie over de aanwijzing meer in detail Ch.W. Backes e.a., *Natuurbeschermingsrecht*, SDU 2017, p 77 e.v.

17 Dat is, voor gebieden die op grond van de Vogelrichtlijn worden aangewezen, het daadwerkelijke moment van aanwijzing. Gebieden die op grond van de Habitatrichtlijn worden aangewezen kwalificeren als Natura 2000-gebied vanaf het moment dat deze gebieden door de Europese Commissie op de lijst van gebieden van communautair belang zijn geplaatst.

wijzigen of om het gebied te schrappen als Natura 2000-gebied.[18] Het schrappen van een gebied betekent dat de lidstaat een ander, meer geschikt gebied, ter vervanging van het gebied moet aanwijzen. De criteria voor het wijzigen of schrappen van een eenmaal aangewezen Natura 2000-gebied zijn daarbij zeer stringent.[19] Zo kan de Europese Commissie overwegen om aan een reeds aangewezen Natura 2000-gebied zijn beschermde status te ontnemen wanneer de natuurlijke ontwikkeling dat rechtvaardigt. Een lidstaat is zelfs verplicht om aan de Europese Commissie voor te stellen dat de beschermde status van een gebied wordt ingetrokken als een gebied 'definitief niet meer tot de verwezenlijking van de doelstellingen' van de Habitatrichtlijn kan bijdragen waardoor het 'niet meer gerechtvaardigd is dat dit gebied aan de voorschriften van deze richtlijn onderworpen is'. Die situatie doet zich voor, aldus het Hof van Justitie, wanneer de in het gebied aanwezige milieuschade 'het gebied onherroepelijk ongeschikt maakt ter verzekering van de instandhouding van de natuurlijke habitats en de wilde flora en fauna en van de vorming van het netwerk 2000, zodat dit gebied geen bijdrage meer kan leveren aan de verwezenlijking' van de doelstellingen van de Habitatrichtlijn. Klimaatverandering kan een reden zijn om de status als Natura 2000-gebied aan een gebied te ontnemen, tenzij door maatregelen verdere verslechtering van een Natura 2000-gebied kan worden voorkomen.[20]

Het is om verschillende redenen van groot belang om de natuur in Europa, en dus ook in Nederland, te behouden, te beschermen en te verbeteren. Denk aan het belang van het behoud van de biodiversiteit en de vele voordelen voor bijvoorbeeld de menselijke gezondheid als sprake is van goede natuurkwaliteit. Om die reden is het dan ook meer dan terecht dat de Habitatrichtlijn een strikt beschermingsregime kent en dat een eenmaal aangewezen gebied de status van Natura 2000-gebied niet snel (of, beter gezegd, vrijwel niet) meer kan verliezen. Het behoud van deze status betekent immers o.a. dat het verslechteringsverbod van artikel 6 lid 2 Habitatrichtlijn blijft gelden.

Het behoud van deze status betekent echter ook dat de habitats en soorten waarvoor het gebied geruime tijd geleden is aangewezen, bepalen welke maatregelen nodig zijn. In de loop der tijd kunnen daar nog extra soorten en habitats bij gekomen zijn maar de oorspronkelijke habitats en soorten bepalen het 'basisniveau' van bescherming. In zekere zin is daardoor sprake van 'statische' bescherming, waarbij alleen als het echt niet mogelijk is gebleken om natuurwaarden te herstellen, het beschermingsniveau kan worden bijgesteld. Dat leidt mij tot de vraag of zo'n statisch beschermingssysteem zich wel goed verhoudt met de dynamiek van de wereld waarin wij leven. Een dynamiek die zorgt voor veranderingen in het ecosysteem of, zoals nu, veelal

---

18   Zie meer in detail C.W. Backes & M.M. Kaajan, *Het Europeesrechtelijke kader voor wijziging van het beschermingsniveau van Natura 2000-gebieden*, 26 augustus 2020, bijlage A bij het rapport Doorlichting Natura 2000-gebieden. Onderzoek naar mogelijkheden voor aanpassing van de beschermde status van Natura 2000-gebied. Arcadis 25 september 2020.
19   HvJ 3 april 2014, C-301/12, ECLI:EU:C:2014:214.
20   HvJ EG 13 december 2007, C-481/04, ECLI:EU:C:2007:780.

ongewenst, voor veranderingen in het klimaat en wellicht ook voor veranderingen in opvattingen over datgene wat we beschermingswaardig vinden. Veranderingen die van alle tijden zijn en die, hoe graag we dat wellicht ook anders zouden willen zien, soms niet tegen zijn te gaan.

De op grond van de Habitatrichtlijn verplichte passende beoordeling beperkt de toetsing van een voorgenomen plan of project enkel tot de effecten voor Natura 2000-gebieden; een integrale afweging van het belang van de bescherming van Natura 2000-gebieden tegen bijvoorbeeld de klimaatdoelstellingen kan binnen het kader van de Habitatrichtlijn niet plaatsvinden – behalve dan via de ADC-toets.[21] Maar ook bij de ADC-toets staat uiteindelijk het belang van het Natura 2000-gebied voorop, aangezien door de verplicht te treffen compenserende maatregelen vervolgens nieuwe natuur wordt gecreëerd. Ook dan wordt, met andere woorden, het Natura 2000-gebied en de binnen dit gebied te beschermen natuur als een 'statisch gegeven' beschouwd en moet uiteindelijk in ieder geval evenveel van dezelfde soort natuur gecreëerd worden.

Maar wat als een specifieke vorm van natuur simpelweg niet meer kan worden gerealiseerd c.q. teruggebracht? Of, anders gezegd, wanneer kan een gebied 'definitief niet meer bijdragen' aan de doelstellingen van de Habitatrichtlijn, en wanneer heeft een lidstaat voldoende maatregelen getroffen om tot die conclusie te komen? In hoeverre is het toegestaan om bij de afweging of voldoende maatregelen zijn getroffen ook een meer economische/maatschappelijke afweging te maken? Waar ligt, met andere woorden, het evenwicht tussen het natuurbelang en alle andere belangen die mogelijkerwijs geraakt worden bij een streng natuurbeleid, juist in een wereld die door klimaatveranderingen aan wijzigingen onderhevig is? Is het, bijvoorbeeld voor gebieden die nauwelijks meer hersteld kunnen worden, ook nog noodzakelijk om eerst (alle, in theorie mogelijke?) maatregelen te treffen, om pas daarna te kunnen zeggen dat het met de beste wil van de wereld niet mogelijk is om in een bepaald Natura 2000-gebied bepaalde habitattypen of soorten terug te brengen? Hoe strookt dit met andere doelstellingen waar we als land voor staan, en waar ook maatschappelijk, sociaal en financieel kapitaal voor nodig is? Kortom; waar ligt de grens tussen het voldoende borgen van de bescherming van Natura 2000-gebieden en het accepteren van veranderingen? Dat zijn vragen waar ik geen antwoord op heb, maar waar – juist om te komen tot een integraal, maar ook maatschappelijk gedragen én verdedigbaar klimaatbeleid – mijns inziens wel een antwoord op zou moeten ontwikkeld.

---

21 De ADC-toets betreft de toets op grond van art. 6 lid 4 Habitatrichtlijn c.q. art. 2.8 lid 4 en lid 5 Wnb. Bij deze toets, die moet worden verricht als voor een plan of project een aantasting van de natuurlijke kenmerken van een Natura 2000-gebied niet kan worden uitgesloten, moet gemotiveerd worden dat er geen alternatieven bestaan voor het plan of project met minder schade aan Natura 2000-gebied en dat het plan of project gerechtvaardigd is door een dwingende reden van groot openbaar belang. De aantasting van het betreffende Natura 2000-gebied moet dan worden gecompenseerd. Zie verder ook F. Kistenkas, 'Het failliet van de habitattoets?', in: A. Buijs & F. Boonstra, *Natuurbeleid betwist. Visies op legitimiteit en natuurbeleid*, KNNV 2020, p. 65 e.v.

Daarbij is het wat mij betreft een uitdaging om een goed evenwicht te vinden tussen enerzijds het terechte, strikte, beschermingsregime van de Habitatrichtlijn en anderzijds de acceptatie van veranderingen die redelijkerwijs niet tegen zijn te gaan. Dat is zeker geen pleidooi voor het rücksichtlos accepteren van een achteruitgang van de kwaliteit van Natura 2000-gebieden. Integendeel. Dat zou ook kunnen betekenen dat het beschermingsniveau voor sommige soorten en habitats verhoogd wordt of andere soorten beschermd worden.

Het betekent echter ook dat oog wordt gehouden voor situaties en gebieden waar het niet, of alleen tegen zeer hoge (maatschappelijke of financiële) kosten, mogelijk is om de natuurkwaliteit op het door de Habitatrichtlijn gewenste niveau te brengen. Gebieden waar dat wellicht wel nooit mogelijk is geweest – of waar, omwille van andere (klimaatgerelateerde) belangen andere keuzes worden gemaakt. Het betekent ook dat niet koste wat kost geld en andere middelen worden ingezet om voor Natura 2000-gebieden de stikstofdoelstellingen te behalen, als niet zeker is dat daarmee ook een groter, bredere klimaatdoelstelling wordt bereikt. En mogelijkerwijs leidt dit er dan dus ook toe dat, vanuit het bredere klimaatbelang en de keuzes die in dat verband worden gemaakt (en de middelen die beschikbaar zijn), er uiteindelijk niet aan te ontkomen is om bepaalde Natura 2000-gebieden voor te dragen voor schrapping van de lijst en andere gebieden uit te breiden.

4 Afronding

Voorgaande ontwikkelingen pleiten mijns inziens voor een meer integrale benadering van de bescherming van Natura 2000-gebieden, waarmee ook andere (milieu)belangen een meer gelijkwaardige plaats krijgen naast de bescherming van deze gebieden. Hoewel ik (nog) niet zo'n fan ben van de Nederlandse Omgevingswet, is dit daarmee dus wel een voorzichtig pleidooi voor een 'Omgevingsrichtlijn' op Europees niveau, als onderdeel van een effectief klimaatbeleid. Een onderwerp dat vanuit de Vereniging voor Milieurecht vast nog meer aandacht krijgt in de toekomst. Hopelijk kunnen dan in breed verband de echte oplossingen voor de meer overkoepelende milieu- en klimaatproblematiek gevonden worden.

26 De sleutelrol van megafauna in natuurherstel: een juridisch-ecologische beschouwing

Arie Trouwborst[1]

Heeft u zich wel eens afgevraagd waarom u tijdens een wandeling door de uiterwaarden of een kanotocht door de Biesbosch nooit eens elanden ziet? Of waarom u op de Veluwe nooit pootafdrukken vindt van een luipaard, of resten van een ree bungelend over een boomtak? En waarom bent u op geen enkele vakantie in de Europese natuur ooit olifanten tegengekomen?

1 Elanden, luipaarden, olifanten?

Misschien zijn uw wenkbrauwen wat gestegen of gaan fronsen bij het lezen van de eerste alinea. Zijn dit zinnige vragen, of is het op zijn best onschadelijk nostalgisch gemijmer? Deze bijdrage is bedoeld als hulpmiddel bij uw gedachtevorming hierover.[2] Maar laten we eerst de bewuste vragen zelf beantwoorden. Het korte antwoord luidt in alle gevallen: *Homo sapiens*.

Elanden moeten vele millennia lang een typische verschijning zijn geweest in de delta-natuur van de lage landen, maar verdwenen in de loop van de Middeleeuwen, met overbejaging door de mens als belangrijke oorzaak.[3] In de elfde eeuw werd de eland voor het laatst genoemd in een Drentse 'jachtvergunning'.[4] Luipaarden kwamen in het Pleistoceen door heel (ijsvrij) Europa voor, en zijn waarschijnlijk geleidelijk uit

---

[1] Mr. dr. A. Trouwborst is universitair hoofddocent milieurecht aan Tilburg University en buitengewoon universitair hoofddocent aan North-West University, Zuid-Afrika.

[2] Deze bijdrage vloeit voort uit een onderzoekslijn rond megafauna-herstel en bouwt voort op eerdere publicaties, met name A. Trouwborst, 'Megafauna rewilding: addressing amnesia and myopia in biodiversity law and policy', 33 *Journal of Environmental Law* 2021, p. 639-667; A. Trouwborst, 'Rewilding: juridische verplichtingen en hindernissen – de verschillende gedaantes van het recht op de weg naar gezonde ecosystemen', in: K. Arts e.a. (red.), *Rewilding in Nederland: essays over een offensieve natuurstrategie*, Zeist: KNNV Uitgeverij 2022, p. 165-178; en A. Trouwborst & J.-C. Svenning, 'Megafauna restoration as a legal obligation – international biodiversity law and the rehabilitation of large mammals in Europe', 32 *Review of European, Comparative and International Environmental Law* 2022, p. 182-198. Voor de onderbouwing van de onderhavige bijdrage wordt vooral verwezen naar bovengenoemde publicaties; voetnoten worden hieronder slechts dun gezaaid. Bram Trouwborst wordt hartelijk bedankt voor meerdere nuttige opmerkingen.

[3] K. Walch, 'De Eland in het Holoceen van Nederland. 1: Algemeen', 17 *Cranium* 2000, p. 30-46.

[4] Ibid., p. 37-38.

het continent verdreven in de loop van het Holoceen.[5] Vandaag komen ze nog in kleine aantallen voor in de Kaukasus. Als de menselijke bewoners van Europa zich door de tijd heen toleranter hadden opgesteld, dan zou het beeld van een luipaard op een dikke Veluwse eikentak anno 2022 helemaal zo raar niet zijn.[6] Olifant(achtig)en waren de afgelopen twintig miljoen jaar een kenmerkend onderdeel van de Europese natuur. Meest recent ging het om de bekende wolharige mammoet en de minder bekende, reusachtige bosolifant (*Palaeoloxodon antiquus*, 'straight-tusked elephant' in het Engels) die een voorkeur had voor het parklandschap van de gematigde en warmere delen van Europa. Beide soorten zijn door onze verre voorouders naar de eeuwige jachtvelden geholpen. In Overijssel is een kies van een bosolifant gevonden van zo'n 30.000 jaar oud.[7] Dat lijkt misschien lang geleden, maar in geologische en evolutionaire termen is het een knipoog.

Hoe lang geleden soort X of Y nog bij ons voorkwam, is echter niet de meest pertinente vraag. Veel wezenlijker zijn de vragen (1) hoe gezonde, goed functionerende, toekomstbestendige ecosystemen in Nederland en Europa er in het verleden uitzagen, en (2) wat er nu en in de nabije toekomst nodig, passend en mogelijk is om de natuur aan de hand van die modellen te herstellen.

2 De uitgedunde megafauna van Europa

Een cruciaal maar vaak over het hoofd gezien deel van het antwoord op de eerste vraag is: een grote hoeveelheid en grote diversiteit aan grote zoogdieren – oftewel 'megafauna'. Tot voor 'kort' konden Europese landschappen in deze opzichten gemakkelijk tippen aan het huidige Krugerpark in Zuid-Afrika, de Serengeti, en nationale parken in India. Naast elanden, edelherten, damherten, reeën, steenbokken, gemzen, wilde zwijnen, wisenten, bruine beren, wolven en lynxen werd Europa bewoond door reuzenherten, wilde paarden, onagers (wilde ezels), oerossen, waterbuffels, nijlpaarden, neushoorns, olifanten, rode honden, hyena's, luipaarden, leeuwen, sabeltandtijgers, kraagberen en holenberen – om er enkele te noemen.

Dat dit niet langer zo is, is niet het gevolg van 'natuurlijke' ontwikkelingen, maar van een door *Homo 'sapiens'* veroorzaakte, wereldwijde megafauna-uitstervingsgolf tijdens het late Pleistoceen en het Holoceen.[8] Van de 74 landzoogdieren van ≥ 10 kilo

---

5   Zie bijv. C.G. Diedrich, 'Late Pleistocene leopards across Europe – northernmost European German population, highest elevated records in the Swiss Alps, complete skeletons in the Bosnia Herzegowina Dinarids and comparison to the Ice Age cave art', 76 *Quaternary Science Reviews* 2013, p. 167-193; A. Németh e.a., 'Holocene mammal extinctions in the Carpathian Basin: a review', 47 *Mammal Review* 2017, p. 38-52.
6   Het aanpassingsvermogen van luipaarden is indrukwekkend, en de habitats waarin ze vandaag de dag nog voorkomen variëren van tropisch regenwoud tot boreale bossen.
7   D.P. Bosscha Erdbrink e.a., 'Some remarkable Weichselian elephant remains', 9 *Deinsea* 2001, p. 21-26.
8   Zie bijv. C. Sandom e.a., 'Global late Quaternary megafauna extinctions linked to humans, not climate change', 281 *Proceedings of the Royal Society B* 2014, 20133254.

die Europa vandaag de dag naar alle waarschijnlijkheid zouden hebben bevolkt zonder toedoen van onze voorouders, is minder dan de helft over.⁹ Veel van de overlevers komen nog maar in kleine gebieden en aantallen voor. Bovendien zijn de grootste soorten het zwaarst getroffen. Van de 35 soorten van ≥ 100 kilo resteert minder dan een kwart, en van de 8 soorten van ≥ 1.000 kilo is er geen enkele over. Al met al is de Europese megafauna in 30 miljoen (!) jaar niet zo iel geweest als in ons huidige tijdperk.¹⁰

3 Natuurherstel vraagt om megafauna-herstel

Behalve het verlies van de betreffende soorten als zodanig, heeft hun verdwijnen disproportionele gevolgen voor de gezondheid van de Europese natuur als geheel. Veel grote zoogdieren spelen een ecologische sleutelrol, en in zijn algemeenheid is een omvangrijke, diverse megafauna bevorderlijk voor het goed functioneren van ecosystemen en voor de biodiversiteit. Grote zoogdieren zorgen voor heterogeniteit in plantengroei en bodems, verschaffen allerlei micro-habitats voor kleinere soorten, verspreiden zaden en voedingsstoffen door het landschap, en houden natuurlijke kringlopen in stand.¹¹ Zelfstandig functionerende ecosystemen met een gezonde megafauna vormen, in de woorden van een vooraanstaand deskundige op dit vlak, 'the only proven effective long-term mechanism for generating and maintaining biodiversity'.¹² Het herstellen van dergelijke ecosystemen staat ook bekend als 'rewilding'.¹³

Het exact terugdraaien van de ecologische klok gaat om meerdere redenen niet, maar grootschalig megafauna-herstel is wel degelijk mogelijk. Het beeld dat de wetenschap in steeds meer detail weet te schetsen van Europese ecosystemen vóór de megafauna-uitstervingsgolf, kan hierbij dienen als model dat stap voor stap, zo veel als mogelijk, kan worden benaderd. Dit kan vorm krijgen door het mogelijk maken van de natuurlijke terugkeer van soorten, door herintroductie, en door introductie van plaatsvervangers voor uitgestorven soorten.

Inmiddels is ook de tweede set vragen aangesneden, namelijk: waarom zou je zulk megafauna-herstel willen? Een antwoord dat veel lezers van deze bundel zal aanspreken is: omdat overheden hiertoe juridisch verplicht zijn. De volkenrechtelijke en

---

9 Voor een tabel met alle betreffende soorten, zie Trouwborst & Svenning, *supra* noot 2.
10 F.A. Smith e.a., 'Body size downgrading of mammals over the late Quaternary', 360 *Science* 2018, p. 310-313.
11 Heldere illustraties van de talrijke ecologische rollen van verschillende grote herbivoren, omnivoren en carnivoren (o.a. wisent, paard, rund, bever, wild zwijn, wolf) zijn gemaakt door Jeroen Helmer voor Stichting ARK Natuurontwikkeling, te vinden op www.webwinkel.ark.eu/producten/schoolplaten.
12 J.-C. Svenning, 'Rewilding should be central to global restoration efforts', 3 *One Earth* 2020, p. 657-660, op p. 657.
13 Zie bijv. de recente, n.a.v. Kamervragen geschreven bundel *Rewilding in Nederland*, *supra* noot 2.

Europeesrechtelijke verplichtingen in kwestie – waarover hieronder meer – houden nauw verband met maatschappelijke noodzaak en prioriteit. Zoals wetenschappers al langer roepen, en beleidsmakers op (inter)nationaal niveau steeds volmondiger toegeven, zijn de uitdagingen die we onder de noemer 'duurzaamheid' scharen, dé grote vraagstukken van deze tijd – schaarste van ruimte en natuurlijke hulpbronnen, vervuiling van bodem, water en lucht, verstoorde kringlopen, klimaatverandering, en een haast onvoorstelbare uitholling van de natuur. De gevolgen voor menselijke gezondheid, welvaart en veiligheid laten zich steeds nadrukkelijker gelden. De biodiversiteitscrisis, die eindelijk de aandacht begint te krijgen die zij verdient, is de meest fundamentele van allemaal: een gezonde ecologie is letterlijk de basis van alles. Om het tij te keren, zo luidt de wetenschappelijke consensus in de IPBES-rapporten, zijn ingrijpende, 'transformatieve' veranderingen nodig.[14]

Ecologisch herstel is hierbij een centrale opgave, niet alleen met het oog op biodiversiteit, maar ook voor een effectieve én doelmatige aanpak van de andere zojuist genoemde milieucrises. De intergouvernementele ambities op dit punt liggen dan ook hoog, en 2021-2030 is door de Verenigde Naties uitgeroepen tot 'Decade on Ecosystem Restoration'. Een 'headline ambition' van de nieuwe EU-Biodiversiteitsstrategie is: 'to ensure that by 2050 *all* of the world's ecosystems are restored, resilient, and adequately protected'.[15] In 2030 moet, als tussenstap, 30% van de EU uit beschermde natuur bestaan, en in minstens een derde daarvan dienen natuurlijke processen ruim baan te krijgen, wat een hoofdrol voor 'rewilding' suggereert.[16] Bindende EU-wetgeving over ecosysteem-herstel zit in de pijplijn. En ecosysteem-herstel vraagt om megafauna-herstel.

Ecosystemen met een diverse en functionele megafauna zijn niet alleen van onschatbare waarde voor behoud en herstel van biodiversiteit, maar bieden ook 'nature-based solutions' op het vlak van klimaatadaptatie en -mitigatie, en andere voordelen zoals de verbetering van bodems, het bestrijden van invasieve exoten, het voorkomen van zoönosen en kansen voor ecotoerisme.

4 Megafauna-herstel is juridisch verplicht

Een onlangs gepubliceerde analyse laat zien dat meerdere internationale en Europese juridische instrumenten overheden ertoe (kunnen) verplichten maatregelen te nemen om de sleutelrol van grote zoogdieren in de Europese natuur te herstellen.[17]

---

14 Intergovernmental Science-Policy Platform on Biodiversity and Ecosystem Services (IPBES), *Summary for policymakers of the Global Assessment Report on Biodiversity and Ecosystem Services of the IPBES*, IPBES/7/10/Add.1 2019, p. 33.
15 European Commission, *EU Biodiversity Strategy for 2030*, COM(2020) 380 final, p. 3 (cursivering toegevoegd).
16 Idem.
17 Trouwborst & Svenning, *supra* noot 2.

Artikel 8(f) van het Biodiversiteitsverdrag springt eruit.[18] Deze verdragsbepaling, geïnterpreteerd in het licht van de stand van de wetenschap en relevante niet-bindende documenten, legt een veeleisende verplichting tot ecosysteem-herstel op aan verdragspartijen, waaronder Nederland.[19] Om hieraan te voldoen moet niet alleen worden gezorgd voor voldoende landoppervlak voor natuur, connectiviteit en ruimte voor natuurlijke processen, maar ook de diversiteit en dichtheden van grote zoogdieren dienen zo ver als mogelijk is te worden hersteld – en dat is behoorlijk ver.

Afhankelijk van de omstandigheden kan megafauna-herstel ook bevorderd of vereist worden door andere verdragen, zoals het Verdrag van Bern[20] en het Ramsar-verdrag,[21] en door EU-wetgeving, zoals de Habitatrichtlijn,[22] de Kaderrichtlijn water[23] en de Verordening inzake invasieve exoten.[24] Daarnaast is een herstelde Europese megafauna noodzakelijk voor het behalen van toonaangevende internationale beleidsdoelen.

5 Herstelscenario's

De wijze waarop herstel kan worden nagestreefd hangt af van de betrokken soorten en omstandigheden, zoals weergegeven in de tabel. Sommige soorten kunnen, als ze de kans krijgen, zelf een terugkeer maken, zoals de wolf nu doet. Andere soorten kunnen worden geherintroduceerd vanuit elders in Europa, bijvoorbeeld de wisent, of van daarbuiten, bijvoorbeeld onagers en kraagberen uit Azië, of nijlpaarden en gevlekte hyena's uit Afrika. Sommige soorten waarvan de wilde vorm niet langer bestaat, met name oeros en wilde paarden, kunnen worden vervangen door gedomesticeerde afstammelingen te verwilderen of zelfs terug te fokken naar de wilde vorm.[25] De ecologische rol van volledig uitgestorven soorten kan worden overgenomen door gelijkende soorten, bijvoorbeeld ge(de)domesticeerde Aziatische waterbuffels als vervangers van de uitgestorven Europese waterbuffel, of Aziatische olifanten als invallers voor de uitgestorven bosolifant. De rol van het recht zal

---

18 Convention on Biological Diversity (1992), Art. 8(f): 'Each Contracting Party shall, as far as possible and as appropriate: … [r]ehabilitate and restore degraded ecosystems and promote the recovery of threatened species, inter alia, through the development and implementation of plans or other management strategies.'
19 Voor meer detail, zie Trouwborst & Svenning, *supra* noot 2.
20 Convention on the Conservation of European Wildlife and Natural Habitats (1979).
21 Convention on Wetlands of International Importance Especially as Waterfowl Habitat (1971).
22 Richtlijn 92/43/EEG inzake de instandhouding van de natuurlijke habitats en de wilde flora en fauna (1992).
23 Richtlijn 2000/60/EG tot vaststelling van een kader voor communautaire maatregelen betreffende het waterbeleid (2000).
24 Verordening (EU) nr. 1143/2014 betreffende de preventie en beheersing van de introductie en verspreiding van invasieve uitheemse soorten (2014).
25 Zie bijv. het tauros-programma, met als einddoel de 'oeros 2.0': https://rewildingeurope.com/rewilding-in-action/wildlife-comeback/tauros/.

variëren van scenario tot scenario. Overigens hebben verscheidene (her)introductie-kandidaten – waaronder onager, kraagbeer, leeuw en Aziatische olifant – een kwetsbare of bedreigde status in hun huidige verspreidingsgebied. Het creëren van Europese populaties zou dus ook de vooruitzichten van deze soorten zelf verbeteren.

Tabel 5.1 Herstelscenario's

Soorten	Wijze van herstel	Voorbeeld
Nog voorkomend in Europa	Natuurlijke (her)vestiging	Wolf
	Herintroductie	Wisent
Verdwenen uit Europa maar nog elders voorkomend	Herintroductie	Leeuw
Wereldwijd uitgestorven in de originele wilde vorm(en), maar voortbestaand in gedomesticeerde vorm	'De-extinction' – terug-fokken / verwildering / ecologische vervanging	Oeros
Wereldwijd uitgestorven	'De-extinction' – gentechnologie	Holenbeer
	Ecologische vervanging / geassisteerde kolonisatie	Aziatische olifant

Het voldoen aan de genoemde verplichtingen vraagt ook om het wegnemen van juridische obstakels die bepaalde herstel-scenario's momenteel bemoeilijken. Voorbeelden zijn de misplaatste toepassing van allerhande veterinaire, sanitaire en dierenwelzijnsregels op grote grazers – zoals konikpaarden, taurossen en zelfs wisenten – in natuurgebieden, met gevolgen op het gebied van transport, gezondheidsinspecties, medische behandeling, bijvoederen en de (on)mogelijkheid om karkassen in het landschap te laten liggen als onderdeel van de 'circle of life'.

Naast de rol van het recht zullen ook ecologische, sociaal-culturele en economische factoren verschillen van scenario tot scenario. In zijn algemeenheid is het dus aan te raden om bij megafauna-herstel holistisch en adaptief te werk te gaan, met oog voor lokale omstandigheden. Ter illustratie: enerzijds is er al behoorlijk wat ervaring met het terugbrengen van soorten als bever en wisent, en met de inzet van bepaalde paarden- en runderrassen als vervangers van hun verdwenen wilde voorouders. Dergelijke activiteiten kunnen relatief eenvoudig worden opgeschaald. Intussen timmeren herten, zwijnen, steenbokken, wolven, bruine beren en enkele andere soorten al decennia stevig aan hun eigen Europese comebacks.[26] Anderzijds zullen Europese herintroducties van soorten die lang zijn weggeweest (bijvoorbeeld kraagbeer of leeuw) beduidend meer voeten in de aarde hebben, en dat geldt eveneens voor de introductie van uitheemse plaatsvervanger-soorten zoals de Aziatische olifant. Het ligt voor de hand dat dergelijke projecten aanvankelijk slechts in experimentele vorm,

---

26   S. Deinet e.a., *Wildlife comeback in Europe*, Londen: ZSL 2013.

op kleine schaal worden uitgevoerd, met zorgvuldige monitoring, adaptief beheer en geschikte maatregelen om eventuele ongewenste gevolgen voor lokale ecosystemen en menselijke belangen tot een minimum te beperken.

6 Geheugen opfrissen en inschikken

Het delen van het landschap met (andere) grote zoogdieren vraagt offers, en dat gaat de mens niet altijd even gemakkelijk af. Daarvan getuigt de (pre)historische neergang van de megafauna zelf. Ook dossiers uit het recente Nederlandse verleden illustreren dit. Bevers en wolven die na complete uitroeiing en lange verbanning eindelijk aan een terugkeer begonnen zijn, dreigen alweer slachtoffer van hun eigen bescheiden succes te worden. Ook het gedoe rond de grote grazers in de Oostvaardersplassen is een veelzeggend voorbeeld. En als een rund in een natuurgebied zijn grenzen aangeeft richting een regels-negerende, selfie-beluste recreant, dan wordt dit natuurlijke gedrag (van het rund!) door een deel van de bevolking en (dus) van de beleidsmakers als een probleem ervaren. Onszelf hardnekkig als de maat der dingen blijven zien is echter een vorm van onvolwassenheid, schreef Sander Turnhout onlangs: 'Alleen peuters denken dat ze het centrum van het universum zijn.'[27]

Wat de ambitieuzere toekomstscenario's betreft, valt op dat de roep om de terugkeer van leeuwen en olifanten nog niet bepaald oorverdovend is.[28] Daarvoor lijkt het 'shifting baseline syndrome' medeverantwoordelijk.[29] Elke generatie mensen pleegt de natuur waarin zij opgroeit als 'normaal' te beschouwen en laat die vervolgens weer (iets of veel) verslechteren. De cumulatieve schade die door voorgaande generaties is aangericht wordt onbewust geaccepteerd en kennis van werkelijk natuurlijke, florerende ecosystemen verdwijnt steeds verder uit het collectieve geheugen: 'Het beeld dat Europa's natuur de wat koelere variant was van het Afrikaanse savannelandschap, is vervaagd.'[30]

Bij heibel rond wilde dieren is vaak sprake van een complexe sociaal-culturele, psychologische en politieke dynamiek – en, ten diepste, van botsende wereldbeelden – meer dan van daadwerkelijke ecologische of economische conflicten.[31] Bijvoorbeeld, schade door wolven aan de schapenhouderij valt in het niet bij schade door mezen

---

27 S. Turnhout, 'Geef de natuur haar ziel terug', Tijdgeest-bijlage bij dagblad *Trouw*, 21 mei 2022.
28 Hier parafraseer ik G. Monbiot, *Feral: rewilding the land, sea and human life*, Londen: Penguin 2013, p. 127: 'The clamour for the lion's reintroduction to Britain has, so far, been muted.'
29 Zie bijv. F. Vera, 'The shifting baseline syndrome in restoration ecology', in: M. Hall (red.), *Restoration and history*, Routledge 2010, p. 98-110.
30 R. Goderie & H. Hirschfofer, 'De koning van de wildernis is dood, leve de kroonprins van de rewildinggebieden', in: Arts e.a., *supra* noot 2, p. 97-107, p. 99.
31 Zie bijv. M. Drenthen, *Hek: de ethiek van de grens tussen boerenland en natuurgebied*, Gorredijk: Noordboek 2020.

aan de fruitteelt, maar de ophef rond beide thema's is omgekeerd evenredig.[32] Ik heb nog niemand horen beweren dat in Nederland geen plaats is voor de koolmees.

Hoe dan ook leert de geschiedenis dat er veel kan, en dat (bijna) alles went. Wolven in Nederland was halverwege de vorige eeuw een absurd idee. Nu zijn ze er, en het leven gaat door. Bij elk megafauna-scenario waarvan ik denk: maar dit kan toch echt niet?, laat ik de gedachten afdwalen naar India, Tanzania of een ander land waar grote aantallen (arme) mensen samenleven met een indrukwekkende megafauna, in de 21ste eeuw. Eén klein voorbeeld: in megastad Mumbai wonen meer mensen dan in Nederland, op een veel kleiner oppervlak, samen met een populatie van 40-50 luipaarden.

7   Solidariteit

En dat is een mooie brug naar mijn laatste punt. Naast ecologische en juridische argumenten voor grootschalig megafauna-herstel in Europa en Nederland zijn er ook morele. Eén daarvan is solidariteit. Volgens het beginsel van 'common but differentiated responsibilities', een centrale notie in het internationale milieubeleid,[33] moeten wij in het rijke Noorden méér doen aan natuurbehoud en natuurherstel dan het arme, dichtbevolkte Zuiden, maar tot nu toe doen we juist veel minder. En als wij het idee van een toekomst met olifanten en leeuwen in Europa afdoen als 'belachelijk', wat zeggen we dan eigenlijk tegen onze Afrikaanse medemens? Paleontoloog Tim Flannery trekt de onvermijdelijke conclusie:

> 'I think the moral case is unassailable: it is unacceptable to ask the people of Africa, whose population may reach around four billion by 2100, to live alongside lions and elephants while Europeans refuse to do so.'[34]

Wat u ook vindt van de vragen waarmee ik deze bijdrage begon, ik hoop dat u de opvatting deelt dat ze belangrijke ecologische, juridische en ethische kwesties op scherp zetten. Biodiversiteitsherstel in Europa vraagt om meer ruimte, meer dynamiek én meer grote dieren. Net als de meeste andere milieu-ambities zal grootschalig en succesvol megafauna-herstel alleen plaatsvinden wanneer beleidsmakers een regie voeren die is ingegeven door het grotere geheel en de lange termijn. Daarbij hoort het maken en met een rechte rug doorvoeren van deels impopulaire keuzes. Voor het recht lijkt bij dit alles een schone taak weggelegd.

---

32 In 2021 was de wolvenschade minder dan € 50.000, tegen mezenschade van ruim € 1.000.000; zie www.bij12.nl/onderwerpen/faunazaken/schadecijfers/. Zelfs de maatschappelijke dialoog over de ruim € 30.000.000 aan schade door ganzen en eenden aan boerengrasland legt het qua vinnigheid af tegen het wolvendebat.
33 Zie bijv. Beginsel 7 uit de Rio Declaration on Environment and Development (1992).
34 T. Flannery, *Europe: the first 100 million years*, Londen: Penguin 2019, p. 310.

27 EU-natuurherstelwet voor aangetaste ecosystemen op het land en in de zee

Harm Dotinga[1]

1 Inleiding

Veertig jaar EU-milieuwetgeving heeft veel goeds opgeleverd, maar het heeft de huidige deplorabele staat van de natuur en biodiversiteitscrisis in Europa niet kunnen voorkomen. Nergens is dat duidelijker dan in Nederland. Er zijn maar weinig plaatsen in Europa waar de natuur meer te lijden heeft gehad. Uit de stikstofcrisis blijkt dat natuurherstel dringend nodig is in de Nederlandse natuurgebieden, maar dat geldt evenzeer voor het landelijk gebied waar de boerenlandvogels en veel andere natuurwaarden dramatisch achteruit zijn gegaan.[2] Natuurherstel is verder urgent in de Noordzee die de komende jaren een radicale transformatie ondergaat in het kader van de energietransitie. En het is ook nodig in rivieren, bossen en steden waar de natuur onder druk staat.

Om het tij te keren moet de natuur die we nog hebben effectiever worden beschermd tegen alle bedreigingen en de natuur die is aangetast met urgentie worden hersteld en duurzaam veiliggesteld. Dat vereist niet alleen betere uitvoering van de bestaande EU-milieuwetgeving, maar ook nieuwe EU-wetgeving. In deze bijdrage reflecteer ik op wat daarover is afgesproken in de EU-biodiversiteitsstrategie 2030 en het voorstel dat de Europese Commissie op 22 juni 2022 heeft gepresenteerd voor een nieuwe EU-natuurherstelwet.[3] Als deze wetgeving de eindstreep ongeschonden haalt, vormt dat een belangrijke mijlpaal in de ontwikkeling van het EU-milieurecht en een voorbeeld voor de rest van de wereld.

2 EU-biodiversiteitsstrategie 2030: de natuur terug in ons leven

De nieuwe EU-natuurherstelwet is onderdeel van het pakket aan acties en maatregelen dat is opgenomen in de huidige EU-biodiversiteitsstrategie. Het hoofddoel van de

---

[1] Mr. H.M. Dotinga is senior jurist bij Vogelbescherming Nederland.
[2] E. Kleyheeg, T. Vogelzang, I. van der Zee & M. van Beek, *Boerenlandvogelbalans 2020*, Sovon Vogelonderzoek Nederland, Nijmegen / LandschappenNL, De Bilt 2020; H. Dotinga, K. Bastmeijer, A. Trouwborst & A. van Kreveld, 'De juridische bescherming van boerenlandvogels', in: *Milieuproblemen in de landbouw: falend omgevingsrecht en mogelijke oplossingen*, VMR-reeks 2019-1, Den Haag: Boom juridisch, p. 102-104.
[3] Voorstel voor een verordening van het Europees Parlement en de Raad betreffende natuurherstel, COM(2022) 304 final.

strategie is om de biodiversiteit in Europa tegen 2030 op weg te helpen naar herstel ten behoeve van de mens, het klimaat en de planeet.[4] Dit als eerste stap richting het langetermijndoel om alle ecosystemen te herstellen, veerkrachtig te maken en doelmatig te beschermen in 2050.

De biodiversiteitsstrategie erkent dat de uitvoering en handhaving van de bestaande EU-natuur- en waterwetgeving tekortschiet en drastisch dient te verbeteren. En dat nieuwe wetgeving en aanscherping van bestaande wetgeving nodig is om het hoofddoel te bereiken. Dat is terug te zien in de drie thema's die centraal staan in de strategie: (1) een samenhangend netwerk van beschermde gebieden; (2) een EU-plan voor het herstel van de natuur; en (3) het mogelijk maken van wezenlijke veranderingen.

2.1 Samenhangend netwerk van beschermde gebieden

Een van de centrale acties onder de EU-biodiversiteitsstrategie is het verbeteren en uitbreiden van het netwerk van beschermde gebieden. De strategie stelt vast dat minimaal 30% van het landoppervlak en 30% van het zeegebied van de EU wettelijk moet worden beschermd. Thans is dat voor de hele EU 26% op land (inclusief binnenwateren) en 11% op zee, waarbij alle aangewezen Natura 2000-gebieden en andere (internationaal of nationaal) beschermde gebieden bij elkaar zijn opgeteld.[5] Er ligt dus een opgave om dat percentage met minimaal 4% te laten stijgen op land en met maar liefst 19% op zee. Dat zal primair gaan via het aanwijzen van nieuwe (of uitbreiding van bestaande) Natura 2000-gebieden, maar de richtsnoeren van de Europese Commissie maken duidelijk dat ook andere vormen van gebiedsbescherming kunnen meetellen, mits er sprake is van langdurige juridische bescherming.[6] Deze doelstelling geldt voor de hele EU, maar elke lidstaat zal er een evenredige bijdrage aan moeten leveren. Nederland zal met de aangewezen en nog aan te wijzen gebieden die onderdeel uitmaken van Natura 2000, het Natuurnetwerk Nederland en andere typen beschermde gebieden op land en op zee een heel eind kunnen komen met het halen van deze percentages op nationaal niveau. Daarmee zijn wij er echter nog niet, want alle beschermde gebieden moeten doeltreffend worden beheerd door duidelijke instandhoudingsdoelstellingen en -maatregelen op te stellen en die op gepaste wijze te monitoren. Voor vogels ligt daar nog het nodige werk, omdat lang niet alle belangrijke vogelgebieden zijn aangewezen als Natura 2000-gebieden en instandhoudingsdoelen voor veel vogelsoorten nog ontbreken in de gebieden die al wel zijn aangewezen.[7]

Zeker meer moeite zal Nederland hebben om te voldoen aan de doelstelling om ten minste een derde van de beschermde gebieden (in totaal 10% van het landoppervlak

---

4 Brussel, 20.5.2020, COM(2020) 380 final.
5 EU-biodiversiteitsstrategie, paragraaf 2.1.
6 Commission Staff Working Document, Criteria and guidance for protected areas designations, Brussels, 28.1.2022, SWD(2022) 23 final.
7 H.M. Dotinga, 'Belangrijke vogelgebieden en Natura 2000: wij zijn nog lang niet klaar!', *NBR* 2020/5-6, p. 167-179.

en 10% van het zeegebied) strikt te beschermen. Strikt beschermen betekent volgens de strategie dat: 'natuurlijke processen zo goed als onverstoord worden gelaten om aan de ecologische vereisten van het gebied te voldoen'.[8] Dat impliceert dat de meeste menselijke activiteiten helemaal niet meer worden toegestaan in de gebieden, met een zeer beperkt aantal uitzonderingen voor wat verenigbaar is met de doelstellingen van het gebied (zoals actieve beheer- of herstelmaatregelen). In de praktijk zal dit betekenen dat vrijwel alle vormen van visserij, bosbouw, mijnbouw, ontgrondingen en dergelijke worden verboden in (ten minste een derde van) de beschermde gebieden. Momenteel is slechts 3% van het landoppervlak en minder dan 1% van de mariene gebieden in de EU op die manier strikt beschermd. In Nederland is dat percentage eerder lager dan hoger.

Die strikte bescherming is evident nog strikter dan de reguliere Natura 2000-bescherming die geldt op grond van de Habitatrichtlijn. De perceptie bij sommigen is dat Natura 2000-gebieden slechts 'paper parks' zijn, omdat die bescherming niets zou voorstellen. Die opvatting wordt vaak geuit bij de Natura 2000-gebieden op zee, omdat schadelijke vormen van (bodemberoerende) visserij daar jarenlang onbeperkt hebben kunnen plaatsvinden en het bijzonder veel moeite kost om daar maatregelen voor vast te stellen via het gemeenschappelijke visserijbeleid. Dat is deels een gevolg van het niet toepassen van de Natura 2000-vergunningplicht uit de Wet natuurbescherming en de vereisten uit de Habitatrichtlijn (met name het verslechteringsverbod en het toetsingskader voor plannen en projecten uit art. 6 Habitatrichtlijn) op zeevisserij in de exclusieve economische zone. Het is echter duidelijk dat de toepassing van deze vereisten ook geen garantie is dat (potentieel) schadelijke activiteiten niet worden toegestaan in Natura 2000-gebieden. Zelfs in gebieden waar de soorten en habitats (ver) onder hun instandhoudingsdoelstelling zitten. De Nederlandse overheid is niet goed in nee zeggen en het stellen van grenzen aan activiteiten. Dit terwijl de richtlijnen slechts minimumeisen bevatten en het toestaan om activiteiten te verbieden of beperken ter bescherming van natuurbelangen als er een goede motivatie aan ten grondslag ligt, zelfs als er een passende beoordeling is opgesteld die concludeert dat de natuurlijke kenmerken in het gebied niet worden aangetast. De Wet natuurbescherming verplicht in dat geval niet tot het verlenen van een vergunning, ook al beweren overheidsinstanties dat regelmatig.

---

8 EU-biodiversiteitsstrategie, par. 2.1, voetnoot 24. Zie ook Commission Staff Working Document, *Criteria and guidance for protected areas designations*, Brussels, 28.1.2022, SWD(2022) 23 final, paragraaf 4 waar wordt gesteld dat strikt beschermde gebieden in de context van de 10% doelstelling in de biodiversiteitsstrategie worden gedefinieerd als volgt: 'Strictly protected areas are fully and legally protected areas designated to conserve and/or restore the integrity of biodiversity-rich natural areas with their underlying ecological structure and supporting natural environmental processes. Natural processes are therefore left essentially undisturbed from human pressures and threats to the area's overall ecological structure and functioning, independently of whether those pressures and threats are located inside or outside the strictly protected area.'

Nieuwe wetgeving om bovenstaande doelen te realiseren is niet op korte termijn voorzien. De biodiversiteitsstrategie stelt dat lidstaten tot eind 2023 de tijd hebben om aan te tonen dat er vooruitgang is geboekt bij de wettelijke aanwijzing van nieuwe beschermde gebieden en de integratie van ecologische corridors. Op basis daarvan zal de Europese Commissie tegen 2024 beoordelen of de EU op schema ligt om haar doelstellingen voor 2030 te halen dan wel of er behoefte is aan strengere maatregelen, waaronder EU-wetgeving.[9]

2.2 EU-plan voor het herstel van de natuur

De EU-biodiversiteitsstrategie kondigt aan dat het EU-rechtskader voor natuurherstel wordt versterkt om 'aanzienlijke lacunes' te vullen in (de uitvoering van) de bestaande wetgeving.[10] De Vogelrichtlijn, de Habitatrichtlijn, de Kaderrichtlijn water en de Kaderrichtlijn mariene strategie bevatten al juridische verplichtingen voor natuurherstel, maar die zijn onvoldoende gebleken om de lidstaten aan te zetten tot het treffen van de noodzakelijke maatregelen. De nadruk bij de uitvoering van de huidige EU-natuur- en waterwetgeving ligt sterk op het behoud van wat er nog is (het voorkomen van verslechtering, dat vaak ook niet lukt) en het op de lange termijn schuiven van hersteldoelen. De richtlijnen bevatten algemene hersteldoelstellingen (gunstige staat van instandhouding zonder deadline, goede toestand/milieutoestand met deadline), maar ontberen specifieke natuurhersteldoelen met bijbehorend tijdpad en maatregelen die daaraan gekoppeld zijn. Ook zetten de richtlijnen lidstaten onvoldoende aan tot het behoud en herstel van ecosystemen die van groot belang zijn voor het tegengaan van klimaatverandering en het voorkomen en beperken van de gevolgen daarvan. Nieuwe wetgeving is daarom nodig om deze lacunes te vullen.

De EU-biodiversiteitsstrategie bepaalt dat de Europese Commissie komt met een wetsvoorstel met juridisch bindende doelstellingen voor natuurherstel in 2021. Mede vanwege de Oekraïnecrisis is dit voorstel pas in 2022 gepresenteerd. Het EU-herstelplan dat is opgenomen in de biodiversiteitsstrategie bevat een serie aan acties voor behoud en herstel van beschermde soorten en habitats, ecosystemen in landbouwgebieden, de bodem, de bossen, de zee en zoetwater, en steden. En voor het aanpakken van generieke milieuproblemen als verontreiniging en invasieve uitheemse soorten. Een belangrijk deel daarvan komt terug in het wetsvoorstel en voor het overige wordt gerekend op betere uitvoering en in sommige gevallen wijziging van de bestaande wetgeving.

2.3 Wezenlijke veranderingen mogelijk maken

Enige jaren geleden is vastgesteld dat de Vogelrichtlijn en de Habitatrichtlijn nog steeds 'fit for purpose' zijn, maar dat de uitvoering drastisch dient te verbeteren om

---

9   EU-biodiversiteitsstrategie, par. 2.1.
10 EU-biodiversiteitsstrategie, par. 2.2.

de natuurdoelen te kunnen bereiken.[11] Er schort nog steeds veel aan de uitvoering en handhaving van de richtlijnen en van het EU-milieurecht in het algemeen. Daarom is het een goede zaak dat de biodiversiteitsstrategie inzet op het structureel aanpakken van dit probleem. Er wordt een nieuw Europees governancekader voor biodiversiteit aangekondigd met een monitoring- en evaluatiemechanisme, waarin alle relevante actoren medeverantwoordelijk worden gemaakt voor het nakomen van de EU-verbintenissen inzake biodiversiteit.[12]

De volledige uitvoering en handhaving van de EU-milieuwetgeving wordt als kern van het nieuwe nalevingsbeleid bestempeld, die voorrang moet krijgen wat politieke steun en financiële en personele middelen betreft. Voor de Vogelrichtlijn en de Habitatrichtlijn zal de nadruk bij de handhaving liggen op 'het voltooien van het Natura 2000-netwerk, het doeltreffend beheer van alle gebieden, bepalingen inzake de bescherming van soorten, en soorten en habitats die een dalende trend vertonen'.[13] Aangenomen mag worden dat dit ook betekent dat lidstaten vaker, sneller en steviger worden aangesproken door de Europese Commissie op het niet naleven van hun verplichtingen onder de richtlijnen en andere relevante wetgeving. De Commissie zet in op verbetering van de toegang tot de nationale rechter in milieuzaken voor particulieren en NGO's, waaruit blijkt dat die ook veel verwacht van het maatschappelijke middenveld voor het verzekeren van de naleving van de regels.

3   De nieuwe EU-natuurherstelwet

Het voorstel van de Europese Commissie voor de nieuwe EU-natuurherstelwet is gepresenteerd in de vorm van een ontwerpverordening van het Europees Parlement en de Raad betreffende natuurherstel. Het eerste wat opvalt is dat de Commissie niet heeft gekozen voor een (kader)richtlijn, maar voor een verordening. Dat heeft als voordeel dat de regels rechtstreeks toepasselijk zijn in de lidstaten en niet eerst in nationaal recht hoeven te worden omgezet. Dat is verstandig, omdat de praktijk laat zien dat veel lidstaten in gebreke blijven en fouten maken bij het omzetten van richtlijnen in nationale wetgeving. Het biedt ook de mogelijkheid om preciezer te omschrijven welke maatregelen door de lidstaten moeten worden getroffen.

Het voorstel bevat een algemene juridisch bindende doelstelling die gekwantificeerd en tijdgebonden is: de lidstaten moeten 'onverwijld doeltreffende en gebiedsgebonden natuurherstelmaatregelen (…) treffen die tegen 2030 samen ten minste 20% van de land- en zeegebieden van de Unie moeten bestrijken en tegen 2050 alle ecosystemen die moeten worden hersteld'.[14] Niet duidelijk is of de 20%-doelstelling verdeeld

---

11   Zie: Fitness Check of the Birds and Habitats Directives – Environment – European Commission (https://ec.europa.eu/environment/nature/legislation/fitness_check/index_en.htm).
12   EU-biodiversiteitsstrategie, par. 3.1.
13   Idem, par. 3.2.
14   Art. 1 lid 2.

kan worden over land en zee of dat het gaat om een dubbeldoelstelling (dus 20% voor land en 20% voor zee). Dat laatste zou wel beter in lijn zijn met de eerder besproken doelstellingen voor beschermde gebieden.

De algemene doelstelling is nader uitgewerkt in streefdoelen en verplichtingen voor natuurherstel in zes specifieke ecosystemen: terrestrische, kust- en zoetwatersystemen; mariene ecosystemen; stedelijke ecosystemen; rivieren en bijbehorende overstromingsgebieden; landbouwecosystemen; en bosecosystemen. Het voorstel stelt vast dat dit herstel niet alleen essentieel is voor het aanpakken van de biodiversiteitscrisis, maar ook van de klimaatcrisis.[15] Gezonde ecosystemen als veengebieden, graslanden, zoetwatergebieden, zeeën en bossen slaan grote hoeveelheden broeikasgassen op en dragen tevens bij aan het beperken van de gevolgen van klimaatverandering.

In deze bijdrage is geen ruimte om in detail op de verplichtingen voor de specifieke ecosystemen in te gaan, maar het is wel goed om er kort bij stil te staan en aan te geven wat de toegevoegde waarde van deze bepalingen is ten opzichte van de bestaande EU natuur- en waterwetgeving.

De toegevoegde waarde voor Natura 2000-gebieden is het meest zichtbaar voor de habitattypen op bijlage I van de Habitatrichtlijn, waarvoor gedetailleerde streefdoelen en verplichtingen zijn opgenomen in de bepaling over *terrestrische, kust- en zoetwatersystemen* (art. 4). Het voorstel bevat tijdgebonden verplichtingen voor het treffen van maatregelen om de Natura 2000-gebieden met deze habitattypen die niet in goede toestand verkeren te verbeteren tot een goede toestand (ten minste 30% van elk relevant gebied in 2030, ten minste 60% tegen 2040 en ten minste 90% tegen 2050). Klaarblijkelijk gaat men ervan uit dat volledig herstel van deze habitattypen niet haalbaar is. Voor habitattypen in gebieden waar ze niet voorkomen (ook buiten Natura 2000-gebieden) gelden gekwantificeerde herstelverplichtingen, waar dat nodig is voor het bereiken van het totale gunstige referentiegebied. Daarentegen zijn de verplichtingen veel zwakker geformuleerd voor het herstel van de leefgebieden van soorten die voorkomen op bijlagen II, IV en V van de Habitatrichtlijn en leefgebieden van alle in het wild voorkomende vogels die onder de Vogelrichtlijn vallen. Daar moeten herstelmaatregelen worden getroffen 'die nodig zijn om de kwaliteit en kwantiteit van die habitats te verbeteren, onder meer door ze te herstellen, en om de verbindingen te verbeteren, totdat toereikende kwaliteit en kwantiteit van die habitats is bereikt', waarbij een tijdpad en kwantitatieve streefdoelen ontbreken.

Voor *mariene ecosystemen* (art. 5) gelden vergelijkbare herstelverplichtingen voor alle habitattypen op bijlage II en 25 soorten haaien, roggen en andere vissen op bijlage III van het wetsvoorstel. Daarmee wordt een lacune in de Habitatrichtlijn opgevuld, omdat die slechts een beperkt aantal mariene habitattypen en soorten dekt. En het vult de Kaderrichtlijn mariene strategie aan, omdat die geen specifieke

---

15   Art. 1 lid 1.

herstelverplichtingen bevat voor deze habitattypen en soorten. Het voorstel biedt echter geen oplossing voor het persistente probleem dat speelt bij het treffen van visserijmaatregelen voor beschermde gebieden op zee. Daarvoor wordt in het voorstel volstaan met een verwijzing naar de procedures die daarvoor beschikbaar zijn onder het gemeenschappelijke visserijbeleid, maar daarvan is al lang duidelijk dat die niet werken en het vrijwel onmogelijk maken om beperkingen op te leggen aan visserij in die gebieden voor het behoud en herstel van de aanwezige natuurwaarden. De oplossing van dat probleem moet dus niet worden gezocht in dit wetsvoorstel, maar in het aanpassen van de Europese visserijwetgeving.

Positief is dat artikelen 4 en 5 voor alle te herstellen habitattypen en leefgebieden op land en zee het vereiste van voortdurende verbetering en een verslechteringsverbod bevatten.[16] Negatief is dat daar een uitzondering op kan worden gemaakt in geval van overmacht, onvermijdelijke transformaties die rechtstreeks het gevolg zijn van klimaatverandering of projecten van groot openbaar belang waarvoor geen minder schadelijke alternatieven beschikbaar zijn (voor Natura 2000-gebieden moet daarvoor een beroep worden gedaan op art. 6 lid 4 Habitatrichtlijn).[17] Dat opent de deur voor het tenietdoen van herstel en lijkt ook de uitzonderingsmogelijkheden te verruimen ten opzichte van de Habitatrichtlijn en de Vogelrichtlijn.

Voor ecosystemen in steden, rivieren, landbouwgebieden en bossen bevat het wetsvoorstel herstelverplichtingen die aanvullend zijn aan de vereisten die voortvloeien uit de Vogelrichtlijn, de Habitatrichtlijn, de Kaderrichtlijn water en de vereisten die voortvloeien voor beschermde habitattypen en soorten op grond van artikel 4 van het wetsvoorstel. Kort samengevat komen die neer op het volgende:
– *Herstel van stedelijke ecosystemen* (art. 6): tegen 2030 geen nettoverlies van stedelijke groene ruimten en boomkroonbedekking, een toename daarvan met ten minste 3% tegen 2040 en 5% tegen 2050, een boomkroonbedekking van ten minste 10% tegen 2050 in elke Europese agglomeratie, stad en voorstad, en een nettowinst van groene ruimte die in gebouwen en infrastructuur is geïntegreerd.
– *Herstel van rivierecosystemen* (art. 7): het inventariseren en verwijderen van rivierbarrières zodat tegen 2030 ten minste 25.000 km aan rivieren wordt hersteld tot vrij stromende rivieren.
– *Herstel van landbouwecosystemen* (art. 9): een algemene toename van de biodiversiteit en een stijgende trend voor graslandvlinders, akker- en weidevogels, organische koolstof in minerale akkerbodems en landschapselementen met een grote diversiteit op landbouwgrond. Herstel en vernatting van gedraineerde veengebieden die voor de landbouw worden gebruikt en in turfwinningsgebieden voor ten minste 30% van die gebieden in 2030, 50% in 2040 en 70% in 2050.
– *Herstel van bosecosystemen* (art. 10): een algemene verbetering van de biodiversiteit en een stijgende trend voor de bosindicatoren van staand en liggend dood hout, het aandeel bossen met een ongelijkjarige structuur, bosverbindingen,

---

16 Art. 4 lid 6 en 7 en art. 5 lid 6 en 7.
17 Art. 4 lid 8 en 9 en art. 5 lid 8 en 9.

alledaagse bosvogels en de voorraad organische koolstof. Te realiseren tot en met eind 2030, en vervolgens om de drie jaar, totdat de vastgestelde toereikende niveaus zijn bereikt.

Een innovatief thema in het voorstel is het *hersteldoel voor bestuiverpopulaties* (art. 8). Lidstaten moeten tegen 2030 de afname van bestuiverpopulaties omkeren en daarna een stijgende trend voor bestuiverpopulaties realiseren, die na 2030 om de drie jaar wordt gemeten totdat toereikende niveaus zijn bereikt. Relevant in dat opzicht is dat de Europese Commissie gelijktijdig een voorstel heeft ingediend voor een aanpassing van de EU-wetgeving voor duurzaam gebruik van pesticiden.[18] De Commissie stelt voor om de bestaande richtlijn te vervangen door een verordening die gericht is op het verminderen met 50% van het gebruik en risico van chemische pesticiden tegen 2030. Het voorstel bevat ook nieuwe regels voor het verplicht toepassen van milieuvriendelijke plaagbestrijding en een verbod op het gebruik van pesticiden in Natura 2000- en andere kwetsbare gebieden.

Kerninstrument voor de uitvoering van deze verplichtingen zijn de nationale herstelplannen die de lidstaten samen met wetenschappers, belanghebbenden en het publiek moeten opstellen. Het wetsvoorstel bevat gedetailleerde eisen voor de voorbereiding en inhoud van deze herstelplannen.[19] De ontwerpplannen moeten worden voorgelegd aan de Europese Commissie die ze beoordeelt en lidstaten van commentaar voorziet. Daar moeten de lidstaten rekening mee houden in hun definitieve herstelplan. Het voorstel verplicht de lidstaten om de toegang tot de rechter te verzekeren, zodat belanghebbenden de eventuele tekortkomingen in de herstelplannen bij de nationale rechter kunnen aanvechten. Er zijn ook specifieke regels in het voorstel opgenomen voor monitoring en verslaglegging door de lidstaten.

4 Conclusie

Het voorstel voor de nieuwe EU-natuurherstelwet is niet perfect, maar het is zonder twijfel een mijlpaal: geen enkele andere wet ter wereld heeft juridisch bindende doelen en verplichtingen voor het herstel van natuurlijke en half-natuurlijke ecosystemen in deze mate van detail vastgelegd. Het vormt een welkome aanvulling op de bestaande EU-natuur- en waterwetgeving en een essentieel instrument voor het verwezenlijken van de natuurhersteldoelen die voortvloeien uit de EU-biodiversiteitsstrategie. Het biedt ook een impuls voor het opschalen van bestaande initiatieven voor natuurherstel, zoals rewilding, natuurinclusieve landbouw en het vergroenen van steden en infrastructuur. Uiteraard doet het niets af aan de noodzaak om bestaande natuur beter en effectiever te beschermen. In dat opzicht is het goed dat de EU-biodiversiteitsstrategie ook volop inzet op het uitbreiden en beter beschermen van een Europees netwerk van beschermde gebieden.

---

18 COM(2022) 305 final.
19 Art. 11 e.v.

28 Tijd om geur te 'bekennen': alleen meten is weten

Teun Verstappen[1]

1 Inleiding

De VMR bestaat dit jaar veertig jaar en dat is een bijdrage in een jubileumbundel meer dan waard. Allereerst wil ik het bestuur van harte feliciteren met het bereiken van deze mijlpaal. Al veertig jaar is de VMR het gremium voor boeiende juridische discussies over actuele ontwikkelingen in ons geliefde milieurecht. In die veertig jaar is er veel veranderd in zowel de toepasselijke wet- en regelgeving als in de milieukwaliteit van onze fysieke leefomgeving. In de afgelopen decennia is de kwaliteit van diverse milieufactoren in het algemeen sterk verbeterd.[2] Desondanks levert het milieu nog steeds een belangrijke bijdrage aan de ziektelast onder onze bevolking.[3] Ook vormen (toekomstige) ontwikkelingen als klimaatverandering, een toenemende bevolkingsdichtheid en een verdere intensivering en groei van economische activiteiten een potentiële bedreiging voor onze milieukwaliteit.

In de laatste decennia is de verdere intensivering en groei van economische activiteiten vaak hand in hand gegaan met investeringen in emissiereducerende technieken. Een schoolvoorbeeld van deze tendens vormt de intensieve veehouderij. De emissiereductie van geur en ammoniak die per dier zou worden behaald door het toepassen van een emissiearm huisvestingssysteem (bijvoorbeeld een luchtwasser) werd veelvuldig ingezet om de veebezetting binnen een inrichting te laten groeien. Deze reductie waar in de toenmalige regelgeving van uit werd gegaan werd aldus 'opgevuld'. De groei van de veestapel die hiermee kon worden bewerkstelligd, stelde de veehouder vervolgens in staat om deze kostbare emissiearme stalsystemen te financieren en uiteindelijk terug te verdienen.

De laatste jaren is echter voor een aantal van deze emissiearme stalsystemen gebleken dat deze in de praktijk niet het verwachte ammoniak- en/of geurverwijderingsrendement behalen waarvan de wetgever bij de vaststelling van de voor die systemen geldende geur- en ammoniakemissiefactoren is uitgegaan. Dit leidt ertoe dat de inrichtingen waar deze betreffende systemen zijn toegepast meer ammoniak en/of geur emitteren dan waarvan bij het verlenen van de voor hen vigerende omgevingsvergunning milieu is uitgegaan en dat de dierbezetting binnen die inrichtingen vaak

---

[1] Mr. T.J.H. Verstappen is als hoofdjurist werkzaam bij de Omgevingsdienst Brabant Noord (ODBN). Hij heeft deze bijdrage op persoonlijke titel geschreven.
[2] RIVM, *Themaverkenning Milieukwaliteit 2018*, Bilthoven: Rijksinstituut voor Volksgezondheid en Milieu (RIVM). www.vtv2018.nl/milieukwaliteit.
[3] RIVM. *Volksgezondheidenzorg.nl. Ziektelast door omgevingsfactoren.* Bilthoven: Rijksinstituut voor Volksgezondheid en Milieu. www.volksgezondheidenzorg.info/onderwerp/fysieke-omgeving/cijfers-context/overzicht.

op basis van een achteraf onjuiste premisse is uitgebreid. Dit heeft voorts tot gevolg dat omwonenden van die veehouderijen worden blootgesteld aan meer geurbelasting dan die eerder is beoordeeld door het bevoegd gezag. Voor de veehouder die over een onherroepelijke milieutitel beschikt, betekent dit dat hij te goeder trouw heeft geïnvesteerd in stalsysteemtechnieken die in de praktijk niet blijken te doen wat hem op papier beloofd is. Dit stelt de praktijk voor allerlei lastige juridische vragen. In deze bijdrage analyseer ik kort deze problematiek en schets ik een oplossingsrichting. Ik beperk mij hierbij tot het verminderde geurverwijderingsrendement van zogenoemde combi-luchtwassers.

2 Korte schets systematiek Wet geurhinder en veehouderij

De Wet geurhinder en veehouderij (Wgv) vormt voor omgevingsvergunningplichtige inrichtingen het exclusieve toetsingskader voor de geurbelasting die afkomstig is van dierenverblijven bij veehouderijen.[4] De geurbelasting vanwege dierenverblijven van dergelijke veehouderijen wordt gelet hierop uitsluitend conform het bepaalde in de Wgv in de besluitvorming betrokken. Bij uitbreiding of nieuwvestiging van een omgevingsvergunningplichtige veehouderij geldt er op grond van de Wgv een maximum voor de geurbelasting die de inrichting mag veroorzaken op een geurgevoelig object (bijvoorbeeld een nabijgelegen woning). De Wgv maakt onderscheid in dieren met een vastgestelde geuremissiefactor en dieren zonder een vastgestelde geuremissiefactor. Voor de eerste soort wordt de geurbelasting bij geurgevoelige objecten berekend en getoetst aan de toepasselijke geurnorm (grenswaarde). Voor de tweede gelden minimumafstanden tussen emissiepunt en dergelijke objecten. Daarnaast gelden voor alle dieren minimumafstanden tussen gevel dierenverblijf en gevel geurgevoelig object.

De geurbelasting wordt voor dieren waarvoor een geuremissiefactor geldt aan de hand van deze standaard geuremissiefactoren berekend met het verspreidingsmodel 'V-Stacks vergunning' en wordt uitgedrukt in *odour units* in een volume-eenheid lucht (ouE/m^3). Een geuremissiefactor is het getal dat de geuremissie per dier van een bepaalde diercategorie weergeeft, rekening houdend met het toegepaste stalsysteem en eventueel aanwezige emissiereducerende technieken. De geurreductiepercentages van technieken en geuremissiefactoren van diercategorieën zijn limitatief opgesomd in bijlage 1 van de Regeling geurhinder en veehouderij (Rgv). De berekende geurbelasting (de immissie op geurgevoelige objecten) wordt naast de geuremissie onder meer bepaald door de hoogte en omvang van het emissiepunt, de snelheid waarmee de lucht wordt afgevoerd en de ligging van stal en emissiepunten ten opzichte van de geurgevoelige objecten.

De aanvraag om een omgevingsvergunning voor de activiteit milieu met betrekking tot een veehouderij moet op grond van de Wgv worden geweigerd indien de

---

4 Zie art. 2 lid 1 Wgv.

geurbelasting van die veehouderij op een geurgevoelig object meer bedraagt dan de toepasselijke geurnorm. Naar het oordeel van de Afdeling is het het bevoegd gezag niet toegestaan om vanwege volksgezondheidsrisco's vanwege geurhinder ambtshalve – in afwijking van de Wgv en de Rgv – strengere geurnormen aan een individuele inrichting op te leggen. Nu deze strengere geurnormen geen basis in de Wgv hebben, wordt hiermee immers de exclusieve werking van de Wgv doorkruist.[5] Dit leidt ertoe dat geen doelvoorschriften (zijnde resultaatsverplichtingen) aan de omgevingsvergunning worden verbonden, die bijvoorbeeld een geuremissievracht borgen. De aanvraag wordt op de hiervoor beschreven wijze getoetst aan de toepasselijke geurnorm en er wordt volstaan met het in de inhoudelijke overwegingen beschrijven van de resultaten van deze toetsing. Dit maakt dat er te dien aanzien ook geen sprake is van een direct handhaafbare norm. In het geval van klachten over geuroverlast dient het bevoegd gezag vast te stellen of het luchtwassysteem conform de technische systeembeschrijving (de zogenoemde leaflet) in werking is.[6] Indien dit het geval is, moet ervan worden uitgegaan dat het systeem naar behoren werkt en dat de waargenomen geurbelasting als zodanig voortvloeit uit de vergunde en aldus legale bedrijfsactiviteiten.

De geuremissiefactoren in de Rgv zijn vastgesteld door het voormalige Ministerie van VROM waarbij deze bij de totstandkoming en latere aanvullingen is geadviseerd door de technische adviescommissie Rav. De eerste versie van de Rgv is gepubliceerd in december 2006 en de regeling is daarna diverse malen aangepast. Het uitgangspunt bij de eerste vaststelling van geuremissiefactoren en latere aanpassingen was deze zo veel mogelijk te baseren op beschikbaar geuremissieonderzoek naar stalsystemen in Nederland. In de gehanteerde werkwijze worden de geuremissiefactoren zo veel mogelijk gebaseerd op in de praktijk vastgestelde geuremissies uit stallen, uitgedrukt in geureenheden per seconde en per aanwezig dier. De methode is gebaseerd op meerdere bemonsteringsdagen per stalsysteem om de spreiding tussen dagen/seizoenen gedurende een jaar in beeld te kunnen brengen. Uit het geometrische gemiddelde van de metingen kan de mediaan van de geuremissie van een stalsysteem, die representatief zou zijn voor een volledig jaar, worden berekend. De mediaanwaarde is vervolgens de invoerparameter voor geuremissie in het geurverspreidingsmodel V-stacks vergunning. Aldus moet worden vastgesteld dat deze werkwijze niet uitgaat van een worstcasebenadering. Een piekbelasting in de geuremissie op warme dagen waarbij ook nog eens sprake is van bijna slachtrijpe volwassen dieren wordt bijvoorbeeld gemiddeld met de belasting van jonge dieren op koelere dagen.[7]

Een afzonderlijke werkwijze is toegepast voor luchtwassers. Voor een luchtwassysteem wordt de geuremissie niet gebaseerd op de gemeten geuremissie uit het luchtwassysteem, maar berekend op basis van het gemeten geurreductiepercentage

---

5   ABRvS 13 december 2017, nr. 201606599/1/A1, ECLI:NL:RVS:2017:3423.
6   Zie art. 3.123 Activiteitenbesluit milieubeheer.
7   De tekst van deze alinea is bijna volledig ontleend aan N.W.M. Ogink, *Vaststelling van geuremissiefactoren in de Regeling geurhinder en veehouderij op basis van geuremissie-onderzoek*, Rapport 391, Wageningen UR Livestock Research, 2010.

en de geuremissie van een conventioneel stalsysteem. Er is voor deze groep gebruik gemaakt van Duitse testmetingen, voor zover die door de technische adviescommissie Rav werden beoordeeld als gelijkwaardig aan de Nederlandse werkwijze.[8]

3 Gecombineerde luchtwassers

Om de emissies van geur, ammoniak en fijnstof van veehouderijen te beperken, zijn in de loop der jaren veel maatregelen ontwikkeld. Een belangrijke techniek hierbij is de zogenoemde luchtwasser. Voor geur is het de belangrijkste techniek.[9] Een luchtwasser is een techniek om lucht te behandelen met als doel om ongewenste emissies tegen te gaan. In het geval van een stal wordt de uitgaande ventilatielucht van de stal niet rechtstreeks naar buiten geblazen, maar eerst door een luchtwasser geleid. De bedoeling is dan dat in de luchtwasser een deel van de aanwezige ammoniak en geurcomponenten uit de lucht worden verwijderd. Daarnaast vangt de luchtwasser ook een deel van het in de lucht aanwezige stof af.[10]

Er zijn drie verschillende soorten luchtwassers:
1. de chemische luchtwasser (of zure wasser): in een dergelijk systeem wordt zuur toegevoegd waardoor ammoniak wordt afgevangen (>90%); de geurverwijdering is met ca. 45% meestal minder efficiënt;
2. de biologische luchtwasser: in een dergelijk systeem wordt de ammoniak door bacteriën omgezet met een rendement van ca. 70%; de geurverwijdering is ca. 45%;
3. de combi-luchtwasser: deze wasser had als doel om niet alleen een hoge verwijderingsefficiëntie te bereiken voor ammoniak (70-90%) maar ook voor geur (70-85%). Van dit type wassers is de geurverwijdering in de Rgv (30-45%) naar beneden bijgesteld.[11]

Luchtwassers worden met name in de varkenshouderij toegepast. Bijna de helft van alle toegepaste luchtwassers is een combiwasser.[12] In 2015 heeft de Bestuurlijke Werkgroep Evaluatie Geurhinder in haar tussenadvies twijfels geuit over de rendementen van luchtwassers.[13] Naar aanleiding hiervan is aan Wageningen University & Research gevraagd nader onderzoek te doen naar de rendementen van geurverwijdering van met name combiwassers.[14]

---

8   N.W.M. Ogink, *Vaststelling van geuremissiefactoren in de Regeling geurhinder en veehouderij op basis van geuremissie-onderzoek*, Rapport 391, Wageningen UR Livestock Research, 2010.
9   *Kamerstukken II* 2017/18, 29393, 28973, nr. 295.
10 P.J. Biesheuvel e.a., *Adviesrapport Geur bekennen, combi-luchtwassers, varkenshouderijen en geurhinder*, Overlegorgaan fysieke leefomgeving, 2019, p. 11.
11 P.J. Biesheuvel e.a., *Adviesrapport Geur bekennen, combi-luchtwassers, varkenshouderijen en geurhinder*, Overlegorgaan fysieke leefomgeving, 2019, p. 11.
12 *Kamerstukken II* 2017/18, 29393, 28973, nr. 295.
13 *Kamerstukken II* 2015/16, 29383, nr. 244.
14 *Kamerstukken II* 2017/18, 29393, 28973, nr. 295.

In 2018 heeft Wageningen University & Research de onderzoeksrapporten 'Evaluatie geurverwijdering door luchtwassystemen bij stallen', deel 1 en deel 2, uitgebracht.[15] In het kader van deze onderzoeken is de werking van de wassers in Nederland bemeten. Uit de onderzoeken bleek dat de resultaten van enkelvoudige luchtwassers overeenkomen met de in de regelgeving opgenomen rendementen. Dit gold echter niet voor combiwassers. Uit de onderzoeken bleek dat het overall gemiddelde geurverwijderingspercentage van de combi-wassers met 40% slechts de helft van het verwachte gemiddelde Rgv-reductieniveau (81%) bedroeg. Het rapport concludeert dat het niet voldoende duidelijk is waarom combiwassers minder geur verwijderden dan het Rgv-reductieniveau. Gebrekkig onderhoud van de wassers wordt als een van de mogelijke oorzaken genoemd.

Ten gevolge van deze onderzoeken is besloten de geurreductiepercentages van combiwassers in de Rgv aan te passen. Op 20 juli 2018 is een wijziging van de Regeling geurhinder veehouderij in werking getreden.[16] Met deze wijziging zijn de geuremissiefactoren van alle gecombineerde luchtwassystemen verhoogd. De geurreductiepercentages van combiwassers zijn hiermee zo veel mogelijk gelijkgesteld aan die van enkelvoudige luchtwassers. Hierdoor zijn de reductiepercentages voor de verschillende systemen met maar liefst minimaal 30% en maximaal 50% per systeem verlaagd ten opzichte van de eerdere geurreductiepercentages. Ter illustratie: aan de hand van een concreet luchtwassysteem, te weten BWL 2009.12, betekent dit bijvoorbeeld dat er voor de wijziging van de Rgv van uit moest worden gegaan dat dit systeem 85% van de geur wegnam en dat er na de wijziging van de Rgv van uit moet worden gegaan dat dit systeem nog slechts 45% van de geur wegneemt. Dit heeft aldus geleid tot fors hogere geuremissiefactoren.

Eind 2018 is gestart met een vervolgonderzoek aan combi-luchtwassers. Doel van dit onderzoek is het verbeteren van het rendement van deze luchtwassers. In het kader van dit onderzoek zijn twee praktijklocaties in Duitsland bemeten. De gemeten geurrendementen zijn vergelijkbaar met de rendementen van de Nederlandse luchtwassers op basis waarvan de Rgv in juli 2018 is aangepast.[17]

Meer recent heeft Wageningen Livestock Research op een aantal bedrijfslocaties onderzoek gedaan naar verbetering van ammoniak- en geurverwijderingsrendementen

---

15 R.W. Melse e.a., *Evaluatie geurverwijdering door luchtwassystemen bij stallen. Deel 1: Oriënterend onderzoek naar werking gecombineerde luchtwassers en verschillen tussen geurlaboratoria*, Wageningen University & Research, 2018; R.W. Melse e.a., *Evaluatie geurverwijdering door luchtwassystemen bij stallen. Deel 2: Steekproef rendement luchtwassers in de praktijk*, Wageningen University & Research, 2018.

16 Regeling van de Staatssecretaris van Infrastructuur en Waterstaat, van 17 juli 2018, nr. IENW/BSK-2018/147628, tot wijziging van de Regeling ammoniak en veehouderij en de Regeling geurhinder en veehouderij (wijzigingen rendement geur voor bepaalde luchtwassystemen en periodieke actualisatie emissiefactoren voor ammoniak en geur), *Stcrt.* 2018, 39679.

17 R.W. Melse e.a., *Metingen aan twee biologische combi-luchtwassers door twee geurlaboratoria (nr. 1172)*, Wageningen Livestock Research, 2019.

bij combi-luchtwassers. Hierbij is eerst op basis van de bestaande situatie vastgesteld welke mogelijke technische verbeteringen bij deze luchtwassers konden worden toegepast. Deze verbeteringen zijn vervolgens doorgevoerd waarna het effect van deze aanpassing op de rendementen werd gemeten. De technische maatregelen waren vooral effectief voor het verbeteren van het ammoniakrendement. De verkregen informatie uit dit onderzoek kan ingezet worden voor verbeteringen van de rendementen van huidige combi-luchtwassers op praktijkbedrijven.[18]

4 Oplossingsrichting?

Kern van het hiervoor geschetste probleem is dat vergunningaanvragen van veehouders voor de oprichting of uitbreiding van stallen met combi-luchtwassers zijn getoetst en verleend op basis van geuremissiefactoren die achteraf volgens wetenschappelijk onderzoek niet corresponderen met de prestaties die deze luchtwassers in de praktijk (kunnen) halen. De geurbelasting op geurgevoelige objecten kan in de praktijk dan ook aanzienlijk hoger zijn dan de bij de verlening van de vergunning berekende geurbelasting. Indien de geurbelasting aan de hand van de per 20 juli 2018 verhoogde geuremissiefactoren opnieuw wordt berekend, dan valt die geurbelasting dus hoger uit en zal in veel gevallen de geldende geurnorm worden overschreden. Zolang een veehouder zich houdt aan de regels die een goede werking van het huisvestingssysteem moeten waarborgen, kan het bevoegd gezag bij overschrijding van de geurnorm, zoals hiervoor gesteld, niet handhavend optreden.[19]

Ook heeft het bevoegd gezag in deze gevallen vanwege de bestaande rechten van de veehouderijen weinig mogelijkheden om de omgevingsvergunning voor de activiteit milieu vanwege overschrijding van de toepasselijke geurnorm in te trekken, dan wel deze te wijzigen.[20] Nu de combi-luchtwassers nog steeds als best beschikbare technieken worden aangemerkt, bestaat geen grond om de omgevingsvergunning over de band van het niet toepassen van ten minste de BBT te wijzigen, dan wel in te trekken.[21] Ook zal naar mijn mening niet snel de bevoegdheid bestaan om de omgevingsvergunning vanwege ontoelaatbaar nadelige gevolgen voor het milieu in te trekken, nu de Wgv het op zichzelf aan de gemeenteraad toestaat om in afwijking van de standaard geurnorm van 14,0 odour units per kubieke meter lucht in concentratiegebied buiten de bebouwde kom een maximale geurnorm van 35 odour units per kubieke meter lucht van toepassing te verklaren.[22] Ik zou gelet daarop menen dat zolang de met de nieuwe geuremissiefactoren herberekende geurbelasting onder

---

18 E. Maasdam e.a., *Onderzoek naar verbeterpunten voor combi-luchtwassers in de praktijk, Rapport 1337*, Wageningen Livestock Research, 2021.
19 P.J. Biesheuvel e.a., *Adviesrapport Geur bekennen, combi-luchtwassers, varkenshouderijen en geurhinder*, Overlegorgaan fysieke leefomgeving, 2019, p. 32.
20 P.J. Biesheuvel e.a., *Adviesrapport Geur bekennen, combi-luchtwassers, varkenshouderijen en geurhinder*, Overlegorgaan fysieke leefomgeving, 2019, p. 33-34.
21 Ex art. 2.31 lid 1 onder b Wabo of art. 2.33 lid 1 onder b Wabo.
22 Ex art. 6 lid 1 onder b Wgv.

de 35 odour units per kubieke meter lucht blijft, er niet snel sprake zal kunnen zijn van ontoelaatbare gevolgen voor het milieu. De wetgever heeft deze geurbelasting in beginsel immers aanvaardbaar geacht. Het wijzigen van de voorschriften van de omgevingsvergunning in het belang van de bescherming van het milieu is slechts tot beperkte hoogte mogelijk, nu hierbij de grondslag van de aanvraag niet mag worden verlaten.[23] Daarmee is het in de praktijk niet mogelijk om over deze band een ander huisvestingssysteem voor te schrijven.

Alleen bij nieuwe vergunningaanvragen zal worden gerekend met de huidige geuremissiefactoren die per 20 juli 2018 zijn verhoogd. Toepassing van deze hogere geuremissiefactoren zal veelal tot gevolg hebben dat er sprake is van een overschrijding van de geurnormen, zodat een vergunning uitsluitend kan worden verleend met de 50/50-regel.[24] Met toepassing van deze regel kan een veehouder in een overbelaste situatie, waarin de geurbelasting hoger is dan de toepasselijke geurnorm, toch een vergunning krijgen voor uitbreiding van de dierbezetting. De 50/50-regel kan worden toegepast als een veehouder extra maatregelen neemt om de geurbelasting te beperken. De veehouder mag dan 50 procent van het effect van de extra maatregelen inzetten om meer vee te houden. De andere 50 procent komt ten goede aan de vermindering van de geurbelasting. Onder aan de streep blijft in dat geval echter sprake van een overbelaste situatie.[25]

Gelet op het voorgaande biedt het huidige wettelijke instrumentarium geen adequate oplossing voor de hiervoor geschetste problematiek. De Omgevingswet lijkt hier in dat opzicht enige verbetering in te brengen, nu de geurregels voor het houden van landbouwhuisdieren in dierenverblijven worden verplaatst naar het omgevingsplan. In het omgevingsplan dienen geurnormen te worden opgenomen waaraan de veehouder zal moeten voldoen.[26] Dit betreffen rechtstreeks werkende regels, die in beginsel handhaafbaar zijn en waaraan dus niet, zoals onder huidig recht, enkel wordt getoetst bij het beoordelen van een aanvraag om omgevingsvergunning. Hoewel sprake is van rechtstreeks werkende regels, schrijft de wetgever echter wel expliciet voor dat bij de toetsing aan deze geurnormen gebruik moet worden gemaakt van vooraf van Rijkswege vastgestelde geuremissiefactoren voor de verschillende huisvestingssystemen en dat tevens gebruik moet worden gemaakt van het verspreidingsmodel 'V-Stacks vergunning'.[27] In die zin biedt de Omgevingswet aldus geen directe oplossing voor het probleem van geuremissiefactoren die achteraf volgens wetenschappelijk onderzoek niet corresponderen met de prestaties die deze luchtwassers in de praktijk (kunnen) halen. De wetgever dient in dat geval de geuremissiefactoren nog steeds te

---

23   Ex art. 2.31 lid 2 onder b Wabo.
24   Ex art. 3 lid 4 Wgv.
25   P.J. Biesheuvel e.a., *Adviesrapport Geur bekennen, combi-luchtwassers, varkenshouderijen en geurhinder*, Overlegorgaan fysieke leefomgeving, 2019, p. 14.
26   Zie par. 5.1.4.6.3 'Geur door het houden van landbouwhuisdieren in een dierenverblijf' van het Bkl.
27   Zie art. 5.109 lid 4 Bkl jo. art. 6.14 Omgevingsregeling.

wijzigen alvorens deze wijziging effect kan sorteren in het handhavings- en tevens vergunningenspoor.[28]

Gelet hierop is het naar mijn mening de vraag of het niet beter zou zijn om gelet op de technische onzekerheid omtrent de werking van combiwassers in de praktijk (zowel in het algemeen als in een individueel geval) handhaafbare doelvoorschriften (emissiegrenswaarden) aan de omgevingsvergunning te verbinden. In deze voorschriften zou bijvoorbeeld een maximale geuremissievracht, dan wel een minimaal te behalen reductiepercentage (verwijderingsrendement) kunnen worden vastgelegd.[29] In combinatie met een controlevoorschrift, een voortdurende meetverplichting, kan op deze wijze adequaat toezicht worden gehouden op een inrichting. Hierbij is het de verantwoordelijkheid van de veehouder om aan deze emissiegrenswaarden te voldoen. Het huidige en ook toekomstige stelsel waarin bij verlening van een omgevingsvergunning middels berekende geuremissiefactoren aan een geurnorm (een grenswaarde voor de geurimmissie op geurgevoelige objecten) wordt getoetst zonder daarbij het resultaat van deze toetsing middels doelvoorschriften (gericht op de emissie of immissie) in de omgevingsvergunning te borgen, schiet hierin naar mijn mening tekort.[30] Er wordt gelet op het voorgaande een te groot vertrouwen in de techniek gesteld zonder dat de werking van de techniek in het concrete geval ook geborgd is. In dat geval zijn doelvoorschriften naar mijn mening aangewezen. Deze praktijk is overigens ook gangbaar in vergunningverlening voor de industriële sector.

5   Conclusie

Emissiereducerende technieken hebben in beginsel veel potentie in de verbetering van onze milieukwaliteit. Hierbij is het echter wel zaak om de rendementen van deze technieken te blijven monitoren en concrete en handhaafbare geuremissiegrenswaarden te verbinden aan een omgevingsvergunning. Alleen zo kan duurzaam worden geborgd dat veehouderijen in de praktijk niet meer geurhinder veroorzaken dan waarvan bij de vergunningverlening op papier van is uitgegaan.

---

28   Via de band van art. 8.9 lid 3 Bkl.
29   Het opleggen van een immissiegrenswaarde is praktisch welhaast niet uitvoerbaar, nu een geurimmissie anders dan een geuremissie technisch bijna niet kan worden vastgesteld.
30   P.J. Biesheuvel e.a., *Adviesrapport Geur bekennen, combi-luchtwassers, varkenshouderijen en geurhinder*, Overlegorgaan fysieke leefomgeving, 2019, p. 40-41.

29 Een (beperkte) blik op de toekomst van het natuurbeschermingsrecht

Peter Mendelts[1]

1 Inleiding

Het natuurbeschermingsrecht heeft zich de afgelopen twee decennia sterk ontwikkeld en de uitdagingen waar het vak de komende jaren nog voor staat, zijn naar mijn mening groot. De media berichten sinds de PAS-uitspraak[2] van ruim drie jaar geleden regelmatig over de stikstofcrisis, en de oplossing van die crisis is de komende jaren de grootste uitdaging die voor ons ligt. Ik ga daar hieronder in paragraaf 2 op in, zonder de pretentie te hebben om iets als dé oplossing te kunnen presenteren. In paragraaf 3 ga ik daarna kort in op enkele ontwikkelingen die ik voorzie in het soortenbeschermingsrecht. Het is natuurlijk een onmogelijke opgave de toekomst te voorspellen. Ik doe daarom niet meer dan een poging om enkele huidige ontwikkelingen naar de nabije toekomst door te trekken.

2 Gebiedsbeschermingsrecht: van de stikstofcrisis zijn we nog niet af

De komende jaren blijven wij als juristen op het gebied van het natuurbeschermingsrecht nog veel bezig met het onderwerp stikstofdepositie op Natura 2000-gebieden. Zeker achteraf bezien is ten tijde van het Programma Aanpak Stikstof (PAS) te veel stikstofuitstoot toegestaan in een toen al voor veel voor stikstof gevoelige habitattypen krappe of overbelaste situatie. Iets waar we nu de wrange vruchten van plukken. Momenteel zijn de meeste voor stikstof gevoelige habitats in Natura 2000-gebieden dan ook overbelast, hetgeen als gezegd niet uitsluitend maar wel mede het gevolg zal zijn geweest van de werking van het PAS. De wetgever heeft daarom nu in artikel 1.12a Wet natuurbescherming (Wnb) reductiedoelen vastgelegd. In 2025 (over drie jaren) moet ten minste 40% van het voor stikstof gevoelige areaal aan habitattypen onder de kritische depositiewaarde (KDW) van dat habitattype liggen,[3] in 2020 is dat 50% en in 2035 74%. Ook als we deze doelen halen, zitten we na 2035 dus nog

---

[1] Mr. dr. P. Mendelts is zelfstandig juridisch adviseur te Haren (Groningen) en deeltijd docent bestuursrecht aan de Rijksuniversiteit Groningen.
[2] ABRvS 29 mei 2019, ECLI:NL:RVS:2019:1603.
[3] Uit de memorie van toelichting bij het wetsvoorstel Stikstofreductie en natuurverbetering, *Kamerstukken II* 2020/21, 35600, nr. 3, p. 15-16 en p. 56, valt af te leiden dat de KDW de grens vormt. In de figuur op p. 17 van het ontwerpprogramma Stikstofreductie en Natuurverbetering 2022-2025, te vinden op www.rvo.nl/ontwerpprogramma-SN, wordt ervan uitgegaan dat de stikstofbelasting 70 mol/ha/jaar onder de KDW moet liggen wil geen sprake zijn van overbelasting.

met een stikstofprobleem van maximaal 26% aan overbelaste, voor stikstof gevoelige habitattypen. Begrijp me niet verkeerd, ik ben een voorstander van het stellen en het behalen van haalbare maar toch ambitieuze doelen, ik wil alleen maar aangeven dat niet verwacht kan worden dat de stikstofproblematiek de komende twee decennia van de agenda zal verdwijnen. Het zal hooguit wat verdrongen kunnen worden door nieuwe, grotere en urgentere problemen die alsdan op de voorgrond zullen treden.

Zo lijkt me niet uitgesloten dat het gebruik van gewasbeschermingsmiddelen in en rond Natura 2000-gebieden een nieuwe 'grote kwestie' wordt, afhankelijk van de vraag of de Afdeling bestuursrechtspraak in het hoger beroep dat is ingesteld tegen de uitspraak van de rechtbank Noord-Nederland van 18 juni 2021[4] het oordeel zal volgen dat een afzonderlijke agrarische teelt een project in de zin van artikel 2.7 lid 2 Wnb en van artikel 6 Habitatrichtlijn kan zijn dat vergunningplichtig is indien significante effecten niet op voorhand kunnen worden uitgesloten. Nu ik zelf bij deze procedure betrokken ben, zal ik hier niet verder over uitweiden en houd ik het bij de constatering dat de potentiële impact van de komende Afdelingsuitspraak voor de agrarische praktijk groot kan zijn.

Terug naar de stikstof. Op hoofdlijnen kunnen twee soorten reacties van overheidswege worden onderscheiden op de 'stikstofcrisis' die na de PAS-uitspraak van de Afdeling bestuursrechtspraak is uitgebroken. In de eerste plaats is dat de reactie dat wij in Nederland veel meer moeten doen tegen de stikstofuitstoot (van zowel ammoniak als van stikstofoxiden). Dat is een heel logische en terechte reactie: zonder reductie van de uitstoot zal de depositie op stikstof op Natura 2000-gebieden immers niet afnemen. De reductiedoelen opgenomen in artikel 1.12a Wnb zullen behaald moeten worden middels een breed palet aan maatregelen, waarvoor het kabinet 7 miljard euro beschikbaar heeft. Op 25 mei 2022 is daarvoor het ontwerpprogramma Stikstofreductie en Natuurverbetering bekendgemaakt.[5] Uiteraard zal de komende jaren moeten blijken of hiermee inderdaad de doelen bereikt gaan worden, hetgeen mede afhankelijk is van het succes van de gebiedsgerichte aanpak van de provincies. Een serieuze inzet op stikstofreductie teneinde onder de diverse KDW's te komen, is uiteindelijk de enige echte uitweg uit de stikstofcrisis.[6] Mij lijkt dat de energietransitie en daarmee de omschakeling van een fossiele economie naar een groene(re) economie daarbij de helpende hand zou kunnen bieden.

De tweede reactie die kan worden geconstateerd, is dat politiek-bestuurlijk wordt gekeken naar hoe er toch weer (economische) ontwikkelingen kunnen worden toegestaan. Gezien de politieke wens het woningtekort in Nederland te bestrijden, is het begrijpelijk dat er een bouwvrijstelling is geïntroduceerd. Ook is het begrijpelijk

---

4   ECLI:NL:RBNNE:2021:2483.
5   *Stcrt.* 2022, 14157 van 25 mei 2022. Het programma is te vinden op www.rvo.nl/ontwerpprogramma-SN.
6   Zoals ik stelde in mijn column 'Vlaamse lessen voor de Nederlandse stikstofcrisis?', *NBR Tijdschrift Natuurbeschermingsrecht* 2022/2, p. 4-5.

dat het kabinet de vergunningvrije gevallen[7] onder het PAS wil legaliseren, nu dat veelal ondernemers betreft die destijds te goeder trouw aan bedrijfsuitbreiding hebben gedaan. Wat opvalt is dat de oplossingen door de wetgever steeds in dezelfde richting worden gezocht, namelijk het vrijspelen van stikstofdepositieruimte middels het stikstofregistratiesysteem. Gezien paragraaf 2.1.2 van de Regeling natuurbescherming wordt binnen AERIUS Register daartoe depositieruimte bijgehouden voor (a) woningbouw en tracébesluiten, (b) woningbouwclusters en (c) gemelde PAS-projecten.[8] Daarbij zij aangetekend dat de depositieruimte die is ontstaan door de snelheidsverlaging van 130 naar 100 km/uur overdag op de snelwegen primair is bedoeld voor woningbouw en tracébesluiten.[9] Waar de ruimte voor de PAS-melders dan vandaan zal moeten komen is niet geheel helder. Een manco in de regeling van het stikstofregistratiesysteem is verder dat (nog?) niet is geregeld dat depositieruimte kan worden toebedeeld aan de gevallen onder de onder het PAS geldende meldingsgrens van 0,05 mol/ha/jaar,[10] terwijl legalisering daarvan wel de bedoeling is.[11]

In de PAS-uitspraak van de Afdeling bestuursrechtspraak valt te lezen aan welke voorwaarden moet worden voldaan indien aan een project middels een stikstofregistratiesysteem depositieruimte wordt toebedeeld, welke depositieruimte is ontstaan door vermindering van andere activiteiten.[12] Met name zal moeten worden bekeken of de betreffende saldi niet eerst ingezet moeten worden voor natuurbeheer of voor natuurherstel,[13] voordat ze aan een project zoals een woonwijk, een weg of een veehouderij kunnen worden toebedeeld. Voor zover ik kan overzien, ontbreekt ook voor het huidige stikstofregistratiesysteem een dergelijke onderbouwing (nog). Is wel onderzocht of de daling door stikstofdepositie door de snelheidsverlaging of door andere bronmaatregelen niet al nodig zou zijn voor de natuur, voordat deze wordt ingezet voor woningbouw en straks voor de legalisering van PAS-melders? Ik schrijf dit met enige schroom, omdat ik heus het belang van woningbouw en van het legaliseren van PAS-melders wel inzie, maar een consequente doortrekking van de overwegingen van de Afdeling in haar PAS-uitspraak maakt het erg lastig om dergelijke toedelingsbesluiten bij de rechter overeind te houden. Daarbij moet ter verdediging van het ministerie ook worden gezegd dat de eis dat dat moet worden onderzocht en onderbouwd of en in hoeverre de daling van de stikstofdepositie door de bronmaatregelen niet eerst nodig is voor de natuur, in de praktijk erg zwaar is. Gezien de monitoringscyclus van het verzamelen van biotische data per gebied eens in de zes jaar

---

7   Dit betreft PAS-melders met een depositietoename tussen de 0,05 en 1,00 mol/ha/jaar, maar ook de gevallen onder de meldingsgrens van 0,05 mol/ha/jaar.
8   Art. 2.4a lid 1 Rnb.
9   Zie art. 2.4a lid 2 en 3 Rnb.
10 Art. 2.8b lid 1 Rnb regelt immers dat de depositieruimte voor een gemeld PAS-project alleen kan worden toebedeeld aan een onder het PAS gemeld project.
11 Zie Legalisatieprogramma PAS-meldingen, p. 4, www.rvo.nl/sites/default/files/2022/02/Legalisatieprogramma-PAS-meldingen.pdf.
12 ABRvS 29 mei 2019, ECLI:NL:RVS:2019:1603, r.o. 7 e.v.
13 Dus voor art. 6 lid 1 resp. art. 6 lid 2 Habitatrichtlijn.

en een vegetatiekartering eens in de twaalf jaar,[14] is een dergelijke onderbouwing in de praktijk nauwelijks haalbaar. Wat dat betreft is het motiveringsniveau dat in de rechtspraak van het bevoegd gezag wordt gevraagd, met onze kennis van (de staat van) de Natura 2000-gebieden simpelweg te hoog. Maar ook hier geldt dat indien de KDW's van de verschillende habitattypen vaker en ruimer gehaald gaan worden, het leveren van een dergelijke onderbouwing ook eenvoudiger zal worden.

Een andere oplossing die wel wordt aangevoerd om meer ruimte te creëren voor (nieuwe) economische activiteiten, is om een drempelwaarde in te voeren ten gunste van activiteiten die weinig stikstofdeposities veroorzaken.[15] Op zichzelf ben ik daar wel een voorstander van omdat dit ruimte biedt voor projecten met weinig stikstofeffecten, terwijl projecten met grotere effecten vergunningplichtig blijven. Er zal dan echter wel wetenschappelijk onderbouwd moeten worden waarom dat geheel aan micro-deposities als niet-significant mag worden beoordeeld, hetgeen niet eenvoudig zal zijn, maar wel de moeite waard is om te onderzoeken. Ook hebben drempels de neiging om in de loop der jaren steeds lager te slijten, zo blijkt onder meer uit Vlaamse[16] en Duitse[17] voorbeelden. Het lijkt me echter zeker het onderzoeken waard.

Al met al voorzie ik daarom op de kortere termijn geen eenvoudige oplossing voor de stikstofcrisis, anders dan dat we inzetten op een forse reductie van de stikstofuitstoot (door bijvoorbeeld de energietransitie en het verkleinen van de veestapel). Van de stikstofkoppen in de kranten zijn we niet af, ook omdat natuurvergunningen niet alleen meer worden gevraagd voor agrarische en industriële activiteiten, maar bijvoorbeeld ook voor festivals en andere evenementen,[18] waarbij ook veel vaker dan voorheen om handhavend optreden wordt verzocht.

---

14   Zie hierover Werkwijze Monitoring en Beoordeling Natuurnetwerk en Natura 2000 (versie 18 mei 2021), te vinden op www.bij12.nl/onderwerpen/natuur-en-landschap/monitoring-en-natuurinformatie/. Deze informatie wordt gebruikt voor het verslag als bedoeld in art. 17 Habitatrichtlijn dat eens in de zes jaar voor de Europese Commissie moet worden opgesteld.

15   Zie Ch.W. Backes & L. Boerema, 'Een drempelwaarde voor activiteiten die zeer geringe stikstofdeposities veroorzaken als deel van de oplossing van de stikstofcrisis', in: *M en R* 2021, p. 745-752.

16   Zie M. Strubbe, 'De Vlaamse stikstof-saga: Raad voor Vergunningsbetwistingen lust (blinde) toepassing van (niet-onderbouwde) significantiedrempels niet', in: NBR Tijdschrift Natuurbeschermingsrecht 2022/2, p. 6-13.

17   L. Krahnefeld & M. Crusius, 'Beoordeling van effecten van stikstofdepositie in Duitsland en Nederland – overeenkomsten en verschillen', in: *NBR Tijdschrift Natuurbeschermingsrecht* 2022/1, p. 5-14.

18   Evenementen kunnen projecten zijn. In HvJ EU 7 november 2018, C-293/17 (PAS-arrest), ECLI:EU:C:2018:882, r.o. 73, neemt het Europees Hof afscheid van de gedachte dat het bij een project moet gaan om een fysieke ingreep in het natuurlijk milieu, zoals op grond van HvJ EU 7 september 2004, C-127/02 (kokkelvisserij-arrest), ECLI:EU:C:2004:482, werd aangenomen.

3 Soortenbeschermingsrecht: van rustig bezit naar uitdijend rechtsgebied?

Het gebiedsbeschermingsrecht veroorzaakt maatschappelijk beduidend meer ophef dan het soortenbeschermingsrecht. Dat wil niet zeggen dat in het soortenbeschermingsrecht voor de nabije toekomst weinig ontwikkelingen zouden zijn te verwachten. Juridisch gezien kan verwacht worden dat, zodra de Afdeling bestuursrechtspraak meegaat in de lijn van het Europese Hof dat ook tijdelijk verlaten verblijfplaatsen van beschermde soorten beschermd zijn[19] en dat ook een graduele achteruitgang van leefgebied van een beschermde soort onder de verbodsbepalingen valt,[20] dit nog tot enige ophef zal gaan leiden in de wereld van de aannemers en de projectontwikkelaars. Veel gebezigde praktijken als het kappen van bomen na het broedseizoen en het onklaar maken en houden van grond of het minder aantrekkelijk maken van de omgeving voor bepaalde diersoorten zodat er geen vestiging van soorten plaatsvindt, zullen dan niet langer zonder meer geoorloofd worden geacht, maar moeten aan toetsingen onderworpen worden. Uiteindelijk zullen we in de wereld van de bouw en van de projectontwikkeling naar mijn mening toe moeten naar (meer) natuurinclusief bouwen en ontwerpen.[21] Dit betekent in concreto dat niet langer woonwijken en andere infrastructurele projecten ingetekend worden op een lege kaart, maar op een kaart waar belangrijke te behouden natuurwaarden al ingetekend zijn of waar anderszins al rekening mee is gehouden. Het toetsingskader soortenbescherming in de Wnb[22] en straks onder de Omgevingswet[23] bestaat uit een toetsing aan een wettelijk belang, een alternatieventoetsing en een toetsing aan de gunstige staat van instandhouding van de betreffende soort. Met name in het kader van de alternatieventoetsing bestaat mijns inziens ruimte om af te dwingen dat mogelijkheden voor natuurinclusief bouwen en ontwerpen worden meegenomen, al zal de Afdeling bestuursrechtspraak dan zwaardere eisen moeten stellen aan de alternatieventoetsing dan zij tot nu toe heeft gedaan.[24]

Een ander aspect binnen het soortenbeschermingsrecht dat ik ten slotte zou willen aanstippen, is het feit dat met name particulieren maar ook kleine ondernemers in de praktijk weinig tot geen ontheffingen aanvragen waar dit wel nodig zou zijn. Op zichzelf is het begrijpelijk dat men aanhikt tegen de kosten van en het tijdsverlies door een ecologisch onderzoek voor iets als nieuwe dakbedekking of de sloop van een

---

19 HvJ EU 2 juli 2020, C-477/19, ECLI:EU:C:2020:517.
20 HvJ EU 28 oktober 2021, C-357/20, ECLI:EU:C:2021:881.
21 H.E. Woldendorp, 'Natuurinclusief ontwerpen en Natura 2000', in: *Bouwrecht* 2015, p. 251-262, bepleitte dit al in het kader van Natura 2000. Mij lijkt natuurinclusief ontwerpen ook in het kader van het soortenbeschermingsrecht en van het sparen van houtopstanden van meerwaarde.
22 Zie de art. 3.3 lid 4, art. 3.8 lid 5 en art. 3.10 lid 2 Wnb.
23 Zie de art. 8.74j lid 1, art. 8.74k lid 1 en art. 8.74l lid 1 Besluit kwaliteit leefomgeving (Bkl).
24 Zie mijn bijdrage 'Windparken en het soortenbeschermingsrecht', *M en R* 2021, p. 862-869, met name p. 863.

bijgebouw. Veel van deze activiteiten worden dan ook zonder enige toetsing uitgevoerd. Wat mij wel een idee zou lijken, is dat hiervoor bijvoorbeeld een gedragscode[25] wordt opgesteld waarmee een algehele vrijstelling voor bouw- en sloopwerkzaamheden aan in elk geval individuele particuliere woningen kan gaan gelden. Weliswaar vindt dan nog steeds geen uitgebreide toetsing van individuele situaties plaats, maar wel kunnen op deze wijze relatief diervriendelijke manieren van werken worden voorgeschreven, waarbij bijvoorbeeld wordt voorkomen dat vleermuizen sneuvelen door instortende muren doordat ze een ontsnappingsmogelijkheid moet worden geboden. Persoonlijk zie ik de meerwaarde van een dergelijke benadering wel in, al is het wellicht waarschijnlijker dat er de komende jaren niet direct veel zal gaan veranderen in de ontstane praktijk.

4 Tot slot

Ik verwacht kortom dat de stikstofcrisis zich de komende jaren voort zal zetten en dat het daarom betrekkelijk lang zal duren voordat het gebiedsbeschermingsrecht in een rustiger vaarwater zal komen. Het soortenbeschermingsrecht ligt al in een rustiger vaarwater, al zijn er wel nog ontwikkelingen te verwachten. Ik voorzie daar bijvoorbeeld meer aandacht voor natuurinclusief ontwerpen en hoop dat we een modus zullen vinden om particulieren en kleine ondernemers aan te zetten tot natuurvriendelijk gedrag zonder al te veel bureaucratie.

Het is mogelijk dat ik hierboven een paar stokpaardjes heb bereden. De lezer moet me maar excuseren, want de vraag van de VMR om onze visie te geven op de verworvenheden en de grote uitdagingen van het milieurecht en dus ook het natuurbeschermingsrecht, lokt een persoonlijk verhaal met stokpaardjes ook wel uit. Een grote visie vooruit is mij daarbij niet gelukt, maar ik troost mij met de gedachte dat voorspellen moeilijk is. En ik moet mijn beperkingen kennen. Ik ben bang dat een lezer die deze bijdrage over twintig jaar zal lezen, zal constateren dat zaken toch anders zijn gelopen dan gedacht in 2022.

---

25 Zie art. 3.31 Wnb.

30 Naar een versterkte en verbrede reikwijdte van het waterkwaliteitsrecht

Jasper van Kempen[1]

1 Inleiding

In een bundel als deze past het om een moment stil te staan bij de vraag of de Nederlandse milieuwetgeving nog voldoet. Is die wetgeving voldoende om de vereiste milieukwaliteit te bereiken? Voldoet die wetgeving aan de eisen die het Europese recht daaraan stelt? Past die wetgeving nog in de huidige tijdsgeest? Om bij mijn eigen stiel te blijven, volgt hieronder een beschouwing die specifiek ingaat op het waterkwaliteitsrecht.

Hoe belangrijk vinden we een goede waterkwaliteit eigenlijk in Nederland? Een samenleving die waterkwaliteit daadwerkelijk van belang vindt, zou zich naar mijn mening ten minste zó moeten organiseren dat er goede besluitvorming kan plaatsvinden over de afweging tussen het waterkwaliteitsbelang en andere belangen. Om een dergelijke afweging goed te kunnen maken, moet minstens inzichtelijk zijn welke daadwerkelijke effecten het nastreven van andere belangen heeft op de waterkwaliteit. Daarmee zeg ik nog niks over de maatstaf die dan bij die belangenafweging wordt aangelegd (bijvoorbeeld in welke mate een inbreuk op het waterkwaliteitsbelang ten gunste van een ander belang acceptabel is). Ik heb het slechts over een minimumvereiste, namelijk dat de juiste informatie voorhanden is om een dergelijke afweging te kunnen maken en dat de juiste besluitvormingsprocedures daarop van toepassing zijn.

De wetgeving vormt in zekere zin een afspiegeling van de samenleving, althans: goede wetgeving zou zo'n afspiegeling moeten zijn. Laten we eens nader bekijken of het huidige en komende waterrecht inderdaad borgt dat verantwoorde besluitvorming plaatsvindt over de effecten op de waterkwaliteit ten gevolge van handelingen die plaatsvinden ten gunste van andere belangen. Daarbij focus ik – vanwege de omvang van deze bijdrage – op specifieke handelingen, namelijk lozingen op een oppervlaktewaterlichaam.

---

[1] Mr. dr. ir. J.J.H. van Kempen is werkzaam bij de Hoofddirectie Bestuurlijke en Juridische Zaken van het Ministerie van Infrastructuur en Waterstaat, en bij Rijkswaterstaat. Ook is hij als geassocieerd medewerker verbonden aan het Utrecht Centre for Water, Oceans and Sustainability Law van de Universiteit Utrecht. Deze bijdrage is geschreven op persoonlijke titel en is niet bedoeld als weergave van het standpunt van het ministerie.

2   Twee observaties

De regulering van lozingen vindt in Nederland (logischerwijze) met name plaats in het kader van de waterwetgeving, voornamelijk in (hoofdstuk 6 van) de Waterwet (Wtw). Onder de Omgevingswet zal die regulering plaatsvinden in het Besluit activiteiten leefomgeving en in de waterschapsverordeningen. Hoog-over kijkend naar deze regulering van lozingen, valt mij op dat de besluitvorming over de effecten van lozingen voor een zeer groot deel plaatsvindt zonder de daadwerkelijke effecten daarvan te kennen. Ik zie hiervoor twee aanwijzingen.

De eerste observatie is dat in het waterrecht zeer veel lozingen niet onderhevig zijn aan een individuele goedkeuring. De wetgever heeft die lozingen categorisch toegestaan, zonder een daadwerkelijke effectbeoordeling.[2] Onder de Waterwet gebeurt dat door dergelijke lozingen bij algemene maatregel van bestuur vrij te stellen van het verbod om zonder vergunning te mogen lozen. Onder de Omgevingswet zal dat – voor zover het de rijksregelgeving betreft – gebeuren door slechts voor bepaalde, specifieke lozingsactiviteiten een vergunningplicht te introduceren en voor overige lozingsactiviteiten niet. De niet vergunningplichtige lozingen zijn in beide gevallen onderhevig aan regulering middels rechtstreeks werkende, algemene rijksregels.

Het voordeel van een vergunningplicht is dat dit een mogelijkheid biedt om een goede inschatting te maken van de daadwerkelijke effecten van een aangevraagde lozing (door het vaststellen van toereikende[3] indieningsvereisten) en die effecten op een zorgvuldige wijze (door een passende[4] voorbereidingsprocedure) te wegen (door de juiste[5] beoordelingsregels) en daarover te besluiten (door de aanvraag – zo nodig met de nodige voorschriften – in te willigen, dan wel af te wijzen).

Een systeem van algemene regels[6] mist deze voordelen. Geen van de huidige en komende meldplichten schrijft voor dat alle in de lozing aanwezige stoffen gemeld

---

2   Voor die algemene regels is bijvoorbeeld nooit een milieubeoordeling gemaakt. Vgl. ABRvS 30 juni 2021, ECLI:NL:RVS:2021:1395, *TBR* 2021/110 m.nt. R. Benhadi.
3   De juiste gegevens moeten overgelegd worden om de effecten van de lozing inzichtelijk te maken. De huidige en komende indieningsvereisten in het waterrecht verplichten tot het verstrekken van gegevens over de eigenschappen van de in de lozing aanwezige stoffen.
4   Een procedure die voldoende tijd biedt om de milieugevolgen te wegen.
5   Beoordelingsregels die vereisen dat alle effecten op de waterkwaliteit in beeld zijn. Het in het huidige en komende waterrecht aangewezen *Handboek Immissietoets* (https://iplo.nl/thema/water/applicaties-modellen/vergunningverlening-toetsing-handhaving/immissietoets) verplicht er bijvoorbeeld toe om van alle in de lozing aanwezige stoffen vast te stellen of hun aanwezigheid verenigbaar is met de vereiste oppervlaktewaterkwaliteit.
6   Ik kijk hierbij naar de algemene regels over lozingen van het Activiteitenbesluit milieubeheer, het Besluit lozen buiten inrichtingen, het Besluit lozing afvalwater huishoudens, het Besluit bodemkwaliteit, het Scheepsafvalstoffenbesluit Rijn- en binnenvaart en – onder komend recht – het Besluit activiteiten leefomgeving.

moeten worden. De tijd om een zorgvuldige beoordeling uit te voeren is volstrekt onvoldoende (in de regel mag vier weken, soms slechts vijf dagen, na de melding geloosd worden). Een weging van effecten vindt in het geheel niet plaats, omdat onbekend is welke stoffen voorkomen en onbekend is wat hun invloed is op het ontvangende watersysteem. Dat is immers locatieafhankelijk en dus niet op voorhand bepaalbaar voor de regelgever (tenzij de algemene regels op een worstcasescenario gebaseerd zijn, wat nooit het geval is). Ten slotte is tegenhouden van een schadelijke lozing vaak onmogelijk en kan meestal hooguit sprake zijn van achteraf ingrijpen als het kwaad al geschied is (het bevoegd gezag hoeft immers geen toestemming meer te geven; dat heeft de wetgever al gedaan).

Ik wil hiermee niet zeggen dat alle lozingen onder een vergunningplicht gebracht moeten worden, maar wel dat voor lang niet alle lozingen algemene regels volstaan. Ik denk dat voor bijvoorbeeld veel lozingen die nu onder het Besluit bodemkwaliteit vallen, algemene regels onvoldoende zijn om een zorgvuldige afweging omtrent hun effecten te maken.[7] Ook denk ik dat een systeem waarbij de vergunningplicht de systematische uitzondering vormt (zoals dat onder de Omgevingswet het geval zal zijn) in plaats van het uitgangspunt (zoals dat onder de Waterwet het geval is), niet alleen wetgevingstechnisch onhandig is, maar ook het risico op onderregulering versterkt.[8]

De tweede observatie is dat sommige lozingen überhaupt geheel *buiten* de reikwijdte van het waterrecht zijn geplaatst.[9] Dat is bijvoorbeeld het geval voor lozingen ten gevolge van het gebruik van meststoffen[10] en voor veel lozingen ten gevolge van het gebruik van gewasbeschermingsmiddelen en biociden.[11] Het is overigens de vraag of

---

7   Niet voor niets wordt onder de Omgevingswet voor een van deze lozingen (verondiepingen van diepe plassen) een vergunningplicht geïntroduceerd. Het lijkt me ter bescherming van de waterkwaliteit onvermijdelijk die stap ook te zetten voor bepaalde andere toepassingen van grond en baggerspecie in oppervlaktewater.
8   Zie voor een nadere onderbouwing hiervan: J.J.H. van Kempen & W.J. Wensink, '50 jaar regulering van lozingen: volwassen of toch nog niet?', in: H.J.M. Havekes e.a. (red.), *Over waterkwaliteit gesproken... Verleden, heden en toekomst*, Den Haag: Koninklijk Nederlands Waternetwerk 2021, p. 260-273.
9   Dit punt is overigens niet eigen aan lozingen. Zo is bijvoorbeeld ook de visserij geheel buiten de reikwijdte van de waterkwaliteitsregulering geplaatst, terwijl ook dat een sector is met grote invloed op een onderdeel van de waterkwaliteit waarmee het zorgelijk is gesteld.
10 Het lozingsverbod van art. 6.2 lid 1 Wtw is niet van toepassing op lozen ten gevolge van het gebruik van meststoffen op agrarische gronden in uiterwaarden en buitendijkse gebieden in het kader van de normale agrarische bedrijfsuitoefening, voor zover daaromtrent regels zijn gesteld bij of krachtens de Meststoffenwet (art. 6.2 lid 4 Wtw).
11 Hoofdstuk 6 van de Waterwet – en dus de regulering van lozingen – is niet van toepassing op handelingen waaromtrent regels zijn gesteld bij of krachtens de Wet gewasbeschermingsmiddelen en biociden, voor zover bij algemene maatregel van bestuur niet anders is bepaald (art. 6.12, aanhef en onder e, Wtw).

deze scheiding ongewijzigd wordt voortgezet onder de Omgevingswet.[12] Ook voor die lozingen is geen daadwerkelijke effectbeoordeling gemaakt. Die handelingen zijn eigenlijk helemaal niet *als lozingen* gereguleerd. Een afweging omtrent gevolgen voor de leefomgeving heeft daarbij slechts zeer basaal plaatsgevonden. Zo wordt het gebruik van meststoffen op de bodem alleen op hoofdlijnen kwantitatief begrensd, zonder een daadwerkelijke beoordeling van de gevolgen voor het omliggende watersysteem, en geldt voor gewasbeschermingsmiddelen en biociden met name een regulering inzake de toelating tot de markt en zijn er vervolgens nauwelijks regels gesteld over het gebruik van toegelaten middelen in relatie tot de oppervlaktewaterkwaliteit. Effecten op de oppervlaktewaterkwaliteit zijn daarmee allerminst uitgesloten en naar de omvang van die effecten is geen diepgaand onderzoek gedaan. Voor al deze handelingen geldt bovendien geen toestemmingsvereiste waarbij een waterkwaliteitsbeoordeling plaatsvindt.

3   Conformiteit met het Europese recht

De belangrijkste Europese richtlijn op het gebied van waterkwaliteit – de Kaderrichtlijn Water (KRW)[13] – verplicht onder meer tot het bereiken van een goede toestand van oppervlaktewaterlichamen.[14] Als richtlijn is dit Europese wetgevingsinstrument verbindend ten aanzien van het te bereiken resultaat, en kiezen de lidstaten de daarbij passende vorm en middelen.[15] In dat licht is er dus vrijheid voor de lidstaten om niet alle lozingen te reguleren en om niet alle gereguleerde lozingen vergunningplichtig te maken.

De KRW zelf perkt die keuzevrijheid van de lidstaten echter in, door onder meer te vereisen dat puntlozingen die verontreiniging kunnen veroorzaken voorafgaand worden gereguleerd[16] en dat voor projecten[17] die het tijdig bereiken van een goede

---

12 De afbakening met andere wetgeving wordt daarin bepaald door art. 1.4 Ow, dat als criterium hanteert of een onderwerp krachtens een andere wet uitputtend is geregeld. Het is twijfelachtig of de Meststoffenwet en de Wet gewasbeschermingsmiddelen en biociden gezien moeten worden als een uitputtende regulering van lozingen van meststoffen en gewasbeschermingsmiddelen/biociden. Voor zover deze lozingen dan onder de reikwijdte van de Omgevingswet zouden komen te vallen, worden ze overigens slechts – onder de nieuwe systematiek van die wet voor de regulering van lozingen – gereguleerd door een specifieke zorgplicht, wat ook niet veel zoden aan de dijk zet.

13 Richtlijn 2000/60/EG van het Europees Parlement en de Raad van 23 oktober 2000 tot vaststelling van een kader voor communautaire maatregelen betreffende het waterbeleid, *PbEG* 2000, L 327, p. 1.

14 Art. 4 lid 1 onder a onder ii KRW. Het gaat daarbij om oppervlaktewaterlichamen in de zin van die richtlijn, dus niet om alle oppervlaktewaterlichamen in de zin van de Nederlandse waterwetgeving.

15 Art. 288 VWEU.

16 Art. 11 lid 3, aanhef en onder g, KRW.

17 De KRW noch het Hof van Justitie van de Europese Unie maakt duidelijk wat – voor zover het de KRW betreft – onder dit begrip verstaan moet worden. Zie voor meer

toestand in gevaar kunnen brengen, of die kunnen leiden tot een (tijdelijke)[18] achteruitgang van de toestand van een waterlichaam. in beginsel goedkeuring geweigerd moet worden[19] (hetgeen een voorafgaande regulering specifiek in de vorm van een goedkeuringsvereiste lijkt te veronderstellen).

Art. 11 lid 3, aanhef en onder g, KRW noemt (niet-limitatief) verschillende mogelijkheden van regulering van lozingen, waaronder een verbod, een vergunningplicht en registratie van lozingen op basis van algemeen bindende regels, waarin emissiebeheersingsmaatregelen worden voorgeschreven voor de betrokken verontreinigende stoffen. Het is zeer de vraag of de Nederlandse regulering van lozingen van meststoffen en gewasbeschermingsmiddelen/biociden, die plaatsvindt buiten het waterkwaliteitsrecht, in lijn is met dit KRW-vereiste. Kan überhaupt gezegd worden dat die lozingen als zodanig gereguleerd zijn? Het gaat veeleer om de regulering van hoeveelheden meststoffen die op de bodem worden gebracht en om het beperken van de toelating van gewasbeschermingsmiddelen/biociden tot de markt, en niet zozeer om de regulering van 'lozingen'.[20]

Voor de lozingen die wel binnen de reikwijdte van het waterkwaliteitsrecht vallen, geldt dat op basis van deze KRW-bepaling niet gezegd kan worden dat altijd een vergunningplicht nodig is. Algemene regels worden immers expliciet als optie genoemd. Het is echter de vraag of dit type regulering ook voor *alle* lozingen kan volstaan, die nu onder algemene regels vallen. De omzetting van de KRW in het nationale recht dient immers daadwerkelijk de volledige toepassing van de richtlijn te verzekeren,[21] wat in dit geval neerkomt op het verwezenlijken van de waterkwaliteitsdoelstellingen.[22] Om te kunnen 'verzekeren' dat die doelstellingen behaald worden, is een effectbeoordeling van die lozingen noodzakelijk. Zoals hierboven is aangegeven is het op zijn minst twijfelachtig dat de effecten van alle algemeen geregelde lozingen

---

informatie: S.E.A. van Holten, 'Het projectbegrip in het Europees milieurecht (Deel I). De rol van de projecttoets bij het behalen van Europese milieudoelstellingen', *TBR* 2022/41 en S.E.A. Holten, 'Het projectbegrip in het Europese milieurecht (Deel II). De invulling van het projectbegrip', *TBR* 2022/76. Mij lijkt dat lozingen in elk geval als 'projecten' bestempeld moeten worden in de zin van de KRW.

18 HvJ EU 5 mei 2022, C-525/20, ECLI:EU:C:2022:350, *AB* 2022/259 m.nt. H.F.M.W. van Rijswick, *M en R* 2022/64 m.nt. P.E. Lindhout

19 HvJ EU 1 juli 2015, C-461/13 (Weser), ECLI:EU:C:2015:433, *AB* 2015/262 m.nt. H.F.M.W. van Rijswick.

20 Elke aan een persoon toe te schrijven handeling waarbij volgens de algemene ervaringsregels voorzienbaar is dat stoffen direct of indirect in oppervlaktewater worden gebracht (HvJ 29 september 1999, C-231/97 (Van Rooij), ECLI:EU:C:1999:458, *AB* 2000/22 m.nt. C.W. Backes en HvJ 29 september 1999, C-232/97 (Nederhof), ECLI:EU:C:1999:459, *Milieurecht Totaal* 1999/3811 m.nt. Van Rijswick).

21 Zie bijvoorbeeld HvJ EU 10 mei 2001, C-144/99 (Commissie/Nederland), ECLI:EU:C:2001:257.

22 Art. 11 KRW geeft immers expliciet aan dat de maatregel om in wetgeving een voorafgaande regulering op te nemen, bedoeld is om de waterkwaliteitsdoelstellingen van art. 4 KRW te verwezenlijken.

voldoende in beeld zijn om de volledige doorwerking van de KRW te kunnen verzekeren.

Daarmee is het allerminst uitgesloten dat de vergunningvrije lozingen het tijdig bereiken van een goede toestand in gevaar kunnen brengen, in welk geval dus in beginsel goedkeuring aan die lozingen onthouden moet worden. Maar: de wetgever heeft al goedkeuring gegeven voor die lozingen; er is geen bevoegd gezag meer dat goedkeuring in individuele gevallen kan onthouden. Hooguit kan langs de band van handhaving op bijvoorbeeld een zorgplichtbepaling een dergelijke lozing nog worden tegengehouden. In hoeverre dat een afdoende instrument biedt voor de algemeen geregelde lozingen, valt nog te bezien. In elk geval kan dat niet baten voor de lozingen van meststoffen en gewasbeschermingsmiddelen/biociden, die geheel buiten de reikwijdte van het waterkwaliteitsrecht vallen. Het is daarmee twijfelachtig of de Nederlandse regulering van dergelijke lozingen in lijn is met de eisen van de KRW.

4 Bereiken we de vereiste milieukwaliteit?

Het doelbereik van de KRW staat in Nederland ernstig onder druk; het is onwaarschijnlijk dat tijdig[23] een goede oppervlaktewatertoestand bereikt zal zijn. De meest recente prognoses die de Minister van Infrastructuur en Waterstaat aan de Tweede Kamer stuurde,[24] wijzen erop dat in 2027 in 25% van de regionale KRW-oppervlaktewaterlichamen nog niet voldaan zal zijn aan de doelen die gelden voor nutriënten. Ook is een belangrijke hindernis dat op een groot aantal locaties de KRW-normen voor gewasbeschermingsmiddelen nog worden overschreden.

De agrarische sector is in de meeste gebieden de belangrijkste bron van deze belastingen (nutriënten (via meststoffen) en gewasbeschermingsmiddelen). Hoewel de lidstaten binnen zekere randvoorwaarden vrij zijn in hun maatregelenkeuze, lijkt het dus voor de hand te liggen dat maatregelen in ieder geval zien op de agrarische sector. Waar in 2007 nog een motie is aangenomen die opriep tot het afzien van een verdere lastenstijging voor de agrarische sector als gevolg van de implementatie van de KRW,[25] lijkt het tij inmiddels enigszins gekeerd en wordt voornamelijk gekeken naar die sector om de nodige maatregelen te nemen om toch aan de KRW-doelstellingen te kunnen voldoen. Dan moet de wetgeving daar echter wel op zijn ingericht, wat nu niet het geval lijkt.

---

23 Strikt genomen is dat onmogelijk, omdat die doelstelling eigenlijk op 22 december 2015 al bereikt moest zijn. Door toepassing van de uitzonderingsmogelijkheid die art. 4 lid 4 KRW biedt, hebben de lidstaten massaal gekozen voor doelfasering, waardoor nu in de meeste gevallen uiterlijk in 2027 aan deze eis van de KRW voldaan moet zijn.
24 *Kamerstukken II* 2021/22, 27625, nr. 555.
25 *Kamerstukken II* 2006/07, 27625, nr. 92.

In hoeverre de vergunningvrije lozingen die wel onder de reikwijdte van het waterkwaliteitsrecht vallen het KRW-doelbereik in de weg staan, is mij niet bekend. In elk geval ken ik geen analyse die uitsluit dat zij een rol spelen en het lijkt mij niet ondenkbaar dat dit inderdaad het geval is, gegeven het feit dat dit de bulk van alle lozingen in Nederland betreft en het doelbereik nog ver uit zicht lijkt.

5 Conclusie

Als ik antwoord moet geven op een door de redactie van deze bundel gestelde vraag – hoe ziet de wereld van het milieurecht er over veertig jaar uit? – dan lijkt het mij onontkoombaar dat het waterkwaliteitsrecht tegen die tijd versterkt is qua type regulering en een verbrede reikwijdte kent. We moeten wel, om de vereiste waterkwaliteit te bereiken en ook in bredere zin in lijn met het Europese recht te handelen.

In die zin is er wellicht wat te leren van het stikstofdossier: daar werd te lang gewacht met het afdoende verbeteren van de milieukwaliteit en plots blijkt dan voor sommige activiteiten die al sinds jaar en dag plaatsvinden ineens toestemmingverlening nodig (vgl. beweiden en bemesten), en kan die toestemming niet verleend worden omdat de taart (de milieugebruiksruimte) al op is. Laten we die fout niet maken met de waterkwaliteit en al tijdig díe activiteiten aan banden leggen waarvoor dat echt nodig is om de vereiste waterkwaliteit te bereiken, om te voorkomen dat straks alle andere activiteiten én de waterkwaliteit de dupe zijn. Daarvoor is nodig dat bij de activiteiten die op dit moment in de weg staan aan het doelbereik van de KRW – ongeacht de sector waarin die activiteiten plaatsvinden – een goede weging van die effecten plaatsvindt in het kader van een toestemmingsverleningsprocedure. Op zich lijkt de tijd me daar nu bij uitstek rijp voor. Het stikstofdossier heeft ons geleerd hoe het niet moet, sinds o.a. de PFAS-crisis klinkt alom de roep om een betere bescherming van de leefomgeving, en uit de toeslagenaffaire blijkt hoezeer er behoefte is aan zorgvuldige besluitvorming en maatwerk.

Ik denk dus dat het waterkwaliteitsrecht van de toekomst ook de lozingen uit de agrarische sector zal reguleren en in meer gevallen dan nu qua regulering zal inzetten op een vergunningplicht. Althans, zo ziet het waterkwaliteitsrecht van de toekomst eruit als we in lijn willen handelen met het Europese recht en als we een milieukwaliteit willen bereiken die voor onszelf en voor onze natuur nodig is om gezond in te kunnen leven. Korter gezegd: dat is het recht van de toekomst als we een goede waterkwaliteit écht belangrijk vinden.

31 De hoogste tijd voor een mondiaal Waterschaarsteverdrag

Marga Robesin[1]

'Met de tijd en het water verandert alles.'[2]

1982: een kort geding en rellen in Utrecht vanwege de aanleg van de A27 door het bos van Amelisweerd;[3] oorlog op de Falklandeilanden; grote droogte leidt tot hongersnood in Oost- en West-Afrika.

2022: procedures en protesten in Utrecht tegen verbreding van de A27 door Amelisweerd[4]; oorlog in (onder andere) Oekraïne; 14 miljoen mensen in de Hoorn van Afrika hebben honger door droogte,[5] wereldwijd leven 2,3 miljard mensen in landen met waterstress,[6] 733 miljoen van hen in landen met hoge waterstress en 4 miljard mensen hebben te maken met ernstige waterschaarste gedurende ten minste een maand per jaar.[7]

2062: een restje bomen van Amelisweerd vormt een plantsoentje in de metropool Groot Amsterdam; er is nog steeds oorlog in de wereld; het aantal mensen dat onvoldoende water heeft is opgelopen tot ongeveer 6 miljard.[8]

---

1 Mr. M.A. Robesin, geassocieerd medewerker Utrecht Centre for Water, Oceans and Sustainability Law, Universiteit Utrecht. Met dank aan Rick Hogeboom en Marleen van Rijswick voor hun commentaar op een concept van deze bijdrage.
2 Leonardo da Vinci. Alok Jha, *Het waterboek*. Maven Publishing 2015, p. 134.
3 www.vriendenvanamelisweerd.nl/amelisweerd-en-de-a27/.
4 www.vriendenvanamelisweerd.nl/minister-zet-verbreding-door-en-zegt-tegelijk-de-regio-een-kans-te-willen-geven/.
5 www.rodekruis.nl/nieuwsbericht/is-de-hoorn-van-afrika-een-bodemloze-put-antwoord-op-5-kritische-vragen/.
6 Waterstress is kort gezegd: minder water beschikbaar dan de behoefte. UN-Water, 2021: Summary Progress Update 2021 – SDG 6 – water and sanitation for all. Version: July 2021. Geneva, Switzerland. www.unwater.org/app/uploads/2021/12/SDG-6-Summary-Progress-Update-2021_Version-July-2021a.pdf. Zie voor meer alarmerende rapporten: World Economic Forum, The Global Risks Report 2017: 12th edition, WEF, Geneva, January 2017, p. 2-12; WEF report 2021 www3.weforum.org/docs/WEF_The_Global_Risks_Report_2021.pdf?msclkid=179f182dcf7b11ec807eead89ea8115e; https://themasites.pbl.nl/future-water-challenges/setting-the-scene/; www.pbl.nl/en/publications/the-geography-of-future-water-challenges?msclkid=00c81cbfcf7e11ecb0e1f81b34dffc0c; www.unicef.org/reports/thirsting-future?msclkid=dbd2bdddcf8011eca82a9ed090e83bb5.
7 M.M. Mekonnen & A.Y. Hoekstra. 'Four billion people facing severe water scarcity', *Sci. Adv.2*, e1500323 (2016).
8 Prognose uit 2016: 4,8-5,7 miljard in 2050. www.unwater.org/water-facts/scarcity/.

In een cynische bui vraag ik me soms af wat we sinds het oprichtingsjaar van de VMR op milieugebied hebben bereikt. Als het ons niet eens lukt om ook na corona-lockdowns minder auto te rijden of om de waterkwaliteit in Nederland goed te krijgen,[9] hoe kunnen we dan voorkomen dat doemscenario's op wereldschaal werkelijkheid worden? Toch denk ik dat dat kan met de kennis van nu, maar dan moeten we nu wel meer actie ondernemen. Het recht kan daar een belangrijke rol in spelen. In deze bijdrage focus ik op een aantal mogelijkheden om iets te doen aan het groeiende probleem van mondiale waterschaarste.

We weten steeds meer over de oorzaken en gevolgen van gebrek aan water voor mens en natuur.[10] De water footprint (WF) assessment methode[11] van Arjen Hoekstra en collega-onderzoekers heeft duidelijk gemaakt dat waterschaarste geen louter lokaal probleem is.[12] Wij Nederlanders gebruiken gemiddeld 40 badkuipen water per dag.[13] Ons directe watergebruik, om te wassen bijvoorbeeld, is maar één procent van die watervoetafdruk. De rest is gebruikt om alles wat we consumeren te produceren. Meestal ver weg en vaak in gebieden met waterschaarste. Dat heeft als voordeel dat we zelf iets aan dit 'ver-van-ons-bed-probleem' kunnen doen. Vooral door minder 'waterslurpers' als vlees te consumeren en verspilling tegen te gaan. Ook de inzet van alle andere actoren in handelsketens plus de overheid is nodig om onze watervoetafdruk te verkleinen. Vermindering van waterschaarste is urgent en een gezamenlijke verantwoordelijkheid.[14]

1 Ketenaanpak

Sinds 2013 is binnen de VMR een werkgroep Mondiale duurzaamheid en recht actief, die zich vooral richt op de rol van het recht bij verduurzaming van handelsketens.[15] Soms is die rol belemmerend. Zo bleek het mededingingsrecht in de weg te staan aan het maken van vrijwillige duurzaamheidsafspraken tussen bedrijven. Daarin lijkt nu verbetering te komen. De Autoriteit Consument & Markt (ACM)

---

9 'Schoon water is in Nederland nog ver weg', www.nrc.nl/nieuws/2022/03/18/nederland-riskeert-watercrisis-in-2027-a4102852; www.trouw.nl/politiek/nieuwe-natuurcrisis-dreigt-nu-nederland-de-waterkwaliteit-niet-op-orde-heeft~babb650d/.

10 Door projecten als World Water Map, www.uu.nl/en/news/utrecht-university-and-national-geographic-society-to-map-global-freshwater-reserves.

11 www.waterfootprint.org/en/water-footprint/water-footprint-assessment/.

12 A.Y. Hoekstra. *The Water Footprint of Modern Consumer Society*. Second edition (2020). Routledge, Londen. ISBN 9781138354784, p. 27-28.

13 Zie www.youtube.com/watch?v=eDUp-Kl-DPc.

14 Rick. J. Hogeboom. 'The Water Footprint Concept and Water's Grand Environmental Challenges', *One Earth* 2, March 20, 2020, p. 222.

15 Preadvies *Duurzame handel in juridisch perspectief*. VMR 2014-1. Zie voor verslagen van workshops en webinars www.milieurecht.nl/korte-verslagen en voor columns www.milieurecht.nl/columns-overzicht.

heeft een Leidraad Duurzaamheidsafspraken opgesteld[16] en er ligt een wetsvoorstel Ruimte voor duurzaamheidsinitiatieven bij de Tweede Kamer.[17] De Europese Commissie heeft dit voorjaar een voorstel in consultatie gebracht over de beoordeling van duurzaamheidsafspraken.[18] Volgens de ACM zal hierdoor meer ruimte komen voor samenwerking tussen bedrijven.[19]

Niet alle bedrijven bekommeren zich vrijwillig om negatieve effecten op mens en milieu in de keten. Daarom is het toe te juichen dat er dit jaar door de Europese Commissie ook een voorstel is gepubliceerd voor een Richtlijn over 'corporate sustainable due diligence', al is dat nog veel te beperkt.[20]

De overheid kan verduurzaming binnen ketens ook bevorderen door het stellen van duurzaamheidseisen aan producten.[21] In 2012 betreurde ik het dat de voorgenomen stelselwijziging van het omgevingsrecht op dat vlak geen voorstellen inhield en dus niet 'future-proof' was.[22] Daarin is de afgelopen jaren in Nederland weinig verbeterd. Op Europees niveau zijn er wel positieve ontwikkelingen, zoals het voorstel voor een Ecodesignverordening met een bredere reikwijdte in het kader van de Sustainable Product Policy. Dat maakt productregels voor reductie van de watervoetafdruk in ketens explicieter mogelijk.[23] Eisen aan producten en productieprocessen zijn onder meer belangrijk voor het efficiënter maken van watergebruik. Benchmarks op basis van de watervoetafdruk van bepaalde producten of best beschikbare technieken voor productieprocessen kunnen een referentiekader zijn voor overheden bij het verlenen van vergunningen voor watergebruik of het verbieden van de slechtste werkwijzen.[24]

---

16 www.acm.nl/nl/publicaties/leidraad-duurzaamheidsafspraken-gereed-voor-verdere-europese-afstemming.
17 *Kamerstukken II* 2019/20, 35247, nr. 2. De behandeling van dit wetsvoorstel is op het moment van schrijven (eind mei 2022) aangehouden. De Tweede Kamer wil van de Minister van Economische Zaken en Klimaat een toelichting op dit besluit. www.tweedekamer.nl/kamerstukken/wetsvoorstellen/detail?qry=wetsvoorstel%3A35247&cfg=wetsvoorsteldetails.
18 https://ec.europa.eu/competition-policy/public-consultations/2022-hbers_en.
19 www.acm.nl/nl/publicaties/bedrijven-kunnen-meer-duurzaamheidsafspraken-maken-door-voorstel-europese-commissie.
20 https://ec.europa.eu/info/publications/proposal-directive-corporate-sustainable-due-diligence-and-annex_en; www.milieurecht.nl/nieuws/voorstel-europese-corporate-sustainability-due-diligence-directive-niet-in-lijn-met-internationale-normen-en-nederlands-imvo-beleid.
21 P. Ligtenberg, 'Minder water bij de wijn doen! Over de noodzaak om de Europese watervoetafdruk te reguleren via producteisen', *M en R* 2021/34.
22 M.A. Robesin, 'Het recht van de toekomst', in: *Milieurecht in ontwikkeling, jubileumbundel 30 jaar VMR*, Den Haag: Boom Juridische uitgevers 2012.
23 https://environment.ec.europa.eu/publications/proposal-ecodesign-sustainable-products-regulation_en, Brussels, 30.3.2022 COM(2022) 142 final, art. 1 lid 1 onder h.
24 A.Y. Hoekstra (2020), p. 166.

Betere productiemethoden, met een hogere productie per eenheid verbruikt water, kunnen voor grote reducties zorgen. Vooral bij de mondiale industrie, maar ook in de landbouw. Aangezien het voedselsysteem verantwoordelijk is voor 92% van de mondiale watervoetafdruk ligt daar een groot reductiepotentieel. Volgens Hogeboom is 44% waterbesparing mogelijk wanneer de watervoetafdruk van de wereldwijde productie van de belangrijkste gewassen gereduceerd zou worden tot het niveau van de beste 25 percentiel van de huidige mondiale productie. Voor de 'blauwe'[25] watervoetafdruk is het percentage lager (31%), maar het merendeel van die besparingsmogelijkheden (89%) ligt in gebieden die al waterschaars zijn en is dus lokaal van groot belang.[26]

Hoekstra waarschuwt wel dat het nadeel van een focus op efficiency kan zijn dat een verkeerd productieproces zo efficiënt mogelijk verloopt, zoals grootschalige efficiënte amandelproductie voor de export in een waterschaars gebied als Californië. Bovendien kan de neiging zijn om bij verbeterde efficiëntie de productie te verhogen. Geografische omstandigheden moeten daarom ook een rol spelen. Hetzelfde geldt voor de keuze van gewassen, want uit onderzoek blijkt dat we 825 miljoen mensen meer zouden kunnen voeden als we op wereldschaal de huidige gewassen vervangen door meer geschikte.[27]

2 Plafonds op stroomgebiedsniveau

In landen waar de keten begint of doorheen gaat, is goede regulering van het watergebruik door onttrekking van grondwater, irrigatie en verontreiniging van oppervlaktewater, plus toezicht en handhaving, essentieel. Om het gebruik in overeenstemming te brengen met de draagkracht van het watersysteem is reductie van de 'blauwe' en de 'grijze' watervoetafdruk nodig in een groot deel van alle stroomgebieden van rivieren in de wereld.[28] Een plafond in de vorm van een ecologisch duurzame maximum-watervoetafdruk op stroomgebiedsniveau kan voorkomen dat cumulatie

---

25 De 'blauwe' watervoetafdruk meet het onttrekken van grondwater- en oppervlaktewater. De 'groene' watervoetafdruk betreft regenwater dat verdampt en de 'grijze' meet het water dat nodig is om verontreinigd water terug te brengen tot een goede kwaliteit. www.waterfootprint.org/en/water-footprint/what-is-water-footprint/.

26 R. Hogeboom (2019), *Sustainable and Efficient Water Use: From Water Footprint Accounting to Setting Targets*, p. 47. www.doi.org/10.3990/1.9789036547901, Duurzame dissertatie.nl.

27 A.Y. Hoekstra (2020), p. 171. De Kaderrichtlijn Water (zie hierna) noemt in Bijlage IV, Maatregelen deel B (onder ix) naast efficiency en hergebruik ook vraagregulerende maatregelen, zoals het telen van weinig water behoevende gewassen.

28 M.M. Mekonnen & A.Y. Hoekstra (2017), 'Global anthropogenic phosphorus loads to freshwater and associated grey water footprints and water pollution levels: A high resolution global study'. *Water Resources Research*, 53. https://agupubs.onlinelibrary.wiley.com/doi/abs/10.1002/2017WR020448; https://waterfootprint.org/media/downloads/Mekonnen-Hoekstra-2017.pdf.

van watergebruik door allerlei activiteiten in een gebied leidt tot overschrijding van het duurzame niveau.

Vooral in gebieden met ernstige watertekorten in combinatie met grote verschillen in beschikbaarheid van water gedurende het jaar, is het een uitdaging om een maatschappelijk geaccepteerd maximumniveau vast te stellen. Het is daar de kunst om een goede balans te vinden tussen een streng plafond, waarbij in perioden met veel water relatief weinig daarvan mag worden gebruikt, en een soepel plafond, dat leidt tot waterschaarste in droge perioden. Toch zou juist in die gebieden een plafond moeten worden vastgesteld.[29] Eenvoudig is dat niet, want naast onvoldoende kennis over het watersysteem en politieke weerstand kunnen ook bestaande juridische en institutionele systemen een obstakel vormen.[30]

In de Europese Unie heeft de Kaderrichtlijn Water (KRW) onder meer als doel aquatische ecosystemen voor verdere achteruitgang te behoeden, te beschermen en verbeteren en een duurzaam gebruik van water te bevorderen.[31] Artikel 4 bepaalt dat een 'goede toestand' moet worden bereikt, chemisch en ecologisch. Bovendien houdt artikel 4 een verslechteringsverbod in, dat het Europese Hof van Justitie heel serieus neemt.[32] Ook tijdelijke verslechtering is niet toegestaan.[33] Artikel 13 verplicht de lidstaten om stroomgebiedsbeheerplannen op te stellen. De KRW schrijft geen gekwantificeerd plafond voor op het watergebruik, maar een 'goede toestand' houdt ook in dat er voldoende water van goede kwaliteit is.[34] Ondanks de diverse uitzonderingsmogelijkheden die het doelbereik kunnen vertragen,[35] kunnen deze richtlijn en de ermee tot nu toe opgedane ervaringen[36] toch een voorbeeld zijn voor andere regio's in de wereld.

---

29 R. Hogeboom (2019), Nederlandstalige samenvatting p. 112.
30 R.J. Hogeboom et al. (2020), 'Capping human water footprints in the world's river basins', p. 10. *Earth's Future*, 8, e2019EF001363. www.doi.org/10.1029/2019EF001363.
31 Richtlijn 2000/60/EG, art. 1. https://eur-lex.europa.eu/legal-content/NL/ALL/?uri=CELEX%3A32000L0060.
32 HvJ EU 2 juli 2015, C-461/13, ECLI:EU:C:2015:433 (Weser-arrest) en HvJ EU 24 juni 2021, C-559/19, ECLI:EU:C:2021:512 (Doñana-arrest).
33 HvJ EU 5 mei 2022, C-525/20, ECLI:EU:C:2022:350; https://envir-advocaten.com/nl/nieuws/tijdelijke-achteruitgang-van-de-toestand-van-een-oppervlaktewaterlichaam-is-niet-toegestaan/.
34 Zo stelt de Vlaamse Waterbeleidsnota 2020-2025: 'Het beleid voor de aanpak van de waterschaarste en droogte richt zich op de doelstellingen van de kaderrichtlijn Water en op het beperken van schade door waterschaarste en droogte.' www.integraalwaterbeleid.be/nl/stroomgebiedbeheerplannen/waterbeleidsnota/derde-waterbeleidsnota/deel-visie/krachtlijn-4/krachtlijn-4-tekst.
35 J.R. Starke en H.F.M.W. van Rijswick, 'Exemptions of the EU Water Framework Directive Deterioration Ban: Comparing Implementation Approaches in Lower Saxony and The Netherlands'. *Sustainability* 2021, 13, 930. www.doi.org/10.3390/su13020930.
36 S. Wuijts et al. (2021), 'Achieving European Water Quality Ambitions: Governance Conditions for More Effective Approaches at the Local-Regional Scale', *Sustainability* 2021, 13, 681. www.mdpi.com/2071-1050/13/2/681; www.academia.edu/78142327/

3 Huidige waterverdragen

Op mondiaal niveau zijn er twee belangrijke internationale waterverdragen. Zij schrijven geen watervoetafdrukplafonds op stroomgebiedsniveau voor, maar bevatten wel elementen die belangrijk zijn voor de vermindering van waterschaarste.

Het Verdrag van Helsinki (1992) inzake de bescherming en het gebruik van grensoverschrijdende waterlopen en internationale meren (Water Convention) verplicht de partijen bij dit verdrag onder meer alle passende maatregelen te nemen 'om te waarborgen dat bij het gebruik van grensoverschrijdende wateren wordt gestreefd naar een ecologisch verantwoord en rationeel waterbeheer, het behoud van watervoorkomens en de bescherming van het milieu'.[37] Een belangrijk beginsel met het oog op het voorkomen van waterschaarste is dat watervoorkomens zodanig worden beheerd dat in de behoeften van de huidige generatie wordt voorzien zonder dat het vermogen van toekomstige generaties om in hun eigen behoeften te voorzien in gevaar wordt gebracht (art. 2 lid 5 onder c). Ook interessant is artikel 5 (onder c), dat partijen aanzet tot onderzoek naar het ontwikkelen en toepassen van milieuvriendelijke technologieën, productie- en consumptiepatronen. Artikel 9 lid 1 verplicht Oeverstaten, partijen die gelegen zijn aan dezelfde grensoverschrijdende wateren, om stroomgebieden, of delen daarvan, te specificeren ten aanzien waarvan ze samenwerken en afspraken maken. Aangezien wereldwijd meer dan 286 rivieren grensoverschrijdend zijn, is dit een belangrijk verdrag. Toch ontbreekt samenwerking op dit vlak in 60% van de grensoverschrijdende stroomgebieden.[38]

Het Waterlopenverdrag (New York, 1997) is gericht op 'het redelijk en billijk gebruik van internationale waterlopen met het oog op het bereiken van een optimaal en duurzaam gebruik en voordeel daarvan'.[39] Daarbij nemen de Waterloopstaten alle passende maatregelen om te voorkomen dat aanzienlijke schade wordt veroorzaakt bij andere Waterloopstaten (art. 7 lid 1). Bij conflicterend gebruik van een internationale waterloop wordt bij de oplossing van het conflict in het bijzonder aandacht geschonken aan de vereisten van vitale menselijke behoeften (art. 10 lid 2).

Uit onderzoek op basis van de International Freshwater Treaties Database (IFTD, met 686 internationale zoetwaterverdragen) is gebleken dat belangrijke beginselen van internationaal waterrecht, zoals billijk en redelijk gebruik, vooral te vinden zijn in afspraken over grote stroomgebieden, met name in Europa en Noord-Amerika.

Achieving_European_Water_Quality_Ambitions_Governance_Conditions_for_More_Effective_Approaches_at_the_Local_Regional_Scale.

37 https://wetten.overheid.nl/BWBV0001174/1996-10-06/#Verdrag_2_Verdragtekst_Titel deelI, art. 2 lid 2 onder b.

38 www.finlandabroad.fi/web/un/current-affairs/-/asset_publisher/TMs3SoX45i0K/content/joint-statement-for-the-un-high-level-meeting-on-water-march-18th-2021/384951.

39 Verdrag inzake het recht betreffende het gebruik van internationale waterlopen anders dan voor scheepvaart, https://wetten.overheid.nl/BWBV0004743/2014-08-17, art. 5 lid 1.

Voor de meeste stroomgebieden met hoge risico's zijn (nog) geen verdragen gesloten of ze bevatten geen internationaal erkende beginselen.

'For such basins, ratification by countries of either of the two global water conventions can provide an improved legal framework founded on key water law principles.'[40]

4 Een mondiaal Waterschaarsteverdrag

In de bestaande internationale waterverdragen wordt geen gekwantificeerde 'planetary boundary' gesteld aan watergebruik. Dat lijkt logisch. Het is voor water moeilijk om een mondiale grens te bepalen vanwege lokale verschillen en wisselende omstandigheden in bepaalde perioden. Toch is het van belang om ook op wereldschaal te weten wat het maximum is aan wat de aarde kan 'dragen'.[41] Er zijn voorstellen gedaan voor een grens uitgedrukt in het aantal kubieke meters mondiale consumptie van zoet water per jaar.[42] In 2020 stelden onderzoekers voor om die grens een bredere scope te geven. Niet alleen het gebruik van zoet water, maar ook andere wijzigingen in watersystemen kunnen immers grote mondiale gevolgen hebben.[43]

Een andere invalshoek is die van de individuele mens, met recht op water. Inmiddels een erkend mensenrecht.[44] Er is uitgerekend dat 660 m^3 water per persoon per jaar nodig is voor voeding en hygiëne.[45] Veel mensen op aarde hebben dat op dit moment niet tot hun beschikking. Met Sustainable Development Goal (SDG) 6 proberen de Verenigde Naties daar verandering in te brengen, onder andere door het aantal mensen dat te maken heeft met waterschaarste te verminderen.[46] De SDG's zijn echter niet bindend. Dat zijn de doelen voor mitigatie van klimaatverandering in de Overeenkomst van Parijs bijvoorbeeld wel.[47]

---

40   UNEP-DHI and UNEP (2016), *Transboundary River Basins: Status and Trends*, United Nations Environment Programme (UNEP), Nairobi. www.geftwap.org/publications/river-basins-technical-report, p. 111 e.v.
41   W. Steffen et al., 'Planetary boundaries: Guiding human development on a changing planet', *Science* 347, 1259855(2015). DOI: 10.1126/science.1259855, p. 7. www.science.org/doi/epdf/10.1126/science.1259855.
42   A.Y. Hoekstra (2020), p. 9. Zie ook: www.stockholmresilience.org/research/planetary-boundaries.html.
43   www.stockholmresilience.org/research/research-news/2020-03-23-saving-the-planets-bloodstream.html.
44   Otto Spijkers et al., 'Editorial for Localising the Sustainable Human Right to Water' (2020) 16(2) *Utrecht Law Review* p. 1-6. www.doi.org/10.36633/ulr.639.
45   A.Y. Hoekstra (2020), p. 183.
46   https://sdgs.un.org/goals/goal6.
47   Klimaatakkoord van Parijs, 12 december 2015. *Trb.* 2016, 162. https://wetten.overheid.nl/BWBV0006603/2017-08-27 Verdragstekst op basis van Raamverdrag van de Verenigde Naties inzake klimaatverandering, New York, 9 mei 1992 https://wetten.overheid.nl/BWBV0001115/2013-01-09.

Ook voor water is het mogelijk om op mondiaal niveau bindende doelen te stellen om de toenemende druk op watersystemen te verminderen. Zo kunnen we schaarste voor mens en natuur tegengaan en de verdeling van watergebruik eerlijker maken. Hoekstra stelt voor om eerst internationale consensus te bereiken over de noodzaak om de totale watervoetafdruk van de mensheid op het niveau van het jaar 2000 te stabiliseren of zo nodig terug te brengen. Vervolgens kan die mondiale maximum-watervoetafdruk worden doorvertaald in nationale watervoetafdruk-reductiedoelstellingen.[48] Een methodiek waarmee we mutatis mutandis al ervaring opdoen bij de uitvoering van de Overeenkomst van Parijs. Een mondiale overeenkomst om waterschaarste te verminderen is geen tovermiddel, maar kan wel zorgen voor een aanpak met oog voor de mondiale aspecten van watergebruik.

Het heeft lang geduurd voordat het probleem van klimaatverandering werd erkend en actie werd ondernomen. Nu de gevolgen van (periodiek) gebrek aan water ook in 'rijke' landen en zelfs in ons 'natte' Nederland steeds zichtbaarder worden, is het te hopen dat de ontwikkeling van een Waterschaarsteverdrag sneller gaat. Een eerste stap in die richting lijkt de ondertekening van een Declaratie over 'fair water footprints' door nationale overheden, (grote) bedrijven en ngo's in 2021. Ook Nederland heeft ondertekend, met 'observer'-status.[49]

Een andere ontwikkeling is het concept 'Earth System Law', dat juist niet pleit voor een overkoepelende institutionele aanpak, maar voor een op beginselen gebaseerd denken dat kan worden ingebouwd in bestaande regelgeving.[50] Daarmee zouden de uitdagingen die voortvloeien uit het 'multilevel'-karakter en de dynamiek in tijd en ruimte van watersystemen beter kunnen worden opgepakt.[51] Volgens mij sluit het een, een mondiaal verdrag, het ander, een Earth System Law-benadering, niet uit. Juist bij de uitwerking van internationale afspraken is het nodig om op basis van beginselen te werken en aan te sluiten bij bestaande regels, in het waterrecht zelf en daarbuiten.

5 Back to the future

De VMR begint nu aan haar tweede jeugd en de jeugd heeft de toekomst. In de filmklassieker *Back to the future* (1985) moest de hoofdpersoon vanuit de toekomst terug naar het verleden om een verkeerde ontwikkeling te voorkomen. Dat is een omslachtige en onzekere route. Actie ondernemen in het heden om waterschaarste in de toekomst te verminderen is efficiënter.

---

48 A.Y. Hoekstra (2020), p. 183-186.
49 Zie www.milieurecht.nl/nieuws/de-glasgow-declaratie-voor-eerlijke-watervoetafdruk ken en www.fairwaterfootprints.org.
50 H. Ahlström et al., 'An Earth system law perspective on governing social-hydrological systems in the Anthropocene', *Earth System Governance* 10 (2021) 100120.
51 H. Ahlström et al. (2021), p. 3.

Daarvoor zijn consumenten en producenten in de keten aan zet. De overheid kan onder meer juridische belemmeringen voor verduurzaming van handelsketens wegnemen, efficiënte productieprocessen bevorderen en plafonds op het niveau van een ecologisch duurzame watervoetafdruk voor stroomgebieden vaststellen. Op mondiaal niveau is een initiatief voor een internationaal Waterschaarsteverdrag nodig. De UN 2023 Water Conference in New York,[52] waar Nederland mede-gastheer is, lijkt mij een uitgelezen kans om dit nu te agenderen.

De VMR kan ook een bijdrage leveren, bijvoorbeeld door het organiseren van discussies over een Waterschaarsteverdrag in de aanloop naar deze conferentie. Daarbij is het belangrijk om goed gebruik te maken van de kennis binnen andere disciplines.[53] Dat mag de VMR wat mij betreft nog vaker doen dan nu het geval is en niet alleen op dit thema. En moge de jarige haar mondiale blik behouden.[54] Op naar de toekomst!

2062: de oudere bomen in het uitgebreide Amelisweerd hebben er weer veertig jaarringen bij; er is wereldwijd vrede; het aantal mensen dat te maken heeft met waterschaarste is drastisch gedaald.

---

52 https://sdgs.un.org/conferences/water2023.
53 Dat concluderen ook de auteurs die onderzoek deden naar een effectievere uitvoering van de KRW, S. Wuijts et al. (2021), p. 16.
54 M.G.W.M. Peeters, 'Mondiaal milieurecht', in: *Milieurecht in ontwikkeling, jubileumbundel 30 jaar VMR* (VMR 2012-2), Den Haag: Boom Juridische uitgevers 2012, p. 47-49.

32 Waterheffingen

Herman Havekes[1]

In deze jubileumbundel mag aandacht voor water(kwaliteit) niet ontbreken. Het is moeilijk voor te stellen, maar de Wet verontreiniging oppervlaktewateren (Wvo) dateert zelfs nog van vóór de oprichting van onze mooie VMR. Het was eind 1970 de eerste sectorale milieuwet, nadat eerdere pogingen om een wettelijke regeling tot stand te brengen eind negentiende eeuw en begin twintigste eeuw waren gestrand. Eind 2009 hebben we afscheid genomen van de Wvo en de goed werkende elementen verhuisd naar de integrale Waterwet. Ook die wet heeft met de komende inwerkingtreding van de Omgevingswet zijn langste tijd al bijna weer gehad.

Het ontbreekt hier aan ruimte om uitgebreid stil te staan bij de verworvenheden van de Wvo. Eerder heb ik samen met Maarten Hofstra – ook in het kader van een jubileum trouwens – die verworvenheden reeds in het *Tijdschrift voor Milieu en Recht* op een rij gezet.[2] Tevens is nog pas vorig jaar het fraaie boek *Over waterkwaliteit gesproken ... Verleden, heden en toekomst* verschenen, waarin uitvoerig wordt teruggeblikt en vooruitgekeken.[3] Alle relevante facetten van het waterkwaliteitsbeheer, inclusief de grote betekenis van de Europese Kaderrichtlijn Water (KRW) van 2000, komen daarin aan de orde. Als ik dan toch één van de verworvenheden van de Wvo mag noemen, is dat de introductie van de verontreinigingsheffing. Bepaald geen onderwerp waar de VMR de afgelopen veertig jaar veel aandacht aan besteed heeft – milieuheffingen zijn toch een beetje *terra incognita* gebleven – en om dat enigszins goed te maken lijkt het mij aardig om in deze bundel stil te staan bij de waterheffingen.

De verontreinigingsheffing was onze eerste milieuheffing. Niet voor niets was het parlement nogal bevreesd voor de effecten van deze heffing: zou het niet het einde betekenen van de Nederlandse bedrijven? Zouden die niet op grote schaal naar het buitenland verkassen? Vragen die recent bij de introductie van de CO_2-heffing in vrijwel identieke bewoordingen opnieuw werden gesteld.[4] Nadat de regering geruststellende (en later terecht gebleken) woorden had gesproken, kwam de heffing er. Na

---

[1] Prof. mr. dr. H.J.M. Havekes is bijzonder hoogleraar Publieke organisatie van het (decentrale) waterbeheer aan de Universiteit Utrecht en daarnaast werkzaam bij de Unie van Waterschappen te Den Haag. Hij is oud-bestuurslid van de VMR.
[2] Herman Havekes en Maarten Hofstra, 'Het zelfreinigend vermogen een handje geholpen. 40 jaar wetgeving en beleid voor het waterkwaliteitsbeheer', *M en R* 2013, nr. 5, p. 296-300.
[3] Herman Havekes, Diederik van der Molen, Marleen van Rijswick & Willem Wensink (red.), *Over waterkwaliteit gesproken ... Verleden, heden en toekomst*, Koninklijk Nederlands Waternetwerk, Den Haag 2021. Dit boek is gratis te downloaden van de website Waternetwerk.nl.
[4] Zie mijn opinie 'CO_2-Heffing? Van verleden valt te leren!', *M en R* 2019, nr. 4, p. 219.

de invoering ontstond echter het nodige maatschappelijke verzet: allemaal mooi 'de vervuiler betaalt', maar waarom moeten huishoudens de heffing betalen? De echte vervuilers zijn toch de grote bedrijven? De rake leuze 'geen belasting op ontlasting' gaf dit verzet extra kracht. Na enkele jaren was dit verzet niettemin verstomd. Vervolgens ging het met de praktische toepassing van de nieuwe heffing bij de fiscale rechter regelmatig mis. Door erkende fiscalisten werd het heffingenhoofdstuk van de Wvo als een rammelend stuk wetgeving gekwalificeerd. Helemaal ongelijk had men ook niet. De Wvo was voor een belangrijk deel typische 'ingenieurswetgeving' waarin een scherp gevoel voor fiscale spelregels wellicht wat onderbelicht was gebleven. De Hoge Raad riep de heffende instanties zeker in de beginjaren dan ook regelmatig tot de orde, waarna reparatiewetgeving op korte termijn noodzakelijk bleek. De jurisprudentie van de Hoge Raad over de befaamde – 'beruchte' is wellicht een betere benaming – correctieregelingen vormt daarvan in mijn ogen het beste voorbeeld. Bedoelde regelingen boden de heffende overheden de ruimte om bij een afwijkend lozingspatroon van bedrijven, zowel in de tijd (seizoenbedrijven, campings) als naar de hoeveelheid water waarmee de vervuiling werd aangevoerd naar de rioolwaterzuiveringsinstallaties (Rwzi's), een (doorgaans verhogende) correctie op de verschuldigde heffing toe te passen. De woorden 'zomede de wijze van lozen' in de wet moesten daarvoor de juridische grondslag vormen. De Hoge Raad interpreteerde dit zo dat de heffende instanties moesten aantonen dat het afwijkende lozingspatroon minimaal tot 75% extra kosten op de Rwzi's leidde, hetgeen in de praktijk vaak te veel gevraagd bleek. De regelingen werden uiteindelijk in arren moede maar volledig geschrapt. Zelf denk ik wel eens dat we misschien iets te snel afscheid hebben genomen van deze op zichzelf heel begrijpelijke en verdedigbare regelingen. En zeker de oude volumecorrectie, die resulteerde in een hogere heffingsaanslag wanneer de vervuiling met een relatief grote stroom water naar de Rwzi werd afgevoerd, moeten we in ieder geval niet vergeten. Mocht 'Brussel' de komende jaren moeilijk gaan doen – de vigerende toestemming expireert op 31 december 2023 – over de goedkeuring van de zogenoemde afhaaksubsidies[5] voor grote lozers (bedrijven die hun afvalwater sterk voorzuiveren en daardoor weinig heffing betalen, maar dat met eenzelfde grote hoeveelheid water afvoeren, en zodoende buitenproportioneel beslag leggen op de hydraulische capaciteit van Rwzi's), dan biedt die volumecorrectie een uiterst probaat middel om de rekening op de juiste plaats neer te leggen. Nu betalen immers alle lozers, vooral de huishoudens, die rekening.

Gelukkig werd het snel beter en tegenwoordig komen nog maar sporadisch fiscale arresten met grote en onverwachte consequenties voor. Daarmee vormt deze heffing – tegenwoordig onderscheiden in de zuiveringsheffing (Waterschapswet) en de verontreinigingsheffing (Waterwet) – een robuust en solide financieringsinstrument. Een instrument dat zeker in de beginjaren ook een sterk regulerend effect had doordat bedrijven zuiveringstechnische maatregelen gingen nemen om zo veel mogelijk onder de (hoge) heffing uit te komen. Een instrument dat de 21 waterschappen jaarlijks tegenwoordig ruim € 1,5 miljard oplevert, waarmee zij hun kostbare Rwzi's

---

5   Zie voor deze subsidies art. 122d lid 5 onder b Waterschapswet.

kunnen financieren en, zeg ik er tevens maar bij, hun 12.000 medewerkers een fatsoenlijk salaris kunnen betalen. Dat klinkt heel gewoon, maar wie wel eens in het buitenland komt en zich daar laat bijpraten over de organisatie van het waterbeheer, hoort al snel dat juist de financiering een belangrijk knelpunt vormt. Vaak is men daarvoor geheel afhankelijk van de nationale overheid en die is ook daar per definitie arm. Bij de vele bezoeken van buitenlandse delegaties die zich willen laten voorlichten over de specifieke elementen van de Nederlandse *water governance* valt mij telkens weer op dat zij vooral geïnteresseerd zijn in ons financieringsstelsel en hun jaloezie voor ons systeem maar nauwelijks weten te verbergen.

De Nederlandse waterschappen kennen dat financieringsprobleem als gezegd niet. Vandaar dat ze begin jaren negentig ook zonder rijkssteun de kostbare Europese verplichting van de Richtlijn stedelijk afvalwater om stikstof en fosfaat te verwijderen op hun Rwzi's betrekkelijk eenvoudig konden realiseren. Ook maakt dat heffingsgeld het mogelijk om te innoveren. Stilstand is achteruitgang. Het eerdergenoemde boek[6] illustreert dat innovatie op ruime schaal plaatsvindt. De in Nederland ontwikkelde Nereda-techniek wordt inmiddels in het buitenland verkocht; een aantal Rwzi's functioneren tegenwoordig als energiefabrieken, er worden op grondstoffenfabrieken waardevolle grondstoffen zoals fosfaat teruggewonnen, er wordt geëxperimenteerd met de verwijdering van medicijnresten en de warmte van het afvalwater wordt als aquathermie ingezet.

Allemaal dankzij die heffing. Voor de modale milieujurist mogelijk een complex thema waar men niet vaak tegenaan loopt, maar voor de uitvoeringspraktijk een onmisbaar onderdeel van de juridische gereedschapskist. Tegelijkertijd een reguleringsinstrument dat zijn beperkingen kent. Als we kijken naar de actuele knelpunten in het waterkwaliteitsbeheer, waardoor de doelen van de KRW in 2027 zo goed als onbereikbaar zijn, moet in het bijzonder de verontreiniging van het oppervlaktewater met diffuse bronnen worden genoemd. De diffuse verontreiniging vanuit de landbouw is een belangrijke diffuse bron. Met het vergunnings- en heffingsinstrument van de Wvo zijn de zogenoemde puntlozingen reeds lang, ruwweg al zo'n dertig jaar, gesaneerd, waardoor het aandeel van de diffuse bronnen in de waterverontreiniging verhoudingsgewijs steeds groter is geworden.[7] Vanwege fiscale randvoorwaarden is het uiterst lastig om die diffuse bronnen ook fiscaal tegemoet te treden. Eerdere pogingen daartoe van de Commissie-Zevenbergen in 1992 en vijfentwintig jaar later van de Commissie Aanpassing Belastingstelsel van de Unie van Waterschappen – uitmondend in een forfait van ½ resp. 1 vervuilingseenheid per hectare – haalden het niet, ondanks desbetreffende aanbevelingen in het alom geprezen OESO-rapport *Water Governance in the Netherlands: Fit for the Future?* (2014). Alhoewel ik met de oude jurisprudentie van de Hoge Raad in gedachten zeker niet blind ben voor de

---

6 Zie in het bijzonder de hoofdstukken over de ontwikkeling van de zuiveringstechniek van Willem van Starkenburg en Helle van der Roest, p. 80-95, van Rafaël Lazaroms en Shane Kleyhorst, p. 236-253 en de casus over aquathermie van Erik Kraaij, p. 96-99.
7 Zie het betreffende hoofdstuk in *Over waterkwaliteit gesproken ...* van Wilfried ten Brinke c.s., p. 164-186.

fiscale voetangels en klemmen, stemt mij dit niet erg gelukkig. Ook het heffingsstelsel kan na zo'n halve eeuw wel enige innovatie gebruiken. Als de opbrengst van zo'n forfaitaire heffing dan grotendeels wordt teruggesluisd naar landbouwers die hun bedrijfsvoering aanpassen, kan daar een significant sanerend effect van uitgaan. Evenmin lijkt een uitbreiding van de werkingssfeer van de heffing naar de toepassing van gewasbeschermingsmiddelen, ook een boosdoener in het waterkwaliteitsbeheer, fiscaal gezien te verwachten. Een dergelijke heffing zou vermoedelijk tot enorme perceptiekosten leiden, zodat een productheffing hier meer aangewezen lijkt. Daar is wel regelmatig op gestudeerd en over gedelibereerd, maar tot op heden is zo'n heffing helaas uitgebleven, terwijl landbouwland Frankrijk een dergelijke heffing reeds lang kent.

Overigens, begrijp mij goed: de heffing zoals hiervoor uiteengezet is in hoofdzaak een financieringsfunctie en die moet vooral behouden blijven. In die zin moet ook weer niet te veel geïnnoveerd worden. Onder fiscalisten is niet voor niets een bekend adagium: 'De beste belastingen zijn oude belastingen'. Ook de onderhavige heffing mag met zijn leeftijd van ruim vijftig jaar inmiddels als zo'n oude belasting worden gezien, die dus gekoesterd mag worden. Die nuancering wil ik hier in ieder geval aanbrengen. Gezien de grote betekenis van de zuiveringsheffing (de verontreinigingsheffing is feitelijk met name voor Rijkswaterstaat als beheerder van het waterhuishoudkundig hoofdsysteem waarop lozingen van grote bedrijven plaatsvinden van belang, maar kent een bescheiden jaarlijkse opbrengst van circa € 20 miljoen), zou het in ieder geval goed zijn als de VMR in de komende veertig jaar iets meer aandacht aan het instrument milieuheffingen schenkt.

Ook andere waterheffingen kunnen in het licht van de steeds nijpender droogteproblematiek[8] volgens mij wel enige modernisering gebruiken. Zo is ons kostbare en schaarse grondwater na het afschaffen van de milieubelasting op grondwater in 2012 tegenwoordig vrijwel gratis. Weliswaar voorziet de Waterwet in een provinciale heffing op grondwateronttrekkingen, maar de totale opbrengst daarvan is jaarlijks niet meer dan circa € 15 miljoen, waar vanzelfsprekend geen enkel regulerend effect van uitgaat. Hetzelfde verhaal geldt voor de belasting op leidingwater, die grote bedrijven die miljoenen kubieke meters drink- en industriewater gebruiken ontziet. Zij betalen ongeacht hun verbruik niet meer belasting dan het eerste het beste huishouden. Je kunt je in redelijkheid afvragen of een dergelijke systematiek nog wel voldoet aan de 'adequate prijsprikkels' in het waterprijsbeleid om de watervoorraden efficiënt te benutten, die artikel 9 KRW vereist. Er is dus werk aan de fiscale waterwinkel. Ook op dit heeft de OESO Nederland in haar reeds genoemde rapport een waardevolle spiegel voorgehouden om nog eens goed te kijken naar het zwaarder belasten van (grond)wateronttrekkingen, waar tot op heden echter niets mee is gedaan. Op zichzelf valt dit in de euforie over de meer bestuurlijk-politieke conclusies van dat rapport, die de organisatie van ons waterbeheer als een *global reference* typeerden

---

8 Zie over alle facetten van deze problematiek het aardige boekje van René Didde, *Nederland Droogteland*, Amsterdam: Uitgeverij Lias 2021.

en de toen actuele discussie over het voortbestaan van de waterschappen als sneeuw voor de zon deed verdwijnen, wel enigszins te begrijpen. Het rapport dateert echter als gezegd alweer van 2014 en het is zo langzamerhand echt tijd om serieus werk te maken van de aanbevelingen voor verdere verbetering van de OESO.

Er gloort gelukkig hoop. Eind 2020 zond de Unie van Waterschappen een aantal verbetervoorstellen voor de verschillende heffingen aan de Minister van Infrastructuur en Waterstaat. Die heffingen liggen immers vrij gedetailleerd vast in de Waterschapswet (en Waterwet), zodat aanpassing wetswijziging vereist.[9] Nu gaat het mij hier niet om die precieze verbetervoorstellen, maar om het pleidooi in de betreffende brief om mede in het licht van meergenoemd OESO-rapport nog eens grondig naar de toekomstbestendigheid van de financiering van het Nederlandse waterbeheer te kijken. In dat kader wordt onder meer gewezen op nu nog ontbrekende mogelijkheden om goed gedrag te belonen, eventueel buiten de fiscaliteit om, en diffuse verontreinigingen fiscaal aan te pakken waardoor het beginsel 'de vervuiler betaalt' beter kan worden toegepast. Een klein jaar later meldde de minister aan de Tweede Kamer in dit verband een traject toekomstige financiering waterbeheer te zijn gestart.[10] Een verstandige insteek naar mijn idee, die het mogelijk maakt alle op dit belangrijke terrein bestaande ideeën in hun onderlinge samenhang te bezien. Maar, zeg ik er direct bij, die insteek schept wel verwachtingen. Er moet nu eindelijk eens goed naar de eerdere OESO-suggesties en andere in dit kader geopperde gedachten gekeken worden en dat moet, hoe complex deze materie ook mag zijn, bij voorkeur geen jaren gaan duren. We wachten de uitkomsten van genoemd traject dus met spanning en een zeker ongeduld af.

Op deze plaats wil ik graag iets breder naar de financiering van het waterbeheer kijken, want als er nu één milieucompartiment is dat ernstig geraakt wordt door de klimaatverandering, dan is dat het water.[11] Misschien vormt de zorg over onze droge voeten en waterveiligheid niet direct een *milieurechtelijk* aspect; in ieder geval is het een *omgevingsrechtelijk* aspect. Niet zonder reden sprak de Hoge Raad eind 2019 in zijn bekende Urgenda-arrest[12] van een 'gevaarlijke klimaatverandering' en van een 'sterke stijging van de zeespiegel waardoor Nederland voor een deel onbewoonbaar kan worden'. De klimaatverandering is inderdaad een buitengewoon zorgelijke ontwikkeling, waar Rutger Bregman begin 2020 met zijn brief aan zijn landgenoten (*Het water komt*) reeds voor waarschuwde. Bregman schetste daarin een doembeeld dat

---

9   In hun hoofdstuk over het heffingsstelsel van de Wvo in meergenoemd boek (p. 64-78) dringen Paul van den Berg en Jennifer Lanser erop aan de waterschappen meer vrijheid te bieden door niet langer alle elementen van de heffing in de formele wet te regelen. Bijkomend voordeel hiervan is dat aan te brengen wijzigingen sneller kunnen worden gerealiseerd.
10   *Kamerstukken II* 2021/22, 27625, nr. 557.
11   Zie hiervoor ook mijn bijdrage 'De financiering van het regionale waterbeheer', *M en R* 2018/8, p. 529-540.
12   HR 20 december 2019, ECLI:NL:HR:2019:2006, *NJ* 2020/41 m.nt. J. Spier en *M en R* 2020/8 m.nt. T.J. Thurlings-Rassa.

we door een kolossale zeespiegelstijging afscheid zullen moeten nemen van steden als Den Haag, Delft, Rotterdam, Amsterdam, Leiden en Haarlem. Nee, niet morgen en ook niet overmorgen, maar tegen 2200. Maar bij mij voelt dat toch als over een paar maanden. Mitigatie en adaptatie zullen hier gelijk op moeten gaan om dat doembeeld met succes te voorkomen. Die adaptatie is kostbaar, dus er zal voldoende geld beschikbaar voor moeten zijn. Laten we eens bekijken hoe dit op het ogenblik geregeld is.

Evenals bij het zuiveringsbeheer moet hier allereerst het heffingsstelsel van de waterschappen worden genoemd. De watersysteemheffing die de Waterschapswet hen aanreikt, biedt een solide basis voor de bekostiging van maatregelen die onze voeten droog houden en ons beschermen tegen overstromingen. Waar na de watersnoodramp van 1953 de noodzakelijke versterking van de primaire waterkeringen volledig door het Rijk werd gefinancierd, is die watersysteemheffing inmiddels zo'n solide basis gebleken dat de waterschappen die kosten voor de helft zelf dragen. Jaarlijks ontvangen zij nog ongeveer € 200 miljoen subsidie van het Rijk voor de versterking van primaire waterkeringen, voor het overige zijn zij volledig zelfvoorzienend. In de Waterwet zijn enkele specifieke bepalingen over deze financiële systematiek opgenomen.[13] Maar tegelijkertijd hebben we op aanbeveling van de Tweede Deltacommissie (2008) een institutioneel en financieel noodverband aangelegd. Als enige land in de wereld kennen we daardoor een Deltacommissaris, een regeringscommissaris die de waterveiligheid en zoetwatervoorziening moet garanderen. Ook kennen we een (jaarlijks) Deltaprogramma en een Deltafonds, waarin het Rijk elk jaar ruim een miljard euro stort. Allemaal geregeld in de Waterwet, en dat blijft vooralsnog zo. De bepalingen over de Deltacommissaris (tegenwoordig is dit de oud-watergraaf en oud-voorzitter van de Unie van waterschappen Peter Glas), het Deltaprogramma en het Deltafonds gaan niet op in de Omgevingswet en blijven voorlopig achter in de Waterwet. De veiligheidsnormen voor primaire waterkeringen en de procedures voor dijkversterkingen gaan wél over naar de Omgevingswet, die immers mede de in artikel 21 Gw verankerde bewoonbaarheid van ons land tot doel heeft. En daar heeft de beveiliging tegen overstromingen uiteraard alles mee te maken.

Aldus lijkt sprake van een evenwichtige en solide financiële structuur, die voor een belangrijk deel steunt op de heffingen van het waterschap, maar tegelijkertijd voorziet in subsidies van het Rijk. Dat is vooralsnog een acceptabele aanpak. Het gebrek aan geld, voor veel andere landen het grootste knelpunt in het waterbeheer, vormt dus niet direct een probleem. 'Niet direct', want voor de langere termijn die mogelijk tot ingrijpende en tot nu toe ongedachte maatregelen noopt, valt niet uit te sluiten dat dit anders komt te liggen. Stel dat een snel en sterk stijgende zeespiegel een superdijk voor de kust van heel Nederland vereist, dan zal duidelijk zijn dat de watersysteemheffing van de 21 waterschappen hiervoor ten enenmale tekortschiet. Rijksfinanciering zal dan, net als in het verleden, noodzakelijk blijken te zijn. Dat besef lijkt gelukkig aanwezig te zijn, en dat schept het nodige vertrouwen voor de toekomst.

---

13 Zie art. 7.23 t/m 7.26 Wtw.

Het wordt zoetjesaan tijd voor enkele afrondende opmerkingen. Allereerst blijkt uit het voorgaande hoe essentieel de diverse heffingen binnen het waterbeheer zijn. Bovendien hebben die heffingen vrijwel zonder uitzondering een decentraal karakter. De financiering van het waterbeheer vindt dus overwegend plaats op decentraal niveau en dat mag voor een deltaland best bijzonder heten. Er zijn beleidsterreinen waar de rijksoverheid meer omkijken naar heeft. Daarbij staat niet ten onrechte de financieringsfunctie van de heffingen voorop; voor een goede uitoefening van de verschillende facetten van het waterbeheer is immers veel geld nodig. Onverminderd dit belangrijke uitgangspunt is hiervoor met enige teleurstelling geconstateerd dat die heffingen thans zodanig vormgegeven zijn dat specifieke aandacht voor gedragsbeïnvloedende incentives er zo langzamerhand bij ingeschoten is. Met behoud van het goede is het dus tijd om grondig te kijken naar de toekomstbestendigheid van ons huidige financieringsstelsel. Het stemt tot tevredenheid dat de minister samen met de bestuurlijke waterpartners zo'n traject inmiddels is gestart. Dat traject schept wel verwachtingen; er is alle aanleiding om creatief naar het stelsel te kijken en daarin een aantal fiscale innovaties aan te brengen. Hiervoor zijn daartoe reeds enkele suggesties aan de hand gedaan; deels ontleend aan de eerdere aanbevelingen van de OESO. Juist vanwege die reeds beschikbare aanbevelingen lijkt dat traject ook niet heel veel tijd te hoeven kosten.

Ik spreek ten slotte dan ook graag de hoop uit dat een van de volgende boeiende ledenvergaderingen van onze VMR gewijd zal zijn aan de uitkomsten van dat traject.

33 Waarom en hoe klimaat-due diligence in IMVO-wetgeving moet worden opgenomen

Janneke Bazelmans[1]

'Businesses are also duty-bearers. They must be accountable for their climate impacts and participate responsibly in climate change mitigation and adaptation efforts with full respect for human rights.'[2]

1 Inleiding

Het is 2022, precies dertig jaar na het VN-Klimaatverdrag, 25 jaar na het Kyoto Protocol en zeven jaar na het Klimaatakkoord van Parijs (Parijsakkoord). Bijna alle landen van de wereld hebben met elkaar afgesproken klimaatopwarming ruim onder 2° C te houden en te streven naar 1,5 °C.[3] Helaas blijkt uit de laatste rapporten van het Intergovernmental Panel on Climate Change (IPCC)[4] dat we niet op weg zijn om dit doel te behalen en dat de klimaatcrisis steeds urgenter wordt. In het Parijs is een emissiereductie van 45% in 2030 voor landen afgesproken. Inmiddels is duidelijk dat landen deze klimaatdoelstelling onmogelijk kunnen halen zonder de proportionele bijdrage van (grote) bedrijven die (via hun waardeketen[5]) verantwoordelijk zijn voor een groot deel van de wereldwijde uitstoot van broeikasgassen.[6]

---

1 Mr. J. Bazelmans is werkzaam als corporate accountability officer en researcher bij Milieudefensie en lid van de VMR-Werkgroep Mondiale duurzaamheid en recht. Dank is verschuldigd aan Sjoukje Oosterhout bij het onderzoek naar klimaat-due diligence. Deze bijdrage is afgerond op 1 juni 2022.
2 OHCHR, 'Key Messages on Human Rights and Climate Change', par. 8, www.ohchr.org/en/documents/tools-and-resources/key-messages-human-rights-and-climate-change.
3 Paris Agreement under the United Nations Framework Convention on Climate Change, Conference of the Parties Twenty-first Session Paris, 30 November to 11 December 2015, UN Doc. FCCC/CP/2015/L (en overeengekomen in het IPCC P1-scenario).
4 Zie alle rapporten www.ipcc.ch/ en laatste rapport www.ipcc.ch/report/ar6/wg2/.
5 Onder waardeketen wordt verstaan: toeleveranties en zakelijke relaties, inclusief eindgebruikers.
6 De rol van de niet-statelijke partijen is in het Klimaatakkoord-besluit van Parijs (par. 134 en 135) waarbij het Parijs Akkoord is aangenomen, ook onderkend; UNEP, Bridging the mission gap – The role of non-state and subnational actors, 2018. Zie ook: D.S. Olawuyi, 'Corporate Accountability for the Natural Environment and Climate Change', in: *The Cambridge Companion to Business and Human Rights Law*, Cambridge University Press 2021, p. 234-259.

Bedrijven hebben echter geen wettelijke emissiereductieverplichting om in lijn met het Parijsakkoord te handelen. Wetgeving is daarom dringend nodig. Er zijn verschillende opties denkbaar hoe dergelijke verplichtingen vast te leggen. In de Klimaatwet[7] kunnen naast emissiereductieverplichtingen voor de overheid ook uitstootreductieverplichtingen voor bedrijven worden opgenomen. Een andere optie is het opnemen van klimaat in aankomende wetgeving over internationaal maatschappelijk verantwoord ondernemen (IMVO-wetgeving).[8] Hierin staat immers de hele waardeketen van een bedrijf centraal. Bovendien is er momenteel zowel op nationaal, Europees als VN-niveau momentum om IMVO-wetgeving op te stellen.

Centraal in deze wetgevingsinitiatieven staat *due diligence*: de (nog) niet-bindende verplichting voor bedrijven om mensenrechten en milieu in hun hele waardeketen te respecteren. Deze vorm van due diligence is in 2011 geïntroduceerd via de *UN Guiding Principles* (UNGP)[9] en overgenomen in de OESO-richtlijnen voor multinationale ondernemingen (OESO-richtlijnen)[10] en die zijn het (inter)nationale normenkader voor IMVO. Ook in de klimaatzaak tegen Shell[11] spelen de UNGP en de OESO-richtlijnen een belangrijke rol. Vooralsnog ligt de focus in deze wetgevingsinitiatieven bij mensenrechten- en milieu-due diligence. Willen we de klimaatcrisis tegengaan, dan dient klimaat *expliciet* te worden opgenomen in dergelijke wetgeving.

In deze bijdrage wordt ingegaan op de rol van klimaat in IMVO-wetgeving. Allereerst wordt kort geschetst wat UNGP/OESO-due diligence inhoudt en wat de rol is van klimaat in de wetgevingsinitiatieven. Daarna wordt ingegaan op de Shell-klimaatzaak en tot slot wordt uiteengezet hoe klimaat-due diligence kan worden vormgegeven.

2 UNGP/OESO-due diligence

Sinds de vaststelling van de UNGP in 2011 worden bedrijven in toenemende mate verantwoordelijk geacht voor negatieve impacts die hun activiteiten hebben op mensenrechten. De 31 Guiding Principles vallen onder drie pijlers:

---

7   Klimaatwet, *Stb.* 2019, 253. Op deze optie wordt verder niet ingegaan in deze bijdrage.
8   M. Scheltema, 'OESO due diligence en klimaat: een goede en praktisch hanteerbare combinatie?', in: *2030: Het juridische instrumentarium voor mitigatie van klimaatverandering, energietransitie en adaptatie in Nederland*, Preadvies Vereniging voor Milieurecht (VMR 2020-1), Den Haag: Boom juridisch 2020. Scheltema zet uiteen wat het voordeel is van een duediligenceaanpak boven nationale wetgeving met emissiereductiedoelen.
9   Guiding Principles for Business and Human Rights: Implementing The United Nations 'Protect, Respect and Remedy Framework', United Nations Human Rights Office of the High Commissioner, 2011.
10 OESO, De OESO-richtlijnen voor Multinationale Ondernemingen: Aanbevelingen voor verantwoord ondernemen in een mondiale context, 2011 (oorspronkelijk uit 1976).
11 Rb. Den Haag 26 mei 2021, ECLI:NL:RBDHA:2021:5337.

I. *duty to protect:* verplichting voor staten om bescherming te bieden tegen mensenrechtenschendingen, ook als schendingen worden begaan door bedrijven;
II. *responsibility to respect:* de verantwoordelijkheid van *alle* bedrijven om mensenrechten te respecteren, ook als overheden dat niet doen. Instrument hiervoor is mensenrechten-due diligence;
III. *access to remedy:* waarborgen van de toegang tot een herstelprocedure (gerechtelijk/niet-gerechtelijk) voor slachtoffers van schendingen.

De OESO-richtlijnen geven een uitgebreide invulling aan die verantwoordelijkheid van bedrijven en hebben de duediligenceverplichting overgenomen en aangevuld met o.a. milieu-impacts. Alle bedrijven moeten de daadwerkelijke en potentiële negatieve impact op mensenrechten en milieu van hun handelen in hun waardeketens identificeren, voorkomen, verminderen, aanpakken, hierover transparant rapporteren en communiceren en herstel bieden. De specifieke stappen die een bedrijf moet nemen, worden beïnvloed door de omvang, sector, aard en context van de activiteiten. Dit duediligenceproces bestaat uit de volgende zes stappen:

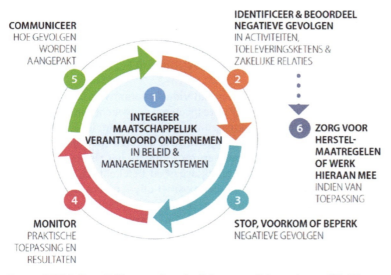

Bron: OESO Due Diligence-handreiking voor Maatschappelijk Verantwoord Ondernemen (Nederlandse vertaling, 2019)

Dit proces onderscheidt zich van due diligence uit de overnamepraktijk waar geïnventariseerd wordt wat de risico's zijn voor het bedrijf *zelf*. OESO-due diligence[12] is een doorlopend proces waarbij het gaat om risico's die bedrijfsactiviteiten hebben op *derden*. Het betreft brede due diligence gericht op bedrijfsniveau en niet op productniveau zoals bij onder andere de Europese Conflictmineralenverordening en de Houtverordening.

---

12 Hierna wordt verder verstaan onder due diligence: due diligence in zin van de OESO-richtlijnen en de UNGP.

Activiteiten of handelingen van bedrijven kunnen naast negatieve impacts op mensenrechten en milieu, ook nadelige klimaatimpacts hebben. Zoals bij de productie van olie en gas of grootschalige ontbossing. Klimaat is echter niet expliciet opgenomen in de UNGP en de OESO-richtlijnen. In de OESO-richtlijnen valt wel onder het hoofdstuk Milieu het reduceren van broeikasgassen door bedrijven aangestipt.[13] Mogelijk worden de OESO-richtlijnen herzien waarbij klimaat expliciet onderdeel kan uitmaken van de duediligenceverplichting.[14]

Daarnaast is in het laatste decennium consensus gevormd in de internationale gemeenschap dat klimaatverandering een mensenrechtenkwestie is.[15] Ook de rechtbank in de Shell-klimaatzaak[16] oordeelde dat gevaarlijke klimaatverandering leidt tot mensenrechtenschendingen.

3 Uitspraak Shell-klimaatzaak

Het vonnis in de klimaatzaak tegen Shell maakt duidelijk dat het *voorkomen* van schade door klimaatverandering een essentieel onderdeel is van maatschappelijk verantwoord ondernemen zoals gedefinieerd door de UNGP en de OESO-richtlijnen. Met toepassing van de open norm van de maatschappelijke zorgvuldigheid als grondslag voor de onrechtmatige daad, heeft de rechtbank aan Shell een emissiereductiebevel opgelegd in lijn met de klimaatdoelstelling uit het Parijsakkoord.

De rechtbank stelt vast dat *alle* bedrijven een individuele verantwoordelijkheid hebben om mensenrechten in hun hele keten te respecteren, ongeacht omvang, sector, operationele context, eigendomsverhoudingen en structuur. Dit is een mondiale gedragsnorm die overal en altijd geldt en ongeacht wat anderen (bedrijven, overheden, samenleving) doen. Alle CO_2-uitstoot vergroot immers het risico op mensenrechtenschendingen. Iedere reductie van broeikasgassen betekent dat meer ruimte overblijft in het koolstofbudget en dat heeft een positief effect op het tegengaan van gevaarlijke klimaatverandering. De rechtbank stelt dat er een brede consensus is dat bedrijven werken naar netto nul in 2050. De timing en omvang hangt af van capaciteit en verantwoordelijkheid per bedrijf. Van Shell kan veel worden verwacht, gezien onder andere zijn beleidsbepalende invloed op de Shellgroep en zijn zakelijke relaties en zijn substantiële CO_2-uitstoot.

---

13 Hfdst. VI 6 (b), (c), (d) en Commentary, par. 33.
14 Zie draft Stocktaking report: https://mneguidelines.oecd.org/Draft-report-for-the-stock taking-of-the-OECD-guidelines-for-multinational-enterprises.pdf.
15 Het VN-Mensenrechtencomité heeft hierover vele resoluties aangenomen zie: www.ohchr.org/en/climate-change/reports-human-rights-and-climate-change; HRC 23 September 2020, CCPR/C/127/D/2728/2016 (Ioane Teitiota – New Zealand), section 9.4. Safe Climate: A Report of the Special Rapporteur on Human Rights and the Environment, 1 October 2019, A/74/161, Acknowledgements. Zie ook: HR 20 december 2019, ECLI:NL:HR:2019:2006 (Urgenda).
16 Rb. Den Haag 26 mei 2021, ECLI:NL:RBDHA:2021:5337.

Het vonnis is het eerste ter wereld dat een duidelijk en meetbaar emissiereductiedoel oplegt aan een bedrijf en zijn waardeketen, inclusief leveranciers en eindgebruikers van haar producten. De 45% reductieverplichting die de rechtbank aan Shell oplegt komt uit een IPCC-rapport.[17] Daarin staat dat de wereldwijde uitstoot in 2030 met 45% gedaald moet zijn, ten opzichte van 2010, als we 50% kans willen hebben om de opwarming nog tot maximaal 1,5 °C te beperken en 85% kans om de uitstoot tot 2 °C te beperken. De rechtbank verdeelt die reductieverplichting in twee soorten verplichtingen: een *resultaatsverplichting* voor scope 1 (Shell Group) en een *zwaarwegende inspanningsverplichting* voor scope 2 (toeleveranciers energie) en scope 3 (zakelijke relaties inclusief eindgebruikers).

Uit het vonnis volgt de noodzaak om duidelijkheid te verschaffen over de verplichtingen van bedrijven om naast (risico's op) het voorkomen van mensenrechtenschendingen en milieu-impacts ook klimaatimpacts te integreren in hun duediligenceproces.

4   Klimaat in duediligencewetgeving

Staten hebben ingevolge pijler I van de UNGP de verplichting om te zorgen dat bedrijven voldoen aan de doelstellingen voor mitigatie van klimaatverandering, als onderdeel van hun verantwoordelijkheid om de mensenrechten te respecteren en geen schade aan te richten. Uit diverse onderzoeken blijkt dat sprake is van gebrekkige naleving van de UNGP en OESO-richtlijnen.[18]

Diverse landen – waaronder Nederland – zetten daarom in op IMVO-wetgeving. De Europese Commissie publiceerde begin 2022 een voorstel voor een *Corporate Sustainability Due Diligence Directive (CSDDD)*.[19] En in VN-verband is sinds 2014 een verdrag in voorbereiding. Hieronder wordt kort aangegeven hoe klimaat in deze wetgevingsinitiatieven is opgenomen.

---

17   IPCC SR15 (2018).
18   De Corporate Human Rights Benchmark 2019 laat zien dat de helft van de 200 grootste bedrijven in de wereld tekortschiet wat betreft het voldoen aan human rights due diligence, CHRB, *2019 Key Findings – Agricultural Products, Apparel, Extractives & ICT Manufacturing* (2019); Business and Human Rights Resource Centre, *Towards EU Mandatory Due Diligence Legislation: Perspectives from Business, Public Sector, Academia and Civil Society*, 2020. Zie voor Nederland: *Evaluation of the Dutch RBC Agreements 2014-2020: Are voluntary multi-stakeholder approaches to responsible business conduct effective?*, KIT Royal Tropical Institute, Amsterdam 8 July 2020; NBA Bedrijfsleven & mensenrechten, *Een onderzoek naar de stand van de implementatie van de United Nations Guiding Principles on Business and Human Rights in Nederland*, College voor de Rechten van de Mens, augustus 2020; Kamerbrief over toezeggingen AO Internationaal Maatschappelijk Verantwoord Ondernemen, Bijlage Monitoringproject onderschrijving OESO- richtlijnen en UNGP, 3 april 2020, *Kamerstukken II* 2019/10, 26485, nr. 326.
19   Proposal for a Directive on Corporate Sustainability Due Diligence and amending Directive (EU) 2019/1937, COM/2022/71 final.

UN Binding Treaty
In de derde draft van de UN Binding Treaty[20] wordt aangegeven dat due diligence ook inhoudt het uitvoeren en publiceren van een klimaatimpact-assessment in de hele waardeketen, inclusief zakelijke relaties.

Voorstel Europese Corporate Sustainability Due Diligence Directive
Op 23 februari 2022 publiceerde de Europese Commissie haar voorstel voor een CSDDD.[21] In de preambule[22] wordt de rol van de private sector van cruciaal belang geacht om de 1,5 °C-doelstelling van Parijs te behalen. Echter, de duediligenceverplichting in het voorstel is niet gericht op klimaatimpacts. Het voorstel bevat een apart regime gericht op het voorkomen van klimaatverandering[23] met slechts zeer beperkte verplichtingen. Bedrijven moeten alleen een actieplan opstellen; de uitvoering en monitoring daarvan wordt niet expliciet verplicht. Onduidelijk is aan welke criteria het actieplan moet voldoen, welk reductiepad bedrijven moeten volgen en wat hun emissiereductiedoelen zijn om in lijn met het Parijsakkoord te handelen.[24] Pas zeven jaar na inwerkingtreding van de CSDDD wordt bekeken of de duediligenceverplichting ook moet gelden voor klimaatimpacts.[25]

Twee nationale wetgevingsprocessen
In het regeerakkoord is opgenomen dat wordt ingezet op nationale IMVO-wetgeving. Er lopen twee processen. Ten eerste een initiatiefwetsvoorstel van vier politieke partijen[26] waarin klimaatverandering wordt gezien als een vorm van milieuschade. Van bedrijven wordt verwacht dat zij due diligence toepassen met betrekking tot

---

20 Legally binding instrument to regulate, in international human rights law, the activities of transnational corporations and other business enterprises, OEIGWG chairmanship, third revised draft 17 augustus 2021, art. 6.4.
21 Voor een uitgebreide analyse zie www.mvoplatform.nl/analyse-aanbevelingen-voor-het-eu-voorstel-voor-een-richtlijn-due-diligence/.
22 Preambule nr. 8, 9 en 10.
23 Art. 15 van het Voorstel CSDDD.
24 Inmiddels hebben zowel minister Schreinemacher via een fiche als de Tweede Kamer gereageerd op het Commissievoorstel. Zie fiche *Kamerstukken II* 2021/22, 22112, nr. 3393 en de Kamerbrief Stand van zaken nationale IMVO-wetgeving, 27 mei 2022 met beantwoording van vragen van de Tweede Kamer.
25 Het Europees Parlement benadrukte in zijn resolutie over *Corporate due diligence and corporate accountability* de effecten van klimaatverandering, broeikasgasemissies en andere milieueffecten van bedrijfsactiviteiten in duediligenceprocessen. De resolutie stelt ook dat corporate duediligencewetgeving in lijn met het Klimaatakkoord van Parijs moet zijn en de EU-verbintenis om de uitstoot van broeikasgassen tegen 2030 met ten minste 55% te verminderen. Onder negatieve impacts op het milieu vallen ook broeikasgasemissies die leiden tot een opwarming van de aarde van meer dan 1,5 °C en ook elke andere impact op het klimaat. European Parliament resolution of 10 March 2021 with recommendations to the Commission on corporate due diligence and corporate accountability (2020/2129(INL)).
26 CU, GL, SP, PvdA. Initiatiefvoorstel Wet verantwoord en duurzaam internationaal ondernemen, *Kamerstukken II* 2020/21, 36761, nr. 1 (maart 2021).

nadelige gevolgen voor het milieu, inclusief gevolgen voor het klimaat. Dit heeft niet alleen betrekking op de nadelige gevolgen van hun eigen activiteiten, maar ook op de negatieve gevolgen in hun waardeketen.[27]

Ten tweede zijn er de bouwstenen voor IMVO-wetgeving[28] van het Ministerie van Buitenlandse Zaken die tevens als input dienen voor het Europese voorstel. Hierin valt klimaat onder de algemene zorgplichtbepaling.[29] Het wetsvoorstel wordt zomer 2023 naar de Tweede Kamer gezonden. Het Europese voorstel zal als basis dienen en het initiatiefwetsvoorstel zal worden meegenomen.[30]

5 Hoe ziet klimaat-due diligence eruit?

Bedrijven hebben onder pijler II van de UNGP de verantwoordelijkheid mensenrechten te respecteren, hetgeen ook inhoudt dat zij klimaatimpacts zullen moeten integreren in hun duediligenceprocessen.[31] Hiervoor bestaat nog geen handelingsperspectief. Klimaat kan als volgt in de zes duediligencestappen op basis van de OESO-richtlijnen en de UNGP worden geïntegreerd.

Stap 1: Integreer klimaat in (IMVO-)beleid
Het opstellen van concreet klimaatbeleid houdt in dat er maatregelen worden voorgeschreven om nadelige gevolgen van klimaatverandering in verband met bedrijfsactiviteiten en toeleveringsketens te voorkomen of te beperken. Dit betekent dat gecommitteerd wordt aan doelen voor absolute emissiereductie van scope 1, 2 en 3 in lijn met het 1,5 °C-doel uit het Parijsakkoord. De reductieverplichting van 45% die de rechtbank aan Shell oplegde is een mondiaal reductiepercentage, een wereldwijd gemiddelde, en zegt niets over de reductieverplichting van sectoren of specifieke bedrijven.[32] Hoewel er internationale consensus is dat alle bedrijven naar netto nul moeten, verschilt de reikwijdte en timing als gevolg van capaciteit, verantwoordelijkheid en andere factoren. Het is dan ook aan de overheid om op basis van IPCC-rapporten en internationale consensus sectorale reductiedoelen en -paden voor

---

27 *Kamerstukken II* 2020/21, 36761, nr. 2, p. 6 en 50.
28 Bouwstenen www.rijksoverheid.nl/actueel/nieuws/2021/11/05/kabinet-presenteert-bouwstenen-imvo-wetgeving-op-eu-niveau en Kamerbrief van 4 november 2021, www.rijksoverheid.nl/documenten/kamerstukken/2021/11/05/kamerbrief-inzake-bouwstenen-imvo-wetgeving.
29 Zowel in het initiatiefwetsvoorstel als in de Bouwstenen wordt onderscheid gemaakt tussen een algemene zorgplicht voor *alle* bedrijven (een vangnetbepaling) een duediligenceplicht voor alleen grote bedrijven. Dit onderscheid staat niet in het voorstel CSDDD.
30 Kamerbrief Stand van zaken nationale IMVO-wetgeving, 27 mei 2022.
31 OHCHR, 'Climate Change and the UNGPs', www.ohchr.org/en/special-procedures/wg-business/climate-change-and-ungps.
32 Ook de EU en de Nederlandse Staat volgen dergelijke reductiepaden bij hun eigen aangescherpte klimaatdoelstellingen voor de komende tien jaar.

2030 en 2050 op te stellen voor Nederlandse bedrijven. Daarnaast moeten er kortetermijndoelen (1-2 jaar) en tussendoelen (2-5 jaar) zijn.[33]

Het klimaatbeleid beschrijft de gebruikte aannames en methoden om de doelen en reductiepaden vast te stellen. Bedrijven screenen verschillende beschikbare methoden en kiezen de methode die het beste tot emissiereducties leidt.

Daarnaast moet in lijn met de OESO-richtlijnen en UNGP het klimaatbeleid tot stand komen met behulp van relevante experts, opgenomen zijn in operationeel beleid en in procedures zodat het ingebed is in het hele bedrijf en zijn goedgekeurd op het hoogste niveau. Bovendien dient het publiekelijk beschikbaar en gecommuniceerd te worden naar het personeel, zakenrelaties en andere relevante partijen.

Stap 2: Risicoanalyse: identificeer en beoordeel broeikasgasemissies en bijbehorende daadwerkelijke en potentiële negatieve klimaatgerelateerde impact in eigen activiteiten en zakelijke relaties

Bedrijven dienen zowel hun directe als indirecte broeikasgasemissies in de hele waardeketen (scope 1, 2 en 3) te identificeren. Daarnaast dienen zij hun negatieve emissies apart in kaart te brengen.[34]

Hoewel normen en methodologieën nog volop in ontwikkeling zijn, ontslaat dit bedrijven niet van hun verplichtingen op dit gebied. Het Greenhouse Gas Protocol (GHG Protocol) is de meest gebruikte standaard voor bedrijven voor het in kaart brengen van de uitstoot. Het hangt af van het soort bedrijf en de sector welke standaard het meest geschikt is.[35]

Klimaatgerelateerde impact betekent dat de identificatie en beoordeling van risico's niet alleen beperkt blijft tot de bijdrage aan emissie(reducties), maar het omvat ook de manier waarop reducties worden nagestreefd (dus zonder nadelige gevolgen voor mensenrechten en milieu) en acties van bedrijven op het gebied van klimaatadaptatie. Daarnaast dienen bedrijven alle bijbehorende daadwerkelijke en potentiële negatieve impacts te beoordelen en hun betrokkenheid[36] vast te stellen: alle impacts die bedrijven (zouden kunnen) *veroorzaken* of waaraan ze (zouden kunnen) *bijdragen*, maar ook de impacts die *rechtstreeks verbonden* zijn met het bedrijf via zakelijke

---

33 Reductiepaden van het IPCC zijn gebaseerd op een koolstofbudget wat de cumulatieve hoeveelheid CO_2-uitstoot is die gedurende een bepaalde periode is toegestaan om binnen 1,5 °C te blijven. Als de tussentijdse doelen niet worden gehaald dan wordt dit koolstofbudget overschreden.

34 Zoals Bioenergy with Carbon Capture and Storage (BECCS), Carbon Capture and Storage (CCS) en bosaanplant.

35 Andere bruikbare normen zijn: Richtlijnen voor duurzaamheidsrapportage van Global Reporting Initiative (GRI); IPIECA Petroleum Industry Guidelines for Reporting BKG's; Globaal pact van de Verenigde Naties; ISO 14064-3:2006 – Specificatie met richtlijnen voor validatie en verificatie van beweringen over broeikasgassen; Task Force on Climate-related Financial Disclosures (TCFD); Sustainability Accounting Standards Board (SASB).

36 Zie hiervoor het betrokkenheidskader uit de UNGP en de OESO-richtlijnen dat uit drie niet-statische niveaus bestaat: 'veroorzaken', 'bijdragen aan' of 'rechtstreeks verbonden aan'.

relaties. Bij het identificeren en beoordelen van risico's en impacts dient consultatie plaats te vinden met relevante belanghebbenden.

Stap 3: Stop, voorkom of beperk nadelige gevolgen: stappen om broeikasgasemissies en bijbehorende negatieve impacts te voorkomen en/of mitigeren
De gestelde reductiedoelen (stap 1) en bevindingen (stap 2) worden effectief geïntegreerd in het bedrijf. Taken en verantwoordelijkheden zijn op het juiste niveau en bij de juiste functies belegd. In de inrichting van besluitvorming, budgetten en toezicht zijn het halen van de doelen en effectief uitvoeren van stappen leidend. In het geval van nadelige gevolgen voor het klimaat, beëindigt het bedrijf (op verantwoordelijke wijze) activiteiten en investeringen die het belemmeren om haar reductiedoelen te behalen.
De inzet richting toeleveranciers en andere zakelijke relaties die relevant zijn om de reductiedoelen te halen en negatieve impacts te voorkomen begint met het vaststellen van doelen en een strategie voor iedere relevante ketenpartij. De ketenpartijen dienen een klimaat-duediligenceproces in te richten vergelijkbaar met dat van het eigen bedrijf.

Stap 4: Monitor praktische toepassing en resultaten
Om de effectiviteit van beleid en genomen stappen te beoordelen, moeten prestaties ten opzichte van de gestelde doelen worden gemonitord. Bij het beoordelen moet feedback van interne en externe bronnen actief worden opgezocht en meegenomen.

Stap 5: Communiceer hoe gevolgen worden aangepakt over broeikasgasemissies en duediligencestappen/rapportage
Naast het klimaatbeleid – emissies en reductiedoelen – (stap 1), rapporteert[37] het bedrijf over alle duediligencestappen. Het betreft kwalitatieve en kwantitatieve informatie die goed toegankelijk moet zijn voor relevante belanghebbenden.

Stap 6: Zorg voor herstelmaatregelen of werk hieraan mee indien van toepassing
Als op basis van stap 2 blijkt dat het bedrijf daadwerkelijk klimaatschade heeft veroorzaakt of hiertoe heeft bijgedragen, dan moet het de getroffenen herstel of genoegdoening bieden, dan wel hieraan bijdragen. Een bedrijf is in ieder geval verantwoordelijk voor gevaarlijke klimaatverandering indien het afwijkt van het opgelegde reductiepad. Daarnaast moet worden voorzien in legitieme (juridische) mechanismen waar belanghebbenden klachten kunnen indienen.

---

37 COM/2021/189 final. Op 21 april 2021 publiceerde de Commissie een voorstel voor een Corporate Sustainability Reporting Directive dat uitdrukkelijke referenties bevat naar klimaat en klimaatdoelen. Grote bedrijven moeten volgens dit voorstel verplicht rapporteren over hun plannen om te verzekeren dat hun businessmodel en strategie compatibel zijn met de transitie naar een duurzame economie en met het doel de opwarming van de aarde te beperken tot 1,5 °C in lijn met het Klimaatakkoord van Parijs. De Commissie stelt voor via gedelegeerde handelingen bindende, gedetailleerde rapportagestandaarden op te leggen (in tegenstelling tot de huidige niet-bindende richtsnoeren), onder meer voor klimaatadaptatie en klimaatmitigatie.

6 Conclusie

De laatste jaren is er consensus gevormd in de internationale gemeenschap dat klimaatverandering een directe en ernstige bedreiging is voor de mensenrechten en dat bedrijven belangrijke aanjagers zijn van klimaatverandering en de gevolgen ervan. Het is van het grootste belang om bedrijven te verplichten hun activiteiten en die in hun waardeketen daadwerkelijk af te stemmen op de doelen van het Klimaatakkoord van Parijs, willen we die doelen überhaupt bereiken. IMVO-wetgeving staat momenteel hoog op de politieke agenda, zowel in Nederland, diverse EU-lidstaten, de Europese Unie als binnen de Verenigde Naties. De grootste uitdaging die zich voordoet om verplichte klimaat-due diligence voor bedrijven hieronder te laten vallen, is een kwestie van politieke wil. Het Europese voorstel geeft aan dat pas zeven jaar na inwerkingtreding wordt bekeken of de duediligenceverplichting voor bedrijven ook moet gelden voor klimaatimpacts. Dat is simpelweg te laat. Anno 2022 dient klimaat expliciet en ondubbelzinnig op basis van het internationale normenkader en de doelstellingen in het Parijsakkoord te worden geïntegreerd in een wettelijke duediligenceverplichting voor bedrijven.

34 Milieudoelstellingen bereiken met handelssystemen

Jan Reinier van Angeren[1]

1 Inleiding

Een lustrum van de Vereniging voor Milieurecht leent zich goed voor beschouwingen. Enerzijds wordt er teruggeblikt, anderzijds vooruit. Een fenomeen om te beschouwen is de introductie van handelssystemen om milieudoelstellingen te bereiken. Het meest bekende handelssysteem is het Europese systeem van handel in broeikasgasemissierechten (EU ETS), maar er zijn er meer. Snel rijzen vragen: zijn deze systemen eigenlijk wel effectief? De vraag of handelssystemen effectief zijn, is in de eerste plaats een economische vraag. Juridisch zijn handelssystemen ook interessant omdat kunstmatig schaarste wordt gecreëerd om handel mogelijk te maken. Kunstmatig schaarste creëren kan alleen door middel van regels. Die regels moeten dan wel duidelijk zijn en geen mogelijkheden bieden tot omzeiling. Anders werkt het systeem niet meer. In deze lustrumbundel kan dus wel, overeenkomstig het verzoek van de redactie, bezien worden of het fenomeen van handelssystemen moet worden behouden.

Hierna zal ik een aantal handelssystemen bespreken (de handel in broeikasgasemissierechten, het NO_x-handelssysteem, het handelssysteem voor hernieuwbare brandstofeenheden en de handel in dispensatierechten) waarbij ik de belangrijkste aandachtspunten zal belichten. Omdat de bijdrage aan deze bundel is beperkt tot 3.000 woorden is dat noodzakelijkerwijze geen uitputtende beschrijving. Na een bespreking van die systemen bezie ik of een handelssysteem ook zou moeten worden opgezet om de stikstofproblematiek op te lossen. Ik sluit af met een conclusie.

2 EU ETS

Op 25 oktober 2003 trad Richtlijn 2003/87/EG tot vaststelling van een regeling voor de handel in broeikasgasemissierechten in werking. Op grond van artikel 31 Richtlijn 2003/87/EG werd de lidstaten maar een korte implementatietermijn gegund, namelijk 31 december 2003. Uit overweging (5) van Richtlijn 2003/87/EG volgt dat het doel is dat de Europese Gemeenschap (EG) en de lidstaten aan hun verplichtingen op grond van het Protocol van Kyoto behorend bij het Raamverdrag van de Verenigde Naties inzake klimaatverandering konden voldoen. Door een efficiënte Europese markt voor broeikasgasemissierechten voldoen de EG en haar lidstaten doeltreffender en met een zo gering mogelijke teruggang van de economische ontwikkeling en de werkgelegenheid aan hun verplichtingen. De kern van het systeem zit al meteen

---

[1] Mr. J.R. van Angeren is advocaat bij Stibbe te Amsterdam.

in de definitie van emissierecht,[2] namelijk een *overdraagbaar* recht om gedurende een bepaalde periode één ton kooldioxide-equivalent uit te stoten. Uitstoot van kooldioxide-equivalenten is niet langer aan een maximum op grond van een vergunning verbonden, zoals tot inwerkingtreding van Richtlijn 2003/87/EG het geval was. Een aparte emissievergunning was wel vereist, maar deze moest worden verleend indien de exploitant van een broeikasgasinstallatie kon aantonen dat hij in staat was emissies te bewaken en te rapporteren. Voor een handelssysteem is natuurlijk cruciaal dat de emissies kunnen worden gerapporteerd.

Toewijzing van de emissierechten aan bedrijven vond op grond van artikel 9 Richtlijn 2003/87/EG plaats door de lidstaten zelf. Deze moesten nationale toewijzingsplannen opstellen. Die toewijzingsplannen bevatten de totale hoeveelheid emissierechten die een lidstaat voornemens was toe te wijzen.[3] De Europese Commissie gaf daarbij richtsnoeren voor de verdeling ervan. De verdeling geschiedde in handelsperiodes. Voor de eerste handelsperiode (2005-2008) diende ten minste 95% van de emissierechten kosteloos te worden toegewezen. Voor de tweede handelsperiode (2008-2012) diende ten minste 90% van de emissierechten kosteloos te worden toegewezen. Elke exploitant moest jaarlijks rapporteren hoeveel kooldioxide-equivalenten hij uitstootte en diende een dienovereenkomstig aantal rechten in te leveren.[4] De emissierechten worden uitbetaald via een 'bankrekening' die het bedrijf heeft bij een nationale autoriteit. Het inleveren van rechten geschiedt door het laten annuleren van de rechten.[5] Levert een bedrijf te weinig rechten in, dan wordt een boete opgelegd van € 100 voor elke ton waarvoor de exploitant geen emissierechten heeft ingeleverd.[6]

Inwerkingtreding van Richtlijn 2003/87/EG had grote gevolgen voor het Nederlandse milieurecht. Er werd een hoofdstuk 16 aan de Wet milieubeheer toegevoegd met als opschrift 'Handel in emissierechten' en er werd een nieuwe autoriteit opgericht, de Nederlandse Emissieautoriteit (NEa).[7] Eerst was deze autoriteit nog een onderdeel van het toenmalige Ministerie van Volkshuisvesting, Ruimtelijke Ordening en Milieubeheer (VROM). Met ingang van 1 januari 2012 werd zij een zelfstandig bestuursorgaan. Ook voor het Nederlandse bestuursprocesrecht had de invoering van Richtlijn 2003/87/EG gevolgen, omdat voor het eerst de regeling van de bestuurlijke lus werd toegepast. Tegen de toewijzingsbesluiten staat beroep open bij de Afdeling bestuursrechtspraak van de Raad van State ('Afdeling'). De verdelingsregels van het nationale toewijzingsplan voor de handelsperiode 2005-2008, waarop de toewijzingsbesluiten waren gebaseerd, werden bij wijze van exceptieve toetsing

---

2   Art. 3 onder a Richtlijn 2003/87/EG.
3   Art. 9 Richtlijn 2003/87/EG.
4   De rapportage door de lidstaten is geregeld in artikel 21 Richtlijn 2003/87/EG.
5   De overdracht, inlevering en annulering van rechten is geregeld in art. 12 Richtlijn 2003/87/EG.
6   Art. 16 lid 3 Richtlijn 2003/87/EG.
7   Staatsblad waarin H16 Wm werd toegevoegd en de NEa werd opgericht, *Stb.* 2004, 511 (https://zoek.officielebekendmakingen.nl/stb-2004-511.html).

in het kader van het beroep tegen de toewijzingsbesluiten beoordeeld.[8] De beroepen tegen de toewijzingsbesluiten naar aanleiding van het latere toewijzingsplan voor de periode 2008-2012 hebben niet geleid tot fundamentele wijzigingen in het systeem.[9]

Richtlijn 2003/87/EG is ingrijpend gewijzigd bij Richtlijn 2009/29/EG van 23 april 2009. Uit de evaluatie van de eerste twee handelsperiodes was namelijk gebleken dat indien de lidstaten de emissierechten verdeelden, eigen industrieën werden bevoordeeld. Richtlijn 2009/29/EG voorziet erin dat de Europese Commissie de absolute hoeveelheid emissierechten voor de gehele EU vaststelt en dat de toewijzing van emissierechten geschiedt op basis van benchmarks, waarbij wordt uitgegaan van de 10% meest efficiënte installaties in een bedrijfstak.[10] Ook vindt geen kosteloze toewijzing van emissierechten plaats aan bedrijven, maar moeten de rechten worden geveild.[11] Uitgezonderd waren de bedrijven waarvan het risico bestaat dat zij zich buiten de EU verplaatsen indien zij geen kosteloze emissierechten krijgen toebedeeld.[12] Voor de elektriciteitssector gold in elk geval dat met ingang van 2013 uitsluitend rechten worden geveild omdat de elektriciteitssector de kosten van de emissierechten kan doorberekenen aan afnemers.[13] De mogelijkheid om emissierechten aan het systeem toe te voegen door middel van de zogenoemde flexibele Kyotomechanismen is ook geschrapt.

Op dit moment ligt de prijs van een emissierecht om een ton CO_2 te kunnen uitstoten tussen de € 80 en € 84.[14] Daarmee levert het een belangrijke bijdrage aan het Europese klimaatbeleid. Een belangrijk mechanisme voor de Europese Commissie om schaarste te creëren is om emissierechten in reserve te houden en niet beschikbaar te maken voor veiling, de zogeheten marktstabiliteitsreserve.[15] Het voorstel is overigens om de hoeveelheid emissierechten die tot 2030 in de marktstabiliteitsreserve moet worden opgenomen uit te breiden tot jaarlijks een percentage van 24% emissierechten tot 2030. Ook moet het minimumaantal emissierechten dat in de reserve wordt opgenomen 200 miljoen blijven.[16]

---

8   ABRvS 8 april 2005, ECLI:NL:RVS:2005:AT3731, *AB* 2005/161 m.nt. Ch. W. Backes en ABRvS 9 september 2005, ECLI:NL:RVS:2005:AU2614, *JB* 2005/291 m.nt. M.G.W.M. Peeters en *M en R* 2006, 53 m.nt. J.G.H. van den Broek.
9   ABRvS 20 oktober 2009, ECLI:NL:RVS:2009:BK1335, *M en R* 2010, 34 m.nt. M.G.W.M. Peeters.
10 Art. 10bis lid 2 Richtlijn 2003/87/EG.
11 Art. 10 lid 1 Richtlijn 2003/87/EG.
12 Art. 10bis lid 12 en 15 Richtlijn 2003/87/EG. Met Richtlijn 2018/410 van 14 maart 2018 zijn lid 12 en lid 15 niet meer van toepassing.
13 Overweging 19 van Richtlijn 2009/29/EG en art. 10bis lid 1 Richtlijn 2003/87/EG.
14 www.eex.com/en/market-data/environmental-markets/auction-market (geraadpleegd op 30 mei 2022).
15 Besluit (EU) 2015/1814.
16 Voorstel tot wijziging van Besluit (EU) 2015/1814 COM(2021) 571.

De werkingssfeer van Richtlijn 2003/87/EG is ook uitgebreid. Zo is bij Richtlijn 2009/101/EG de luchtvaartsector aan het emissiehandelssysteem toegevoegd.
Op dit moment ligt er in het kader van het 'Fit-for-55'-pakket een voorstel om het emissiehandelssysteem ook uit te breiden naar maritiem vervoer, gebouwen en wegvervoer.[17] De reden daarvoor is dat de sector wegvervoer verantwoordelijk voor een vijfde van de uitstoot van broeikasgassen van de EU en de uitstoot ervan sinds 1990 met meer dan een kwart is gestegen. Daar speelt natuurlijk het probleem dat, anders dan bij bedrijven, het ondoenlijk is om alle gebouweigenaren en autobezitters een emissievergunning te geven en hun emissies te monitoren. Er wordt daarom over gedacht om op basis van het brandstofgebruik een afzonderlijk emissiehandelssysteem in te voeren.[18] De vergunningplicht zal daar hoger in de toeleveringsketen worden opgelegd en is gericht op de 'uitslag tot verbruik van brandstoffen die voor verbranding in de sectoren gebouwen en wegvervoer worden gebruikt'. Voor de definitie van 'uitslag tot verbruik' verwijst het wijzigingsvoorstel naar Richtlijn (EU) 2020/262 (de algemene regeling voor accijns). Dit betekent dat de vergunningplicht, kort samengevat, geldt voor het voorhanden hebben, opslaan, produceren, verwerken en invoeren van brandstoffen die in de sectoren gebouwen en wegvervoer worden gebruikt voor verbranding. De vergunningplicht zal dus gelden voor bijvoorbeeld raffinaderijen die in deze sectoren gebruikte brandstof produceren.

Duidelijk is dat, na een start met kinderziektes, het EU ETS niet meer is weg te denken als instrument om milieudoelstellingen, in het bijzonder het reduceren van CO_2-emissies, te behalen.

3 NO_x-handelssysteem

Kort na de introductie van het EU ETS heeft Nederland een eigen handelssysteem geïntroduceerd, namelijk een handelssysteem in stikstofoxiden (NO_x-emissie).[19] Dat systeem gold van 1 juni 2005 tot 1 januari 2014. De reden waarom dit handelssysteem is opgezet hield verband met de taakstelling van Nederland om te voldoen aan de reductie van NO_x-emissies die voortvloeit uit de NEC-richtlijn (Richtlijn 2001/81/EG).[20] Het grote verschil met het systeem van broeikasgasemissiehandel was dat, waar het systeem van broeikasgasemissiehandel voorzag in een absoluut plafond, het systeem van No_x-emissiehandel voorzag in een relatief plafond. Dat wil zeggen dat het maximum aantal emissies dat mag worden veroorzaakt hoger wordt als de productie stijgt. De reden waarom in tegenstelling tot het systeem van broeikasgasemissies werd gekozen voor een relatief plafond was tweeledig. In de eerste plaats waren de reducties die moesten worden bereikt aanzienlijk. In de tweede plaats hadden veel bedrijven in het verleden al veel geïnvesteerd en een aanzienlijke

---

17 Voorstel tot wijziging van Richtlijn 2003/87/EG d.d. 14 juli 2021, COM(2021) 551.
18 Voorstel tot wijziging van Richtlijn 2003/87/EG d.d. 14 juli 2021, COM(2021) 551, p. 3.
19 *Stb.* 2005, 233, https://zoek.officielebekendmakingen.nl/stb-2005-233.pdf.
20 *Kamerstukken II* 2004/05, 29766, nr. 3, p. 4.

reductie bereikt, zodat een absoluut plafond gebaseerd op historische emissies te gecompliceerd was.[21]

Anders dan bij het systeem van broeikasgasemissies was niet voorzien in een wijziging van de IPPC-richtlijn, zodat er nog steeds een vergunningplicht is voor de uitstoot van NO_x. Dat betekent ook dat voor wat betreft de reductie moest worden voldaan aan het beginsel van de Beste Beschikbare Technieken (BBT). De verwachting was dat de prestatienorm die moest worden behaald voor een NO_x-handelssysteem strenger zou zijn dan de BBT-norm, zodat er schaarste zou zijn.[22] In de praktijk bleek dat niet juist te zijn. De normen die voortvloeien uit de BBT waren juist strenger dan de prestatienormen die op grond van het NO_x-emissiehandelssysteem moesten worden behaald.[23] Daarmee viel uiteraard de basis voor het systeem weg. Een bedrijf kon het niet halen van de emissienorm niet compenseren met de inkoop van NO_x-emissierechten, zoals dat bij het systeem van broeikasgasemissiehandel wel kon. De Afdeling heeft een beroep van MOB (toen ook al!) tegen een besluit van GS van Groningen gegrond verklaard. In dat besluit oordeelden GS dat gelet op het systeem van NO_x-emissiehandel niet aan de BBT-normen behoefde te worden voldaan.[24] De emissiereductie als gevolg van de BBT-normen leidde tot een overschot aan NO_x-emissierechten, zodat er geen stimulerend effect meer uitging van het bereiken van emissiereductie via NO_x-emissiehandel.[25]

De conclusie is dus dat als er geen absoluut plafond is en elk bedrijf moet voldoen aan een harde uitstootnorm, waarbij een bedrijf die norm niet kan behalen door het inleveren van emissierechten, een handelssysteem niet werkt en dus een milieudoelstelling niet wordt behaald.

4   Handel in Hernieuwbare Energie-eenheden

Op 23 april 2009 is Richtlijn 2009/28/EG aangenomen ter bevordering van het gebruik van energie uit hernieuwbare bronnen.[26] Doel van deze richtlijn is om een gemeenschappelijk kader vast te stellen voor het bevorderen van het gebruik van energie uit hernieuwbare bronnen. Ook stelt de richtlijn bindende nationale streefcijfers vast voor het totale aandeel van energie uit hernieuwbare bronnen in het

---

21   *Kamerstukken II* 2004/05, 29766, nr. 3, p. 5.
22   *Kamerstukken II* 2004/05, 29766, nr. 3, p. 18.
23   *Kamerstukken II* 2012/13, 33428, nr. 3, p. 2.
24   ABRvS 15 februari 2006, ECLI:NL:RVS:2006:AV1746.
25   *Kamerstukken II* 2012/13, 33428, nr. 3, p. 3.
26   Deze richtlijn is geïmplementeerd in de Regeling van de Minister van Economische Zaken, Landbouw en Innovatie van 7 december 2010, nr. WJZ/10164638, tot wijziging van de Regeling garanties van oorsprong voor duurzame elektriciteit ter implementatie van Richtlijn 2009/28/EG en in verband met wijzigingen van biomassaverklaringen, *Stcrt.* 2010, 19956. Richtlijn 2009/28/EG was tot 30 juni 2021 in werking, maar is opgeheven door Richtlijn 2018/2001.

bruto-eindverbruik van energie en voor het aandeel van energie uit hernieuwbare bronnen in het vervoer.[27] Onder energie uit hernieuwbare bronnen verstaat de richtlijn 'energie uit hernieuwbare niet-fossiele bronnen, namelijk: wind, zon, aerothermische, geothermische, hydrothermische energie en energie uit de oceanen, waterkracht, biomassa, stortgas, gas van rioolzuiveringsinstallaties en biogassen'.[28] Artikel 3 lid 4 Richtlijn 2009/28/EG bepaalt dat het aandeel energie uit hernieuwbare bronnen in alle vormen van vervoer in 2020 minstens 10% bedraagt van het eindverbruik van energie in die lidstaat. Om aan die doelstelling te voldoen was Nederland vooral afhankelijk van het mengen van biobrandstoffen bij benzine en diesel.[29] Om te kunnen controleren of bedrijven voldoen aan de verplichting om een percentage van de verkochte brandstoffen te mengen met biobrandstoffen hadden bedrijven een registratieverplichting. Om het systeem eenvoudiger te maken is een administratieve handel in biobrandstoffen opgezet.[30] In feite is dit systeem ook opgezet omdat een niet door de overheid gereguleerde handel in biotickets plaatsvond. Dit systeem van biotickets moest worden vervangen door een door de NEa gecontroleerde uitgifte van hernieuwbare brandstofeenheden (HBE's).[31] Ter uitvoering daarvan is titel 9.7 met ingang van 1 januari 2015 aan de Wet milieubeheer toegevoegd.[32] Artikel 9.7.1.1 Wm introduceert het begrip 'hernieuwbare brandstofeenheid' en verwijst daarvoor naar artikel 9.7.3.3 Wm. Dat artikel bepaalt dat een hernieuwbare brandstofeenheid vatbaar is voor overdracht indien de overdragende partij en de ontvangende partij ieder op hun eigen naam een rekening hebben in het register. Op grond van artikel 9.7.3.1 lid 1 Wm kent het register vier soorten HBE's, te weten: (i) HBE-G (geavanceerd), (ii) HBE-C (conventioneel) (iii) HBE bijlage IX-B en (iv) HBE-O (overig). Artikel 9.7.3.1 lid 2 Wm bepaalt dat een HBE een bijdrage aan de jaarverplichting van één gigajoule hernieuwbare energie vervoer vertegenwoordigt. De nota van toelichting bij het Besluit vervoer energie omschrijft een HBE als 'het bewijs dat een hoeveelheid hernieuwbare energie vervoer op de markt is gebracht'.[33] Artikel 9.7.5.1 Wm bepaalt dat er een elektronisch register hernieuwbare energie vervoer is dat wordt beheerd door de NEa en dat bestaat uit rekeningen. Dat zijn een rekening van de leverancier tot eindverbruik, van de inboeker en van andere ondernemingen, die bij algemene maatregel van bestuur (AMvB) zijn genoemd.[34] Dit zijn handelaren en dat moeten ondernemingen zijn die houder zijn van een vergunning voor een accijnsgoederenplaats als bedoeld in de Wet op de accijns voor minerale oliën.[35] Dat zijn bedrijven waar minerale oliën onder schorsing van accijns opgeslagen of bewerkt mogen worden.[36] Daarnaast mogen publiekrechtelijke rechtspersonen een rekening ope-

---

27 Art. 1 Richtlijn 2009/28/EG.
28 Art. 2 onder a Richtlijn 2009/28/EG.
29 *Kamerstukken II* 2012/13, 32813, nr. 22, p. 1.
30 *Kamerstukken II* 2012/13, 32813, nr. 22, p. 5-6.
31 *Kamerstukken II* 2013/14, 33834, nr. 6, p. 6.
32 *Kamerstukken II* 2013/14, 33834, nr. 3, p. 2.
33 *Stb.* 2018, 134, NvT, p. 15.
34 Art. 9.7.5.3. Wm.
35 Art. 25 onder a Besluit energie vervoer.
36 *Stb.* 2018, 134, NvT, p. 49.

nen.³⁷ Dat is bedoeld voor concessieverleners op grond van de Wet personenvervoer 2000 die in de aanbestedingsdocumentatie voor een concessie voor het verrichten van openbaar vervoer verplichten dat de vervoerder zijn brandstofverbruik met energie uit hernieuwbare bronnen moet vergroenen. De vervoerder kan in de regel geen rekening openen, maar concessieverleners zien hun inspanning om vergroening te eisen wel verzilverd door middel van een HBE.³⁸ In de meeste aanbestedingen voor busvervoer wordt overigens zero-emissie voorgeschreven, zodat concessieverleners niet meer over HBE's zullen beschikken. Het register is gemodelleerd naar het systeem van de handel in broeikasgasemissierechten van hoofdstuk 16 Wm.³⁹

Bedrijven die brandstoffen tot eindverbruik (dat wil zeggen dat zij leveren aan 'de pomphouder')⁴⁰ leveren aan wegvoertuigen, hebben een verplichting om een bepaald percentage van door hen op de markt gebrachte brandstoffen uit hernieuwbare energie voor vervoer te laten bestaan.⁴¹ Zij moeten dan jaarlijks een voldoende aantal HBE's inleveren overeenkomstig een bij AMvB bepaald percentage. Dit heet de jaarverplichting. De AMvB is het Besluit energie vervoer.⁴² De HBE's kunnen zij verkrijgen door zelf hernieuwbare energie voor vervoer in het register hernieuwbare energie vervoer in te boeken (in de hoedanigheid van inboeker). Ook kunnen zij HBE's verkrijgen van een andere onderneming die HBE's op haar rekening in het register hernieuwbare energie vervoer heeft staan.⁴³ Bedrijven kunnen HBE's aan elkaar overdragen als zij beide een rekening hebben op hun naam in het register.⁴⁴ De leveringshandeling is dezelfde als bij broeikasgasemissierechten, namelijk door afschrijving van de HBE van de rekening van degene die overdraagt en bijschrijving op de rekening van degene die verkrijgt.⁴⁵ Omdat bedrijven van andere bedrijven HBE's kunnen kopen ontstaat handel. De HBE's vertegenwoordigen daarmee een economische waarde. De prijs van een HBE was de afgelopen tijd tussen de € 13 en € 16 per gigajoule.⁴⁶

Artikel 9.7.4.1 Wm is de basis voor het ontstaan van een HBE.⁴⁷ De inboeker kan een HBE inboeken in het register indien deze aan de voorwaarden voor het inboeken voldoet. De NEa geeft de HBE's uit door inschrijving van een HBE op de rekening van de inboeker.⁴⁸ Indien de NEa vermoedt dat de HBE niet aan de eisen voldoet,

---

37   Art. 25 onder b Besluit energie vervoer.
38   *Stb.* 2018, 134, NvT, p. 49.
39   *Kamerstukken II* 2013/14, 33834, nr. 3, p. 22.
40   *Kamerstukken II* 2013/14, 33834, nr. 3, p. 6.
41   *Kamerstukken II* 2013/14, 33834, nr. 3, p. 2.
42   Art. 9.7.2.1. Wm.
43   *Kamerstukken II* 2013/14, 33834, nr. 3, p. 2.
44   *Kamerstukken II* 2013/14, 33834, nr. 3, p. 7. Zie ook art. 9.7.3.3. Wm.
45   Art. 9.7.3.5. Wm.
46   https://ekwadraat.com/diensten/energie-subsidie/hbe-route/ (geraadpleegd op 31 mei 2022).
47   *Kamerstukken II* 2013/14, 33834, nr. 3, p. 17.
48   Art. 9.7.4.6 Wm.

kan de NEa inschrijving opschorten of weigeren.[49] Ook dubbel gebruik van HBE's is uitgesloten. Artikel 9.7.4.10 Wm verbiedt dat eenmaal ingeboekte HBE's nog een keer kunnen worden ingeboekt. De NEa maakt elk jaar een overzicht openbaar van het aantal per soort beschikbare HBE's. Uit de HBE-rapportage van maart 2022 volgt dat het totaal aan HBE's 81,10 miljoen bedraagt, terwijl de jaarverplichting over 2021 70,48 miljoen betreft, zodat er een overschot is van 10,53 HBE's.

Het handelssysteem in HBE's is niet Europeesrechtelijk voorgeschreven, maar heeft Nederland ingevoerd om zijn streefcijfer hernieuwbare energie te behalen.[50] Weinig andere Europese landen kennen het systeem. Omdat het systeem dient als vervanging van een in de markt ontstaan systeem en het bijdraagt aan een groter percentage hernieuwbare energie voor de vervoersector kan dit systeem worden toegejuicht.

5   Handel in dispensatierechten

Op 1 januari 2021 is als onderdeel van de Wet CO_2-heffing hoofdstuk 16b aan de Wet milieubeheer toegevoegd waarmee een nieuw handelssysteem is opgericht.[51] De Wet CO_2-heffing voegt ook bepalingen toe aan de Wet belastingen op milieugrondslag (Wbm), maar voorziet tevens in de oprichting van een systeem van handel in dispensatierechten. Artikel 71p Wbm bepaalt dat het tarief per ton kooldioxide-equivalent € 41,75 bedraagt. Artikel 71h onderdeel d Wbm definieert een dispensatierecht als 'overdraagbaar recht om gedurende het kalenderjaar een emissie van één ton kooldioxide-equivalent in de lucht te veroorzaken in het kalenderjaar waarin die uitstoot plaatsvindt zonder dat de CO_2-heffing industrie daarover wordt geheven'. Artikel 16b.11 Wm voorziet in een elektronisch register dispensatierechten energie dat, net als het register voor HBE's, is gemodelleerd naar het register voor broeikasgasemissierechten. De NEa houdt toezicht hierop.

Artikel 16b.16 lid 1 Wm bepaalt dat elke exploitant voor een industriële installatie per kalenderjaar dispensatierechten opbouwt. Anders dan bij het systeem van emissierechten is het aantal dispensatierechten per kalenderjaar nul.[52] De berekening van de hoeveelheid dispensatierechten die een exploitant krijgt, is neergelegd in rekenregels in de Regeling CO_2-heffing industrie.[53] Na afloop van elk kalenderjaar kan de exploitant in de periode van 1 mei tot en met 31 augustus dispensatierechten verhandelen.[54] De bedoeling is dat dit een prikkel voor belastingplichtigen creëert om extra CO_2-uitstoot te reduceren en het overschot aan dispensatierechten tegen een vergoeding over te dragen aan een partij voor wie reductie van CO_2 relatief duur

---

49 Art. 9.7.4.11 Wm.
50 Zie de toelichting op het besluit van 20 december 2021 tot wijziging van het Besluit energie vervoer, *Stb.* 2021, 619, NvT, p. 10.
51 *Stb.* 2020, 544.
52 Art. 16b.16 lid 2 Wm.
53 *Stcrt.* 2020, 68060.
54 Art. 16b.16 lid 5 Wm.

is.[55] Het systeem van dispensatiehandel moet ook extra flexibiliteit bieden, doordat bedrijven met meerdere installaties investeringen tussen installaties kunnen optimaliseren. Ook kan het samenwerking binnen de keten of binnen het cluster faciliteren doordat bedrijven dispensatierechten kunnen kopen als zij zelf geen kostenefficiënte maatregelen kunnen nemen.[56]

Uit de bedoeling van de oprichting van dit handelssysteem blijkt dat net zoals bij het emissiehandelssysteem en andere handelssystemen ook hier het idee is om kostenefficiënt milieudoelstellingen te behalen. Uit een persbericht van de NEa van 28 april 2022 blijkt dat de NEa in totaal 57,5 miljoen dispensatierechten heeft gestort op de rekening van 271 bedrijven.[57] De CO_2-uitstoot waarover CO_2-heffing moet worden betaald bedraagt voor 2021 48 miljoen ton. Het belastingtarief voor 2021 bedraagt € 30,48 per ton. Maar als een bedrijf een dispensatierecht kan inleveren, hoeft het geen belasting te betalen. Bovendien wordt de prijs van een emissierecht afgetrokken van de belasting. Voor 2021 is de prijs van emissierecht € 26,73. De heffing over 2021 bedraagt dus in feite € 3,75, maar die kan worden afgedekt met een dispensatierecht. Uit het persbericht blijkt verder dat van de totaal 271 bedrijven die CO_2-heffing moeten betalen 225 een overschot hebben aan dispensatierechten (en dus 46 een tekort). Gelet op het overschot aan dispensatierechten van 9,7 miljoen dispensatierechten én de keuze die bedrijven hebben om dispensatierechten niet over te nemen, maar gewoon de heffing te betalen, zal prijs voor de dispensatierechten niet hoger zijn dan € 3,75. Gelet op de hoge prijzen voor CO_2-emissierechten is mijn verwachting dat het systeem van dispensatierechten hard het systeem van NO_x-handel tegemoetgaat: een groot overschot en dus lage prijzen, zodat het uiteindelijk zal worden ingetrokken. Het is dus twijfelachtig of de doelstelling van de wetgever achter dit handelssysteem wordt gehaald.

6 Handelssysteem voor stikstof?

Zoals uit het voorgaande blijkt, staat Nederland niet onsympathiek tegenover het inzetten van handelssystemen om milieudoelstellingen te bereiken. Het grootste milieuprobleem nu is stikstof.
Zou een systeem van verhandelbare stikstofrechten uitkomst kunnen bieden om de milieudoelstellingen op het gebied van stikstof te behalen?

In de jurisprudentie is het begrip 'stikstofrechten' al naar voren gekomen. Het gaat dan vaak om het leerstuk van intern of extern salderen. Met intern salderen wordt hier meestal geduid op het feit dat een onderneming op basis van een vergunning het recht had om bepaalde activiteiten uit te voeren, die stikstofdepositie tot gevolg hebben, maar die vergunde activiteiten niet altijd volledig uitvoerde of deels beëindigde,

---

55 *Kamerstukken II* 2020/21, 35575, nr. 3, p. 7.
56 *Kamerstukken II* 2020/21, 35575, nr. 3, p. 41.
57 www.emissieautoriteit.nl/actueel/nieuws/2022/04/28/nea-stort-dispensatierechten-voor-co2-heffing-industrie (geraadpleegd op 31 mei 2022).

zodat hij nog stikstofruimte ('stikstofrechten') heeft die hij kan inzetten om nieuwe activiteiten uit te oefenen.[58] Met extern salderen wordt dan gedoeld op activiteiten die elders zijn beëindigd, zodat de stikstofdepositie van die activiteit kan worden ingezet bij een andere activiteit. In dat verband wordt in de jurisprudentie dan ook wel gesproken van stikstofrechten.[59]

Dit is naar mijn mening een onjuist gebruik van het begrip stikstofrechten. In tegenstelling tot bijvoorbeeld een broeikasgasemissierecht geeft een vergunning voor een bepaalde activiteit geen rechten om een bepaalde hoeveelheid stikstof uit te stoten, laat staan dat stikstofrechten kunnen worden verhandeld omdat zij overdraagbaar zouden zijn.[60] De Afdeling heeft dit in haar uitspraak van 26 januari 2022 als volgt verwoord:

'De natuurvergunning verleent bovendien, anders dan [appellante] veronderstelt, geen stikstofrechten aan een persoon. De natuurvergunning geeft – in dit geval – het recht om 90.000 vleeskuikens en 10 paarden te houden op het adres [locatie] in Assen. Dat is een relevant verschil met fosfaatrechten die op grond van de Meststoffenwet verhandelbaar zijn.'[61]

In dit verband is opmerkelijk dat in de memorie van toelichting op de wijziging van de begrotingsstaten van het Ministerie van Infrastructuur en Milieu voor het jaar 2022 is vermeld dat de hogere omzet voor het moederdepartement is veroorzaakt door een bedrag van € 27,8 miljoen onder andere ten behoeve van de aankoop van stikstofrechten om te komen tot een onherroepelijk Tracébesluit.[62] Ik ben benieuwd wat deze stikstofrechten inhouden.

In zijn noot onder de uitspraak van de Afdeling van 26 januari 2022 vraagt Frins zich af hoe dit zich verhoudt met het leerstuk van extern salderen omdat dat leerstuk ervan uitgaat dat er toch een bepaald stikstofsaldo is, hetgeen suggereert dat er toch een recht is op een bepaald recht op dispositie.[63] Als een vergelijking wordt gemaakt met handelssystemen zoals hiervoor beschreven, is het kenmerkende verschil de overdraagbaarheid. Alle rechten uit de handelssystemen zijn overdraagbaar via een register. Op zichzelf is het zinvol om erover na te denken of er ook niet een landelijk

---

58 Rb. Overijssel 24 november 2021, ECLI:NL:RBOVE:2021:4405, r.o. 10.3 en Rb. Overijssel 24 november 2021, ECLI:NL:RBOVE:2021:4404, r.o. 10.1 en 11.3.
59 ABRvS 5 augustus 2015, ECLI:NL:RVS:2015:2465, r.o. 3.3 en ABRvS 15 november 2017, ECLI:NL:RVS:2017:3154, r.o. 6.1.
60 Zie hierover ook R. Ligtvoet, 'Stikstofrechten: gouden bergen of gebakken lucht?', *TvAR* 2021/12, p. 571-576. Hij komt tot de conclusie dat er op grond van de huidige jurisprudentie geen duidelijkheid is over de vraag of een stikstofrecht overdraagbaar is of niet.
61 ABRvS 26 januari 2022, ECLI:NL:RVS:2022:234, r.o. 6.1, *AB* 2022/137 m.nt. R.H.W. Frins.
62 *Kamerstukken II* 2021/22, 36120 XII, nr. 2, p. 48-49.
63 Zie punt 4 van *AB* 2022/137.

systeem van stikstofrechten, die overdraagbaar zijn, kan worden opgesteld. De vraag is wel hoe zich dat verhoudt met artikel 6 lid 2 en 3 Habitatrichtlijn omdat bij een systeem van overdraagbare stikstofrechten wordt geaccepteerd dat bij sommige natuurgebieden toch een significante verslechtering plaatsvindt als gevolg van een plan of project, maar dit wordt gecompenseerd door middel van stikstofrechten. Mogelijk biedt artikel 6 lid 4 Habitatrichtlijn, dat voorziet in compensatiemaatregelen als sprake is van een dwingende reden van groot openbaar belang, een oplossing, maar ik vrees dat dit al snel gekunsteld zal worden. Wel zou Nederland, mogelijk samen met andere EU-landen, kunnen pleiten voor een aanpassing van de Habitatrichtlijn, zodanig dat binnen de Habitatrichtlijn een systeem van handel in stikstofrechten mogelijk wordt gemaakt. Iets vergelijkbaars is gebeurd met de IPPC-richtlijn en het systeem van handel in broeikasgasemissierechten. Met Richtlijn 2003/87/EG werd een uitzondering gemaakt op het feit dat een exploitant van een broeikasgasinstallatie een vergunning had met een individuele grenswaarde voor de uitstoot van broeikasgassen en dus voor die uitstoot niet meer behoefde te voldoen aan het uitgangspunt van de BBT.

7   Conclusie

Handelssystemen kunnen bijdragen aan het succesvol behalen van milieudoelstellingen. Nederland staat bepaald niet onsympathiek tegenover handelssystemen. Nederland heeft het handelssysteem voor broeikasgasemissierechten vlot geïmplementeerd en heeft daarnaast getracht nog een eigen handelssysteem voor NO_x-rechten te introduceren. Helaas is dat mislukt, in het bijzonder omdat Europese milieuregelgeving een harde norm stelde voor individuele ondernemingen zodat er geen handel tussen ondernemingen tot stand kon komen. Voor het Europese klimaatbeleid is het handelssysteem van broeikasgassen, na wat kinderziektes, een succes en wordt het wel de ruggengraat van het klimaatbeleid genoemd. Het handelssysteem voor hernieuwbare brandstofeenheden voor de vervoerssector heeft Nederland ingevoerd omdat de markt zelf al een handelssysteem had opgezet en de Nederlandse overheid die markt beter wilde reguleren. Dit handelssysteem functioneert ook succesvol. Als laatste heeft Nederland vorig jaar een systeem van handel in dispensatierechten ingevoerd. Dat ziet op verhandelbare dispensatierechten om CO_2-belasting te vermijden. Het is de vraag of dit een succes wordt. In het eerste jaar dat dit functioneerde was er een groot overschot aan dispensatierechten. Het feit dat handelssystemen op zichzelf kunnen bijdragen aan het realiseren van milieudoelstellingen doet de vraag rijzen of het systeem ook niet kan worden ingezet voor het oplossen van de stikstofproblematiek. Gelet op het bepaalde in de Habitatrichtlijn ligt het voor de hand om op Europees niveau een wijziging van de Habitatrichtlijn te bepleiten, zodat een dergelijk systeem mogelijk kan worden gemaakt.

35 Gebrekkige bescherming van mens en milieu in de praktijk: over falende handhavers, sjoemelsoftware en sjoemelsigaretten

Wybe Douma[1]

1 Inleiding

In Nederland bepaalt de Grondwet dat de zorg van de overheid gericht is op de bewoonbaarheid van het land en de bescherming en verbetering van het leefmilieu.[2] Op Europees niveau dient er zelfs een hoog beschermingsniveau te worden nagestreefd en is – in tegenstelling tot Nederland – ook duidelijk vastgelegd dat milieubeleid berust op een aantal beginselen van milieurecht, zoals het voorzorgsbeginsel en het beginsel van preventief handelen.[3]

Het vaststellen van concrete rechtsnormen die mens en milieu voldoende beschermen is ondanks deze uitgangspunten zowel in Nederland als in de EU geregeld nog geen eenvoudige opgave. Als er dan eenmaal wetgeving is vastgesteld, blijkt die soms normen te bevatten waarvan het beschermingsniveau niet hoog genoeg is: mens en milieu worden er onvoldoende door beschermd. De Nederlandse wetgeving inzake stikstof en klimaat[4] en de Europese wetgeving inzake hernieuwbare energie[5]

---

1 Dr. W.Th. Douma is werkzaam als zelfstandig juridisch adviseur via European Environmental Law Consultancy en EU Legal. Daarnaast is hij werkzaam als senior juridisch adviseur internationaal en Europees recht bij het Ministerie van SZW. Delen van deze bijdrage zijn gebaseerd op annotaties inzake de in de voetnoten genoemde arresten die de auteur schreef in het tijdschrift *Jurisprudentie milieurecht*. De auteur was als adviseur betrokken bij de zaak rond de sjoemelsigaretten voor de rechtbank Rotterdam.
2 Art. 21 Gw.
3 Art. 191 VWEU.
4 Dat de Nederlandse klimaatwetgeving en het klimaatbeleid onder de maat waren kan worden afgeleid uit HR 20 december 2019, *Staat t Urgenda*, nr. 19/00135, ECLI:NL: HR:2019:2006, *JM* 2020/33 m.nt. W.Th. Douma, *M en R* 2020/8 m.nt. T.J. Thurlings.
5 Richtlijn 2009/28 van het Europees Parlement en de Raad van 23 april 2009 ter bevordering van het gebruik van energie uit hernieuwbare bronnen, *PbEU* L 140, 5.6.2009, p. 16. Deze richtlijn deed de vraag naar palmolie sterk toenemen en droeg zo bij aan ontbossing – waardoor deze biobrandstof slechter voor het klimaat was dan fossiele brandstoffen. De richtlijn is inmiddels vervangen door Richtlijn (EU) 2018/2001 van het Europees Parlement en de Raad ter bevordering van het gebruik van energie uit hernieuwbare bronnen, *PbEU* L 328, 21.12.2018, p. 82. Ingevolge art. 26 lid 2 van de nieuwe richtlijn (en Gedelegeerde Verordening (EU) nr. 2019/807 van de Commissie van 13 maart 2019 tot aanvulling van Richtlijn (EU) 2018/2001 wat betreft het bepalen van de grondstoffen met een hoog risico van indirecte veranderingen in landgebruik waarbij een belangrijke uitbreiding van het productiegebied naar land met grote

omvatten voorbeelden van dergelijke normen. Deze bijdrage zal echter op andere uitdagingen ingaan, namelijk wetgeving die op papier wel, maar in de praktijk mens en milieu niet of onvoldoende beschermt.

Dat kan enerzijds zo zijn omdat de normen onvoldoende worden nageleefd en de verantwoordelijke controlerende instanties te weinig optreden tegen overtreders.[6] Bij dit onderwerp zal aan de hand van voorbeelden rond de Europese regels inzake hout en visserij worden stilgestaan in paragraaf 2. Anderzijds kan het gebrek aan bescherming voortvloeien uit de wijze waarop metingen waarmee wordt vastgesteld of aan de normen wordt voldaan worden beïnvloed door trucs van fabrikanten. Hierop wordt in paragraaf 3 ingegaan aan de hand van arresten inzake sjoemelsoftware in auto's (Dieselgate) en sjoemelsigaretten. In beide gevallen worden mens en milieu onvoldoende beschermd, omdat de uitstoot van schadelijke stoffen in de praktijk veel hoger is dan deze volgens de normen zou moeten zijn. Afgesloten wordt met enige concluderende opmerkingen in paragraaf 4.

2   Gebrekkige handhaving

Europese controle- en handhavingsverplichtingen
Daar waar nationale regels een Europeesrechtelijke oorsprong hebben, wat in het milieurecht bij ongeveer twee derde van die regels het geval is, bestaat er een juridische verplichting voor de lidstaten om ervoor te zorgen dat deze regels effectief worden nageleefd en worden gehandhaafd. Het is dus niet voldoende dat Europese regels in nationaal recht worden omgezet. De regels dienen vervolgens in de praktijk ook te worden toegepast en gehandhaafd. Indien handhavende instanties op nationaal niveau niet of nauwelijks controleren of bedrijven of individuen zich aan de regels houden, levert dat strijd met het Europese recht op. Daartegen kan de Europese Commissie optreden door een inbreukprocedure tegen een lidstaat aanhangig te maken. Als het Europese Hof het met de Commissie eens is, kan het tot een veroordeling komen. Lidstaten die vervolgens geen uitvoering geven aan een dergelijk vonnis kunnen een fikse boete en/of dwangsom krijgen opgelegd middels een tweede vonnis.

---

koolstofvoorraden waar te nemen valt, en de certificering van biobrandstoffen, vloeibare biomassa en biomassabrandstoffen met een laag risico op indirecte veranderingen in landgebruik, *PbEU* L 133, 21.5.2019, p. 1) dient het aandeel palmolie en andere biobrandstoffen met een hoog risico van indirecte veranderingen in landgebruik (zoals ontbossing) vanaf eind 2023 tot en met eind 2030 geleidelijk te worden afgebouwd tot 0%.

6   Zoals bij de mestwetgeving en bij de Europese regels inzake hout dat op de Europese markt wordt gebracht. Zie over laatstgenoemd onderwerp J. Bazelmans & W.Th. Douma, 'Naar een effectievere aanpak van wereldwijde ontbossing. Een verkenning vanuit nationaal, Europees en internationaalrechtelijk perspectief', *M en R* 2020/101, nr. 10, p. 718-726.

Voorbeeld 1: De EU-Houtverordening
De Houtverordening[7] is sinds maart 2013 van kracht in de Europese Unie en verplicht bedrijven die hout op de Europese markt brengen om zich ervan te verzekeren dat het om legaal gekapt hout gaat.[8] De lidstaten dienen bevoegde autoriteiten aan te wijzen die regelmatige controles moeten uitvoeren op de naleving van de verordening door de marktdeelnemers.

Aanvankelijk werd er in de hele Unie bijzonder weinig gehandhaafd. Waar dat nog deels als opstartproblemen zou kunnen worden beschouwd, valt op dat zelfs vier tot zes jaar na inwerkingtreding van de verordening in sommige lidstaten nog steeds slechts een beperkt aantal of in het geheel geen controles werden uitgevoerd.[9] In ons land is de Nederlandse Voedsel- en Warenautoriteit belast met controle en handhaving van de houtsector. Deze instelling ging bepaald niet voortvarend te werk in het aanpakken van bedrijven die de Europese houtregels overtraden, zo blijkt uit de jurisprudentie rond bedrijven de betrokken waren bij het op de Nederlandse markt brengen van illegaal gekapt Braziliaans hout.[10]

Het was uiteindelijk België dat er door de Europese Commissie van beschuldigd werd in strijd met het Europese recht te weinig aan controle en handhaving van de EU-Houtverordening te doen.[11] België is een van de grootste houtimporteurs van de Unie. Er zijn zo'n 6.000 bedrijven die er hout op de markt brengen. Aanvankelijk was er echter maar één persoon die moest controleren of die bedrijven zich aan de Europese Houtverordening hielden. Die persoon werkte ook nog eens halve dagen. Het is dan ook geen wonder dat de eerste vijf jaren dat de Houtverordening van kracht was in België gemiddeld nog geen vijf bedrijven per jaar werden gecontroleerd. Het land heeft sindsdien meer personen belast met controles en er werd zowaar een eerste boete opgelegd. Tot het aanhangig maken van een inbreukprocedure tegen België kwam het (waarschijnlijk daarom) uiteindelijk niet. Volgens onderzoeksjournalisten en NGO's is er echter nog steeds geen sprake van een bevredigend controlesysteem.[12]

---

7   Verordening (EU) nr. 995/2010 van het Europees Parlement en de Raad tot vaststelling van de verplichtingen van marktdeelnemers die hout en houtproducten op de markt brengen, *PbEU* L 295, 12.11.2010, p. 23.

8   Dit dient te gebeuren via een stelsel van zogeheten zorgvuldigheidseisen, waarbij onderbouwd moet worden dat het om legaal hout gaat. Een enkele vergunning uit het land van oorsprong is daarbij onvoldoende, omdat die makkelijk vervalst kan worden.

9   Commissie, Tweejaarlijks verslag voor de periode maart 2017 t/m februari 2019 inzake de EU-Houtverordening, COM/2020/629 final, p. 8.

10 Zie J. Bazelmans & W.Th. Douma, 'Naar een effectievere aanpak van wereldwijde ontbossing. Een verkenning vanuit nationaal, Europees en internationaalrechtelijk perspectief', *M en R* 2020/101, nr. 10, p. 718-726.

11 Zie 'Interne Markt en hout: Commissie verzoekt België EU-voorschriften inzake hout na te leven', in: Europese Commissie, *Inbreukenpakket voor oktober: voornaamste beslissingen*, 4 oktober 2017, https://ec.europa.eu/commission/presscorner/detail/nl/MEMO_17_3494.

12 Zie bijvoorbeeld Steven vanden Bussche & Quentin Noirfalisse, 'Helft gecontroleerde houtladingen problematisch', *Apache*, 21 maart 2019, www.apache.be/2019/03/21/een-op-twee-gecontroleerde-houtladingen-problematisch.

Voorbeeld 2: Visserij
Een van de doelstellingen van het gemeenschappelijk visserijbeleid (GVB) is het bewerkstelligen van visserij die uit een ecologisch oogpunt duurzaam is. Er worden daarom in de visserijwetgeving maximale hoeveelheden te vangen vis neergelegd, de zogeheten quota. Het controleren van de vissers gebeurt door nationale autoriteiten, die overtreders moeten bestraffen. In veel lidstaten zijn vissers geneigd zich niet altijd aan de Europese normen te houden.[13] Als overheden vervolgens nalaten om te controleren en/of te handhaven is de kans groot dat vissoorten te veel worden gevangen en de visserij in de praktijk dus niet ecologisch duurzaam is. Ook wordt de concurrentie op deze manier vervalst.

Frankrijk werd in 1991 veroordeeld door het HvJ EU omdat het land systematisch naliet de Franse vissers te controleren. Die veroordeling leidde weliswaar tot verbeteringen, maar er bleven een aantal problemen bestaan. Dat bleek toen Commissieambtenaren in de tweede helft van de jaren negentig controles uitvoeren in verscheidene Franse havens. Vastgesteld werd dat er nog steeds ontoereikende controles werden uitgevoerd door Franse autoriteiten. Verder was de tolerante houding van de Franse autoriteiten bij de vervolging van overtredingen nog steeds in strijd met de Europese regels, aldus de Commissie. Daarop spande deze instelling rond de eeuwwisseling een nieuwe rechtszaak aan tegen Frankrijk. Het Europese Hof legde in die tweede zaak een boete op van maar liefst € 20 miljoen, en een dwangsom van meer dan € 57,7 miljoen per periode van zes maanden dat de inbreuk zou voortduren.[14]

Momenteel lopen ook België en Nederland de kans voor het Hof gedaagd te worden. België wordt verweten dat het de zogeheten Controleverordening 1224/2009[15] niet volledig naleeft, met name doordat er geen controlemaatregelen werden ingevoerd met betrekking tot de weging, het vervoer en de traceerbaarheid van visserijproducten en de registratie van vangsten. Deze verplichtingen bestaan overigens al zo'n tien jaar. Bij een verificatiebezoek van de Commissie in België zijn een aantal ernstige tekortkomingen vastgesteld, waarover België op 30 oktober 2020 een zogeheten aanmaningsbrief kreeg. In april 2022 had het land nog steeds niet al deze tekortkomingen aangepakt, en werden de activiteiten van de Belgische vissersvloot nog steeds niet behoorlijk gecontroleerd, aldus de Commissie. Daarom werd er een zogeheten met redenen omkleed advies uitgebracht, waarbij België twee maanden de tijd kreeg om te reageren en de nodige maatregelen te nemen. Als het land na die twee maanden nog steeds de visserijcontrole niet op orde heeft, kan de Commissie de zaak aanhangig te maken bij het HvJ EU.

---

13 Hoe Urker vissers de wet ontduiken wordt beschreven in het zeer lezenswaardige boek van een Belgische journalist die een jaar in Urk woonde om achter de geheimen van deze hechte gemeenschap te komen: Matthias Declercq, *De ontdekking van Urk*, Amsterdam: Podium 2020.
14 HvJ EU 12 juli 2005, *Commissie* t *Frankrijk*, zaak C-304/02, ECLI:EU:C:2005:444, *JM* 2005/123 m.nt. W.Th. Douma.
15 Verordening (EG) nr. 1224/2009 van de Raad tot vaststelling van een communautaire controleregeling die de naleving van de regels van het gemeenschappelijk visserijbeleid moet garanderen, *PbEU* L 343, 22.12.2009, p. 1.

Nederland had twee maanden daarvoor al een met redenen omkleed advies ontvangen wegens het ontbreken van controlemaatregelen inzake weging, traceerbaarheid en vangstregistratie, in strijd met dezelfde verordening. Ons land had tot april 2022 de tijd om maatregelen te nemen. Als België en/of Nederland veroordeeld worden kan het uiteindelijk tot hoge boetes komen, zoals die ook aan Frankrijk werden opgelegd.

3 Gesjoemel met metingen

Voorbeeld 1: Sjoemelsoftware
Het Duitse automerk Volkswagen stond in Frankrijk terecht wegens het op de markt brengen van motorvoertuigen uitgerust met sjoemelsoftware. Die software herkent wanneer er in een laboratorium wordt onderzocht of er niet te veel schadelijke stoffen worden uitgestoten en past daarop die uitstoot naar beneden aan, zodat op papier aan de Europese uitstooteisen wordt voldaan. Dit zou naar Frans recht als gekwalificeerde misleiding/fraude met verzwarende omstandigheden kunnen worden gekwalificeerd. De verzwarende omstandigheden zijn gelegen in het feit dat het gebruik van de voertuigen, die op de weg veel meer bleken uit te stoten dan in de laboratoria, gevaarlijk was voor de gezondheid van mens en dier. De Franse rechter besloot om aan het HvJ EU verscheidene vragen voor te leggen over de interpretatie van het Europese recht om vast te stellen of het gebruik van sjoemelsoftware in strijd is met het in Verordening (EG) nr. 715/2007[16] neergelegde verbod op manipulatievoorzieningen (*defeat devices*). Dergelijke voorzieningen worden in de verordening gedefinieerd als constructieonderdelen met bepaalde karakteristieken.[17] Volgens Volkswagen zou software niet onder het verbod vallen, omdat dat alleen zou zien op mechanische onderdelen. Aan het Hof werd daarom gevraagd of de sjoemelsoftware moest worden beschouwd als een 'constructieonderdeel'. Na te hebben opgemerkt dat laatstgenoemd begrip niet wordt gedefinieerd, merkt het Hof op dat het normaliter verwijst naar een voorwerp. Omdat de omschrijving van manipulatie-instrument echter een ruime draagwijdte verleent aan het begrip 'constructieonderdeel' kan het toch zowel om mechanische als om elektronische onderdelen gaan. Een klep die de NO_x-uitstoot regelt, wordt aangestuurd door het ingebouwde computersysteem. De doelmatigheid van dit emissiecontrolesysteem hangt af van de opening van deze klep. Software die op de werking van het emissiecontrolesysteem inwerkt en de doelmatigheid ervan

---

[16] Verordening (EG) nr. 715/2007 van het Europees Parlement en de Raad van 20 juni 2007 betreffende de typegoedkeuring van motorvoertuigen met betrekking tot emissies van lichte personen- en bedrijfsvoertuigen (Euro 5 en Euro 6) en de toegang tot reparatie- en onderhoudsinformatie, *PbEU* L 171, 29.6.2007, p. 1.

[17] Een manipulatievoorziening wordt in art. 3 sub 10 van de verordening gedefinieerd als 'een constructieonderdeel dat de temperatuur, de rijsnelheid, het motortoerental, de versnelling, de inlaatonderdruk of andere parameters meet om een onderdeel van het emissiecontrolesysteem in werking te stellen, te moduleren, te vertragen of buiten werking te stellen, zodat de doelmatigheid van het emissiecontrolesysteem wordt verminderd onder omstandigheden die bij een normaal gebruik van het voertuig te verwachten zijn.'

vermindert, vormt daarom een 'constructieonderdeel' in de zin van de verordening. Het Hof vult aan dat deze ruime uitleg bevestigd wordt door de doelstelling van de verordening: het verbeteren van de luchtkwaliteit en voldoen aan grenswaarden voor luchtverontreiniging. Het gebruik van sjoemelsoftware door Volkswagen (en andere autoproducenten die soortgelijke trucs toepasten) in voertuigen werd dus in strijd geacht met de Europese wetgeving.

Voorbeeld 2: Sjoemelsigaretten
Richtlijn 2014/40[18] bevat maximumemissieniveaus voor teer, nicotine en koolmonoxide die rokers van sigaretten 'bij beoogd gebruik' binnen mogen krijgen. Ondanks die duidelijke norm krijgen rokers in de praktijk echter veel meer schadelijke stoffen binnen. Dat komt omdat hun sigaretten worden getest via een door de richtlijn voorgeschreven methode die het mogelijk maakt om binnen de normen te blijven door minuscule gaatjes in de filters van sigaretten aan te brengen. Door die gaatjes wordt tijdens de metingen schone lucht aangezogen die zich mengt met de tabaksrook en zo de metingen beïnvloedt – meer schone lucht betekent dat de rookmachines lagere hoeveelheden schadelijke stoffen meten. Rokers dekken de gaatjes af met hun vingers en lippen als ze roken, waardoor ze vele malen méér schadelijke stoffen binnenkrijgen dan de in de richtlijn voorgeschreven hoeveelheden. Volgens het RIVM gaat het daarbij om twee tot 26 keer meer dan de wettelijk toegestane norm van 10 mg teer, 1 mg nicotine en 10 mg koolmonoxide.

Zowel de meetmethodes als de maximumemissieniveaus zijn zoals gezegd in de Europese richtlijn vastgelegd. De richtlijn is met name gebaseerd op artikel 114 VWEU, dat de werking van de interne markt als doel heeft. Daarin is echter ook vastgelegd dat er van een hoog beschermingsniveau moet worden uitgegaan als het om de bescherming van de volksgezondheid en van consumenten gaat. Daaruit zou je kunnen afleiden dat de richtlijnbepaling die de maximumemissieniveaus omvat voorrang zou moeten krijgen. Het Hof van Justitie van de Europese Unie opteerde voor een andere uitweg in de zaak die door de Stichting Rookpreventie en anderen was aangespannen.

De stichting had aan de Nederlandse Voedsel- en Warenautoriteit (NVWA) verzocht handhavend op te treden tegen producenten die filtersigaretten op de markt brengen die niet voldoen aan de in artikel 3 lid 1 Richtlijn 2014/40 vastgestelde maximumemissieniveaus voor teer, nicotine en koolmonoxide. Dit zou met zich meebrengen dat filtersigaretten die niet voldoen aan de maximumemissieniveaus uit de handel moesten worden gehaald. Toen de NVWA dit verzoek afwees en ook het bezwaar daartegen door de Staatssecretaris van VWS werd afgewezen, werd beroep aangetekend tegen laatstgenoemd besluit.

---

18 Richtlijn 2014/40/EU van 3 april 2014 van het Europees Parlement en de Raad betreffende de onderlinge aanpassing van de wettelijke en bestuursrechtelijke bepalingen van de lidstaten inzake de productie, de presentatie en de verkoop van tabaks- en aanverwante producten, *PbEU* L 127, 29.4.2014, p. 1.

De rechtbank Rotterdam stelde het Hof van Justitie van de Europese Unie de vraag of de in de richtlijn voorgeschreven meetmethoden in strijd waren met het internationale of het Europese recht. Volgens het Hof is dat niet het geval: op zichzelf acht het Hof de meetmethode niet onwettig. Dat brengt echter nog niet met zich mee dat er dus sjoemelsigaretten op de Nederlandse markt mogen worden gebracht. Het feit dat de richtlijn slechts verwijst naar de te gebruiken meetmethode, maar die methode zelf niet in het *Publicatieblad van de Europese Unie* is gepubliceerd, brengt volgens het Hof namelijk met zich mee dat ze niet aan particulieren kunnen worden tegengeworpen. Aan de nationale rechter wordt daarom overgelaten om vast te stellen of de gehanteerde meetmethoden garanderen dat bij beoogd gebruik er niet meer wordt uitgestoten dan de in de richtlijn vastgestelde maximumemissieniveaus voor teer, nicotine en koolmonoxide. Het Hof merkt daarbij op dat het feit dat dezelfde richtlijn een bepaalde meetmethode voorschrijft daarbij buiten beschouwing dient te blijven.[19] Het lijkt er daarmee op dat de rechtbank Rotterdam wordt aangespoord om te bepalen dat de sjoemelsigaretten niet langer op de markt gebracht mogen worden. Die beslissing zou dan wel met zich meebrengen dat de meeste sigaretten uit de handel zouden moeten worden genomen, aangezien ze veel meer schadelijke stoffen in de longen van rokers terecht laten komen.

4   Slotopmerkingen

Over het algemeen blijkt er ondanks vijftig jaar beleid geregeld een flinke kloof te bestaan tussen de Uniedoelstellingen op het gebied van de bescherming van mens en milieu en de bijdrage die Europese wetgeving in de praktijk levert aan het bereiken van die doelstellingen. Dat kan liggen aan het feit dat de concrete normen ondanks de uitgangspunten inzake hoge beschermingsniveaus voor mens en milieu toch vaak politieke compromissen vormen, die suboptimale bescherming bieden. Deze bijdrage bekeek twee andere redenen die aan het behalen van beschermingsdoelstellingen in de weg staan.

De eerste betreft bedrijven die zich niet aan de normen houden in combinatie met overheden die geneigd zijn om het die bedrijven niet al te lastig te maken. Betoogd werd dat dit, als het om normen gaat die op EU-niveau werden vastgesteld, in strijd is met het Europese recht. Dat eist in zijn algemeenheid dat normen worden nagekomen en dat overheden voldoende controleren of dat gebeurt. Bij overtredingen dienen er sancties te worden opgelegd die doeltreffend, evenredig en afschrikkend moeten zijn. Via inbreukprocedures kan de Commissie het Hof vragen te bevestigen dat lidstaten die te weinig controleren en/of handhaven in strijd met het Europese recht handelen. Als er geen verbeteringen optreden kan dat in een tweede rechtszaak tot vaststelling van hoge boetes en/of dwangsommen leiden.

---

19   HvJ EU 22 februari 2022, C-160/20 (Stichting Rookpreventie Jeugd e.a. t Staatssecretaris van Volksgezondheid, Welzijn en Sport), ECLI:EU:C:2022:101, *JM* 2022/57 m.nt. W.Th. Douma.

Een tweede reden waarom EU-wetgeving mens en milieu in de praktijk onvoldoende beschermt, is gelegen in wetgeving die normen voorschrijft die bij metingen omzeild kunnen worden door gesjoemel. Als eerste voorbeeld werd ingegaan op sjoemelsoftware in auto's. Deze software was in strijd met de toepasselijke verordening, aldus het Hof, en dus kunnen nationale rechters boetes opleggen aan autofabrikanten die er gebruik van maakten. Het tweede voorbeeld betrof sjoemelsigaretten. Hier leek het Hof minder streng. Het feit dat rokers bij beoogd gebruik meer dan de toegestane hoeveelheden gevaarlijke stoffen inademen leidde er niet toe dat het Hof aangaf dat de voorgeschreven meetmethode niet langer mocht worden gebruikt. Wel werd aan de nationale rechter verteld dat deze diende na te gaan of de sigaretten niet te veel gevaarlijke stoffen uitstoten – waarbij deze moet letten op de doelstelling van een hoog beschermingsniveau. Opmerkelijk genoeg mag daarbij de door de richtlijn voorgeschreven meetmethode worden genegeerd – omdat deze niet in het *Publicatieblad van de Europese Unie* werd gepubliceerd en alleen tegen betaling elders is aan te schaffen. Het arrest geeft de Nederlandse rechter daarom de kans om een streep te zetten door sjoemelsigaretten.

Ondanks decennialange inspanningen om mens en milieu te beschermen, blijven er dus uitdagingen bestaan, en daarmee blijft er behoefte aan een organisatie als de VMR. Dankzij het recht van de Europese Unie kan worden vastgesteld dat het negeren van normen met een Europeesrechtelijke oorsprong geen optie is, en het lidstaten duur te staan kan komen als controle en handhaving onder de maat blijft.

Uit het besproken Dieselgate-arrest blijkt dat het Hof geneigd is naar de beschermingsdoelstellingen van normen te kijken en de uitleg van individuele bepalingen daar mede door in te kleuren. Sjoemelsoftware is in strijd met de toepasselijke verordening, zo legde men uit. Alleen in de zaak rond de sjoemelsigaretten ging het Hof er niet toe over om zelf vast te stellen dat een ondeugdelijke meetmethode strijdig was met het Europese recht. Wel werd de nationale rechter de mogelijkheid geboden om een andere, de gezondheid van rokers beter beschermende meetmethode voor te schrijven. Op die manier zou ook daar de kloof tussen de via gesjoemel gemeten lage emissies en de werkelijke, de maximumemissienormen ver overschrijdende emissies kunnen worden gedicht.

36 Wat heeft veertig jaar Wet geluidhinder ons gebracht?

Jos van der Velden[1]

1 Inleiding

Nadat toenmalig minister-president Barend Biesheuvel in 1971 had aangekondigd dat er wettelijke maatregelen zouden komen ter bestrijding van geluidhinder, werd in 1975 bij de Tweede Kamer het wetsvoorstel voor Regels inzake het voorkomen of beperken van geluidhinder (Wet geluidhinder) ingediend.[2] Daaraan lagen diverse onderzoeksrapporten ten grondslag, onder andere van de Wereld Gezondheidsorganisatie (WHO) en de Gezondheidsraad, waarin de negatieve effecten van langdurige blootstelling aan te hoge geluidniveaus voor (de gezondheid van) de mens werden beschreven.[3] Vervolgens duurde het, mede vanwege kritische vragen in beide Kamers, nog tot 1979 voordat de Wet geluidhinder in het *Staatsblad* verscheen.[4] De inwerkingtreding van de wet vond sterk gefaseerd plaats tussen 1 februari 1980 en 1 maart 1986. Al voordat de Wet geluidhinder, een wet op het grensgebied van het milieurecht met het ruimtelijke-ordeningsrecht en het bouwrecht, volledig in werking was getreden werd deze ter uitvoering van het Actieprogramma deregulering ruimtelijke ordening en milieubeheer (DROM) door een externe commissie geëvalueerd.[5] Een van de voornaamste algemene conclusies van die evaluatie was dat de invoering van de wet, ondanks het complexe karakter ervan en de aanvankelijk matige bereidheid tot toepassing op gemeentelijk en provinciaal niveau, toch redelijk succesvol was verlopen.[6] Nadat er de afgelopen veertig jaar diverse wijzigingen van de Wet geluidhinder hebben plaatsgevonden, staat deze nu op het punt om te worden ingetrokken als de Omgevingswet in werking treedt.[7] Reden genoeg om daaraan in deze jubileumbundel aandacht te besteden. Na een beschrijving van de hoofdlijnen van de wet en de belangrijkste wijzigingen die daarin in de loop der tijd zijn aangebracht, zal ik de vraag uit de titel van deze bijdrage proberen te beantwoorden.

---

1 Mr. J.A.M. van der Velden is advocaat bij AKD N.V.
2 *Kamerstukken II* 1975/76, 13639, nrs. 1-4.
3 Zie *Kamerstukken II* 1975/76, 13639, nrs. 1-4, p. 58.
4 *Stb.* 1979, 99.
5 Zie voor een verslag van de studiemiddag van de VMR, de VBR en de SPJ van het NIROV op 6 maart 1986 over het eindrapport van de Commissie evaluatie Wet geluidhinder de VMR-publicatie 1986-1: *Wet geluidhinder*, J. Tesink et al., Zwolle, W.E.J. Tjeenk Willink, 1986.
6 Zie *Kamerstukken II* 1988/89, 20985, nr. 3, p. 3.
7 Zie art. 2.1 Aanvullingswet geluid Omgevingswet, *Stb.* 2020, 83.

2 Hoofdlijnen en belangrijkste wijzigingen van de Wet geluidhinder

Bij bestrijding van geluidhinder wordt een voorkeursvolgorde gehanteerd, bestaande uit bronmaatregelen, overdrachtsmaatregelen en maatregelen ter afscherming van de ontvanger.[8] De Wet geluidhinder zou een integraal kader moeten vormen voor de voorkoming en bestrijding van geluidhinder met als hoofdelementen: regeling van de normstelling voor geluidbronnen en geluidgevoelige objecten, regeling van de zonering rond bepaalde geluidbronnen en regelingen voor de afscherming tegen geluidsoverlast.[9] Een en ander komt ook tot uitdrukking in de verschillende hoofdstukken waaruit de Wet geluidhinder aanvankelijk bestond. Regels over bronbestrijding hadden betrekking op toestellen, waartoe ook (gemotoriseerd) verkeer over wegen, spoorwegen en waterwegen behoort, recreatie-inrichtingen en (overige) inrichtingen (industrielawaai). Regels om geluidsoverdracht te beperken hadden betrekking op geluidszones rond industrieterreinen en langs wegen en spoorwegen en op andere geluidszones, telkens in combinatie met immissienormen voor geluidsgevoelige objecten, zoals woningen, binnen die zones en op de zonegrens.[10] Door middel van een besluit tot vaststelling van zogenoemde hogere waarden was het mogelijk om van de wettelijk vastgelegde voorkeursgrenswaarde af te wijken. Voor bestaande gevallen waarin de geluidsbelasting al te hoog was moesten saneringsmaatregelen genomen worden. Daarnaast waren er regels over door de provincies aan te wijzen en bij verordening te beschermen stiltegebieden. Regels over maatregelen ter afscherming van de ontvanger zagen vooral op geluidsisolatie, zowel tegen externe geluidsbronnen als tussen woningen onderling en tussen bepaalde ruimten binnen eenzelfde woning. Deze regels werden via een wijziging van de Woningwet en daarop gebaseerde uitvoeringsregelgeving geïmplementeerd.

Hoewel het eindrapport van de Commissie evaluatie Wet geluidhinder, dat eind 1985 verscheen, diverse concrete aanbevelingen bevatte voor verbetering van de wet, met name wat de regels over zonering van wegen en industrieterreinen betreft, duurde het nog drie jaar voordat eind 1988 een daartoe strekkend wetsvoorstel werd ingediend.[11] Dat deze wetswijziging vervolgens pas op 1 maart 1993 in werking trad,[12] werd vooral veroorzaakt door een kort daarna aanhangig gemaakt wetsvoorstel tot uitbreiding en wijziging van de Wet algemene bepalingen milieuhygiëne (Wabm)

---

8 Zie *Kamerstukken II* 1975/76, 13639, nrs. 1-4, p. 61.
9 Zie *Kamerstukken II* 1975/76, 13639, nrs. 1-4, p. 69.
10 Geluidsoverdrachtbeperkende maatregelen tegen vliegtuiglawaai waren al voorgesteld in het wetsontwerp tot wijziging van de Luchtvaartwet en bleven daarom buiten de Wet geluidhinder. Dat is vervolgens zo gebleven en verandert ook met de Omgevingswet niet. Zie over de regulering van vliegtuiglawaai de VMR-publicatie 2007-1: *Milieu en luchtvaart*, Den Haag: Boom Juridische uitgevers, 2007.
11 *Kamerstukken II* 1988/89, 20985, nrs. 1-4. Zie ook *Kamerstukken II* 1997/98, 25905, nr. 3.
12 Zie *Stb.* 1992, 348 jo. *Stb.* 1993, 59.

over vergunningen en algemene regels voor inrichtingen[13] dat nog gevolgd werd door een andere wijziging van de Wabm.[14] Dit had tot gevolg dat de hoofdstukken II en III over recreatie-inrichtingen en (overige) inrichtingen uit de Wet geluidhinder werden geschrapt. Daarmee werd een onderscheid gecreëerd tussen de regelgeving over het geluid van enerzijds afzonderlijke inrichtingen en anderzijds (gezoneerde) industrieterreinen dat tot op de dag van vandaag is blijven bestaan en ook met de inwerkingtreding van de Omgevingswet (nog) niet zal veranderen.[15]

Medio 2004 is de Wet geluidhinder gewijzigd ter implementatie van de Europese richtlijn Omgevingslawaai.[16] Daarbij is met name een nieuw hoofdstuk IX ingevoegd met regels over geluidsbelastingkaarten en actieplannen voor belangrijke wegen, hoofdspoorwegen en agglomeraties.[17] Dat heeft geleid tot een vijfjaarlijkse monitoring van de geluidsbelasting door de belangrijkste bronnen en het op basis daarvan beoordelen welke geluidbeperkende maatregelen genomen kunnen worden. Met deze wijziging werden ook de nieuwe, jaargemiddelde dosismaten L_{den} en L_{night} geïntroduceerd die sindsdien langzamerhand de etmaalwaarden, uitgedrukt in dB(A), uit de oorspronkelijke Wet geluidhinder hebben vervangen.[18]

Onder de titel 'Modernisering Instrumentarium Geluidbeleid, eerste fase' werden de Wet geluidhinder en de daarop gebaseerde uitvoeringsregelgeving per 1 januari 2007 flink opgeschoond en geüniformeerd.[19] Deze wetswijziging diende vier doelstellingen, namelijk tegemoetkomen aan enkele wensen uit de praktijk, zoals het grotendeels decentraliseren van de bevoegdheid om hogere waarden vast te stellen naar burgemeester en wethouders, doorwerking van de Interimwet stad-en-milieubenadering in de Wet geluidhinder, het wegnemen van enkele leemten en onduidelijkheden en het zo breed mogelijk invoeren van de Europees geharmoniseerde dosismaat L_{den} in de geluidregelgeving.[20]

---

13 *Kamerstukken II* 1988/89, 21087, nr. 1. Deze wet werd voor inwerkingtreding alweer gewijzigd: zie *Kamerstukken II* 1991/92, 22672, nr. 1. Zie *Stb.* 1993, 31 samen met *Stb.* 1992, 414 jo. *Stb.* 1993, 59.
14 *Kamerstukken II* 1988/89, 21163, nr. 1. Zie *Stb.* 1992, 415 jo. *Stb.* 1993, 59.
15 Zie par. 5.1.4.2 Bkl over geluid door activiteiten versus par. 5.1.4.2a.2 Bkl over geluid door industrieterreinen met geluidproductieplafond als omgevingswaarden.
16 Richtlijn nr. 2002/49/EG van het Europees Parlement en de Raad van de Europese Unie van 25 juni 2002, inzake de evaluatie en de beheersing van omgevingslawaai (*PbEG* L 189).
17 Zie *Stb.* 2004, 338 en 339.
18 Zie *Kamerstukken II* 2002/03, 29021, nr. 3, par. 2.9.
19 Zie *Stb.* 2006, 350 jo. *Stb.* 2006, 661. Zie over deze wetswijziging met opnieuw een lange voorgeschiedenis: J.A.M. van der Velden, 'De gewijzigde Wet geluidhinder', *M en R* 2007, p. 330; J.H. Geerdink, 'Gemeentelijk geluidbeleid. Modernisering instrumentarium geluidbeleid, eerste fase', *Gst.* 2006, 62 en K. van den Brand & D.G. de Gruijter, 'De laatste wijziging van de Wet geluidhinder', *Geluid* 2007, p. 4.
20 Zie *Kamerstukken II* 2004/05, 29879, nr. 3, p. 3.

De volgende fase van MIG (Modernisering Instrumentarium Geluidbeleid) trad op 1 juli 2012 in werking en betrof een wijziging van de Wet milieubeheer in verband met de invoering van geluidproductieplafonds en de overheveling van hoofdstuk IX van de Wet geluidhinder naar de Wet milieubeheer, vergezeld van een bijbehorende Invoeringswet waarmee ook de Wet geluidhinder werd gewijzigd.[21] Dit geheel aan regelgeving werd ook wel aangeduid met een ander acroniem, namelijk SWUNG-1 (Samen Werken aan de Uitvoering van Nieuw Geluidbeleid, deel 1).[22] Aan de geluidnormen uit de Wet geluidhinder werd tot dat moment alleen getoetst bij de aanleg of reconstructie van een (spoor)weg en dan nog op basis van prognoses van de verkeersintensiteit in het zogenoemde maatgevende jaar (tien jaar vooruitkijkend). Daarna bestond er geen afdwingbare verplichting om de geluidsbelasting op het geprognosticeerde niveau te houden. Door autonome groei van het verkeer kon de geluidsbelasting aanzienlijk sterker toenemen, waardoor er van het met de regelgeving beoogde uitgangspunt van 'standstill' geen sprake was. Dit werd ook wel aangeduid als het zogenoemde handhavingsgat uit de Wet geluidhinder. De invoering van geluidproductieplafonds, in eerste instantie voor rijkswegen en hoofdspoorwegen, die continu gelden en jaarlijks gemonitord worden, had tot doel om de bescherming tegen geluidhinder los te koppelen van het moment waarop de (spoor)weg wordt aangelegd of gewijzigd. Bij (dreigende) overschrijding van een geluidproductieplafond moet de beheerder van de (spoor)weg maatregelen nemen om dat te voorkomen of ongedaan te maken. Aan de andere kant moet bij woningbouw langs de (spoor)weg rekening gehouden worden met het (volledig opgevulde) geluidproductieplafond. Daarnaast is voorzien in een (nieuwe) saneringsregeling.

Begin 2013 werden al de contouren geschetst van SWUNG-2, dat voorziet in een fundamentele herziening van de geluidregelgeving voor provinciale, gemeentelijke en waterschapswegen, lokale spoorwegen en industrieterreinen.[23] Deze wijzigingen zullen echter niet meer in de Wet geluidhinder hun beslag krijgen, maar via de Aanvullingswet geluid[24] in de Omgevingswet worden doorgevoerd.[25] Zoals gezegd zal de Wet geluidhinder bij de inwerkingtreding van die wet worden ingetrokken.

3 Resultaten voor de geluidhinderbestrijding

Na dit noodzakelijkerwijs erg korte overzicht van (de belangrijkste wijzigingen in) de regelgeving van de Wet geluidhinder in de afgelopen veertig jaar rijst de vraag wat de resultaten daarvan zijn geweest voor het voorkomen of beperken van geluidhinder, waarvoor die wet uiteindelijk bedoeld was.

---

21 Zie *Stb.* 2011, 266 en *Stb.* 2012, 267 jo. *Stb.* 2012, 268.
22 Zie over deze wetswijzigingen: J.H. Geerdink & D.N. van Brederode, 'Geluidproductieplafonds, Stand van zaken SWUNG-1 en SWUNG-2', *M en R* 2014/2.
23 Zie *Kamerstukken II* 2012/13, 32252, nr. 52.
24 Zie *Stb.* 2020, 83.
25 Zie daarover: J.A.M. van der Velden, 'Een klein spoorboekje voor het Aanvullingsspoor geluid Omgevingswet', *M en R* 2020/26.

Voor de beantwoording van die vraag verwijs ik in de eerste plaats naar het proefschrift van Mirjam Weber uit 2013, getiteld *Noise policy: sound policy?*, waarin zij het Nederlandse geluidbeleid in de periode 1970 tot 2010 onderzocht.[26] Zij geeft aan dat uit een WHO-rapport uit 2011 blijkt dat 40% van de Europese bevolking regelmatig wordt blootgesteld aan geluidniveaus door wegverkeer waarbij negatieve gezondheidseffecten kunnen optreden. In Nederland toonden landelijke inventarisaties aan dat 40% van de bevolking aangeeft gehinderd te zijn door geluid. Daarmee lijkt er nog steeds geen doorbraak te zijn bereikt in het voorkomen en verminderen van negatieve gezondheidseffecten van blootstelling aan lawaai. In haar proefschrift kiest Weber met betrekking tot de effectiviteit van het geluidbeleid voor evaluatie van de variabele 'geluidgehinderden', omdat het oorspronkelijke beleidsdoel was om het percentage geluidgehinderden te stabiliseren op het niveau van 1985, oftewel 40% geluidgehinderden. Hoewel er volgens Weber diverse (methodologische) kanttekeningen geplaatst kunnen worden bij het formuleren en analyseren van het percentage geluidgehinderden, lijkt dit redelijk stabiel gebleven op 40% en zou de hoofddoelstelling dus gerealiseerd zijn. De subdoelstellingen met betrekking tot sanering van hoog geluidsbelaste woningen en de geluidemissies van voertuigen blijken echter nog (steeds) niet te zijn bereikt. Anderzijds lijkt de preventieve werking van de Wet geluidhinder, door de verplichte toetsing aan normen bij aanleg of reconstructie van infrastructuur en bij woningbouw, in algemene zin effectief. Dat blijkt onder andere uit de naar Europese maatstaven brede toepassing van geluidsschermen en stil wegdek en het relatief beperkte aantal woningen met zeer hoge geluidsbelastingen. Vanuit gezondheidsoogpunt bezien was het geluidbeleid volgens Weber maar beperkt effectief, nu het in tegenstelling tot andere milieudomeinen niet in staat is gebleken om negatieve gezondheidseffecten significant te reduceren. Omdat dit maatschappelijke probleem in SWUNG nauwelijks ter sprake komt, zal deze beleidsvernieuwing daarin volgens Weber waarschijnlijk weinig verandering brengen.

Op 20 juli 2016 bracht de Gezondheidsraad het advies 'Meewegen van gezondheid in omgevingsbeleid' uit, waarin hij onderstreept dat de huidige wettelijke normen voor geluidsbelasting niet alleen zijn bepaald aan de hand van effecten op de gezondheid, maar ook op basis van economische of haalbaarheidsoverwegingen. Daardoor ontstaat er ook nog gezondheidsschade als aan de norm voldaan wordt. Sterker nog: bijna alle gezondheidsschade treedt op onder de norm. Daarom adviseert de raad om in de Omgevingswet gezondheidskundige advieswaarden op te nemen, zodat de 'gezonde situatie' uitgangspunt wordt voor beleid.[27]

Ook de WHO heeft in haar op 10 oktober 2018 uitgebrachte 'Environmental Noise Guidelines for the European Region' sterk aanbevolen om de geluidsbelasting vanwege negatieve gezondheidseffecten tot bepaalde niveaus terug te brengen en om aanvullende normen te stellen voor de nachtperiode. Deze aanbevolen niveaus zijn

---

26   Zie daarover: M. Weber, 'Geluidbeleid: gezond beleid? Een meta analyse en evaluatie van het Nederlands geluidbeleid', *M en R* 2014/50.
27   Zie ook: J.A.M. van der Velden, 'Beschermt de Omgevingswet tegen geluidhinder?', *M en R* 2016/136.

in enkele gevallen lager dan de standaardwaarden uit de Omgevingswet die zonder meer aanvaardbaar geacht worden. Naar aanleiding van een Kamermotie heeft het RIVM onderzocht hoe de WHO-richtlijnen zich verhouden tot de Nederlandse wet- en regelgeving en hoe deze kunnen worden gebruikt ter versterking van het geluidbeleid.[28] Het RIVM doet de aanbeveling om zo veel mogelijk de nieuwste inzichten in dosis-effectrelaties voor gezondheidseffecten te hanteren die erop duiden dat de ernstigere gezondheidseffecten van geluid, zoals coronaire hartziekten, al bij lagere geluidniveaus optreden dan in het verleden werd aangenomen. Het RIVM onderschrijft ook de WHO-aanbeveling om gezondheid een groter gewicht te geven in de beleidsafwegingen over omgevingsgeluid. Dat vereist in Nederland een 'omdenken' van een 'standstill'-uitgangspunt naar beleid dat in beginsel gericht is op het verminderen van negatieve gezondheidseffecten door geluid.[29] Op verzoek van de Staatssecretaris van Infrastructuur en Waterstaat heeft het RIVM vervolgens een uitgebreidere uitleg gegeven bij zijn conclusies over de gezondheidseffecten van geluid afkomstig van wegen, spoor en luchtvaart.[30] In dat in mei 2021 gepubliceerde rapport wordt nog eens uitgebreid beschreven in welke mate blootstelling aan geluid ernstige hinder, ernstige slaapverstoring en hart- en vaatziekten tot gevolg heeft (op basis van blootstelling-respons(BR)-relaties). Ook is een inschatting gemaakt van de omvang van de ziektelast door geluid in Nederland. Geadviseerd wordt om minder lang dan nu het geval is, te wachten met het implementeren van nieuwe kennis op het gebied van BR-relaties in de wet- en regelgeving, aldus het RIVM.[31] Of en, zo ja, hoe dit advies door de wetgever zal worden opgevolgd, is op dit moment helaas nog niet duidelijk.[32]

4 Afronding

Uit het voorafgaande volgt dat de totstandkoming en inwerkingtreding van de Wet geluidhinder en de belangrijkste wijzigingen die daarin de afgelopen veertig jaar zijn aangebracht, telkens langdurige trajecten waren. Ook het laatste deel van de voorgenomen fundamentele herziening van de geluidregelgeving (SWUNG-2) laat alweer bijna tien jaar op zich wachten. Dat levert het risico op dat de nieuwe wetgeving gebaseerd is op uitgangspunten die ten tijde van de invoering alweer achterhaald zijn.

---

28 RIVM-rapport 2019-227, *Motie Schonis en de WHO-richtlijnen voor omgevingsgeluid (2018), Het doel heiligt de middelen.*

29 Zie ook: J.A.M. van der Velden, 'Beoordeling en normering van (gecumuleerd) geluid: bron voor discussie', *M en R* 2020/74.

30 RIVM-rapport 2020-0148, *Nieuwe gezondheidskundige richtlijnen voor omgevingsgeluid, Nadere gezondheidskundige analyses.*

31 Zie ook: J.A.M. van der Velden, 'Gezondheid!', *M en R* 2021/105.

32 Bij brief van 5 juni 2020 (IenW/BSK-2020/96463) sprak de toenmalige Staatssecretaris van IenW de verwachting uit de Tweede Kamer eind 2020 over de resultaten van de uitwerking van de opties voor het geluidbeleid te kunnen berichten, maar dat is anderhalf jaar later nog niet gebeurd.

Ondanks een enorme groei van zowel de bevolking als het verkeer in de afgelopen decennia is het percentage geluidgehinderden met ongeveer 40% redelijk stabiel gebleven. In zoverre lijkt met de Wet geluidhinder aan de 'standstill'-doelstelling te zijn voldaan. Dat levert echter onvoldoende bescherming tegen gezondheidsschade op, mede omdat inmiddels is gebleken dat al bij een lagere geluidsbelasting ernstiger gezondheidseffecten optreden dan voorheen werd aangenomen.

Gelet op een en ander lijkt het aangewezen om de geluidregelgeving in de Omgevingswet en meer specifiek de standaard- en grenswaarden voor geluid in het Besluit kwaliteit leefomgeving (Bkl) zo spoedig mogelijk nog eens goed tegen het licht te houden en waar mogelijk naar beneden bij te stellen. Daardoor kan de Omgevingswet hopelijk alsnog en meer dan bij haar voorganger, de Wet geluidhinder, het geval was bijdragen aan de bescherming van onze gezondheid. Dat zou ook goed aansluiten bij een van de doelstellingen van de Omgevingswet die specifiek daarop gericht is.

37 Naar een verminderde reikwijdte van het afvalstoffenrecht

Ron Laan[1]

1 Inleiding

Hoewel het afvalstoffenrecht in de afgelopen decennia van cruciale betekenis is geweest om de belasting van het milieu door afval te beheersen, is de tijd nu rijp voor verminderde impact van het afvalstoffenrecht. Dat kan met een simpele ingreep, namelijk door de juridische definitie van afvalstof anders te verwoorden.

'Wij doen niet in afval', antwoordde mijn cliënt 25 jaar geleden, waarbij uit zijn ongelovige blik duidelijk bleek dat hij de vraag van zijn milieuadvocaat of ze verder nog problemen hadden met afvalstromen eigenlijk onbegrijpelijk vond. Het familiebedrijf deed aan papier- en kunststofinzameling en droeg zorg voor recycling in het verre Azië. Daarbij liep het bedrijf aan tegen een ingrijpende handhavingsmaatregel van de milieu-inspectie, waar de hulp van een milieuadvocaat voor nodig was. Met oprechte overtuiging zag de ondernemer desondanks dit ingezamelde materiaal als een grondstof en niet als een afvalstof. Terwijl vanuit juridisch oogpunt op het ingezamelde papier en kunststof zonder enige twijfel wel degelijk de afvalwetgeving van toepassing was en nog steeds is. Later kwamen toonaangevende marktpartijen met marketingleuzen als 'afval bestaat niet' en 'waste no more'. De perceptie in de markt van wat afval is, is al lange tijd evident anders dan in het wetboek staat.

Het afvalstoffenrecht is in overwegende mate Europeesrechtelijk bepaald. De Kaderrichtlijn Afvalstoffen (KRA)[2] en de Europese Verordening voor de Overbrenging van Afvalstoffen (EVOA)[3] zijn de centrale EU-wetten voor milieuverantwoord beheer van afvalstoffen bij inzameling, op- en overslag en verwerking alsmede grensoverschrijdend transport van afvalstoffen, maar ook sectoraal en thematisch is er veel Europeesrechtelijke afvalwetgeving, bijvoorbeeld de Richtlijn storten, de Richtlijn afgedankte elektrische en elektronische apparatuur en de Richtlijn autowrakken.

Opmerkelijk aan het afvalstoffenrecht is dat in de maatschappij en economie het besef dat we zorgvuldig met afval moeten omgaan is toegenomen en tot allerlei technische en gebruikstoepassingen voor afval heeft geleid waardoor afval geen blijvend probleem hoeft te zijn, maar dat de definitie van afvalstof al decennialang vrijwel gelijkluidend is gebleven. Dat levert de paradox op dat nog altijd veel stoffen en

---

1 Mr. R.G.J. Laan is werkzaam als advocaat bij Van Diepen Van der Kroef Advocaten en gespecialiseerd in afvalstoffenrecht.
2 Richtlijn 2008/98, gewijzigd bij Richtlijn 2018/851.
3 Verordening 1013/2006.

voorwerpen onder de definitie van het begrip afvalstof en daarmee onder het afvalstoffenrecht vallen, terwijl dat vanwege de milieuverantwoorde toepassing eigenlijk niet meer nodig is. Het zou beter zijn als de juridische definitie van afvalstoffen wordt aangepast aan de huidige tijd. De redactionele insteek van deze jubileumuitgave van de VMR om naar 'de grote uitdagingen van het milieurecht' te kijken, leent zich goed voor een eerste aanzet in de richting van een gemoderniseerd afvalbegrip in de (Europese) wet.

2 Definitie afvalstof en reikwijdte afvalstoffenrecht

In artikel 3 onder 1 KRA is een afvalstof gedefinieerd als: 'elke stof of elk voorwerp waarvan de houder zich ontdoet, voornemens is zich te ontdoen of zich moet ontdoen'. Over dit begrip is in de loop der jaren zeer veel rechtspraak geweest. Daaruit komt naar voren dat de vraag of een stof of voorwerp een afvalstof is niet altijd eenvoudig is te beantwoorden en beoordeeld moet worden aan de hand van alle feiten en omstandigheden van het geval.[4] De casuïstische benadering van het begrip afvalstof draagt uiteraard niet bij aan de rechtszekerheid voor met name bedrijven die de vraag moeten beantwoorden of hun werkzaamheden onder de werking van het afvalstoffenrecht vallen of niet. Maar ook bestuursorganen die als bevoegd gezag met de toepassing van de afvalwetgeving zijn belast, hebben in de praktijk moeite met de afvaldefinitie.

De afvaldefinitie is doorslaggevend voor de toepasselijkheid van afvalwetgeving. Als een stof of voorwerp een afvalstof is in de zin van de wet,[5] dan is in de meeste gevallen ook het afvalstoffenrecht van toepassing. Wel zijn er enkele uitzonderingen. Een stof of voorwerp kan bijvoorbeeld een 'bijproduct' zijn in de zin van artikel 5 KRA of in de 'einde-afvalfase' zijn beland, waarvoor een regeling is getroffen in artikel 6 KRA. Verder is de KRA op grond van artikel 2 op bepaalde terreinen niet van toepassing, bijvoorbeeld ten aanzien van de bodem en radioactieve afvalstoffen. Ondanks de uitzonderingen is het overheersende beeld dat de afvaldefinitie veelomvattend is. Dat betekent dat de afvalwetgeving een ingrijpende rol speelt, veelal ook bij toepassingen die volledig milieuverantwoord zijn en waarbij de toegevoegde waarde van de afvalwetgeving ontbreekt ten opzichte van andere wetgeving die eveneens van toepassing is, zoals het algemene milieurecht, veiligheidswetgeving en aansprakelijkheidswetgeving.

De veelomvattendheid van het afvalbegrip legt een groot beslag op overheidsinstanties die voor vergunningverlening, toezicht en handhaving moeten zorgdragen. Maar ook voor het bedrijfsleven is het ruime afvalbegrip van ingrijpende invloed. Immers, toepassing van het afvalstoffenrecht houdt additioneel allerlei administratieve

---

4 HvJ EU 15 juni 2000, C-418/97 en C-419/97, ECLI:EU:C:2000:318.
5 In Nederland is de definitie uit de KRA als volgt overgenomen in art. 1.1 lid 1 Wet milieubeheer: 'alle stoffen, preparaten of voorwerpen, waarvan de houder zich ontdoet, voornemens is zich te ontdoen of zich moet ontdoen'.

verplichtingen in en brengt extra kosten met zich mee, zoals bij vergunningverlening, acceptatieprocedures en registratieverplichtingen. Commercieel gezien wordt de economische vrijheid beperkt omdat marktpartijen er niet altijd voor openstaan om op het gebied van afvalstoffen zaken te doen. Bovendien is dat zakendoen veelal niet eens mogelijk als de bedrijven niet specifiek zijn vergund om afvalstoffen te mogen accepteren en verwerken.

Het Europese Hof van Justitie heeft bij de interpretatie van het afvalbegrip oog gehad voor de werking van de markt in de zaak Shell,[6] die handelde over een retour gestuurde dieselstroom die gedurende het transport naar de klant per schip onbedoeld verontreinigd was geraakt met restanten van een vorige vracht. De Europese rechter betrok bij zijn beoordeling dat de desbetreffende dieselstroom op transparante wijze in de reguliere markt bleef en dat ook de reguliere markt op het gebied van veiligheid, gezondheid en milieu met wettelijke waarborgen is omkleed. Daardoor is er door het Hof van Justitie meer ruimte gecreëerd voor de beoordeling van wat er daadwerkelijk met voorwerpen of stoffen in de markt gebeurt en of dat gepaard gaat met milieurisico's die toepassing van het afvalstoffenrecht rechtvaardigen.

Hoewel met de ontwikkeling van de juridische regimes voor bijproducten en de einde-afvalfase alsmede in de jurisprudentie enigszins de impact van het afvalstoffenrecht wordt verminderd, geldt dat het bereik van het afvalbegrip op zichzelf nog groot is en daarbij nog veel rechtsonzekerheid bestaat over de definitie van afvalstof en daarmee ten aanzien van de toepasselijkheid van de afvalwetgeving. Daarom wordt het nu echt wel tijd voor een verandering in de wet van het (Europese) afvalbegrip zelf. De herhaaldelijke aanpassingen van bijvoorbeeld de KRA en de EVOA ten spijt, geldt dat het afvalbegrip steeds zo goed als ongewijzigd is gebleven en nog altijd wat ongrijpbaar gestoeld is op de intentie van de houder van een stof of voorwerp die zich ervan ontdoet. Met de wijziging van de KRA in Richtlijn 2008/851 zijn weliswaar allerlei termen rondom het begrip afvalstof expliciet benoemd en gedefinieerd, zoals materiaalterugwinning, afvalbeheer en opvulling, en zijn algemene minimumvereisten voor een uitgebreide producentenverantwoordelijkheid opgenomen voor als producten in de afvalfase belanden, maar de definitie van afvalstof is ongemoeid gelaten.

3   Afvaldefinitie beperken tot 'verwijdering'

Waar zou bij een verandering van de wettelijke definitie van afvalstoffen op gelet moeten worden? Ten eerste dat de afvalwetgeving van toepassing blijft op stoffen en voorwerpen waarvoor de afvalwetgeving een toegevoegde waarde heeft. Dat betreft in mijn optiek vooral afvalstoffen met een negatieve waarde die 'verwijderd' moeten worden. Verwijdering is de tegenhanger van 'nuttige toepassing' en in artikel 3 onder 19 KRA gedefinieerd als 'iedere handeling die geen nuttige toepassing is, zelfs

---

6   HvJ EU 12 december 2013, C-441/12, ECLI:EU:C:2013:821.

indien de handeling er in tweede instantie toe leidt dat stoffen of energie worden teruggewonnen'. Bijlage I bij de KRA bevat een niet-limitatieve lijst van verwijderingshandelingen, waarvan storten en verbranden bekende voorbeelden zijn.

Bij verwijdering van afvalstoffen moet ervoor gewaakt worden dat de milieurisico's worden beperkt. Dergelijke afvalstoffen verdwijnen buiten het kader van de reguliere economie en het gaat in het finale stadium van hun levensduur alleen nog om verwerking als afvalstof om er vanaf te komen. Het begrip 'ontdoen' uit de juridische definitie van afvalstoffen kent dan een voor de hand liggende perceptie. En we zullen allemaal vinden dat het van belang is dat deze verwijdering op een milieuverantwoorde manier gebeurt, waarvoor het afvalstoffenrecht het geschikte instrumentarium biedt.

Als stoffen of voorwerpen waarvan de houder zich ontdoet in aanmerking komen voor nuttige toepassing, dan hoeft wat mij betreft niet langer de afvalwetgeving hierop van toepassing te zijn. Nuttige toepassing is in artikel 3 onder 15 KRA beschreven als:

> 'elke handeling met als voornaamste resultaat dat afvalstoffen een nuttig doel dienen door hetzij in de betrokken installatie, hetzij in de ruimere economie andere materialen te vervangen die anders voor een specifieke functie zouden zijn gebruikt, of waardoor de afvalstof voor die functie wordt klaargemaakt.'

Bijlage II van de KRA bevat een niet-limitatieve lijst van nuttige toepassingen.
De inzameling en verwerking van de stoffen of voorwerpen ter nuttige toepassing dient letterlijk een nuttig doel en wordt hoe dan ook al gereguleerd door algemene milieuwetgeving. Met het voortgeschreden milieubesef in de maatschappij en in de economie, is de noodzaak om afvalwetgeving als de overtreffende trap bovenop alle andere wetgeving te hanteren inmiddels achterhaald. In de Europese en nationale afvalwetgeving wordt logischerwijze voorrang gegeven aan nuttige toepassing van afvalstoffen in plaats van verwijdering. De bevordering van nuttige toepassing wordt in zekere zin gestimuleerd door het gegeven dat het juridisch regime voor nuttige toepassing minder streng is dan voor verwijdering. Het lijkt mij een uitdagende gedachte om de stimulans voor nuttige toepassing aanzienlijk te versterken door nuttige toepassing voortaan te vrijwaren van wettelijke regels voor afvalstoffen. Dit neemt niet weg dat ook dan nuttige toepassing gereguleerd wordt door algemene milieuwetgeving, met als instrumenten vergunningverlening en toepassing van algemene regels, zoals nu ook al het geval is voor ondernemingen die niet met inzameling en verwerking van afvalstoffen te maken hebben.

Nuttige toepassing en verwijdering sluiten elkaar uit. Tegelijkertijd geldt dat er buiten de handelingen van nuttige toepassing en verwijdering geen andere handelingen zijn die bij afvalstoffen worden toegepast.[7] Door in de definitie van afvalstof op te nemen dat het afvalbegrip zich beperkt tot stoffen of voorwerpen waarvan de houder

---

7   HvJ EU 27 februari 2002, C-6/00, ECLI:EU:C:2002:121.

zich ontdoet met het oog op verwijdering, kan de nuttige toepassing buiten de afvalwetgeving blijven.

Zoals reeds vermeld, wordt de nuttige toepassing ook na aanpassing van de wettelijke afvaldefinitie verder nog wel gereguleerd door de algemene milieuwetgeving. Voor een goed werkend systeem zou als extra waarborg bij aanpassing van de afvaldefinitie kunnen worden bepaald dat het moet gaan om nuttige toepassing die specifiek in vergunningen of algemene regels wordt toegestaan en als zodanig is benoemd. Hierdoor wordt vermeden dat marktpartijen in de verleiding kunnen komen om verwerkingshandelingen vrijelijk als nuttige toepassing te kwalificeren om daarmee het afvalrechtelijke regime te omzeilen.

Een afvaldefinitie die wordt beperkt tot verwijderingshandelingen zal een stimulans zijn voor marktpartijen om een bijdrage te leveren aan de ontwikkeling van een circulaire economie met herbruikbare bijproducten en grondstoffen in plaats van afval.[8] De aanpassing van de definitie van afval komt overigens tot dusverre in de literatuur minder naar voren dan de kritische duiding van de complicaties die aan de bestaande definitie zijn verbonden.[9] Ook de overheid heeft belang bij een verminderde reikwijdte van het afvalbegrip, omdat de beperkte afvaldefinitie minder druk zet op de intensieve inzet van de overheid bij vergunningverlening, toezicht en handhaving.

Ik ben advocaat en geen wetgevingsjurist, maar in mijn beleving zou de definitie van afvalstof eenvoudigweg kunnen worden veranderd in: 'elke stof of elk voorwerp waarvan de houder zich ontdoet, voornemens is zich te ontdoen of zich moet ontdoen, gevolgd door een handeling van verwijdering'. Met de toevoeging 'gevolgd door een handeling van verwijdering' hoeft de huidige systematiek van de afvalwetgeving niet geheel overboord te worden gegooid. Echter, in het bestaande systeem maakt nuttige toepassing onderdeel uit van het afvalrechtelijke systeem. In het door mij voorgestane nieuwe systeem wordt nuttige toepassing erbuiten geplaatst. Dat is in principe dezelfde aanpak die eerder voor bijproducten in het leven is geroepen, aanvankelijk op basis van een beleidsmededeling van de Europese Commissie en later in artikel 5 KRA. Als een stof of voorwerp kwalificeert als bijproduct, valt dit materiaal verder namelijk niet onder de afvalwetgeving.

De specifieke vergunningen en algemene regels die gelden voor bedrijven ten aanzien van afvalstoffen bieden in mijn ogen voldoende waarborgen om zorg te dragen voor milieuverantwoorde nuttige toepassing van stoffen of voorwerpen die we niet meer juridisch kwalificeren als afvalstof. Door nuttige toepassing bij bedrijven in vergunningen en algemene regels expliciet te benoemen, wordt het systeem

---

8   Zie ook de bijdrage van Tom Houben en Aster Veldkamp in de VMR-uitgave 2017-1 *Met recht naar een circulaire economie*, waarin de uitsluiting van nuttige toepassing van het afvalbegrip eveneens naar voren wordt gebracht.
9   Zie bijvoorbeeld J. Tieman, 'Meer of minder afval?', *TO* september 2014; S.F.J. Sluiter, 'Het begrip "afvalstof" – de stand van zaken', *PRO* 2018/4 en Taskforce Herijking Afvalstoffen, *Adviesrapport Grondstof of afval*, september 2019.

afdoende sluitend gemaakt en worden er geen ontsnappingsmogelijkheden gecreëerd. Bedrijven kunnen alleen verdedigen dat sprake is van nuttige toepassing met een referentie aan een expliciete benoeming in vergunning of algemene regels. Dat biedt een hoge mate van rechtszekerheid, en al helemaal in vergelijking met de onzekerheden die de bestaande definitie van afvalstof, zonder verbinding met verwijdering of nuttige toepassing, nog altijd kent.

De voorgestelde aanpassing van de definitie van afvalstoffen sluit ook aan bij de jurisprudentie van het Europese Hof van Justitie, waarbij het Hof heeft bepaald dat bij een verwerkingsproces dat bestaat uit meerdere afzonderlijke fases van verwijdering respectievelijk nuttige toepassing, waarbij de eerste behandeling een verwijderingshandeling is, uitgegaan moet worden van verwijdering.[10] Bij de nieuwe definitie is dus alleen geen sprake van een afvalstof als direct en in volle omvang sprake is van nuttige toepassing.

Voor het geval de door mij voorgestelde aanpassing als te vergaand wordt opgevat, zou het onderscheid tussen gevaarlijke en ongevaarlijke afvalstoffen nog bij de wijziging van de definitie kunnen worden betrokken. Mijn eerder geformuleerde definitie zou nog kunnen worden genuanceerd door uit te gaan van 'elke stof of elk voorwerp, voor zover niet gevaarlijk, waarvan de houder zich ontdoet, voornemens is zich te ontdoen of zich moet ontdoen, gevolgd door een handeling van verwijdering'. In artikel 3 onder 2 KRA is bepaald dat een afvalstof gevaarlijk is als die een of meer van de in Bijlage III van de KRA genoemde gevaarlijke eigenschappen bezit.

Wat mij betreft hoeft deze tussenstap met een onderscheid tussen gevaarlijke en ongevaarlijke stoffen en voorwerpen in het afvalstadium niet gemaakt te worden. Ik heb voldoende vertrouwen in de effectieve werking van de algemene milieuwetgeving die geldt als bij nuttige toepassing de afvalwetgeving niet (meer) van toepassing is. Verder heb ik ook de verwachting dat marktpartijen verder zullen gaan op de ingeslagen weg van recycling en duurzame afvalverwerking of zelfs circulariteit, maar een enkele verwachting is geen goede basis voor aanpassing van de wetgeving, mede omdat niet iedere marktspeler te vertrouwen is. Het gaat dus vooral om de effectiviteit van het milieurecht in het algemeen die maakt dat extra afvalwetgeving bij nuttige toepassing niet meer nodig is.

4 Verminderde reikwijdte afvalstoffenrecht

Het komt wellicht vreemd over dat in deze bijdrage aan de jubileumbundel van de VMR over de ontwikkeling van het milieurecht gepleit wordt voor minder impact van het afvalstoffenrecht door een aanpassing van de wettelijke definitie van afvalstof. Afvalstoffenrecht is immers in zekere zin te beschouwen als milieurecht in het kwadraat. Terugdringing van regelgeving met betrekking tot afvalstoffen lijkt dan

---

10 HvJ EU 3 april 2003, C-116/01, ECLI:EU:C:2003:193.

niet voor de hand te liggen. Met afvalstoffen moet zeer zorgvuldig worden omgegaan om aantasting van het milieu te voorkomen of te beperken en daarom is voor afvalstoffen een streng juridisch regime nodig, is de veelvoorkomende redenering.

Vanuit actueel perspectief denk ik hier toch anders over. Het afvalstoffenrecht is ontstaan vanwege de zorgelijke constatering dat we in de samenleving en in de economie problemen ondervonden met in groten getale vrijkomende afvalstoffen waarvoor nog in voldoende mate milieuhygiënisch verantwoorde verwerkingsoplossingen voorhanden waren. Tegen die achtergrond is het afvalstoffenrecht tot dusverre van grote betekenis geweest om de inzameling en verwerking alsmede het transport van afvalstoffen in goede banen te leiden. Anno 2022 ziet de wereld er (gelukkig) heel anders uit als het gaat om afvalstoffen. Weliswaar komen afvalstoffen nog steeds in onvoorstelbare hoeveelheden vrij, maar in veel gevallen zijn er bij zowel de meeste ongevaarlijke als bij diverse gevaarlijke afvalstoffen prachtige oplossingen gevonden voor hergebruik, nuttige toepassing of milieuhygiënisch verantwoorde verwijdering. Het is dus niet meer zo dat we ons geen raad weten met 'al dat afval', maar er worden juist slimme oplossingen bedacht die passen binnen een *businesscase* en dus op economische grondslag uitgevoerd kunnen worden.

De gedachte aan een andere benadering van het afvalbeleid leeft ook bij de overheid. De Staatssecretaris van Infrastructuur en Waterstaat schreef op 25 januari 2021 aan de Tweede Kamer dat het bestaande Landelijk Afvalbeheerplan (LAP3) met name is gericht op de 'achterkant van de keten', een goed afvalbeheer, met minimumstandaarden voor de verwerking van specifieke afvalstromen. De staatssecretaris geeft aan dat LAP3 over enkele jaren zal worden opgevolgd door een Circulair Materialenplan en dat de overheid daarmee de reikwijdte van het huidige LAP wil uitbreiden, met meer sturing op de hogere treden van de afvalhiërarchie die van belang zijn voor de circulaire economie, zoals hergebruik en preventie.

Met deze voorgestane beleidswijziging neemt de Nederlandse overheid geen afstand van de huidige wettelijke definitie van afvalstof. Nederland streeft als lidstaat bij de herziening van de KRA, voorzien in 2023, niet naar een nieuwe definitie van afvalstof maar naar een verduidelijking ervan.[11] Daarmee gaan we helaas aan het momentum voorbij. In het licht van de ontwikkeling van 'afval als probleem' naar 'afval als kans' past een verminderde reikwijdte van de wettelijke definitie van afvalstof. Daarvoor zal de Europese wetgeving aangepast moeten worden, want de definitie van afvalstof in de KRA is leidend. Het zal veel tijd vragen om in de Europese afvalwetgeving een nieuwe afvaldefinitie tot stand te brengen. Alleen al vanwege de te voorziene tijdspanne is het zaak om hiermee nu een begin te maken.

Idealiter zetten de veranderingen ten aanzien van wat afval aan mogelijkheden biedt zo sterk door dat we over een aantal jaren daadwerkelijk een circulaire economie

---

11 Antwoorden Staatssecretaris IenW aan de Tweede Kamer op Kamervragen van D66, 4 april 2022, IENW/BSK-2022/57996.

hebben en, voor zover dat nog niet zover is, er in ieder geval milieuverantwoorde nuttige toepassing op grote schaal plaatsvindt. Ooit kan dan wellicht het afvalstoffenrecht zelf bij het oud vuil gezet worden onder het motto 'afval bestaat niet meer'.

38 Milieurecht met een gebruiksaanwijzing. Het Handelingskader PFAS en de Leidraad afvalstof of product

John Tieman[1]

1 Inleiding

Het milieurecht kent naast milieuwetten ook allerlei regels die geen wettelijke status hebben. Denk aan circulaires, leidraden, richtsnoeren, handreikingen en handleidingen die gaan over allerlei (deel)aspecten van het milieurecht, zoals de Circulaire bodemsanering,[2] de Circulaire schadevergoedingen,[3] de Circulaire en Handreiking herinrichting van diepe plassen[4] en de Circulaire effectafstanden externe veiligheid LPG-tankstations.[5] Dit fenomeen van 'pseudowetgeving' is natuurlijk niet uniek voor het milieurecht,[6] maar de indruk is wel dat het bestaan en gebruik daarvan vooral in het milieurecht tamelijk vaak voorkomt. Ik breng in herinnering het onderzoek dat in opdracht van het toenmalige Ministerie van Volkshuisvesting, Ruimtelijke Ordening en Milieu is uitgevoerd door het Centrum voor Milieurecht van de Universiteit van Amsterdam over modernisering van VROM-pseudowetgeving.[7] Daarin wordt, gemeten in 2006, een aantal van wel 77 pseudomilieuregelingen geteld. Over de juridische status van die op rijksniveau vastgestelde documenten bestond en bestaat in de praktijk soms onduidelijkheid. Als geen sprake is van een wet, algemene maatregel van bestuur of ministeriële regeling, of van een bij besluit vastgestelde beleidsregel (art. 1:3 lid 4 Awb), wat is het dan wel? Is wel sprake van 'recht', van een norm waaraan je gebonden bent of waaraan je rechten kunt ontlenen?

---

[1] Mr. dr. J.R.C. Tieman is werkzaam bij de Hoofddirectie Bestuurlijke en Juridische Zaken van het Ministerie van Infrastructuur en Waterstaat. Deze bijdrage is op persoonlijke titel geschreven.
[2] *Stcrt.* 2013, 16675.
[3] *Stcrt.* 1997, 246.
[4] *Stcrt.* 2010, 20128.
[5] *Stcrt.* 2016, 31453.
[6] Bijvoorbeeld de Handleiding nadeelcompensatie infrastructurele maatregelen, *Kamerstukken II* 2017/18, 34775-VI, nr. 118.
[7] V. van 't Lam & R. Uylenburg, *Modernisering van VROM-pseudowetgeving, Structurele Evaluatie Milieuwetgeving (STEM)*, publicatie 2005/6. *Kamerstukken II* 2005/06, 29383, nr. 53. Het gaat het kader van deze bijdrage te buiten, maar het zou best interessant zijn eens te onderzoeken wat de invloed van het opheffen van een afzonderlijk ministerie voor milieu (het Ministerie van VROM is in 2010 opgeheven) en het niet meer bestaan van afzonderlijke milieurechtelijke universitaire onderwijs- en onderzoekscentra en -programma's (zoals STEM) is geweest op de huidige staat van het Nederlandse milieurecht als een op zichzelf staand rechtsgebied.

Aan de hand van twee recente documenten van het Ministerie van Infrastructuur en Waterstaat (IenW) wil ik in mijn bijdrage aan deze feestbundel voor onze 40-jarige Vereniging voor Milieurecht laten zien dat ondanks deze onduidelijkheid dergelijke pseudoregelingen in de praktijk nog steeds een onmisbare rol vervullen. Het gaat om het Handelingskader PFAS voor hergebruik van PFAS-houdende grond en baggerspecie en de Leidraad afvalstof of product. Het zijn beide informatieve[8] documenten die dienen als gebruiksaanwijzing voor de uitleg en toepassing van wettelijke bepalingen waarover in de praktijk onduidelijkheid bestaat.

2   Het Handelingskader PFAS

Het 'Handelingskader voor hergebruik van PFAS-houdende grond en baggerspecie' (hierna: Handelingskader PFAS) is door de Staatssecretaris van IenW ter publicatie aangeboden aan de Tweede Kamer op 13 december 2021.[9] Dit handelingskader kent een aantal voorlopers in de vorm van geactualiseerde tijdelijke handelingskaders, waarvan een eerste versie verscheen op 8 juli 2019.[10]

Aanleiding voor het Handelingskader PFAS waren de zorgen over de aanwezigheid van de chemische stofgroep PFAS in de bodem en het oppervlaktewater en de betekenis daarvan voor het grond- en baggerverzet. De afkorting PFAS staat voor poly- en perfluoralkylstoffen. PFAS zijn schadelijk voor mens en milieu, zijn persistent (breken niet af), komen overal vandaan (diffuse bronnen waaronder ook allerhande consumentenproducten, zoals pizzadozen, anti-aanbakpannen en regenkleding) en verspreiden zich makkelijk (zijn mobiel). Het is tevens een stofgroep waarvoor nog geen wettelijke normen zijn ontwikkeld en opgenomen in de Regeling bodemkwaliteit (Rbk). In de periode tot aan het eerste tijdelijke handelingskader in 2018 ontstond vanuit de praktijk de roep om duidelijkheid over de mogelijkheden om PFAS-houdende grond en baggerspecie nog verantwoord te kunnen toepassen. Ook ontstond de wens om landelijk de regie te nemen, nu het PFAS-probleem zich niet lokaal op een aantal plaatsen voordeed, maar meer en meer duidelijk werd dat sprake was van een landelijk probleem. Met het Handelingskader PFAS is beoogd aan deze oproep

---

8   Zie de toelichting bij aanwijzing 2.1 (Keuze voor regelgeving) van de Aanwijzingen voor de regelgeving (tiende wijziging, *Stcrt.* 2017, 69426): 'De status van instrumenten als richtlijnen en circulaires is niet eenduidig en helder. Van gebruik van deze instrumenten voor normering dient dan ook zo veel mogelijk te worden afgezien. Circulaires worden alleen gebruikt voor het verstrekken van informatie, die overigens wel betrekking kan hebben op regelgeving.'
9   *Kamerstukken II* 2021/22, 35334, nr. 172.
10 Het eerste Tijdelijk Handelingskader PFAS werd vastgesteld op 8 juli 2019 (*Kamerstukken II* 2018/19, 28089, nr. 146), het tweede – door de toenmalige tijdelijk Minister voor Milieu en Wonen – op 1 december 2019 (*Kamerstukken II* 2019/20, 35334, nr. 19-20) en het derde op 1 juli 2020 (*Kamerstukken II* 2019/20, 35334, nr. 115-116). Voor een evaluatie van de totstandkoming van de eerste twee versies van het Tijdelijk Handelingskader PFAS verwijs ik naar *Kamerstukken II* 2020/21, 35334, nr. 123.

gehoor te geven. Echter niet door PFAS te normeren in de Rbk, maar wel om het wetenschappelijk onderzoek naar PFAS in gang te zetten en de resultaten daarvan aan de praktijk ter beschikking te stellen in de vorm van voorlopige toepassingswaarden. Om een landelijke norm te kunnen afleiden is immers onderzoek nodig. Met name onderzoek naar het gehalte PFAS dat in de bodem en het oppervlaktewater voorkomt, de zogeheten achtergrondwaarden, en naar de wijze waarop PFAS uit grond en bagger uitloogt naar het grondwater. Over PFAS was en is de wetenschappelijke kennis nog volop in ontwikkeling. In het Handelingskader PFAS is daarom expliciet opgenomen dat deze waarden, die in de achtereenvolgende aanpassingen steeds zijn geactualiseerd, geen wettelijke status hebben. Wel is toegezegd dat op basis van het Handelingskader PFAS wordt gestart met het traject om PFAS als stofgroep op termijn in de regelgeving te verankeren.[11]

Dat PFAS als stofgroep (nog) niet in de Rbk is genormeerd betekent niet dat voor PFAS geen enkele normering geldt voor de toepassing van PFAS-houdende grond en baggerspecie. Allereerst bestaat op grond van het Besluit bodemkwaliteit (Bbk) de mogelijkheid om een zogenoemd gebiedsspecifiek toetsingskader vast te stellen (art. 44 e.v. Bbk). Hiermee is het mogelijk voor een gemeente of waterschap om voor PFAS een lokale toepassingsnorm vast te stellen. Met een wijziging van het Bbk is beoogd dat een dergelijk gebiedsspecifiek toetsingskader voor PFAS tijdelijk versneld kon worden vastgesteld.[12] Bovendien gelden er wettelijke zorgplichten, niet alleen de zorgplicht van artikel 7 Bbk, maar ook die van de Waterwet (art. 6.8) en de Wet bodembescherming (art. 13). Die wettelijke zorgplichten komen er in de kern op neer dat degene die weet of redelijkerwijs kan vermoeden dat er nadelige effecten kunnen optreden voor de bodem of het oppervlaktewater als gevolg van het toepassen van grond of baggerspecie, de redelijkerwijs mogelijke maatregelen moet nemen om die schadelijke effecten te voorkomen of zo veel mogelijk te beperken. Hier kan ook op worden gehandhaafd.[13] In verband met de toepassing van de zorgplichten is in de Rbk in 2018 opgenomen dat in het vooronderzoek en de zogeheten milieuverklaring ook de aanwezigheid van relevante niet-genormeerde stoffen zoals PFAS moet worden vermeld. Zit er PFAS in een partij grond of baggerspecie dan moet dit op de milieuverklaring (die bij de melding voor het toepassen moet worden verstrekt) worden aangegeven om het bevoegd gezag in staat te stellen na te gaan of degene die dit wil toepassen wel voldoet aan de wettelijke zorgplichten.[14]

---

11   *Kamerstukken II* 2021/22, 35334, nr. 172.
12   *Stb.* 2019, 491.
13   Zie o.a. ABRvS 29 april 2020, ECLI:NL:RVS:2020:1167, *M en R* 2020/51 m.nt. Warendorf (thermisch gereinigde grond) en ABRvS 13 oktober 2021, ECLI:NL:RVS:2021:2282, *M en R* 2022/19 m.nt. Schmidt (granuliet).
14   *Stcrt.* 2018, 68042. Zie over dit alles meer uitgebreid H. Woldendorp & M. Gadella, 'Al verschiet een kameleon van kleur, het is en blijft hetzelfde dier. De regulering van grond en baggerspecie, van Besluit bodemkwaliteit naar Omgevingswet', *M en R* 2020/13 en H. Woldendorp & M. Gadella, '"Uw mening telt!": van Regeling bodemkwaliteit naar Regeling bodemkwaliteit 2021', *M en R* 2021/5.

Wat het Handelingskader PFAS tegen deze achtergrond in mijn optiek vooral doet, is de wetenschappelijke kennis over PFAS ontsluiten en die kennis in de vorm van een samenvattende tabel met advieswaarden toegankelijk maken. Hoewel het Handelingskader PFAS dus zelf nadrukkelijk niet juridisch bindend is, is dit (advies)document daarmee niet zonder juridische betekenis. Die binding loopt via de algemene beginselen van behoorlijk bestuur en dan met name het motiveringsbeginsel. Zo is een initiatiefnemer (toepasser) wettelijk niet gebonden aan de tabel met advieswaarden, maar loopt hij wel het risico dat het bevoegd gezag oordeelt dat een toepassing van grond of baggerspecie met hogere waarden dan de tabel met de wettelijke zorgplicht in strijd komt zodat daartegen handhavend moet worden opgetreden. Het bevoegd gezag (gemeente of waterbeheerder) zal zich daarbij in beginsel – dat wil zeggen: behoudens specifieke feiten en omstandigheden – mogen verlaten op het Handelingskader PFAS en de daarin op basis van het wetenschappelijk onderzoek opgenomen advieswaarden. Omgekeerd is ook het bevoegd gezag wettelijk gezien niet onverkort gebonden aan deze generieke (landelijke) advieswaarden. Zoals in het Handelingskader PFAS zelf al is aangegeven kan het bevoegd gezag opteren voor een nadere invulling van de zorgplicht of voor vaststelling van een gebiedsspecifiek toetsingskader. Gelet op het motiveringsbeginsel zal dit wel afdoende onderbouwd moeten worden, verwijzend naar de specifieke (lokale) feiten en omstandigheden. Een enkel voorbeeld uit de rechtspraak over een vergunning voor het storten van PFAS-houdende baggerspecie in een baggerdepot laat dit ook zien.[15] Hierin stelt de (voorzieningen)rechter vast dat het bevoegd gezag 'niet aan het Tijdelijk Handelingskader PFAS is gebonden' maar een verwijzing naar het handelingskader door de exploitant van het baggerdepot wel 'een begin van bewijs' oplevert wat betreft de gevolgen voor het milieu. Het ligt dus op de weg van het bevoegd gezag om 'aan te geven waarom voor het betreffende depot de waarden uit het Tijdelijk Handelingskader niet zouden kunnen worden gehanteerd' (lees: waarom in dit geval strengere waarden nodig zijn om het milieu te beschermen).

De praktijk tot nu toe laat overigens zien dat het Handelingskader PFAS doorgaans wordt gevolgd door gemeenten en waterschappen, al dan niet juridisch verankerd in een gebiedsspecifiek toetsingskader of een bij besluit vastgestelde beleidsregel.[16] Ofschoon het Handelingskader PFAS dus geen wettelijke normen bevat, komt de werking daarvan feitelijk wel op hetzelfde neer. Dat is natuurlijk ook niet zo gek, gelet op het uitgebreide onderzoek van het RIVM en Deltares dat aan het Handelingskader PFAS ten grondslag ligt. Zowel het bevoegd gezag (gemeente of waterbeheerder) als de toepasser blijven echter uiteindelijk zelf verantwoordelijk voor het wel of niet (op)volgen van de op basis daarvan geadviseerde toepassingswaarden. Bij de gebruiksaanwijzing die het Handelingskader PFAS is over de uitleg en toepassing van de wettelijke zorgplichten past dus de disclaimer: gebruik op eigen risico.

---

15 Rb. Gelderland (vzr.) 18 mei 2020, ECLI:NL:RBGEL:2020:2595, *JM* 2020/87 m.nt. Van der Meulen.
16 Zie de 'PFAS-viewer' die te raadplegen is op de website www.expertisecentrumpfas.nl/.

3 Leidraad afvalstof of product

Het tweede document dat ik hier wil bespreken is de 'Leidraad afvalstof of product, Richtsnoeren voor de uitleg en toepassing van de begrippen "afvalstof", "bijproduct" en "einde-afvalstatus"' (hierna: Leidraad afvalstof of product). Deze leidraad is op 13 juli 2018 namens de Staatssecretaris van IenW aangeboden aan de omgevingsdiensten, het IPO en de VNG.[17] Een geactualiseerde versie van de leidraad (versie 1.2) verscheen in januari 2021. De leidraad en andere hiermee samenhangende (en hierna te noemen) documenten zijn gepubliceerd op de website Afval Circulair van het Ministerie van IenW.[18]

Het doel van de Leidraad afvalstof of product is het bieden van meer duidelijkheid over de definitie van het begrip afvalstof(fen), zoals opgenomen in artikel 3 Kaderrichtlijn Afvalstoffen (2008/98/EG) en geïmplementeerd in artikel 1.1 Wm. Dit vooral tegen de achtergrond van de overgang naar een circulaire economie, waarin duurzaam wordt omgegaan met de schaarse natuurlijke hulpbronnen en het ontstaan van afval zo veel als mogelijk wordt verminderd. Een afvalstof is volgens de wettelijke definitie elke stof of elk voorwerp waarvan de houder zich ontdoet, wil of moet ontdoen. Van oudsher bestaat er in de praktijk veel onduidelijkheid over de uitleg en toepassing van deze definitie met als gevolg daarvan veel bestuursrechtelijke en strafrechtelijke rechtszaken en regelmatig ook prejudiciële vragen aan het Europese Hof van Justitie in Luxemburg over hoe dat begrip dan moet worden uitgelegd. Die rechtspraak heeft in elk geval duidelijk gemaakt dat het begrip afvalstof en de term 'zich ontdoen' ruim moeten worden uitgelegd, omdat het afvalstoffenrecht nu eenmaal niet alleen ziet op de 'verwijdering' van afvalstoffen (storten, lozen, verbranden) maar ook op de 'nuttige toepassing' (recycling, voorbereiding voor hergebruik en hoofdgebruik als brandstof) daarvan. Met de overgang naar een circulaire economie – welke doelstelling met de wijziging van de Kaderrichtlijn Afvalstoffen in 2018 (2018/851/EU) expliciet in artikel 1 van de richtlijn is neergelegd in aanvulling op de al bestaande doelstelling van milieubescherming – zijn nieuwe onduidelijkheden ontstaan. Die liggen niet meer op het snijvlak van verwijdering en nuttige toepassing, maar op het nog veel lastiger te bepalen snijvlak van nuttige toepassing van afvalstoffen enerzijds en hergebruik en afvalpreventie anderzijds.[19] Deze onduidelijkheid en complexiteit wordt in een adviesrapport van de Taskforce Herijking Afvalstoffen gezien als een van de juridische obstakels voor de overgang naar een circulaire economie.[20] Vallen bedrijven die willen overstappen op circulaire businessmodellen, zoals leaseconstructies, bijvoorbeeld onder het afvalstoffenrecht? En hoe zit het met

---

17 https://lap3.nl/nieuws/nieuws-2018/leidraad-afvalstof/.
18 www.afvalcirculair.nl/onderwerpen/afval/toetsing-afval/.
19 J. Tieman, 'Afvalstof of grondstof in een circulaire economie – op zoek naar meer rechtszekerheid', in: *Met recht naar een circulaire economie* (VMR 2017-1), Ch.W. Backes e.a. (red.), Den Haag: Boom juridisch 2017, p. 17-64.
20 Taskforce Herijking Afvalstoffen, *Grondstof of afval? Aanbevelingen voor afvalwet-en regelgeving en de uitvoering daarvan op weg naar een circulaire economie* (september 2019), *Kamerstukken II* 2019/20, 32852, nr. 97.

bedrijven die elkaars reststromen willen benutten? Gaat het hier om nuttige toepassing (van afval) of juist om hergebruik en afvalpreventie (geen afval)?

Met de wijziging van de Kaderrichtlijn Afvalstoffen in 2018 en de omzetting daarvan in de Wet milieubeheer[21] is beoogd de praktijk hierover meer helderheid te bieden door middel van een verbeterde regeling die aangeeft wanneer sprake is van een 'bijproduct' of 'einde-afval'. Die verbetering houdt in dat er nu in de Wet milieubeheer een aantal voorwaarden zijn opgenomen waaraan getoetst moet worden om te bepalen of sprake is een bijproduct of een einde-afvalstof (art. 1.1 lid 6 en 8 Wm). Als aan de voorwaarden is voldaan, is in beide gevallen geen sprake van een afvalstof en valt de handeling of toepassing die daarmee wordt verricht dus buiten het afvalstoffenrecht. Ook is voorzien in de mogelijkheid om de generieke voorwaarden voor bepaalde soorten (afval)stoffen of voorwerpen met specifieke criteria nader in te vullen in een ministeriële regeling (art. 1.1 lid 7 en 9 Wm).[22] Daarnaast zijn er ook ontwikkelingen in de rechtspraak. Als gevolg van de arresten in de zaken Shell,[23] Tronex[24] en Sappi Austria[25] is er namelijk ook (iets) meer duidelijkheid ontstaan over de uitleg van de term 'zich ontdoen' in de afvalstoffendefinitie zelf. Desondanks blijkt het in de praktijk vaak nog steeds erg lastig om vast te stellen of sprake is van een afvalstof of niet. Dit heeft een aantal redenen. Zo bestaan er op dit moment drie verschillende routes om te bepalen of sprake is van een afvalstof – de afvalstoffendefinitie, de voorwaarden voor de bijproductstatus en de voorwaarden voor de einde-afvalstatus – maar is in de praktijk niet helemaal helder wanneer de ene of andere route moet worden gevolgd. Over de uitleg van de voorwaarden voor bijproducten en einde-afval zelf bestaat ook onduidelijkheid. Dat geldt ook voor het begrip afvalstof: de definitie daarvan is met de wijziging van de Kaderrichtlijn Afvalstoffen namelijk ongewijzigd gebleven en de term zich ontdoen is dus nog steeds niet nader omschreven. Tot slot is van belang dat de beoordeling of sprake is van afval of niet op basis van de drie routes aan de hand van de specifieke feiten en omstandigheden van het geval moet plaatsvinden, met als gevolg dat de vraag of sprake is van afval of niet nog steeds alleen per geval ('case-by-case') kan worden bepaald. Niet zozeer de aard en eigenschappen van een stof of voorwerp zelf zijn dus bepalend voor de afvalstatus, maar de handelingen die ermee worden verricht en/of het gebruik dat ervan wordt gemaakt. En dat kan van geval tot geval, van tijd tot tijd en ook van houder tot houder verschillen.

De complexiteit is er met alle op zichzelf goede ontwikkelingen in wetgeving en rechtspraak dus zeker niet minder op geworden. Van oudsher bestond daarom de mogelijkheid voor bedrijven om aan de Minister van VROM over de status van

---

21 *Kamerstukken II* 2018/19, 35267, nr. 1-3 e.v.
22 R. Laan, '"Eindeafvalstatus" wordt voortaan eerder bereikt', *M en R* 2020/3.
23 HvJ EU 12 december 2013, C-241/12, ECLI:EU:C:2013:821, *AB* 2014/114 m.nt. Dans en Van der Veen, *M en R* 2014/42 m.nt. Boot en Walraven.
24 HvJ EU 4 juli 2019, C-624/17, ECLI:EU:C:2019:564, *M en R* 2019/95 m.nt. Douma.
25 HvJ EU 14 oktober 2020, C-629/19, ECLI:EU:C:2020:824, *JM* 2021/4 m.nt. Douma en Van der Meulen.

afvalstof een zogenoemde 'niet-van- toepassing-verklaring' te vragen.[26] Dit instrument is door de Staatssecretaris van IenW in verband met het stimuleren van de overgang naar een circulaire economie nieuw leven ingeroepen in de vorm van zogeheten 'rechtsoordelen'.[27] Het gaat in feite om opinies of verklaringen over de afvalstatus van de Staatssecretaris van IenW die een hulpmiddel zijn voor bedrijven die vooraf meer duidelijkheid willen over nieuwe circulaire toepassingen van reststoffen of -producten die ze innemen, gebruiken en/of verhandelen. De rechtsoordelen kunnen door individuele bedrijven bij de staatssecretaris worden aangevraagd en worden op de website Afval Circulair gepubliceerd. Zo zijn er rechtsoordelen afgegeven over de bijproductstatus van tomatenstengels en -bladeren die een bedrijf gebruikt om er biobased karton van te maken, over de einde-afvalstatus van restanten witte watergedragen verf die bestemd zijn om opnieuw worden gebruikt en over de status van zogenoemd 'voortgezet gebruik' van citrusschillen waaruit olie wordt gewonnen als smaakstof voor de levensmiddelenindustrie. In een rechtsoordeel wordt steeds nadrukkelijk aangegeven dat het oordeel dat volgens de Staatssecretaris van IenW geen sprake is van een afvalstof een 'informatief karakter' heeft en dat geen sprake is van een besluit in de zin van de Awb. Dit heeft ermee te maken dat de juridische vaststelling of sprake is van een afvalstof of niet is voorbehouden aan het voor de activiteit aangewezen bevoegd gezag, ter toetsing door de rechter. Een rechtsoordeel bevat daarom bovendien de disclaimer dat het bedrijf zelf verantwoordelijk blijft om op de hoogte te zijn van naderhand gewijzigde feiten en omstandigheden of nieuwe wet- en regelgeving, jurisprudentie en beleid.

Wat is nu de toegevoegde waarde en betekenis van de Leidraad afvalstof of product? Wat deze leidraad vooral doet is om op basis van de individuele rechtsoordelen in meer generieke zin de praktijk meer duidelijkheid te bieden over de drie routes die er zijn om vast te stellen of sprake is van een afvalstof. De leidraad geeft ook uitleg over de elementen (zich ontdoen) en voorwaarden (bijproduct en einde-afvalstof) die daarbij van belang zijn. Kern van deze uitleg is dat wanneer het gebruik van een stof of voorwerp zeker is (bijv. op basis van een contract) en rechtmatig (aan alle productnormen en milieueisen wordt voldaan) en het gebruik bovendien voldoende hoogwaardig is (vanuit het perspectief van waardebehoud van grondstoffen) er vanuit de doelstellingen van de Kaderrichtlijn Afvalstoffen (bescherming van het milieu en de menselijke gezondheid en het besparen op de inzet van natuurlijke hulpbronnen) geen reden is om het afvalstoffenrecht toe te passen. De betreffende stof of het voorwerp is dan geen afvalstof. Met een stroomschema en met voorbeelden uit de rechtspraak en de afgegeven rechtsoordelen geeft de leidraad praktische handvatten om te beoordelen of sprake is van een afvalstof of product. Ook wijst de leidraad op de

---

26 Zie bijvoorbeeld ARRvS (vzr.) 13 november 1992, ECLI:NL:RVS:1992:AH4122, *M en R* 1994/42 m.nt. Addink en ABRvS (vzr.) 12 april 1995, ECLI:NL:RVS:1995: ZF1971, *AB* 1995/445 m.nt. Backes.
27 Tieman, a.w. (noot 19), p. 58-59.

informatie die voor deze beoordeling nodig is gelet op de bewijslastverdeling tussen houder en bevoegd gezag.[28]

Naast de Leidraad afvalstof of product zijn er nog twee andere leidraden vastgesteld. Het betreft de 'Handreiking onbehandeld hout' uit 2017 die richtsnoeren geeft om op basis van de afvalstoffendefinitie en de voorwaarden voor de bijproductstatus te kunnen vaststellen of onbehandeld hout dat vrijkomt bij de velling of snoei van bomen en in de houtverwerkende industrie al dan niet een afvalstof is. En de 'Handreiking plantaardige productieresiduen met toepassing diervoeder' die begin 2022 is verschenen.[29] Deze handreiking geeft richtsnoeren om op basis van de voorwaarden voor de bijproductstatus te kunnen beoordelen of een plantaardig productieresidu afkomstig van de levensmiddelenindustrie toegepast als diervoeder al dan niet een bijproduct is. In feite gaat het bij deze twee leidraden dus om een tussenvorm tussen de rechtsoordelen (individueel) en de Leidraad afvalstof of product (algemeen) in. Dit naar voorbeeld van de praktijk van de zogeheten 'Quality Protocols' uit Engeland.[30]

Hoe zit het nu met de juridische status van de Leidraad afvalstof of product? Evenals de rechtsoordelen bevat de leidraad de disclaimer dat sprake is van een hulpmiddel en dat niet beoogd is de definitie van het begrip afvalstof en de voorwaarden voor de bijproductstatus en einde-afvalstatus te wijzigen. Ook wordt aangegeven dat de leidraad geen afbreuk doet aan de uitleg in de Europese en nationale rechtspraak. In de twee andere specifieke handreikingen is een soortgelijke disclaimer opgenomen: er is sprake van een hulpmiddel zonder juridische binding. Deze disclaimer betekent echter niet dat de Leidraad afvalstof of product in juridisch opzicht geen relevantie zou hebben. Ten eerste is van belang dat in de hierboven al genoemde Richtlijn 2018/851 tot wijziging van de Kaderrichtlijn Afvalstoffen de lidstaten verplicht om de praktijk meer zekerheid te bieden over de afval of niet-afvalstatus. Bij de passende maatregelen die de lidstaten daartoe moeten nemen wordt in de preambule (overwegingen 16 en 17) niet alleen gewezen op de verplichting om de voorwaarden voor de bijproductstatus en einde-afvalstatus om te zetten in nationale wetgeving en het op basis daarvan vaststellen van specifieke criteria, maar wordt ook verwezen naar 'richtsnoeren, besluiten per geval en andere procedures voor de ad-hoctoepassing' van de voorwaarden. Ook in verband met de uitleg van de term 'zich ontdoen' wordt verwezen naar het instrument van richtsnoeren (overweging 61). Dit laat zien dat het

---

28 Zie overweging 17 van Richtlijn 2018/851: 'De uiteindelijke vaststelling of voldaan is aan de voorwaarden van artikel 5 of artikel 6 van Richtlijn 2008/98/EG zoals gewijzigd door deze richtlijn blijft uitsluitend een verantwoordelijkheid van de lidstaten op basis van alle relevante informatie die wordt verstrekt door de houder van het materiaal of de afvalstoffen.'
29 *Kamerstukken II* 2021/22, 32852, nr. 189.
30 Making the Circular Economy Work, Guidance for regulators on enabling innovations for the circular economy (prevention and recycling of waste), Make it Work initiative (MiW) and IMPEL, februari 2019, p. 51 en 136 e.v. Deze guidance kan worden geraadpleegd op: www.afvalcirculair.nl/onderwerpen/linkportaal/publicaties/downloads/downloads-diverse/making-the-circular/.

buitenwettelijke instrumentarium van leidraden, handreikingen en rechtsoordelen in juridisch opzicht wel degelijk relevantie heeft in aanvulling op het wettelijk instrumentarium.

Daarnaast zijn, zoals bij de bespreking van het Handelingskader PFAS al aan de orde kwam, ook hier de algemene beginselen van behoorlijk bestuur van belang. Twee voorbeelden uit de rechtspraak over de Handreiking onbehandeld hout vormen hiervan een mooie illustratie. In de eerste uitspraak stelt de Afdeling bestuursrechtspraak mede op basis van deze handreiking vast dat de houtsnippers die Staatsbosbeheer levert aan een biowarmtecentrale voor de stadsverwarming van Purmerend bij de vergunningverlening voor die centrale terecht niet zijn aangemerkt als afvalstof. De houtsnippers ontstaan bij het reguliere onderhoud door Staatsbosbeheer van Nederlandse bossen en landschappen. Op grond van een contractuele relatie tussen Staatsbosbeheer en de exploitant van de warmtecentrale staat vast dat de houtsnippers voldoen aan de in de handreiking als richtsnoer opgenomen kwaliteitscriteria. Zodoende ontdoen volgens de Afdeling zowel Staatsbosbeheer als de exploitant zich niet van de houtsnippers.[31] De tweede uitspraak laat zien dat dit uiteraard niet betekent dat onbehandeld hout in het kader van de overgang naar een circulaire economie nooit meer afval zou kunnen zijn. Dit moet, zo geeft de Afdeling aan, nog steeds per geval worden vastgesteld. En de Handreiking onbehandeld hout is daarvoor niet meer dan een hulpmiddel. Omdat in deze tweede zaak over zowel de herkomst als de samenstelling van het hout door de exploitant van een biomassavergassingsinstallatie te weinig informatie is verstrekt, oordeelt de Afdeling dat bij de vergunningverlening voor die centrale terecht is geoordeeld dat wel sprake is van een afvalstof.[32]

In hoeverre de Leidraad afvalstof of product in de praktijk wordt gevolgd is mij niet bekend. Ik heb wel de indruk dat het aantal rechtszaken over de uitleg van het afvalstoffenbegrip de laatste jaren behoorlijk is gedaald. In die zin is de leidraad samen met het instrument van de rechtsoordelen waarschijnlijk dus wel van betekenis. Niet als vervanging van het wettelijke begrippenkader, maar als aanvulling daarop, als gebruiksaanwijzing voor de praktijk bij de uitleg en toepassing daarvan. Ook hier met de disclaimer dat het gebruik daarvan op eigen risico is. Of sprake is van een afvalstof moet nog steeds per geval worden beoordeeld op basis van alle relevante feiten en omstandigheden van het geval. En daarover zullen nog steeds de nodige rechtszaken kunnen ontstaan.

4   Afsluiting

Het milieurecht is niet altijd even duidelijk en eenvoudig. Soms laat de ontwikkeling van een concrete norm nog even op zich wachten, zoals bij PFAS het geval is vanwege de lopende onderzoeken, en dan moet worden teruggevallen op de milieurechtelijke

---

31   ABRvS 1 september 2021, ECLI:NL:RVS:2021:1939.
32   ABRvS 25 april 2022, ECLI:NL:RVS:2022:1494.

zorgplichten die gelden als vangnet. Over hoe die zorgplichten dan precies moeten worden toegepast, gelet op de beschikbare kennis over PFAS, ontstaan vervolgens de nodige vragen. Met de wijziging van de Kaderrichtlijn Afvalstoffen is er meer duidelijkheid ontstaan over de uitleg van het afvalstoffenbegrip. Maar nog steeds is niet omschreven wat moet worden verstaan onder de term 'zich ontdoen van' in de afvaldefinitie. En de uitleg van de voorwaarden voor de status van bijproduct en einde-afval roepen ook de nodige vragen op. Wat dan te doen? Uiteraard geldt als uitgangspunt, als streven, dat de wet zelf zo duidelijk als mogelijk dient te zijn en dat het zaak is om dáár de benodigde verbeteringen in aan te brengen. Door het opnemen van een norm voor PFAS in de Rbk, door de afvalstoffendefinitie zelf te verduidelijken[33] of door criteria vast te stellen voor de toepassing van de voorwaarden voor bijproducten en einde-afval.[34] Zolang het wettelijk kader echter zelf niet perfect is (of te krijgen is) en er in de praktijk behoefte bestaat om duiding te krijgen, kan met documenten zoals het Handelingskader PFAS en de Leidraad afvalstof of product in die behoefte worden voorzien. Dergelijke pseudoregelingen zijn zeer zeker geen wonderdoekjes waarmee alle vragen en problemen de wereld uit zijn. Ze komen ook niet in plaats van de wet en het wettelijke instrumentarium. Maar ze vormen daar als gebruiksaanwijzing wel een belangrijke en ook onmisbare aanvulling op. Vandaar dat ze in deze feestbundel wat mij betreft niet mogen ontbreken.

---

33 Bij de voor 2023 aangekondigde nieuwe wijziging van de Kaderrichtlijn Afvalstoffen zal Nederland opnieuw aandringen op verduidelijking van de afvalstoffendefinitie, zie Aanhangsel van de Handelingen, *Kamerstukken II* 2021/22, 2321.
34 De ontwikkeling van einde-afvalcriteria voor struviet en cellulose is aangekondigd, zie *Kamerstukken II* 2019/20, 32852, nr. 129 en 2020/21, 32852, nr. 140.

39 Veertig jaar VMR: een goed recept

Natasja Teesing en Els Kolling[1]

1 Waarom is de VMR opgericht?

In het verslag van de oprichtingsvergadering uit 1982 vinden we het antwoord. De belangstelling voor het milieurecht was sinds begin jaren zeventig sterk toegenomen. De redactie van het *Tijdschrift voor Milieu en Recht* organiseerde in die jaren studiedagen over de Wet algemene bepalingen milieuhygiëne, over het milieubeleid en de kabinetsformatie. De bijeenkomsten werden goed bezocht, maar de redactie vond zichzelf niet de juiste instantie om hiermee door te gaan en zocht naar een meer permanente organisatie. De milieuproblemen vroegen ook in juridisch opzicht meer aandacht van overheden, bedrijfsleven, actiegroepen en wetenschappers. De behoefte was ontstaan om binnen een geïnstitutionaliseerd kader op systematische wijze aandacht te geven aan de ontwikkeling van het milieurecht en de daarmee samenhangende bestuurlijke aspecten. De Vereniging voor Milieurecht is daarom opgericht op 30 september 1982 op initiatief van de redactie van het *Tijdschrift voor Milieu en Recht*.[2] Tijdens de oprichtingsvergadering werd gesproken over de gewijzigde Hinderwet.

Eind 1983 telde de vereniging 259 leden en 27 donateurs.[3] In de eerste jaren werd ook al een aantal werkgroepen opgericht: over grensoverschrijdende rechtsbescherming, over bestuursrechtelijke handhaving en over strafrechtelijke handhaving milieurecht.[4]

2 Kennisnetwerk met inzet van veel leden

Al sinds de oprichting in 1982 biedt de Vereniging voor Milieurecht (VMR) een platform voor een breed publiek om vanuit verschillende invalshoeken te discussiëren over de actuele ontwikkelingen in het milieu-, water- en natuurbeschermingsrecht. Vakgenoten vinden elkaar tijdens de bijeenkomsten en organiseren zich in werkgroepen of bereiden gezamenlijk een publicatie voor. Ook via de website van de vereniging zijn de leden actief door het schrijven van columns.

De leden van de vereniging zijn werkzaam op uiteenlopende terreinen van het milieu-, water- en natuurbeschermingsrecht en zijn afkomstig uit diverse sectoren: advocatuur, bedrijfsleven, rijks-, provinciale en gemeentelijke overheid, inclusief de

---

1   Mr. N. Teesing is werkzaam als bureausecretaris voor de Vereniging voor Milieurecht en E. Kolling is werkzaam als administratief medewerker van de VMR.
2   Na 1994 voortgezet als het tijdschrift *Milieu & Recht*.
3   VMR Jaarverslag 1982-1983.
4   VMR Jaarverslag 1984.

omgevingsdiensten, maar ook in de wetenschap, bij de rechterlijke macht, bij maatschappelijke organisaties en adviesbureaus. Ook studenten zijn lid. Juist deze diversiteit aan leden biedt de mogelijkheid om bij de bespreking van onderwerpen een gevarieerd beeld te krijgen.

Een groot deel van de activiteiten wordt inhoudelijk door het bestuur voorbereid, maar ook door de leden van de werkgroepen. De verenigingsactiviteiten kunnen niet tot stand komen zonder de inzet van de vele leden die vrijwillig meedoen als bijvoorbeeld spreker, als dagvoorzitter, voor de verslaglegging van de bijeenkomsten, als bestuurslid, als lid van de kascommissie, als auteur voor publicaties en het schrijven van columns voor op de website. Al deze inspanningen samen geven vorm aan de vereniging.

De animo onder leden om zich in te zetten voor de activiteiten van de vereniging is onverminderd hoog. Uit de jaarverslagen van de laatste tien jaar blijkt dat de activiteiten van de vereniging jaarlijks worden gerealiseerd met inzet van gemiddeld 70 vrijwilligers. De vereniging drijft al sinds haar oprichting op deze inzet.

De jaarverslagen van de vereniging bieden inzicht in de wijze waarop de vereniging op praktisch niveau opereert en welke onderwerpen er allemaal aan bod zijn gekomen. Tot 2010 is van alle bijeenkomsten een publicatie verschenen. De lijst van publicaties – te vinden achterin deze bundel – biedt inzicht in de thema's die aan de orde kwamen. Alle publicaties van de vereniging zijn overigens ook in digitale vorm te vinden op de website.[5] Vanaf 2011 is besloten om de frequentie van de publicaties te verminderen. Sinds dat jaar is vrijwel jaarlijks één publicatie verschenen. Op de website van de vereniging vindt u uitgebreide informatie over de activiteiten van de afgelopen tien jaar.

3 Het secretariaat geeft handen en voeten aan alle plannen

De vereniging heeft al sinds de oprichting de beschikking over een zelfstandig secretariaat, bestaande uit een bureausecretaris en een administratief medewerker voor de financiële en de ledenadministratie. Daarnaast wordt er vanuit het secretariaat handen en voeten gegeven aan de plannen van het bestuur en de leden voor bijeenkomsten en publicaties. De bureausecretaris denkt mee over de inhoud en organisatie van de bijeenkomsten en publicaties, verzorgt de verspreiding van informatie via de nieuwsbrief en de website, maakt deel uit van de werkgroepen en benadert auteurs voor het schrijven van columns op de website. Naast de ledenadministratie en de financiële administratie zorgt de administratief medewerker onder meer ook voor het ontvangen van de leden bij bijeenkomsten en het regelen van verenigingszaken. En de medewerkers verzorgen verder alles wat er komt kijken bij het reilen en zeilen van een vereniging.

---

5   www.milieurecht.nl/vmr-publicatiereeks.

4 Verbinding

In de afgelopen vijftien jaar zien wij dat de VMR een goed recept heeft. Met goede ingrediënten en een goede bereidingswijze ontstaat een goed gerecht. Tijdens de bereiding worden de losse ingrediënten met elkaar vermengd en door roeren en/of verwarmen met elkaar verbonden. De ingrediënten voor de VMR zijn de leden. Ieder lid heeft zijn of haar eigen toegevoegde waarde. Maar de kracht van de VMR is pas echt zichtbaar tijdens de bijeenkomsten. De leden ontmoeten elkaar en delen vaak met bevlogenheid hun standpunten en ervaringen. Daar ontstaat een verbinding tussen de leden. En dat is precies waar wij ons heel graag voor inzetten!

40 Aanbevelingen van de auteurs

Kars de Graaf en Natasja Teesing

1 Inleiding

In de afgelopen veertig jaar is er veel milieubeleid en -regelgeving ontwikkeld en er is op veel terreinen milieuwinst geboekt. Maar de wereld kampt nog steeds met grote milieuproblemen als de verslechtering van de natuur, het verlies van biodiversiteit en verslechtering van de lucht- en waterkwaliteit. En bovenal is de klimaatcrisis erg verontrustend en urgent.

Het milieurecht staat voor grote uitdagingen. Dat zien ook de leden van de Nederlandse Vereniging voor Milieurecht (VMR), die in 2022 veertig jaar bestaat. In deze bundel hebben ervaren juristen uit de praktijk en uit de wetenschap zich gebogen over specifieke onderdelen van het milieurecht. Zij geven hun visie op en aanbevelingen voor mogelijke verbeteringen van het milieubeleid en -recht voor de toekomst. In dit hoofdstuk zetten we de belangrijkste aanbevelingen op een rij aan de hand van de verschillende thema's die in de bundel de revue zijn gepasseerd.

De werkzaamheden van de VMR zijn een goed recept gebleken om binnen een geïnstitutionaliseerd kader op systematische wijze aandacht te geven aan de ontwikkeling van het milieurecht.[1] Ook in de komende jaren zal de Vereniging voor Milieurecht met een kritische blik[2] de belangrijkste onderwerpen op de agenda blijven zetten en op die wijze ook bijdragen aan de verdere ontwikkeling en verbetering van het milieurecht. Ook zal de vereniging met extra aandacht de jonge professionals betrekken bij de bijeenkomsten zodat enerzijds de ervaringen kunnen worden uitgewisseld en er tegelijk ook met een frisse blik naar de huidige problemen in het milieurecht kan worden gekeken.

2 De situatie in de wereld en in Europa

2.1 Mondiaal

Het milieurecht biedt regels voor de interactie van de mens met de natuurlijke leefomgeving. Fundamenteel uitgangspunt van milieurecht moet zijn dat de integriteit van ecosystemen niet verloren gaat en de planeet behouden blijft voor toekomstige generaties die ook in hun eigen behoeften moeten kunnen voorzien. Daaruit volgt volgens Verschuuren (hfdst. 9) dat voor de bescherming van het (eco)systeem Aarde een planetaire benadering nodig is. Om de mondiale milieuproblemen te bestrijden

---

1 Teesing & Kolling (hfdst. 39).
2 Jager, Rötscheid & Van der Harten met Uylenburg (hfdst. 5).

is een geïntegreerde en doortastende aanpak nodig. Juristen moeten daarvoor verder kijken dan de gebruikelijke grenzen van de nationale rechtsstelsels en de sectorale beleidsterreinen. Er is transitie nodig van nationaal sectoraal milieurecht naar planetair milieurecht.

Gelet op de uitdaging waarvoor de planeet zich gesteld ziet, is het niet verrassend dat aan een mondiaal juridisch kader voor de bescherming van onze planeet wordt gewerkt, hoewel het lot van de onderhandelingen over een nieuw internationaal verdrag, het *Global Pact for the Environment*[3], onzeker is. Voor een van de grootste milieuproblemen waarvoor het milieurecht zich gesteld ziet, de klimaatverandering, is de Overeenkomst van Parijs op dit moment voor de verdragspartijen het vehikel om die uitdaging aan te gaan. De binding van verdragspartijen is volgens sommigen echter onvoldoende. De klimaatdoelstellingen zouden expliciet moeten worden geïntegreerd in een wettelijk te regelen *due diligence*-verplichting voor bedrijven op basis van het bestaande internationale normenkader en de doelstellingen van de Overeenkomst van Parijs, aldus Bazelmans (hfdst. 33).

Een ander onderwerp dat op mondiaal niveau op de agenda moet komen te staan is waterschaarste. Het zou een prioriteit moeten zijn om te streven naar de vermindering van waterschaarste in de toekomst. Daarom moet er in 2023 een voorstel voor een internationaal Waterschaarsteverdrag op de agenda van de UN Water Conference in New York staan, aldus Robesin (hfdst. 31).

2.2 Europa

De invloed van het EU-recht op het milieurecht is gegroeid en aanzienlijk. Die ontwikkeling lijkt verre van achter ons. Verschillende auteurs refereren aan de EU Green Deal. Deze Green Deal vertegenwoordigt de visie van de EU en vormt de basis voor een indrukwekkende wetgevingsagenda. Gewezen kan bijvoorbeeld worden op de grote impact die is te verwachten van de voorstellen voor een herziene Richtlijn Industriële Emissies (RIE) en een herziene LULUCF-verordening. Zo zal een groot deel van de veehouderijsector onder de reikwijdte van de RIE worden gebracht, en de broeikasgasemissies uit veehouderijen moeten, samen met die uit de andere sectoren die onder de LULUCF-verordening vallen, netto 0 zijn in 2035.

Een van de voorstellen heeft betrekking op de poging om in de EU te zorgen voor een gelijk speelveld. Het idee van het innovatieve voorstel is dat de prijs van CO_2 tussen binnenlandse producten en ingevoerde producten gelijk wordt getrokken door een heffing aan de EU-grens om er zodoende voor te zorgen dat de klimaatdoelstellingen van de EU niet worden ondermijnd door verplaatsing van de productie naar landen met een minder ambitieus klimaatbeleid. Het betreft het voorstel voor een verordening tot vaststelling van een mechanisme voor koolstofcorrectie aan de grens (CBAM: Carbon Border Adjustment Mechanism) dat uitdrukking geeft aan

---

3   https://globalpactenvironment.org/en/.

het belang van een gelijk speelveld wat betreft de beprijzing van CO_2, aldus Dieperink & Spaans (hfdst. 11).

Op veel beleidsterreinen is evenwel duidelijk dat Nederland in Europees verband in de achterhoede terecht is gekomen, bijvoorbeeld op het gebied van hernieuwbare energie, biodiversiteit en gezondheid. Von Meijenfeldt (hfdst. 3) stelt mede daarom dat er een proactieve voortvarendheid nodig is om de EU-doelstellingen op allerlei terreinen, maar in het bijzonder de doelstellingen die gerelateerd zijn aan de *Sustainable Development Goals*, daadwerkelijk te behalen.

Een van de instrumenten waarmee het Europees milieurecht tracht de problematiek het hoofd te bieden, is het introduceren van een emissiehandelssysteem, waarin emissierechten verhandeld kunnen worden. Handelssystemen kunnen bijdragen aan het behalen van milieudoelstellingen. De Europese handel in broeikasgasemissierechten lijkt – na opstartproblemen – succesvol. Van Angeren (hfdst. 34) stelt de vraag of een emissiehandel in stikstofrechten een oplossing zou kunnen bieden. Daarvoor zou dan de Habitatrichtlijn gewijzigd moeten worden.

Tegengaan van biodiversiteitsverlies en het herstel van biodiversiteit is ook onderdeel van de EU-wetgevingsagenda. In dat verband benadrukt Trouwborst (hfdst. 26) dat biodiversiteitsherstel in Europa vraagt om meer ruimte, meer dynamiek en meer grote dieren. Grootschalig en succesvol megafauna-herstel kan alleen plaatsvinden wanneer beleidsmakers een regie voeren die is ingegeven door het grotere geheel en de lange termijn.

Dotinga (hfdst. 27) betoogt dat een nieuwe EU-natuurherstelwet dringend nodig is voor het aanpakken van de biodiversiteitscrisis en de klimaatcrisis. Als het wetsvoorstel dat onlangs door de Europese Commissie is gepresenteerd (EU Nature Restoration Law) de eindstreep haalt, dan zal dat een belangrijke mijlpaal vormen in de ontwikkeling van het EU-milieurecht en een voorbeeld voor de rest van de wereld. Geen enkele andere wet ter wereld heeft juridisch bindende doelen en verplichtingen voor het herstel van natuurlijke en half-natuurlijke ecosystemen op deze manier vastgelegd.

Om een effectiever herstel van biodiversiteit op landbouwgronden te bereiken introduceert het Gemeenschappelijk Landbouwbeleid (GLB) van de EU de eco-regeling. De eco-regeling wordt gezien als hét instrument waarmee verduurzaming van de landbouw – inclusief het herstel van biodiversiteit – kan worden bereikt. Het is een subsidie waaraan vrijwillig kan worden meegedaan. Vanwege de vrijwilligheid stelt Nijmeijer (hfdst. 24) dan ook de vraag of de eco-regeling succesvol zal zijn, mede ook omdat natuurbeheer zich in veel opzichten niet verdraagt met reguliere agrarische bedrijfsvoering.

Er blijkt geregeld een flinke kloof te bestaan tussen de doelstellingen van de Europese Unie op het gebied van bescherming van mens en milieu en de bijdrage die Europese wetgeving in de praktijk levert aan het behalen van die doelstellingen. Douma (hfdst. 35) analyseert dat dit kan worden veroorzaakt door gebrekkige handhaving of doordat voorgeschreven normen worden omzeild door gesjoemel. De EU-richtlijn inzake de bescherming van personen die inbreuken op Unierecht melden is in dat verband ook belangrijk voor de versterking van de handhaving van het (Europese) milieurecht. De positie van klokkenluiders is nu nog te kwetsbaar, met name waar het gaat om juristen werkzaam bij de overheid en bedrijven die potentiële schendingen van het (Europees) milieurecht aan de orde willen stellen. Peeters (hfdst. 6) roept de VMR op om daar aandacht aan te besteden.

3 De situatie in Nederland

3.1 Aanbevelingen: aard en reikwijdte van regelgeving

In Nederland geldt niet alleen dat de noodzaak tot regulering en verbetering van de bestaande milieucomponenten blijft bestaan, maar moet tegelijkertijd een scherpe bocht worden ingezet om de klimaatcrisis een halt toe te roepen. Een sterkere regie van de overheid is nodig, aldus Koeman (hfdst. 4). De overheid zal duidelijk richting moeten geven aan de verandering die noodzakelijk is. Wetgeving zal een meer dwingend karakter moeten krijgen. Rechten van burgers en bedrijven zullen sterker aangetast moeten worden. Burgers en bedrijven zullen in hun vrijheid worden beperkt. Procedures van besluitvorming zullen verkort en versneld moeten worden. Hetzelfde geldt voor de rechtsbescherming. Deze ontwikkeling noopt de overheid er ook toe, zo stellen Van Dijk & Van de Coevering (hfdst. 7), steeds hardere keuzes te maken. Omdat die steeds beter moeten worden onderbouwd en uitgevoerd om het benodigde maatschappelijke draagvlak te krijgen en te behouden, zullen er ook de komende veertig jaar voldoende juristen nodig zijn.

Een daarbij aansluitend betoog van De Graaf (hfdst. 12) stelt voorop dat het bevoegd gezag bij normstelling en vergunningverlening voor milieubelastende activiteiten enerzijds te zeer gebonden is aan de grondslag van de aanvraag (waarvan niet afgeweken mag worden) en anderzijds te veel waarde toekent aan zogenoemde bestaande rechten in het milieurecht (waardoor aantasting van die rechten te vaak achterwege blijft). De wetgeving zal het bevoegde gezag meer de regie moeten geven. Ook moet wetgeving en rechtspraak minder gewicht toekennen aan de rechtszekerheid van de genormeerde.

Kistenkas (hfdst. 23) ziet juist veeleer een ontwikkeling waarin de beleidsinstrumentele wetgeving ook in het milieurecht steeds meer de overhand lijkt te krijgen. De regelgeving richt zich dan meer op (beleids)proces dan op inhoud en lijkt meer het domein en product van bestuurskundigen dan van juristen te zijn. We moeten ervoor waken dat milieuwetgeving steeds meer gaat lijken op een beleidsdocument of teruggebracht wordt tot een beleidscyclus.

Een van de belangrijkste ontwikkelingen in het Nederlandse stelsel van milieurecht is uiteraard de ontwikkeling van de Omgevingswet. Deze is primair gericht op instrumenten voor gebiedsgericht beheer van de fysieke leefomgeving. De wet omvat niet alle regels die betrekking hebben op de fysieke leefomgeving; zo worden onder meer de Klimaatwet, de Kernenergiewet en de Wet gewasbeschermingsmiddelen en biocide niet in de wet opgenomen. De Omgevingswet is immers niet af, meent Van den Broek (hfdst. 15).

De Omgevingswet wordt gemonitord en geëvalueerd en zal steeds in ontwikkeling blijven. De Vos (hfdst. 14) wijst ook op de mogelijkheid van verdere harmonisatie van instrumenten, zodat de ervaringen met instrumenten die voor specifieke doeleinden worden ingezet (conformiteitsbeoordelingen; emissiehandelssysteem voor CO_2; registratie, toedeling en reservering van stikstofdepositieruimte), kunnen leiden tot een meer generieke regeling of toepassing. Borgers (hfdst. 10) wijst erop dat de wet kan worden uitgebreid met regels voor stoffen en producten, zodat ook een samenhangend juridisch regime kan worden ontwikkeld dat uitgaat van een circulaire economie.

Een belangrijk nadeel van integratie van wetgeving op een abstract en instrumenteel niveau is dat de herkenbaarheid van de aanpak van een maatschappelijk probleem in de wetgeving verloren gaat. Er is een vrij brede en diepgaande kennis nodig van de Omgevingswet en de uitvoeringswetgeving om eventuele wijzigingen te kunnen duiden en een nuttige inbreng te kunnen leveren. De maatschappelijke problemen van deze tijd, zo stelt Woldendorp (hfdst. 16), vragen om wendbare wetgeving.

3.2 Aanbevelingen: specifieke normstelling

Natuur
De stikstofproblematiek zal de komende twee decennia niet van de agenda verdwijnen. Het zal hooguit wat verdrongen kunnen worden door nieuwe, grotere en urgentere problemen die op de voorgrond zullen treden. Mendelts (hfdst. 29) wijst er in het kader van de soortenbescherming op dat juridisch gezien te verwachten is dat de Afdeling bestuursrechtspraak meegaat in de lijn van het Europese Hof van Justitie dat ook tijdelijk verlaten verblijfplaatsen van beschermde soorten beschermd zijn en dat ook graduele achteruitgang van leefgebied van een beschermde soort onder de verbodsbepalingen valt. Er zal ook daarom meer aandacht moeten komen voor natuurinclusief bouwen en ontwerpen.
Denkend aan natuurbeschermingsrecht, bepleit Kaajan (hfdst. 25) dat er een meer integrale benadering nodig is van de bescherming van Natura 2000-gebieden. Daarmee moet geborgd worden dat ook andere (milieu)belangen een meer gelijkwaardige plaats krijgen naast de bescherming van deze gebieden. Zij introduceert een voorzichtig pleidooi voor een 'Omgevingsrichtlijn' op Europees niveau als onderdeel van een effectief klimaatbeleid.

In het recente verleden is in de stikstofproblematiek veel aandacht uitgegaan naar bepaalde emissiearme stalsystemen met combi-luchtwassers. Die aandacht werd met name gegenereerd omdat deze niet het verwachte ammoniak- en/of geurverwijderingsrendement behalen. Handhaven, intrekken of wijzigen van een omgevingsvergunning is lastig, zolang de veehouder zich houdt aan de regels die een goede werking van het huisvestingssysteem moeten waarborgen. Verstappen (hfdst. 28) betoogt in dat verband vanzelfsprekend dat rendementen van emissiereducerende technieken blijvend moeten worden gemonitord. Een mogelijke oplossing voor de technische onzekerheid omtrent de werking van combiwassers in de praktijk, is wellicht het verbinden van handhaafbare doelvoorschriften (emissiegrenswaarden) aan de omgevingsvergunning.

Geluid
Een ander milieucompartiment waarvoor onder de Omgevingswet specifieke regels zullen gaan gelden, betreft geluidhinder. De geluidregelgeving in de Omgevingswet en meer specifiek de standaard- en grenswaarden voor geluid in het Bkl moeten volgens Van der Velden (hfdst. 36) zo spoedig mogelijk nog eens tegen het licht worden gehouden en waar mogelijk naar beneden worden bijgesteld vanwege betere bescherming van de menselijke gezondheid. Maar op het gebied van de geluidhinder spelen meer problemen. Staatsraad advocaat-generaal Widdershoven heeft in 2018 criteria geformuleerd op basis waarvan een planologisch besluit onder omstandigheden kan worden aangemerkt als besluit waarbij schaarse rechten worden toegekend. Op basis van deze criteria komt Benhadi (hfdst. 17) tot de conclusie dat een omgevingsplan met geluidruimteverdeling voor een industrieterrein kan kwalificeren als besluit waarbij schaarse rechten worden toebedeeld. Het is echter de vraag of de Afdeling bestuursrechtspraak die criteria volledig zal overnemen. Daardoor is rechtsonzekerheid ontstaan en dat is – nog afgezien van de mogelijkheid dat ook nog een geluidproductieplafond zal gelden per kavel – niet eenvoudig voor de praktijk.

Afval
Het milieurecht bevat veel regels die geen wettelijke status hebben. Dergelijke pseudoregelingen vervullen in de praktijk nog steeds een onmisbare rol. Zo zijn het Handelingskader PFAS en de Leidraad afvalstof of product informatieve documenten die dienen als gebruiksaanwijzing voor de uitleg en toepassing van wettelijke bepalingen waarover in de praktijk onduidelijkheid bestaat. Ze vervullen daardoor een belangrijke rol in aanvulling op onduidelijke wetgeving, aldus Tieman (hfdst. 38).

De transitie naar een circulaire economie dwingt wetgever, rechter en bestuur na te denken over het afvalstoffenbegrip. De Nederlandse overheid streeft niet naar een nieuwe definitie van het begrip afvalstof bij de herziening van de Kaderrichtlijn Afvalstoffen in 2023. Dat is volgens Laan (hfdst. 37) een gemiste kans! In het licht van de ontwikkeling van 'afval als probleem' naar 'afval als kans' past een verminderde reikwijdte van de wettelijke definitie van afvalstof.

Water
Waterkwaliteitsnormen zijn van groot belang en het ligt in de lijn der verwachting dat deze normen in de toekomst een grote invloed gaan hebben op de ontwikkelingsmogelijkheden in Nederland. Voor de waterkwaliteit geldt allereerst dat niet moet worden onderschat hoe gedragsbeïnvloedende incentives, bijvoorbeeld in de vorm van waterheffingen, van belang zijn voor de waterkwaliteitsregulering. Havekes (hfdst. 32) betreurt ook daarom dat het idee van incentives nauwelijks nog ten grondslag lijkt te liggen aan de waterheffingen.

Het waterkwaliteitsrecht zal in de toekomst – als we in lijn willen handelen met het Europese recht en een goede milieukwaliteit willen bereiken – ook de lozingen uit de landbouw reguleren en in meer gevallen dan nu inzetten op een vergunningplicht. Vandaar dat Van Kempen (hfdst. 30) oproept om de activiteiten die invloed hebben op die kwaliteit tijdig aan banden te leggen indien dat echt nodig is om de gewenste waterkwaliteit te bereiken. Een en ander omdat voorkomen moet worden dat straks alle andere activiteiten en de waterkwaliteit de dupe zijn. Bij activiteiten die nu het bereiken van een goede waterkwaliteit in de weg staan is het nodig om de effecten goed te wegen in het kader van een toestemmingsverleningsprocedure.

Handhaving
De geschiedenis (en het heden) leert dat het milieurecht gebaat is bij een efficiënte en effectieve vorm van normhandhaving. In dat verband wijst De Rijck (hfdst. 19) op het belang van een omvattende visie over de onderlinge verhouding tussen het bestuursrecht en strafrecht in de handhaving. Zijn idee is dat het komende Interbestuurlijk programma ter opvolging van de aanbevelingen van de Commissie-Van Aartsen daarvoor wellicht gelegenheid biedt.

Er zijn veel initiatieven ter verbetering van de effectiviteit van de handhaving van het milieurecht, maar de uitdagingen zijn nog niet van de baan. De uitdagingen voor de (strafrechtelijke) handhaving van het milieurecht gaan volgens Velthuis (hfdst. 21) onder meer over: de tekortkomingen die samenhangen met de schaarse capaciteit voor (strafrechtelijke) handhaving, de versnipperde kennis en expertise, het gebrek aan coördinatie, een te beperkte uitwisseling van kennis en informatie tussen de betrokken toezichthouders en opsporingsdiensten en de diversiteit aan instanties die aan een uniforme toepassing van het handhavingsbeleid in de weg kan staan. Vergroting van de capaciteit in de hele strafrechtelijke handhavingsketen is noodzakelijk om te komen tot wezenlijke verbetering.

Waar gewerkt wordt, komen incidenten voor. Deze moeten gemeld worden. Van 't Lam en Van der Linden (hfdst. 20) valt het op dat incidentrapportages niet langer worden gezien als leerdocumenten, maar steeds vaker als bewijs. Bedrijven zullen daarom terughoudender zijn in het onderzoek en de rapportage, terwijl de belangrijkste insteek voor zowel bevoegd gezag als bedrijven juist moet zijn om maximaal te leren van incidenten. Incidentrapportages zouden daarom niet meer in belastende zin tot het bewijs moeten worden toegelaten in punitief bestuursrechtelijke en strafrechtelijke procedures. Het milieu(straf)recht en de huidige manier waarop dat wordt gehandhaafd kan naar de toekomst toe een averechts effect hebben op het milieu en het klimaat.

De digitalisering heeft ook effect op de mogelijkheden in de praktijk van de handhaving van het milieurecht. Elektronische monitoring (met name real-time monitoring) is de sleutel tot succesvol monitoren en handhaven. Frins (hfdst. 18) betoogt daarom dat het van belang is om het nut en de noodzaak van elektronische monitoring van milieuregels verder te onderzoeken.

Toegang tot de rechter en toetsing door de rechter
Het milieu heeft geen stem en kan niet zelf een rechtsbeschermingsprocedure starten. In dat licht is een belangrijke vraag hoe ruim in het omgevingsrecht de toegang tot de rechter moet zijn. Tolsma (hfdst. 13) benadrukt dat laagdrempelige toegang tot procedures voor rechtsbescherming een essentieel element van de responsieve rechtsstaat is voor burgers (die in voorkomend geval de stem van het milieu of de natuur kunnen zijn[4]). Zij heeft ook daarom een voorkeur voor een ruime kring van beroepsgerechtigden, zodat de rechter de aandacht kan richten op de inhoud. Daarbij is overigens wel van groot belang dat er voldoende capaciteit is bij de rechtbanken en de Afdeling bestuursrechtspraak om zaken binnen de gestelde termijn af te handelen. Onderzocht moet worden of er tijdwinst behaald kan worden met slimmere vormgeving van procedures.

Als het beroepsrecht inderdaad ruim openstaat, is het de vraag op welke wijze de (bestuurs)rechter het overheidshandelen kan toetsen. Daarin is een duidelijke ontwikkeling te zien aan de hand van de toetsing aan het evenredigheidsbeginsel. Verhoeven (hfdst. 8) bespreekt dat het bevoegd gezag met de Omgevingswet meer ruimte krijgt en dan ook genoodzaakt wordt om beter te verantwoorden waarom en hoe het van deze ruimere bevoegdheden gebruik heeft gemaakt. De bestuursrechter toetst de gemaakte keuze op basis van de evenredigheidstoetsing nieuwe stijl.

4   Conclusie

In deze bijdrage is getracht recht te doen aan de visie, ideeën en aanbevelingen van de auteurs die een bijdrage leverden aan deze bundel ter gelegenheid van het 40-jarig bestaan van de VMR. Dat levert de conclusie op dat het milieurecht voor grote uitdagingen staat. In de bijdragen zijn in veel gevallen heldere aanwijzingen te vinden over de rol van het milieurecht. En voor zover de aanwijzingen nog onvoldoende zijn uitgekristalliseerd, zullen de activiteiten van de VMR ongetwijfeld bijdragen aan het milieurecht voor de toekomst.

---

4   Zie in verband met de discussie over rechten voor de natuur ook de bijdrage over de zoönomie en de zoöp van Van der Feltz (hfdst. 22).

Lijst van VMR-publicaties

- De herziene Hinderwet (1982)
- De aansprakelijkheid voor milieuschade (1983)
- De evaluatie van de Wet algemene bepalingen Milieuhygiëne (1983)
- Deregulering, toegespitst op de basisvergunning en de integrale vergunning (1983)
- Bodembescherming in het landelijk gebied (1984-1)
- Het EEG-milieurecht (1984-2)
- De Wet chemische afvalstoffen (1984-3)
- Rechtsbescherming in de milieuwetgeving (1985-1)
- Grensoverschrijdende rechtsbescherming (1985-2)
- WABM Algemene regels en vergunningenstelsel voor inrichtingen (1985-3)
- Wet geluidhinder (1986-1)
- De Wet bodembescherming (1986-2)
- Waterbeheer en milieubeheer (1986-3)
- Afvalstoffenwet (1987-1)
- Voorontwerp Hoofdstukken Wet algemene bepalingen milieuhygiëne (1987-2)
- Strafrechtelijke handhaving van milieurecht (1987-3)
- Civielrechtelijke aansprakelijkheid voor milieuschade (1987-4)
- AMvB's op grond van artikel 2a van de Hinderwet (1988-1)
- De uitvoering van EG-milieurichtlijnen, toegespitst op milieugevaarlijke stoffen (1988-2)
- Grondwaterbeheer (1988-3)
- De Natuurbeschermingswet (1988-4)
- Kostenverhaal bij (water)bodemsanering (1989-1)
- Juridische en bestuurlijke consequenties van het Nationaal Milieubeleidsplan (1989-2)
- Grensoverschrijdende milieuwetgeving Europeesrechtelijke, internationaalrechtelijke en nationaalrechtelijke aspecten (1989-3)
- Afvalstoffenbeleid (1990-1)
- Vrijwillige of willekeurige sanering van (bedrijfs)terreinen? (1990-2)
- Milieubescherming: privaatrecht of publiekrecht?, waarin opgenomen selectie milieujurisprudentie 1987-1990 (1990-3)
- Het juridische en financiële instrumentarium van het NMP-plus (1990-4)
- Artikel 21 Interimwet bodemsanering (1990-5)
- Bedrijfsinterne milieuzorg (1991-1)
- Het Plan van aanpak Schiphol (1991-2)
- Risico-aansprakelijkheid voor milieuschade (1991-3)
- Rechtsbescherming in het milieurecht (1991-4)
- Gebiedsgericht milieubeleid (1992-1)
- Bestrijdingsmiddelenwet (1992-2)
- De rol van het recht bij een duurzame ontwikkeling (1992-3)
- Inbouw hoofdstuk bodemsanering in de Wet bodembescherming (1992-4)

- Het milieustrafrecht nader beschouwd (1993-1)
- Gedoogrecht(spraak) (1993-2)
- Flora- en Faunawet (1993-3)
- Waste Prevention (1993-4)
- Openbaarheid van milieurelevante bedrijfsgegevens (1993-5)
- De Algemene wet bestuursrecht in haar betekenis voor het milieurecht (1994-1)
- Naar een nieuwe Natuurbeschermingswet (1994-2)
- De terugtredende overheid (1994-3)
- Ecotax en andere financiële instrumenten in het milieurecht (1994-4)
- Produktgericht milieurecht (1995-1)
- Deregulering (1995-2)
- Strafrechtelijke aanpak van grensoverschrijdende milieucriminaliteit, cap. Selecta (1995-3)
- Bodemsanering (1995-4)
- Europese milieurechtspraak (1996-1)
- Europese milieurechtspraak, verslag ledenvergadering (1996-2)
- Stad en Milieu (1996-3)
- Afstemmingsregelingen in de Wet milieubeheer (1996-4)
- Landbouw en milieu (1996-5)
- Afval: provinciaal, landelijk of Europees probleem? (1997-1)
- Gemeentelijk milieubeleid (1997-2)
- Jurisprudentie Milieurecht 1996 (1997-3)
- Bedrijfsinterne milieuzorg en vergunningverlening 'is het gras groener bij de buren?' (1997-4)
- Internationaal milieurecht in Nederland: De consequenties van het internationale milieurecht voor de nationale rechtspraktijk (1998-1)
- Water: ontwikkelingen in (inter)nationale regelgeving en beleid (1998-2)
- Jurisprudentie Milieurecht 1997 (1998-3)
- (Nb. 1998-4 is niet verschenen)
- Functiegerichte bodemsanering (1998-5)
- Jurisprudentie milieurecht 1998 (1999-1)
- Artikel 95 EG-Verdrag: De (on)mogelijkheden voor lidstaten om af te wijken van geharmoniseerd EG-beleid (2000-1)
- Bouwstoffenbesluit (2000-2)
- Interregionale handhavingssamenwerking (2000-3)
- Gemeenten en de Vogel- en Habitatrichtlijn (2000-4)
- Meldingenstelsel Wet milieubeheer (2000-5)
- Europees en internationaal natuurbeschermingsrecht in Nederland (2001-1)
- Landbouw en milieu (2001-2)
- Bestrijdingsmiddelen (2001-3)
- Duurzaam ondernemen en regelgeving (2001-4)
- De positie van derden-belanghebbenden bij nieuwe instrumenten in het milieurecht (2001-5)
- Omgaan met risico's in het milieu- en ruimtelijke ordeningsrecht (2001-6)
- Europees en internationaal natuurbeschermingsrecht (verslag studiemiddag) (2001-7)

- De beoordeling van milieugeschillen door de bestuursrechter (2002-1) Preadviezen
- Lokale milieuhinder (2002-2)
- Milieu en de fundamentele herziening van de WRO (2002-3)
- De beoordeling van milieugeschillen door de bestuursrechter (verslag studiemiddag) (2002-4)
- Over de grenzen van het milieurecht (2003-1)
- Milieuaansprakelijkheid (2003-2)
- Handhaving van milieurecht vanuit Europees perspectief (2003-3)
- Flora- en faunawet (2004-1)
- Emissiehandel (2004-2)
- De toekomst van de m.e.r. (2004-3)
- Ruimtelijke inrichting en handhaving op de Noordzee (2004-4)
- Herijking milieuregelgeving (2005-1)
- IPPC: in wetgeving en praktijk (2005-2)
- Regeling inzake luchtkwaliteit; Nederland op slot? (2006-1)
- Waarborgen in het milieurecht; actuele ontwikkelingen in besluitvormingsprocedures en rechtsbescherming (2006-2)
- Externe veiligheid (2006-3)
- Klimaatverandering en rechtsontwikkeling anno 2005 (2006-4)
- De omgevingsvergunning; de toepassing in de praktijk (2006-5)
- Modernisering algemene regels Wet milieubeheer (2006-6)
- Milieu en Luchtvaart (2007-1)
- De nieuwe Waterwet (2007-2)
- Agrarisch milieurecht (2007-3)
- Nederlandse milieurichtlijnen en beste beschikbare technieken (2007-4)
- Aan de grenzen van de milieuvergunning (2007-5)
- Klimaatverandering en de rol van het milieurecht (2007-6)
- Ontwikkelingen in het Europees milieustrafrecht (2008-1)
- Interbestuurlijk toezicht in het omgevingsrecht (2008-2)
- Wie beschermt het natuurbeschermingsrecht? (2008-3)
- De nieuwe Wet ruimtelijke ordening en de bescherming van natuur en milieu (2008-4)
- Juridische aspecten van klimaatverandering (2009-1)
- Europees milieurecht in de Lage Landen (2009-2)
- Bij twijfel (niet) doen (2009-3)
- Crisis- en herstelwet: duurzame versnelling (2009-4)
- Wabo: antwoorden op praktijkvragen (2010-1)
- Natuur(lijk) met recht beschermd (2010-2)
- Het dilemma van de Noordzee: intensief gebruik én het grootste natuurgebied van Nederland (2011-1)
- Naar aansprakelijkheid voor (de gevolgen van) klimaatverandering? (2012-1)
- De toekomst van het milieurecht: eenvoudig beter? (2012-2)
- Duurzame gebiedsontwikkeling (2013-1)
- Duurzame handel in juridisch perspectief (2014-1)
- Milieubescherming in het omgevingsplan (Preadvies) (2016-1)

- Met recht naar een circulaire economie (2017-1)
- Milieuproblemen in de landbouw: falend omgevingsrecht en mogelijke oplossingen (2019-1)
- 2030: Het juridische instrumentarium voor mitigatie van klimaatverandering, energietransitie en adaptatie in Nederland (2020-1)
- Op weg naar nul: juridische vragen rondom de transitie naar emissievrij vervoer (2022-1)
- Milieurecht in transitie – Jubileumbundel 40 jaar VMR (2022-2)

Over de Vereniging voor Milieurecht

De Vereniging voor Milieurecht (VMR) biedt een onafhankelijk kennisnetwerk voor milieu-, water- en natuur-beschermingsrecht. In het netwerk bundelen professionals hun kennis en ervaring over de juridische aspecten van de bescherming van het milieu en de bevordering van het natuur- en landschapsbehoud. Die informatie wordt toegankelijk gemaakt via studie- en discussiemiddagen, lezingen van deskundigen en bijeenkomsten van werkgroepen. Van de bijeenkomsten verschijnt regelmatig een verslag in de vaktijdschriften. Vrijwel jaarlijks werkt een wisselende groep auteurs aan een publicatie over onderwerpen uit de actualiteit.

Onder de leden van de VMR bevinden zich wetenschappers, vertegenwoordigers van natuur- en milieuorganisaties, rechters, advocaten, adviseurs, medewerkers van de rijksoverheid, de provinciale overheid en de gemeentelijke overheid, medewerkers van omgevingsdiensten en studenten.

Met een lidmaatschap krijgt u veel voordelen. U krijgt gratis toegang tot studiemiddagen over actuele onderwerpen uit het milieu-, water- en natuurbeschermingsrecht. U krijgt korting op deelname aan de jaarlijkse VMR Actualiteitendag, waarbij u in één dag op de hoogte wordt gebracht van de belangrijkste actuele ontwikkelingen in het milieurecht. Ook kunt u met korting deelnemen aan de VMR Leergang en kunt u deelnemen aan werkgroepen.

Leden ontvangen de nieuwe VMR-publicaties als eerste. Leden maken deel uit van het ledennetwerk. Eveneens ontvangen de leden korting op het tijdschrift *Milieu & Recht*.

Nadere informatie over de VMR is te krijgen op het verenigingsbureau.
E-mail: info@milieurecht.nl.
Website: www.milieurecht.nl.